桐城文化八讲

《安徽优秀传统文化丛书》编写组 编

北京师范大学出版集团
安徽大学出版社

图书在版编目(CIP)数据

桐城文化八讲/《安徽优秀传统文化丛书》编写组编.—合肥:安徽大学出版社,2015.10

ISBN 978-7-5664-1020-7

Ⅰ.①桐… Ⅱ.①安… Ⅲ.①桐城派—文学研究 Ⅳ.①I207.62

中国版本图书馆CIP数据核字(2015)第242289号

桐城文化八讲
Tongcheng Wenhua Bajiang

《安徽优秀传统文化丛书》编写组 编

出版发行:	北京师范大学出版集团 安 徽 大 学 出 版 社 (安徽省合肥市肥西路3号 邮编230039) www.bnupg.com.cn www.ahupress.com.cn
印 刷:	合肥远东印务有限责任公司
经 销:	全国新华书店
开 本:	170mm×240mm
印 张:	23.5
字 数:	320千字
版 次:	2015年10月第1版
印 次:	2015年10月第1次印刷
定 价:	75.00元

ISBN 978-7-5664-1020-7

策划编辑:朱丽琴 卢 坡		装帧设计:张 浩	
责任编辑:朱丽琴 邱 昱		美术编辑:李 军	
责任校对:程中业		责任印制:陈 如	

版权所有 侵权必究

反盗版、侵权举报电话:0551—65106311
外埠邮购电话:0551—65107716
本书如有印装质量问题,请与印制管理部联系调换。
印制管理部电话:0551—65106311

《安徽优秀传统文化丛书》编委会

名誉主任：
　　曹征海　　谢广祥
主任委员：
　　程　艺
副主任委员：
　　高开华　　李仁群　　宛晓春　　王建刚
　　闵永新　　张文兵　　何根海
委员：（以姓氏笔画为序）
　　王玉斌　　王世华　　王群京　　王　键
　　方习利　　朱玉华　　汤仲胜　　李恩年
　　李铁范　　李琳琦　　吴　琼　　汪大白
　　汪时珍　　张启兵　　张庚家　　陈　秀
　　柳友荣　　高玉兰　　樊嘉禄
主编：
　　高开华
副主编：（以姓氏笔画为序）
　　王世华　　卞　利　　方锡球　　史怀乐
　　朱立军　　纪健生　　吴文革　　吴功华
　　吴　微　　汪大白　　傅　瑛

总序

文化是民族的血脉,是人民的精神家园。源远流长的中华文化,为中华民族发展壮大提供了强大的精神力量,为人类文明进步做出了不可磨灭的重大贡献。习近平总书记强调指出:"中华优秀传统文化是中华民族的突出优势,中华民族伟大复兴需要以中华文化发展繁荣为条件,必须大力弘扬中华优秀传统文化。"我们要深入学习贯彻习近平总书记的重要讲话精神,按照"挖掘阐发、保护弘扬、传播推广、融合发展"的要求,在开掘利用传统文化这个宝库上下真功,在繁荣发展中国特色社会主义文化上见成效。

安徽物华天宝,人杰地灵,自古就是哺育华夏儿女的一方沃土、演绎中华文明的重要舞台。在这片底蕴深厚而生机勃勃的土地上,孕育形成了徽州文化、淮河文化、皖江文化等各具特色的地域文化,诞生过管子、老子、庄子、华佗、曹操、包拯、朱元璋、吴敬梓、戴震、胡适、陶行知、邓稼先等名垂千古的英才俊杰,产生了道家学说、建安文学、新安理学、桐城散文等博大精深的学术文派,滋养出徽剧、黄梅戏、花鼓灯等异彩纷呈的艺术奇葩。历经数千年的发展演变和选择组合，安徽文化以其独特的气质和成就，不断丰富着中华文化的内涵，对中华文明乃至世界文明产生了重大影响。研究、传承安徽优秀传统文化，是弘扬中华优秀传统文化的应有之义，是创造安徽文化乃至中华文化新辉煌的必然要求，对于当代安徽人尤其是安徽学人来说，这也是义不容辞、必须扛起的历史使命。

近年来，在省委省政府的高度重视和大力支持下，全省在加强历史文化研究、文物和非物质文化遗产保护、传统文化传承教育等方面做了很多工作，取得了可喜进展。这其中就包括省委教育工委组织教育界学者专家，合力编写的《安徽优秀传统文化丛书》。现在，《徽州文化十讲》、《皖北文化九讲》、《桐城文化八讲》正式面世了，以翔实的资料、精当的文字、并茂的图文，深入浅出地讲述了安徽的历史、安徽的人文、安徽的精神。打开书本，让人仿佛徜徉于诗情画意之境，穿行于历史与现实之间，进而在汲取先贤思想精髓中增长知识，启迪智慧，陶冶情操，重拾乐趣。

编写这种易于阅读、便于传播的地域文化丛书，是一个很好的尝试。希望今后有越来越多的优秀通俗读物生动而精彩地诠释安徽故事，让收藏在博物馆里的文物、根植在江淮大地上的遗产、书写在古籍里的文字都鲜活起来，让安徽优秀传统文化在创造性转化、创新性发展中走进当下，走向未来。

是为序。

中共安徽省委常委、宣传部长　曹征海

2015 年 8 月

目录

001 前言

001 **第一讲 人文之域,名扬天下**
　　　　　　　　——桐城文化概述
002 第一节 地域范围
006 第二节 桐城文化

015 **第二讲 钟灵毓秀,翰墨文都**
　　　　　　　　——桐城山水名胜
016 第一节 山川秀美
031 第二节 人文景观

059 **第三讲 人有廉耻,百事可立**
　　　　　　　　——桐城家风
060 第一节 桐城家族
067 第二节 知书达礼

077	第三节	勤俭慎交
081	第四节	敦亲恤族
089	第五节	乐善好施

095　第四讲　穷不丢书，富不丢猪
——桐城教育

096	第一节	弦歌琅琅
108	第二节	穷不丢书
123	第三节	高山仰止
130	第四节	近代转型
134	第五节	特色作用

145　第五讲　天下文章，出于桐城
——桐城文派

146	第一节	经典桐城
160	第二节	文法大明
174	第三节	修身济世
183	第四节	再造文明

195　第六讲　经世济民，碧血丹心
——桐城名宦

196	第一节	官不为利
208	第二节	施政益民
225	第三节	磁针指南
231	第四节	捐躯国难

239 **第七讲 俚歌巷曲，寓俗于雅**
　　　　　　　　——桐城民歌

240 第一节 俚歌巷曲
260 第二节 俗情雅韵
273 第三节 文化承续
281 第四节 黄梅源头
291 第五节 剧目班社

309 **第八讲 妙墨流韵，美学之光**
　　　　　　　　——美在桐城

310 第一节 书画之美
325 第二节 品题之美
345 第三节 美学之光

358 **参考文献**

361 **后记**

前言

桐城山清水秀，历史悠久，自唐至德二年（757）正式建县，至1996年撤县设市，历时一千二百多年，其间人文勃兴，英才辈出。

桐城文化是一条奔腾不息的长河，它从远古走来，经历了一个漫长而辉煌的发展历程。

在桐城传统文化的继承和弘扬方面，社会各界已经做出了很多努力，尤其是学术界，对于桐城文化的研究很早就开始了，有的纂辑桐城乡邦文献，有的侧重桐城文化的理论研究，有的致力于桐城艺术的实践，等等，可谓成就斐然，善莫大焉。

为了进一步推动桐城文化的研究，继承和弘扬桐城文化，我们在前人研究的基础上撰写了《桐城文化八讲》一书，这本书既是对已有桐城文化研究成果的总结，也是对桐城文化研究的新的开拓。它主要有以下几个特点：

第一，语言通俗易懂。本书有一个明确的写作目标，那就是面向大众。为了让更多的具有中等以上文化程度水平的人深入地了解桐城文化，进而更加热爱桐城文化，本书在写作过程中努力去除学术化的表达方式，使用通俗易懂和生动形象的语言，避免引用艰深难懂的文献资料。对于必须引用的文献资料，则在引用之后，概述它的内容。

第二，内容全面系统。以往学术界对桐城文化的研究更多关注的是桐城文派的研究，这无疑是不错的，因为桐城文派是桐城文化的精髓所在。但是正如有的学者早已指出的那样：桐城文化的外延和内涵不止于桐城派古文，它应该还包括桐城学派、桐城诗派、桐城书画、桐城民歌等内容，还应该涉及桐城自然人文山水、桐城教育、桐城家风等方方面面。本书从不同的角度全面系统地解读桐城文化的内涵和特点。

第三，结构井然有序。本书共八讲，分别从不同的角度解读桐城文化的内容和特点。第一讲，桐城文化概述，介绍了桐城的历史沿革、地域范围，突出了桐城文化的主要内容、表现形式和特色，评析了桐城文化的价值。第二讲，桐城山水名胜，分别从桐城自然山水和人文景观的角度，探寻桐城文化发生和发展的根源。自然山水方面，主要介绍了"擅江北名山之秀"的龙眠山、有"五里三进士，隔河两状元"之说的小龙山以及龙眠河、嬉子湖等。人文景观方面，主要介绍了桐城古城的建筑、历史和内涵，突出了桐城文庙的建筑形式和文化价值。第三讲，桐城家风，从桐城世家大族家规家训的角度探求桐城文化繁盛的原因，重点介绍了桐城世家大族的家族教育与家学传播情况。第四讲，桐城教育，从教育机构、崇教传统、桐籍名师、桐城教育的近代转型及特色作用五个方面较为全面地介绍了桐城教育的历史与现状及其在桐城文化建构中的地位和作用。第五讲，桐城文派，这是八讲中的重中之重，主要介绍了桐城派三祖、桐城派的发展流变、桐城派的谱系、桐城古文的道统与文统等。第六讲，桐城名宦，从桐城名宦的角度讲解桐城文化的人文品格。前两节讲桐城名宦为官不利己和施政益民的作风，后两节讲桐城名宦忠贞不屈和舍身报国的气节。第七讲，桐城民歌，从桐城歌和黄梅戏两方面揭示桐城的文化风采。前三节介绍了明清时期桐城歌的主要内容、特色和创作情况，后三节介绍了黄梅戏的发展过程、经典剧目、著名班社以及严凤英的成长过程等。第八讲，美在桐城，从桐城书画艺术和美学成就两方面展现桐城文化的巨大魅力。第一节按时代顺序介绍了桐城古代书画群体，评析了他们的艺术成就。第二节介绍了方东树《寒岩独往图》、《方氏五代遗书》等书画长卷的创作过程以及名家题跋的情况。第三节主要介绍从桐城走出的或与桐城渊源甚深的近代美学三大家朱光潜、宗白华、方东美的家庭背景、求学过程、美学著作、美学思想和人生追求等。

桐城文化作为一种人文资源，对其弘扬，有利于提高人们的人文素养，有利于践行社会主义核心价值观，有利于揭示中华民族的文化底蕴。同时，《桐城文化八讲》的问世，将会增进人们对桐城文化的了解，激发人们对传统文化的热爱，进而掀起文化创新的高潮。

编者

2015 年 8 月

第一讲

人文之域，名扬天下
——桐城文化概述

桐城是人文之域，其悠久的历史文化具有鲜明的地域特色，生动地体现着我们民族的伟大精神。桐城文化名扬天下，积淀丰厚，类型多样，形态丰富。桐城的山山水水蕴含着浓厚的文化气息。

从文化生存的样态看，桐城文化主要表现在人文、家族家风、崇文重教、文学艺术、名宦节操、民间歌谣、学术思想等方面。其人文文化是我们民族心灵深处的美好记忆，其家族文化是民族优秀文化的生动表现，崇文重教是桐城文化的重要特色，文学艺术是桐城文化的亮丽名片，政治文化是桐城文化的精神遗产。

第一节 地域范围

一、历史沿革

1. 历史沿革

桐城历史悠久，因适宜种植油桐而得名。旧石器时代，就有先民生活于此。夏商时期，桐城属扬州。周置桐国，为楚附庸；敬王十二年（前508）夏，桐叛楚，属吴；越灭吴后，属越；显王三十六年（前333）楚灭越，桐国再度附楚。秦，为舒县，隶九江郡。西汉元封五年（前106）置枞阳县，汉武帝南巡至枞阳，作《盛唐枞阳之歌》。晋代，陶渊明之曾祖陶侃曾任枞阳令。隋开皇十八年（598）改为同安县。唐至德二年（757），改同安县为桐城县，县名一直沿用至今。1949年2月分桐城县为桐城、桐庐两县，桐庐县辖区即今枞阳县，1951年改桐庐县为湖东县，1954年桐庐县治迁入枞阳镇，1955年，恢复汉时县名——枞阳县。与枞阳分治后的桐城县，1979年12月，将南境杨桥区大部分地区划入安庆市郊区（今宜秀区），2004年5月，又将罗岭镇划归安庆市宜秀区。

2. 地域范围

本书所述桐城文化地域范围包括今桐城市、枞阳县、安庆市宜秀区的杨桥镇和罗岭镇。

作为文化地域的桐城位于安徽省中部偏西南，西依大别山，南滨长江。地域东南广，西北狭。"抵天柱而枕龙眠，牵大江而引枞川"。地势自西北向东南，山地、丘陵、平原依次呈阶梯形分布。西北部山区为大别山东段余脉，重峦叠嶂，挺秀争奇；中部丘陵扇面展布，倾降平缓；东南部平原阡陌纵横，织绣铺锦，风光秀美。现桐城市境内有大沙河、挂车河、龙眠河、孔城河四大水系，汇入菜子湖，经枞阳闸注入长江。现枞阳县境内除长江流经县域84公里以外，主要河流有横埠河、杨市河、钱桥河、罗昌河、枞阳河，湖泊有菜子湖、陈瑶湖、白荡湖、枫沙湖、神灵赛湖、羹脍赛湖等。桐城文化所在的地域境内河道交织，湖泊星罗棋布，接江趋淮,河埠陆驿自古车水马龙,素有"七省通衢"之称。桐城文化就在这样的地域生成、发展、壮大,影响中国文化的历史进程。

二、文化特色

桐城为江淮文化圈的文化发祥地、文化聚集地和文化高地。文化是这一地域最具特质的资源,也是本地域最具代表性、最具影响力的资源。我们将这一地域的文化称为"桐城文化"。当然,桐城文化不仅仅是现代学术意义的地域文化,历史上,特别是清代,桐城文化还生成了文化的国家形态,或者说,文化桐城和作为地域的桐城创造了清代国家文化模式。

1. 文教昌盛

桐城人杰地灵,人文荟萃。明清两代以来,重教、重文蔚然成风。明代理学大师方学渐,首倡枞川讲学之风,20年间,从学者千余人;童自澄创辅仁馆,莘莘学子遍及乡里。清代,刘大櫆授徒、讲学于枞阳,培养了一批后起之秀。明代277年间共开科88榜,总计取进士24624人,平均每年89人。清朝科举会试102科,共录取进士26362人,平均每科235人,以262年计,每年平均100人(一说清代262年间共开科112榜,取进士26888人,平均每年103人)。明清两代,桐城一地共取进士244名(其中明代89名,清代155名),占全国的0.5%;出举人793人。

清末民初,一批有识之士提倡新学,在县境大办新式学堂。吴汝纶创办桐城学堂,童鉴泉创办枞阳公立小学,吴芝瑛捐办鞠隐国民小学堂,倪梅轩创办化俗女子学堂,李光炯创办宏实小学,疏孟涛创办南阳疏束氏高等小学,房秩五创办浮山公学等等。20世纪30年代以前,留

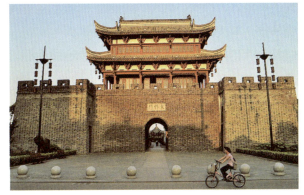

东作门

嬉子湖

学国外的就有 31 人。新中国成立后，特别是最近 10 年来，桐城教育成绩斐然，成为我省乃至国家的教育大县，享誉海内外。

2. 文艺繁荣

桐城文化源远流长。桐城是桐城派的故乡，其主要成员大多生于斯，长于斯。桐城派规模之大、时间之长、影响之久，为中国文学史所罕见，桐城也因此有"文都"的美誉。桐城派的形成与发展，主要受桐城文化风气的熏染。方以智、钱澄之开创了桐城派的先河，方苞奠定了桐城派的理论基础，刘大櫆承上启下发展了桐城派的文论，姚鼐集各家之大成完善了桐城派理论体系，刘开、姚莹、吴汝纶成为桐城派后期的杰出人物。他们薪火相传，著述宏富，形成了庞大的作家群体，在清代享有"文章甲天下，冠盖满京华"的盛誉。

民国时期，随着新文化运动的兴起，桐城学子纷纷走出国门，学习西方文化。朱光潜、宗白华、方东美博采中西文化之长，成为中国现代美学的奠基人和开拓者。此外，桐城的诗歌、书法、绘画艺术成就也达到很高的水平。

3. 景观丰富

桐城山清水秀，人文景观丰富。老桐城最著名者即有八景：桐梓晴岚、练潭秋月、投子晓钟、孔城暮雪、浮山夕照、枞川夜雨、竹湖落雁、荻埠归帆。其他诸如浮山、白云崖、青山石屋、岱鳌山、浮山中学、孔城老街、古巷和风（六尺巷）、桐城文庙、文和竹影（文和园）、嬉子渔歌（嬉子湖）、龙眠河韵（龙眠河）、桐城中学、灵岩飞瀑（三道岩）等皆为山水和人文结合的名胜之地。浮山以108洞和400余块古代摩崖石刻著称于世，自古以来，名声在外，游人络绎不绝。县境文物古迹众多，仅名人墓葬就有方以智、刘大櫆、姚鼐、钱澄之、王胜、方学渐、阮鹗、吴应宾、吴汝纶、李光炯、房秩五、鲁生、施从云、戴均衡、姚莹、方东树、张廷玉、张英、戴名世、杨文骢、孙临、孙晋、方法等二十多处，至于古石刻、革命遗址、名人故居、古代建筑、馆藏文物等等，更是难以枚举。

桐城的名山秀水和丰富人文，曾吸引历代无数文化名人慕名来访。欧阳修、黄庭坚、王安石、袁宏道、钟惺等来过桐城，他们不仅钟情于这里的山水，更为桐城的文化所吸引，他们与当地文化人徜徉于湖光山色之间，切磋文章技艺，阐扬学术文化，留下许多宝贵的文化遗迹。

4. 科技发达

桐城人是富有智慧和创造力的群体。历史上涌现出许多科技领军人物和能工巧匠。左光斗、方以智、方中通、余霖等人，在水利学、物理学、医学、数学等领域做出了杰出贡献。当代科技领域里更是群星璀璨，"中国计算机之父"慈云桂，"炸药大王"汪旭光，点燃中国第一颗原子弹和氢弹的疏松桂，低温声学研究走在世界前列的倪皖荪，发现"张衡矿"的王奎仁，研制国际首创闪电探测定位系统的陶善昌，均为世人所瞩目。

5. 文化认同

桐城文化覆盖面广，渗透力强，为人们广泛认同。即使是桐城乡村的穷困人家，家里也有《千家诗》；晚上或农闲时节，总有老人讲方苞和戴名世的故事；甚至在田间劳作，还能够不时听到人们背诵诗、谈论诗；也时常在田间地头听到优雅婉丽的桐城民歌。更有"穷不丢书，富不丢猪"之类文化认同的感性表达。

第二节 桐城文化

桐城文化可以从不同角度、不同层面作各种各样的分类，为了介绍方便，也为了更贴近桐城文化的实际，本书就桐城文化内涵对其简要分类介绍。

一、自然文化

说桐城的自然山水是文化，是因为桐城文化的生成、发展和壮大与桐城自然山水相关。徐国治《桐城县志略·礼俗篇》说："桐城西北环山，民厚而朴，代有学者；东南滨水，历出闻人，风俗质素。"这段话将人才辈出、民风淳朴和自然环境联系起来。的确，桐城的山水风物不断地融入各种文化因素，形成山水的文化素质。山，是文山；水，流淌着生生不息的文化。在此基础上形成的"桐城八景"等众多自然景观，是桐城文化赖以生成、发展的沃土。

1. 桐城山水

桐城的山是文山。山山有故事，山山有精神，山山有文化。桐城北依大别山，南及长江。戴名世称赞家乡山水说道："吾桐山水奇秀，甲于他县。"说得如此肯定而自豪，需要底气。在戴名世眼里，桐城山水超过其他县的重要原因，是桐城山水是文化山水。于是，桐城文化里，就有了山水文化。

桐城的山"抵天柱而枕龙眠"。桐城的山发源于天柱山，是大别山的余脉，小龙山、青山、松山、三公山、龙眠山、栲栳山、鲁谼山、浮山等等，是一片锦绣，"无崖不树，无径不竹，无涧不花，无石不苔"。这样优良的自然生态孕育的文化，与自然一样生机勃勃。

龙眠山是桐城文化和桐城派的发祥地。嘉靖《安庆府志·山川》说龙眠山"擅江北名山之秀"。稍具常识的人都知道，长江以北名山众多，而名山之秀者，也不乏数量。那龙眠山何以"擅江北名山之秀"？就在于山中"有人"。宋代大画家李公麟，有"宋画第一"之誉，在中国美术史和文化史上，具有崇高的地位。其一生徜徉于龙眠山水之间，在清潭绿荫中激发灵感，晚年筑"龙眠山庄"，归隐龙眠，自号"龙眠居士"，以龙眠十二胜景为描摹对象，作《龙眠山庄图》。黄庭坚题诗《龙眠山》："诸峰何处是龙眠，昔日龙眠今不眠。问道已随云物去，不应只雨一方田。"可见在黄庭坚眼里，龙眠山是"问道"之所，是泽被广大之所。而苏辙《龙眠山二十咏为李伯时赋》表明，苏辙对龙眠风物和李公麟的赞美态度，也绝不仅仅因为山水。黄庭坚和苏辙是宋代文化的标志性人物，他们对龙眠山文化魅力的认同和赞美，可以表明龙眠山在文化上的不同凡响。其不凡之处，就在于龙眠山的传统文化底蕴。后世名流对龙眠山的题咏数量庞大，足可证明龙眠山的确"擅江北名山之秀"，不仅"秀"而且"秀"得出类拔萃，它成为桐城派、桐城文化的发祥地也就绝不是偶然的了。

浮山号称"中国第一文山"。第一文山，是就浮山摩崖石刻、文人聚集的规模和桐城派的重要活动场所而言的。浮山，与黄山、九华山、天柱山、琅琊山并列为安徽省五大历史名山。浮山"山浮水面水浮山"，坐落在烟波浩渺的白荡湖之中，有"海上蓬莱"之誉。浮山还是千年佛教圣地，其佛寺钟声，始于晋梁，山中古刹记录了千年佛教的传承；483块摩崖石刻，至今仍回荡着无数文人墨客的赞誉。这些摩崖石刻，或铁画银钩，丰润饱满，端庄秀丽；或龙飞凤舞，文体各异，法度万千。浮山为历代士人、方外高僧、文人墨客流连忘返之地。从留存石刻中透露的信息看，左慈、白居易、孟郊、范仲淹、僧远禄、王安石、欧阳修、苏轼、黄庭坚、陆元钧、朱元璋、陈献章、袁宏道、袁宗道、钟惺等归隐或游历过浮山。桐城籍文人如方以智、钱澄之等桐城派诸大家以及朱光潜等流连于浮山乐而忘返的故事，更是数不胜数。浮山孕育出一个个响当当的名字，而这些人物，也赋予浮山活泼而不朽的灵魂。

浮山孕育出天下第二名门。这是就居住在浮山的方以智家族说的。梁实秋认为桐城桂林方氏家族是除曲阜孔氏家族外，中国第二大文化家族。也就是说，除孔子家族外，就要数方氏家族对中国文化贡献最大。桐城桂林方氏在宋末元初由池口迁居桐城县城凤仪坊，通过科举逐渐兴旺起来，

浮山石刻

成为代有显宦的文化世家。明代有20余人中举，进士11人，清代进士达15人，中举者40余人。自十一世方学渐开始，传承至方大镇、方孔炤、方以智及其子，形成著名的"桐城方氏学派"。方以智被称为"百科全书式的大学者"，在哲学、自然科学、文学、书画、佛学等方面造诣精深；方文、方贞观、方世举等诗名远播；以方如耀、方维仪、方维则"方氏三节"为代表的女性在人品、诗歌、绘画等方面也是名满天下。朱彝尊曾说："方氏门才之盛，甲于皖口。"方氏族人大义凛然，其家族的"遗民"立场令人感喟至今，方氏的坚韧与顽强已然成为中国文化的重要记忆。比如，清初方氏遭受顺治十四年（1657）江南科场案和南山案两次沉重打击摧残，甚至全族被发配至遥远的卜奎城（今黑龙江齐齐哈尔），但时隔二十余年，方氏就再次显达起来，并出现了方观承、方维甸、方受畴"三总督"。而方苞则在几十年后创立"义法说"，为桐城派奠基。桐城派因此逐步形成清代最为著名的散文流派。

桐城之水流淌着生生不息的文化血液。桐城有众多湖泊、河流，河湖港汊，风光绮丽，气象万千。据胡廉《桐城水道记》记载，桐城有大小河流一百多条，主要湖泊十数个，其中不乏菜子湖、白荡湖等长江下游的大湖泊。胜水与绵延起伏的群山结合，形成了明提督操江蒋国柱所谓"桐城山川之雄甲于江左"之说。

2. 桐城"四乡"、"四镇"

据《桐城县志》载，明以前，桐城旧有东、南、西、北四乡，洪武初易名为县市乡、桐积乡、日就乡、大宥乡、清净乡，并设枞阳镇、汤沟镇、孔城镇、练潭镇、北峡镇。清仍沿明制，五乡五镇。桐城八景就分布于这些乡镇。而现在年长者，对最早的东、南、西、北四乡和枞、汤、孔、练四镇仍念念不忘，其原因在于四乡、四镇文化各有特性，特色鲜明。它们在文化上的各种显性形式深刻地体现了桐城的地域文化积淀和中华民族优秀传统文化的博大精深。

二、人文形态

桐城山水在孕育桐城文化及其精神的进程中，生成了桐城文化的地域形态。从文化的传统看，有制度、风习和审美诸多层面。若是从文化生存的样态看，主要表现在山水名胜、家族家风、崇文重教、文学艺术、名宦节操、民间歌谣、学术思想等方面。

1. 桐城人文文化是民族心灵深处的美好记忆

桐城文化的人文形态是我国民族文化成熟时期的标志性形式，是至今仍然留在人们心灵深处的美好记忆。桐城的人文文化博大精深，是我国文史哲领域、艺术精神和科学精神等方面的宝贵文化资源库。现今史料可查到的领军型、综合性人才有百人以上，留下的典籍汗牛充栋。当时的桐城人"坐集天下之智"，融汇古今中外，创造了明清时期中国古代文化的辉煌，总结了封建社会的各类文化形态，开辟了近代文化发展的路径。桐城文化人既是文化探索的集大成者，又是文化筚路蓝缕的先锋。这种在传统和现代之间的文化探索和文化创新的勇气，是其他地域少见的。从北国燕赵、中原腹地、江南水乡到湖广岭南都留下了桐城文化坚实行走的脚印，它一路撒下家国情怀的种子，自然也就在中华文化史上留下灿烂的篇章，在民族心灵深处留下了深刻的记忆。

2. 桐城家族文化是民族优秀文化的生动表现

桐城人文文化的进取精神和家国情怀，在家族文化层面得到了生动的表现。可以说，家族文化是桐城文化赖以生存的重要基础之一，也是桐城文化探索精神和与时俱进精神的有效资源。

桐城家族文化名扬天下。除梁实秋所谓的"天下第二名门"桂林方氏家族外，当时享誉海内的主要家族大致还有左氏（左光斗）家族、钱氏（钱澄之）家族、刘氏（刘大櫆）家族、姚氏（姚鼐）家族、马氏（马其昶）家族、鲁谼方氏（方东树）家族、戴氏（戴名世）家族、张氏（张廷玉）家族、潘氏（潘江）家族、吴氏（吴汝纶）家族、齐氏（齐之鸾）家族、何氏（何如宠）家族、叶氏（叶灿）家族、章氏（章纶）家族等等。这些家族在其家训、家范、家规、家约之中，积累了丰富的治家经验。他们提倡家庭伦理，耕读传家，以读书明理、务实经世作为家教的主要目标，以家族世代书香作为文化赓续传承的基本环境，以闺阃母教作为天下太平之源，以礼让礼教作为人际交往的基本准则，以孝敬父母、和睦兄弟、体恤族人作为家庭第一伦理。在家训中，要求家族子弟勤俭持家、交游君子、修身正己、乐施行善、重视子弟教育。这些家族形成了优良的家风，为人、为学、为文、为官、为师、为事大多能够得到社会认同和广泛赞誉。

3. 崇文重教是桐城文化的重要特色

古代桐城书院、私塾林立，今天优质学校仍遍布城乡，可见历代都有重视教育的传统。马其昶在《桐城耆旧传》谈及桐城明清两代"城里通衢曲巷，夜半诵声不绝；乡间竹篱茅舍，清晨弦歌琅琅"，而"穷不丢书，富不丢猪"成为桐城全民共识，勤奋读书、尊师重教蔚然成风，成为自觉遵守的文化景观。

姚兴泉《龙眠杂忆》记载，那时的读书儿童具有极高的地位和读书自觉性："晚出学堂门，哥嫂爷娘才作揖，大中论孟又从温，明早免敲臀。"在桐城人眼里，读书是天下第一要务，每部家谱、族谱、宗谱都把要求宗族子弟读书写进家训。桐城人毫不犹豫地支持读书，对读书人高看一眼，对读书的作用深信不疑。《龙眠杂忆》写道："四时八节情义重，两饭三茶恐怕迟，学俸好元丝。"读书人待遇好，对教师不仅不拖欠工资，还有最高的礼遇——除正常工资外，四时八节有重礼，每天"两饭三茶"，吃最好的伙食。在桐城，"茶"是正餐之外的"茶歇"，多为质量很高的食品搭配而成，如油煎鸡蛋三只、鸡汤或余肉、面条组成，这样的"茶"是贵客临门的待遇，教师却能够天天享用，可以说，教师在桐城教书天天都是贵客待遇。

马其昶著作

桐城士绅、社会贤达为发展教育不遗余力。士绅无论在哪个行业，在什么年龄，办教育、支持教育他们都觉得义不容辞，不仅自觉自愿，而且将之当作十分体面、受人尊崇的社会行为，就是桐城女性也有这种自觉意识。秋瑾的好友吴芝瑛，遵其父遗嘱"恤民办学"，将自家田地房产悉数捐出，于浮山建立鞠隐学堂。像她这样倾囊而出、倾情办学的事迹在桐城还有很多。

姚鼐《惜抱轩诗文集》

张英《聪训斋语》

为什么桐城人如此热衷教育？因为桐城的教育是"做人"的教育。一代名宦张英的《聪训斋语》总结出"八教"之说：教之孝友、教之谦让、教之立品、教之读书、教之择友、教之养身、教之俭用、教之作家。教之读书仅仅是"八教"之一而绝非全部，可见八教是素质教育，是成长、成才、成人的教育，这样的教育模式必然会培养出大量的人才。明清两代，桐城"文章甲天下，冠盖满京华"绝不是偶然的。

4.文学艺术是桐城文化的亮丽名片

优质教育资源、全民重教热情和优良的教育环境，使桐城在文化的各个领域硕果累累，名扬天下。桐城文人集团在诗、文、书法、绘画等领域成就卓著。其中最为亮丽的名片，是桐城古文。由于古文，历史上又称这一作家群体为桐城派。桐城派薪火相传，英才辈出，形成规模庞大的作家队伍。姚鼐在《刘海峰先生八十寿序》中引用当时翰林院编修程晋芳、周永年的话："昔有方侍郎，今有刘先生，天下文章，其出于桐城乎？"桐城派写尽天下文章，给桐城带来了"文都"的美誉。桐城派出过许多鼎鼎大名的人物，方苞、刘大櫆和姚鼐是公认的"桐城三祖"。在上千位作家中，不仅有桐城人，有安徽其他地区人，也有许多外省人。如曾国藩的湘乡派就是桐城派的支流，所以不仅在江南，就是湖南、广西，也广泛流传桐城派之学。桐城派"学行孔孟程朱，文章韩柳欧苏"，第一句说的是桐城派的"道统"，第二句说的是桐城派的"文统"。桐城派古文主张义理、考据、辞章，讲究神韵、平淡、雅洁。桐城派的文章是经天纬地之文，是经世济世之文，也是融贯中西、文明新变之文。

5. 政治文化是桐城文化的精神遗产

做官的桐城人不仅饱读诗书，学问超群，勤奋清廉，而且想干、苦

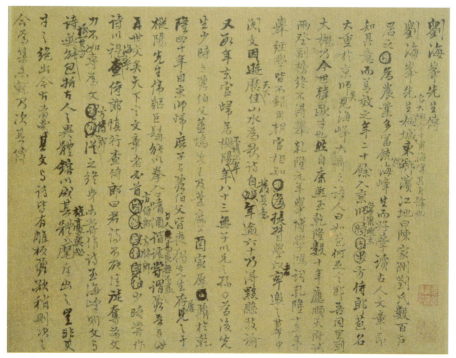

姚鼐《刘海峰先生传》手迹

干、能干,所以取得丰富的管理经验。此外,他们还有一个共性,就是他们中绝大多数都具有出类拔萃的人品。

说起桐城的官宦人家,大家自然就想起张英、张廷玉父子宰相。张廷玉经历康、雍、乾三朝,朝代更迭往往伴随的是一朝天子一朝臣,但张廷玉没有被替换。面临着复杂的政治生态,三代帝王对他信任有加。若是圆滑处世,就无所作为,但张廷玉在重要岗位上屡有建树,推动了当时经济社会的发展,对康雍乾盛世做出了重要贡献。这除了学识、勤奋、清廉外,与他的卓越的政治智慧、组织协调能力、感人的人格魅力是分不开的。"张廷玉让探花"、张英"六尺巷"的故事,都不是作秀,也绝非一时沽名钓誉,他们位极人臣,并不仗势欺人,极尽谦恭礼让,不图利,不谋私,知进退,这样的行为,最能打动人心。

桂林方氏家族也一直有这样的传统。与顾炎武、黄宗羲、王夫之并驾齐驱的方以智,崇祯朝进士,永历朝曾拜内阁大学士。他幼年就受到家族优秀官品、人品的熏陶。他的三位姑母,人称"方门三节"。大姑方如耀因姑父抗清战死,投大明湖完节;二姑方维仪从十七岁守节以终。受姑母影响,方以智胸怀天下,嫉恶如仇。崇祯年间,其父湖广巡抚方孔炤因耿直触犯权贵被削职,已经考中进士的方以智请求代替父亲入狱。父亲入狱后,他经常到狱中探视,内心痛楚无比,即使除夕之夜也在狱中陪伴父亲。第二年五月,他怀抱血书日日叩头呼号朝门外,求百官上达父冤,令崇祯帝感叹"求忠臣必于孝子之门"!作为明末遗民和反清复明的斗士,方以智被阮大铖、马士英迫害,流离岭南,后被清兵俘获,押到将领马蛟麟跟前,马蛟麟一手拿着清朝官服,一手拿着尖刀,方以智选择了尖刀赴死。马蛟麟心生敬意,放了方以智。这就是舍生取义的精神,体现着出类拔萃的人品。

三、国家形态

桐城属于传统文化的经典地域之一。桐城文化最具特色的魅力在于,它不仅具有鲜明的地域形态,还代表了优秀传统文化的国家形态。

桐城文化的生成和发展适应当时社会发展的要求。桐城文化的精神底色是天下胸怀和坚韧执着；达到这一精神境界的手段是崇文重教和礼让低调。桐城文化体现着激励型文化的精神追求：以主体的文化自觉尊重文化；以先人后己的谦逊姿态孕育文化；以和而不同的胸襟气度发展文化；以尊重、包容、敬畏的处世智慧涵养文化；以"文"与"人"结合传承文化。桐城因此成为国家进步所急需的先进文化的原产地和文化创新的发源地。

桐城人自觉获取文化、自觉尊重文化，并以文化为安身立命之本。这表现在桐城人的行为方式和思维方式上。在行为方式上，桐城人对文化以及文化人非常尊重，为人处事上尊崇先人后己、尊重别人的原则，但同时不丧失自我；在思维方式上，桐城人尊重、包容异己文化和异己思维方式，如在考虑问题时习惯优先考虑别人的感受。"崇文"之"文"是文化、文治。作为个人，桐城各行各业的人，包括管理者，都有文化建设意识。无论高居庙堂，还是散处乡野，他们都能通过发展自身，首先让自己成为有文化道德的人，在对传统优秀文化自觉继承的基础上促进文化的创新突破，企求推动个人乃至社会的发展，而这些，正是当时的国家政权迫切需要的。

桐城文化的价值取向之一，是在尊重人、发展人之后，进一步尊重文化、孕育文化，从而激活优秀的传统文化资源。这样，经过长期积淀，桐城不仅积累了深厚的文化底蕴，而且最终获得了与这种文化积淀相匹配的文化地位，培养出一代代自信的桐城人，关注天下的桐城人，关怀他人的桐城人。这样的桐城人是民族精神的化身，是家国文化认同的典范，他们自觉弘扬发展民族精神，忠诚践履国家意志。

第二讲

钟灵毓秀，翰墨文都
——桐城山水名胜

桐城，历史悠久，山川秀美，民风淳朴，人文荟萃，以一邑而统摄此四美。

桐城，又素有"皖中名邑，江淮明珠"的美誉，是江淮文化圈的发祥地和集中地，是中国文学史上最大的散文流派——"桐城派"的故里，是全国五大剧种之一黄梅戏之乡，故桐城素称"文化之乡"，享有"文都"盛誉。

今天，就让我们一起来追寻桐城古老的历史，纵览桐城秀美的山川，探求桐城人文的神韵，一起来领略桐城文化丰富多彩的内涵和精神禀赋。

第一节 山川秀美

一方山水养育一方人。桐城名山胜水,养育、熏陶着桐城儿女。桐城秀美的山水之间,还蕴含着许多美丽动人的神话传说,拥有丰富的文物古迹,兼具自然景观和人文景观的双重魅力。这也正是桐城山水文化的无限魅力。

一、桐城名山

桐城西北地区,系大别山东部余脉,群山连绵起伏,它由一条主干山脉和11条侧生短脉组成,由南向北构成7个小山系。峰峦海拔多为600至800米,最高峰为龙眠山主峰华崖山,海拔1065米,雄奇俊秀,高耸云天。

关于这些纵横连绵的群山,在当地还流传着"九龙定居"这个美丽的传说。

传说桐城的山脉是由东海龙王的九个龙孙幻化而成,一大一小两条龙因思念故乡大海,便盘卧在与大海相通的菜子湖畔,这就是大龙山和小龙山。西北的龙眠山就是其中七龙和八龙伏蛰的身躯,最为蜿蜒深秀,被称作皖中名山。五龙和六龙则北上,驻足吕亭、鲁谼一带的虎头寨、盘龙地。三龙、四龙飞向城西变成了挂车岭和屋脊岭。二龙则留在城西化作现在的栲栳尖。

一座座山峰因为有了美丽的传说而增添几分神秘,倍增神奇的灵性,罩上了一层绚丽的光环。

让我们探访桐城几座名山,尽情欣赏山峦的秀美,感受其中的人文内蕴。

1. 龙眠山风景区

龙眠山——位于距离城区3公里的龙眠乡境内,山势自西北向东南,绵延百余里,峰峦叠翠,风光旖旎。虽然它没有黄山奇妙的松石和云海,但它以自己独特的秀丽赢得了"擅江北名山之秀"的赞誉。沿龙眠河溯流而上,渐入佳境,两岸苍峰翠谷,峭壁清流,无限风光,令人目不暇接。

龙眠山擅江北名山之秀,风景优美,山中有龙门、碾玉峡、玉龙峡、璎珞崖、披雪瀑、大龙井瀑布等风景,引人入胜,令人流连忘返。

披雪瀑——在城西4公里处的碧峰山下,古名披雪洞,又名响雪泉,因有瀑流飞泻直下,如雪帘高悬,故名。瀑布长900米,分为前瀑、披龙、后瀑三段。前瀑又称"叠瀑",长约50米,瀑面宽阔,瀑流奔泻;中为溪谷,称为"披龙",长约800米,丰水时水流凶猛,枯水时则如一线瘦溪,时隐时现;后瀑又称"悬瀑",从断崖上垂直而下,高约50米,瀑如悬帘,势若崩雪。有诗句形容道:"前瀑壮观后瀑险,披龙狭长景色奇。"概括得十分贴切。后瀑左崖有一洞,名叫披雪洞。清康熙时编纂的《古今图书集成·职方典》曾记其胜景:"碧峰山,峰峦分列,一洞逶迤。沿洞而入,四方稍觉豁如,倚南一山,壁立千仞,怪石嶙峋,下有四洞……方至洞口,见瀑水悬崖如练。至前仰视,如白鹭之攒集,如风雨之飕飕,即披雪洞也。两旁皆巨石,水啮者利若刃,水凿者

披雪瀑

深若井，水拭者净若几。"

披雪瀑周围崖壁间现存三处石刻：前瀑西崖石壁上，留有宋绍圣年间游人三行竖书题刻："敷阳王孚信道、建安陈信臣、荥阳张佽子厚、合肥皇甫嵩升，宋绍圣丙子正月甲寅日同游。"这一宋代石刻，至今已有920余年的历史。前瀑西南崖壁上，刻竖行楷书"披雪崖"三字；后瀑北面崖壁上，刻隶书"崩雪"二字。此两处石刻，风格古朴，未署年代和作者姓名。由此可知，早在北宋时期，这里就已成为远近闻名的游览胜地。

历代文人游览此地多有诗文题记，赞颂不绝。如明人林胤泸在《披雪瀑春游》中写道："绝嶂千峰合，清溪一径通。听泉来石上，看竹到山中。瀑布晴飞雪，桃花带晚风。前村归路远，明月影胧胧。"姚鼐亦曾结伴来游，撰有《观披雪瀑记》，称赞此瀑为"吾邑之奇"。清道光《桐城续修县志》记载："披雪瀑雨后飞泻，游人前往观赏，多有题咏。"披雪瀑的苍岩飞练，跌珠溅玉，游人不禁惊叹"造化钟灵道不得，泉如泻酒山如杯"。

碾玉峡——在龙眠山东端，一石桥飞架溪谷，沿西折西北，过一峡，即碾玉峡。其深壑飞烟，高岫流云，翠嶂屏立，清溪萦回。峡长61米，分峡谷、峡口两部分：峡谷窄狭，两岸峭崖壁立，白石峡底，呈鱼脊形，两边有深沟，飞流滚叠而下，冲入水潭。峡口为扇面形，宽达20米，飞流溢出白石峡口，平缓悬下，归于溪谷。刘大櫆在《碾玉峡记》中称："山之幽丽出奇可喜者无穷，而最近治、最善为碾玉峡。""峡形长二十丈，溪水自西北奔入，每往益杀，其中旁陷迫束，水激而鸣，声琮然，为跳珠喷玉之状。又前行稍平，乃卒归于壑。旁皆石壁削立。有树生石上，枝纷叶披，倒影横垂，列坐其荫，寒入肌骨。"峡侧旧有亭，为诗人方文吟咏旧址，今已不存。

绕云梯冲摩崖石刻群——位于龙眠乡凤形村、宝山村百步绕云梯冲，东西两山相峙，中有一道狭长山冲，峡谷流泉，曲径通幽，竹木葱茏，崖壑幽绝。在悬崖绝壁上留下"锁云"、"玉枧云槽"、"云门"、"龙眠处"、"听泉"、"龙眠第一曲"等11处明代石刻。

椒子崖摩崖石刻群——位于椒园遗址北端椒子崖山中，距桐城县城西北 10 公里。现存有"品泉隈"、"兰亭"、"喷玉泉"、"游龙峪"等石刻，应是北宋以后所刻。

龙眠山自然风光瑰丽多姿，而更为人向往与流连的在于龙眠山拥有诸多历史胜迹和名人遗存，如"宋画第一"李公麟归隐所建龙眠山庄旧址、明代大司马孙鲁山别业椒园旧址、张英晚年隐居之地赐金园遗址、张英墓、张廷玉墓、姚莹墓以及椒子崖、绕云梯冲摩崖石刻群等人文景观。现如今已经建成龙眠山风景名胜区，约有大小 16 处自然与人文景观对游客开放。秀美的自然风光和丰厚的历史文化积淀交相辉映，构成龙眠山独特的胜迹景致。

2. 鲁谼山风景区

鲁谼山——位于桐城东北吕亭镇境内，与龙眠山一脉相连。康熙《桐城县志》记载："鲁谼山，县东北十五里，相传鲁肃居此，其上有试剑石古迹。"三国时，该地为曹、孙争夺的战略要地，域内三国遗迹甚多。而流传最多的故事与吴国鲁肃有关。三国时期，魏国占据合肥，桐城地域是当时的东吴对抗魏国的前线，鲁肃任横江将军，拒北屯兵在此，故而鲁谼曾有"鲁肃镇"旧称。鲁谼的景点有鲁肃亭、望曹尖、试剑石、谷林寺、洞宾泉、鲁王墩、鲁王河等，还有附近寄母山上的望母岭、投子山中的投子寺等，皆与鲁肃有关。

谷林寺、鲁肃读书亭——位于吕亭镇吕亭村。谷林寺旧称清泉寺，传为三国鲁肃读书处，始建年代不详。明朝永乐年间重修，崇祯时毁于兵乱。清朝顺治三年（1646），僧元白重修。康熙四十六年（1707），圣祖南巡，改寺名为谷林寺。寺旁有亭，传三国时鲁肃屯兵于此，亲率士卒就地取材，用粗质麻石、松木和青瓦，建成仅容一桌、一椅的四柱落脚的读书亭，并在亭柱上铭刻一副楹联："治世以文，勘乱以武。"

试剑石——在桐城东北 7.5 公里鲁谼山试剑岭。石高 1.53 米，宽 1.73 米，灰青色，呈半圆球形，状若中剖，东北方向为剖面，光滑平整。传说鲁肃当年屯兵在此，与曹军对垒，为鼓舞士气，以剑劈石。石上留有阴刻行书三行："此石，三国吴鲁子敬试剑古迹。士人汪天笑叙。"试剑石现已从试剑岭巅滚落岭下，侧立路旁。

寄母山——在县城东北 20 公里，北邻抱斗山，南临杨河。据明弘治《桐城县志》记载："（孙）权（建安）十九年（214）破皖城，请肃为横江将军，经营此地，而暂居之。"当年孙权命鲁肃攻打皖城，鲁肃携母出征，戎马倥偬，途中母病，寄养老母于甑苤山西，战后来此探母，母已谢世。鲁肃便扶柩上山，葬于山巅。今坟冢隆然，即"鲁母坟"，后人称山巅为"望母岭"，称此山为"寄母山"。

3. 投子山

投子山为龙眠山余脉，位于桐城北约 2 公里处，亦名"凤凰山"，盖因其山形如同凤凰。早在东汉末年，山中就有小寺，小寺渐渐扩大，后来叫"胜因寺"。相传三国时吴将鲁肃与魏军交战，兵败后将爱子投入寺中寄养，胜因寺因此改名为"投子寺"，山亦因寺而名为"投子山"。宋人刘与言有诗："三雄分汉鼎，效野战群龙。将军偶败北，投子空山中。"即是记其事。道光《桐城续修县志》记载："投子寺，旧名胜因寺，在投子山，唐大同禅师开山。"唐时，舒州人大同禅师来寺布法宣教，接引学人，发大愿扩大寺宇规模，使之成为十方道场，师道扬天下。其时，投子寺殿宇崔嵬，僧侣众多，香烟缭绕，佛事鼎盛，更有晚钟伴长风悠悠长鸣。宋代舒州人义青禅师来寺住持，将投子寺复名为胜因寺。环寺宇还有"三鸦报晓"、"二虎巡廊"、"雪峰泉"、"卓锡泉"、"赵州桥"等诸多胜景。"投子晓钟"乃桐城老八景之一。只是这座千年极盛的古寺，却在明代嘉靖年间因"里绅某规作坟"而倾圮。现在投子山风景名胜区逐步建成，投子寺等建筑恢复重建，香火又兴盛起来。

4. 大横山

大横山位于桐城东南 31 公里，南距练潭镇 4 公里。大横山海拔 153 米，长达 1.5 公里的独立横排山峰，拔地而起，东北西南走向，形成南北屏障，故而得名。东北紧傍高赛湖，南临大沙河，西接平畴，山势陡峭，怪石嶙峋，遍山树木葱茏。相传大横山系秦始皇用鞭石之法，由临近怀宁县移来。说也奇怪，怀宁县就有一处横山宕。

传说秦灭六国之后，发动几十万民工修筑万里长城。观音大士念民工服役之苦，便在他们的工具上系上一根"一缕拨千斤"的红丝线。民工顿觉千斤重担轻如鸿毛。监工发现这个秘密，报告了秦始皇。秦始皇转念一想，一根红丝线有那么大的神力，若是聚成丝鞭，定可移山。恰在此时有大臣来报，长江洪水猛涨，冲开枞阳口，涌入菜子湖，良田被淹，黎民遭殃。秦始皇于是下令收缴红丝线，编成丝鞭，移山堵口。秦始皇一鞭在手，从龙眠山中寻出一座不高的小山，扬鞭一抽，天摇地动，山峰拔地而起，直朝枞阳口飞去。观音菩萨听到响声，从天庭朝下界一看，大惊失色。她知道此次虽然堵住江水倒灌，但后患无穷。日后这一带山洪暴发，泄口被堵，桐国岂不成了汪洋大海？便赶紧长袖一拂，用假丝鞭换掉了真丝鞭。随即轰隆一声，山峰便横落在练潭镇的西北边。这就是如今的大横山。至今山脊背上还有三道深沟，相传那就是秦始皇当年赶山留下的鞭痕。

抗日战争时期，国民党军队曾在此山阻击日军多次进犯，至今山上仍然留存战争遗迹。

5. 栲栳尖

栲栳尖离城有10多公里，海拔409米，是一座高峻挺拔、形似栲栳（笆斗）的美丽山峰，故名。栲栳尖突兀于崇山峻岭之上，树木葱笼，峭崖耸立，奇山怪石，极目云天。

栲栳尖上建造有法龙庵，临靠黄甲，背面是牡牛背水库，风景优美。庵下狮形崖壁上有一石洞，可容数十人，洞壁上泉水叮咚，终年不绝。据传这狮形崖是风水宝地，若谁家在狮子头上葬坟，其后代必出"人王"帝君。这一玄机被一高僧识破，抢先在狮形崖上建了座庙，供上观音菩萨。从此，狮形崖的额头上压着一座庙，稳如泰山，再也翻不出观音菩萨的手掌心。那狮子气得张开巨大"洞嘴"，一筹莫展，只有那因不堪重负憋出来的"汗泉"在没日没夜地不停滴落，向世人诉说着自身遭遇。

6. 小龙山

桐城境内南端尚有由大龙山脉派生的小龙山，异峰突起，与西部山区不相连属。小龙山也称"洪桂山"，位于罗岭镇洪桂村，面积4.7平方公里。它是镶嵌在桐城南境的一颗明珠，是正在开发的旅游胜地。

小龙山与龙眠山相呼应，其景致与龙眠山相比，毫不逊色，甚至更为妩媚。

小龙山

　　小龙山顶峰为船艄石，海拔500余米，状如船艄，凌空高翘，极为雄峻。传说古代有一巨船搁浅江边，船艄即是此石，船桅乃安庆振风塔。另一奇峰猴子石，石峰陡立，浑然一柱。其形态酷似巨猴，东面而望，人称"猴子望长江"。传说，古时候有一只恶猴，占据小龙山，偷食和糟蹋人间五谷，百姓深受其害。后来作恶多端的恶猴终被化作老妪的观音菩萨一掌击杀，至今那石峰上仍留有一个血殷殷的巨形手印。

　　小龙山名胜大致分为山巅与山麓两片，景点相对较为集中，登临览胜，可谓移步换景，且自然景观与人文景观融为一体，交相辉映。其腹地为"龙窝"，四周崖危峰峭，峰壑环拥，石奇洞怪，竹翠林幽。周围有四大景点：东有龙门峡，南有倒桅岗，西有月亮山，北有游龙峪。全山拥有船艄石、猴子石、千曲洞、万鹿洞、接仙船、小瑶池、太白醉酒、佛子朝山、五熊探海、孔雀听泉以及仙女照菱花等自然景点五十多处。这些风景逼真传神，分外妖娆，常常让游人流连忘返。

　　山明水秀，人杰地灵。小龙山不仅有奇石可供领略，有怪洞可供探幽，有竹海、枫林、杜鹃、玉兰可供观赏，更有人文胜迹可供怀古寻踪。在这块不大的土地上，明清时期曾出现过龙汝言、刘若宰两位状元和姚孙棐、龙鲤门、许鲤跃三位进士，故有"五里三进士，隔河两状元"的赞誉。当代又因出了个黄梅戏艺术表演家严凤英而闻名遐迩。如今在小龙山下，清代状元龙汝言"状元及第"旧址和黄梅戏表演艺术家严凤英故居还保存依旧。

7. 岱鳌山

在今枞阳县麒麟镇西北角，在绿荫覆盖、峰平坡缓的丘陵地带一座山峰突兀而起，宛如一头巨鳌，故称岱鳌山（海拔245米）。岱鳌山也留有秦始皇"三鞭子赶不动岱鳌山"的神奇故事。相传岱鳌山远古时期是东海之艄，秦始皇逼迫劳工交出所有红丝带，编成了"神鞭"用来赶山填海，所到之处无山不摧。东海龙王十分着急，与鸿钧老祖商议后，派遣栖歇在海滩上的一头巨鳌化成了一条山脉，即今日的岱鳌山。岱鳌山因神化成，任凭秦始皇如何驱赶，总是岿然不动。秦始皇大怒，猛抽三鞭，山被打开了三个缺口，即东部的大凹口（又名大化口）、小凹口和西部的杨眉山口。

岱鳌山人杰地灵，山之麓是英才辈出之地。其顶峰龙王顶东侧的陡岗

岱鳌山

村，是我国著名法学家、我省最早的老党员之一周新民的家乡。世界著名美学大师朱光潜先生的故居，就在岱鳌山双狮岭脚下。他幼时居住的房屋毁于"文革"时期，但房屋基脚至今尚存。他的祖父朱海门是晚清贡生，父亲朱子香是晚清秀才，皆终生不仕，是当地有名的塾师。其弟朱光澄，毕业于日本早稻田大学。岱鳌山的南面、平顶山下的阳和村，是我省著名民主人士光升的出生地。解放前岱鳌山一带曾是新四军、游击队战斗生活过的地区，也是刘邓大军进行战斗和革命活动的地区。现今在全国各类高等学校和科研机构施教和工作的副教授、副研究员职称以上的专家、学者，出生于岱鳌山山麓的有近二十人。

8. 大青山

大青山位于今枞阳县城东15公里处，远望山色青紫，秀色可餐，故名"大青山"。大青山南峰下有一平坦巨石，天生石柱撑其下，成了天然石屋，面积约200平方米，人居其间，冬暖夏凉，舒适无比。明末宰相何如宠少时曾读书于此。今屋顶巨石有其诗刻一首，诗曰："坚去附地阁山椒，仙隐禅栖万古遥。为向悬崖磨数字，与他后代认前朝。"

石屋之后，原有佛殿三重，名石屋寺，晋代高僧清供创建。元代至正年间，裴仙道人居此修炼，至今传说颇多。明代正统初年重建。当时该寺香火旺盛，有"小九华"美称。尔后时衰时兴，延续至今，仍有殿宇二重，佛像依然，香火不绝。该山有十大奇景，名曰："玉洞藏春"、"石屋胜迹"、"白驴化米"、"黑虎寻山"、"金鸡啼月"、"狮子卧云"、"石鼓轰雷"、"仙人棋局"、"乌鸦候客"、"石柱仙题"。历代名人慕名前来者甚多，寺前石上古人题刻多幅。青山石屋寺，现为县级重点文物保护单位。

青山石屋寺

龙眠河

二、桐城胜水

桐城地势，由西北至东南逐步倾斜，形成丘陵和平原。其间，河流湖泊众多，水系发达，有大小河流一百余条，从南到北，形成以大沙河、挂车河、龙眠河、孔城河为干流的四大水系，四条干流均自西北流向东南，分别注入菜子湖、嬉子湖和白兔湖，经枞阳闸注入长江。

长江流经县域74.5公里，此段江面称为枞江，通江湖泊有白荡湖、陈瑶湖、菜子湖和"两赛"（神灵赛、羹脍赛两湖）4个水系，河网密度每平方公里0.22公里，在农田灌溉、水产养殖、水上运输等方面均具有得天独厚的优势。

境内湖泊，东南边缘主要有菜子湖，另有两个连体支湖，东为白兔湖，西为嬉子湖，湖面浩渺，碧水千顷。

1. 龙眠河

龙眠河，被桐城人视作母亲河，横穿城区，是桐城一条重要的河流。

龙眠河发源于桐城、舒城分界的老关岭，经石板桥、黄柏岭，出境主庙水库溢洪口，穿城而过后折向南流，过铁铺、金神墩，于苏老屋处注入嬉子湖，全长43公里。龙眠河水系是桐城四大水系之一，在群众生产生活中起着非常重要的作用。沿河两岸是桐城的经济核心地带，著名的龙眠桥和紫来桥横跨其上。

龙眠河哺育了一代又一代勤劳聪慧的桐城人民，也孕育和造就了灿烂的桐城文化；她不仅是桐城人的母亲河，更是一条文化河。2008年，桐城市政府启动龙眠河综合治理工程，着力打造龙眠山水、紫气东来、黄梅飘香和商雨潇潇四大景区，改善龙眠河两岸居民的生活环境，提升桐城的城市品位和对外形象。如今，龙眠桥附近龙眠河两岸已经建成龙眠河公园，公园以徽派建筑为主调，但又不乏现代气息，主要景点有东作门、紫来桥、龙眠桥、大型雕塑、文化长廊、音乐喷泉和商业街等，旅游购物休闲娱乐等配套设施逐渐完善。龙眠河现已成为一道环境优美、造福群众的亮丽风景线。

2. 菜子湖

菜子湖，镶在龙眠山、小龙山之间，形成"南北两山中夹一湖"的格局。

菜子湖水系为长江北岸支流水体，水面由白兔湖、嬉子湖、菜子湖三个湖区组成，是三湖的总称。三湖水浑然一体，接纳大沙河、练潭河、挂车河、龙眠河、孔城河、杨湾河、义津河、官桥河水汇聚而成，于双河口接枞阳长河经枞阳闸注入长江。湖域宽广，方圆三百余平方公里，全流域面积3346平方公里，系长江下游大湖泊之一。新中国成立前，航运船舶可抵练潭、金神、高河、青草塥、双店、孔城、杨湾、枞阳、义津、官桥等各镇，并可达长江沿岸各港口，水上运输极其便利。

菜子湖是长江流域目前为数不多的受人为干扰相对较小的湖泊之一。菜子湖历史上为自然捕捞水域，水产丰富，枞阳闸建成后，鱼类数量减少。湖区临近长江，历史上雨季时经常受江水倒灌之苦，枞阳闸建成后，消除了此类水患。

菜子湖水域辽阔，烟波浩渺，白帆点点，鱼桥声声；周边沿岸风景如画，柳浪荷风，令人心驰神往。名胜景点有落凤窝、莲花矶、千里桃花园；有浮于水中的陡起墩、嬉子墩、笔架山、燕窝山等。

3. 嬉子湖

在桐城东南边境与安庆市交界处，那碧波万顷的宽阔湖面，便是人们为之向往的嬉子湖。嬉子湖与白兔湖隔2至3公里宽的丘岗，湖面狭长，南北长14公里，东西宽2至3公里。

嬉子湖水面广阔，湖岛相依，船只往来，白鹭翱翔，与远处小龙山

嬉子湖

风景区遥相呼应。放眼望去，整个湖面千姿百态，水天一色，别有一番景致。环境优美，景色秀丽，拥有"春晴草色如酥，夏汛水天浩渺，秋日白鹭翔云，冬雪平冰千里"之喻。湖区三水融合汇集，奔流于滔滔不息的长江。

嬉子湖沿湖湿地连绵，珍稀飞禽随季节迁徙栖息，形成罕见的湿地景观。嬉子墩丰水时节为独立岛屿，湖水上涨，嬉子墩一山独秀，树木葱茏，雄踞波心；枯水时则与岸相连，成为半岛。无论湖水涨落终不被淹没，远看似出水芙蓉，近观若睡猫卧于湖中。远近岛屿风光秀丽，渔村古朴，梭飞网亮，船家生活趣味盎然。

嬉子墩中心有一古墓，墓主系明代四川提刑按察使司余珊。余珊，桐城人，明正德三年（1508）进士，一生耿直善谏，因揭发宦党受陷入狱。明世宗即位，应诏奏"十渐"，计万余言，俱中时弊。后升任江西佥事，迁四川威茂兵备副使、四川提刑按察使司。墓前的石马、石翁仲距今已有五百年历史。今古墓为省级文物保护单位。

4. 松山湖

从嬉子湖驾舟绕菜子湖东行5公里，便来到菜子湖与白兔湖交汇的怀抱——松山湖。松山湖南岸，便是雄峙湖滨的松山，又因其形似巨型笔架，故名"笔架山"，海拔119米，是嬉子湖镇的制高点。它南隔菜子湖与大小龙山相望，相距约15公里；三峰相连，植被茂密，黛色山石纵横交错；登高远眺，四周湖光山色尽收眼底。山之东有大小两座孤屿位于湖中，如双龙戏珠，捧衔日月，这就是大小"印墩山"。相传唐代薛仁贵东征时兵阻菜子湖，情急之中抢了一副担子意欲挖山填湖，不想扁担"咔嚓"一下断了，一担土就永远被搁置湖心化作松山二子。松山主峰大鼓顶，形似巨大石鼓，举足轻蹬，但听空然作响，余音缭绕。置身大鼓顶俯视，四周全是茂密的松林，阵风吹过，绿浪翻滚，一派郁郁葱葱的景象。放眼松山湖面，隐约可见渔帆点点，波光粼粼。在没有月光的夜晚，可见星光闪烁，渔火荧荧，可谓"日有千人唱诺，夜有万盏明灯"。漫步湖边，柳醉春烟，鸥鹭翔集，皆为美景。泛舟湖上，碧波白浪，波光潋滟，似一匹无边无沿的丝绸。无论朝霞初上，夕阳西下，亦或繁星闪烁，明月中天，还是渔歌唱晚，雁阵惊寒，乡村岁末，水国春来，都令人赏心悦目，流连忘返。松山湖恰似有声的画，无字的诗，使人遐想，回味绵长。

松山湖北岸的盛家湾，有个落凤窝，它背依雄山，形如凤凰，近旁两山对峙，状若凤翼。据说是清代名臣张英之四世祖母仙逝时，有彩凤自南方飞来，落鸿坡上。这落凤窝，常年森林蓊郁，水土均调，不见流失。它冬不见雪，其暖融融，是块不可多得的风水宝地。

"桐城好，最好是松湖。贾船帆挂千秋月，渔艇灯明两岸芦，一望水平浦。"诗人姚兴泉笔下的松山湖美景，自古皆因秀色可餐而被文人雅士所歌咏。

三、桐城八景

著名的"桐城八景"是桐城江山形胜的代表。

"桐城八景"，清康熙六十年（1721）《安庆府志》详列为：桐梓晴岚、练潭秋月、投子晓钟、孔城暮雪、浮山夕照、枞江夜雨、竹湖落雁、荻埠归帆。其说始见于明朝弘治三年(1490)桐城知县陈勉主修、儒学训导许浩纂修的桐城县首部《桐城县志》。许浩初入桐城，即作《七律·桐城八景》："岚生桐梓路难寻，寻到练潭秋月沉。投子晓钟声断续，枞江夜雨气萧森。云迷落日浮山暝，风送归帆荻埠深。欲向竹湖看旅雁，孔城暮雪已相侵。"此诗描绘出桐城百里山河画卷。许浩是浙江余姚人，自幼受浙东文化濡染成长，饱读诗书。进入桐城境内，一路看到东、南二乡的江湖河汉风光旖旎，游目骋怀之际，又将"八景"逐一作诗，算是对"八景"的感性化、审美化的解释。

桐梓晴岚 "乔木碧涧景惟嘉，山气溟蒙若翠华。帘卷香风久彻去，谁知清兴在诗家？"

桐梓山位于孔城镇东部，群山环湖，山上桐梓荫翳蔽日，郁郁葱葱，山涧碧水淙淙，云雾缭绕，青翠隐现，帘卷香风，景象万千，故名"桐梓晴岚"。清代另一位桐城儒学训导张骅写得更为明白："谁将双树作山名？最爱山光日日晴。爽气初升林际碧，夕阳犹在望中清。樵歌远间田歌出，潭影常澄岚影明。自笑风尘无好景，奚囊收拾足浮生。"

练潭秋月 "冰轮秋浸碧潭寒，水府人间好共看。犹似骊珠见波底，料应惊起老龙蟠。"

练潭位于菜子湖西岸，河湾有一巨石，如卧龙昂首，名"龙头石"。巨石突入河心，河水回旋激荡，形成深潭，澄净如练。每当秋月在天，水光月色，最能怡人性情，故名"练潭秋月"。张骅诗云："一轮无际不堪赏，况是平湖露白时。易得清光涵野墅，难移幽兴到皋比。砧声断续风来静，帆影参差客睡迟。莫道武昌秋色好，疏狂还与此中宜。"

桐梓晴岚

投子晓钟 "上方楼阁势岧峣,频把金钟云外敲。隐隐数声天地晚,月明风细鹤归巢。"

投子山位于桐城北郊三里许处。山冈林木森森,晨钟暮鼓之声隐隐,故名"投子晓钟"。张骐诗云:"欲觉何曾闻晓钟,当年盛事愧难重。可怜鹿苑封荒草,不见蜂台傍老松。访古久无凫氏迹,搜奇惟有赵州踪。清斋露尽蛩吟寂,惆怅花宫第一峰。"

孔城暮雪 "朔风吹雪遍天涯,冻压江梅几树花。野老预欢丰稔兆,更添冰水煮新茶。"

孔城河汇合诸山之水注入白兔湖和菜子湖,岸阔潮平,北风吹起,水涌滩头,一望无际,水花溅起,宛若梅花盛开,暮色苍茫之际,夕阳反射,洁白如雪,故名"孔城暮雪"。张骐诗云:"一望空濛远近连,家家堨户乱吹烟。长堤柳落寒鸦集,古寺梅香老衲眠。冻合溪流迷野渡,风清客舍冷孤毡。村醪尽醉难为夜,高卧袁安许独贤。"

浮山夕照 "浮山景迹写难穷,翠壁丹崖几万重。惟有夕阳留返照,乔林掩映彩霞红。"

浮山有张公岩。张公是宋代词人张孝祥之子张同之,曾任江西路转运判官,游浮山,不忍去,遂弃官学道于辟谷岩,相传于辟谷仙去,此处因称"张公岩"。张公依岩筑楼名夕阳楼,楼后有井,容水六担,久旱不涸,汲之旋满。每当夕阳西下,阳光经折射入井,泉水浮动,红光摇曳,出现日照光环奇观,故名"浮山夕照"。张骐诗云:"烟生石上烟凝碧,日落峰头日影黄。返照入林山倒没,余辉映水塔生光。人驱古道牛羊下,风送归巢鸟雀忙。共识夕阳无限好,挥戈争得驻西岗。"

枞江夜雨 "枞江夜雨势如倾,拂柳滋花都有情。几个渔翁趁新水,江头一夜棹歌声。"

又名"枞川夜雨"。枞川为当时安庆府八县水系入江的主要河道,周边芦苇丛集,一望无际。枞阳镇坐落枞川北岸,为商贾云集之地,扬帆系缆,车马往来。沿岸荻影投滩,芦花飞雪。每当夏秋之夜,芦叶纷披,随风送响,或瑟瑟如小雨淅沥,或萧萧如大雨骤至,若倚篷窗静听,尤觉微妙。张骐诗云:"风起湖波催暮景,云来山谷暗人家。飘零几度蛟台屐,寂历今宵夜雨槎。芦叶有声和漏水，松枝堪爱惜阴嘉。惭余独酌官如客，落日潇潇水一涯。"

竹湖落雁 "大地西风振荻芦，雁衔秋色下平湖。眼前尽是潇湘景，谁为挥毫入画图。"

竹子湖位于会官拔茅山之东北，芦荻掩映，湖草丰茂，每当秋风渐起，南迁群雁，悠然而下，栖息于此。一曰湖滩乱石叠起，形如立锥，秋水落浅，有似群雁纷纷落地之状，故名"竹湖落雁"。山上建有观雁亭，为晋朝枞阳县令陶侃（陶渊明之曾祖）来此观雁之所。张骅诗云："怅望湖天旅雁过，蒲荒秋水意如何？声从向晚添寒泪，影带斜阳动碧波。月色有情沙更白，芦花无恙夜常和。只疑落后书偏少，不似凌空字尚多。"

荻埠归帆 "肃肃金风漾碧流，锦帆片片白云秋。晚来系缆知何处？只在清溪浅埠头。"

老洲头因洲土随江水流失形成半岛，沿岸芦苇密集，挡风避雨，是天然屏障，为来往归舟良港。每当晚霞灿烂，锦帆片片，远似素影翩翩，风景如画，壮阔悠远，故名"荻埠归帆"。张骅诗云："溪云暗淡夕阳收，细草寒江奈石尤。滚滚浪花随返棹，萧萧芦叶响孤舟。浮鸥不动汀烟冷，渔火相将树影留。望到水乡思更切，不堪薄宦又经秋。"

名山胜水孕育了桐城文化，厚重多姿的桐城文化滋润着这片灵山秀水。"桐城八景"是大自然给桐城这片神奇土地的馈赠，是镌刻在一代又一代桐城人民心里抹不去的文化记忆。

第二节 人文景观

桐城的灵山秀水孕育了桐城文化的自然之气，历代桐城人又在这块他们钟爱的土地上，留下了自己的文化之根。

沿着桐城的母亲河龙眠河畔慢步行走，你会发现传统与现代在这里的交织。在商业气息浓郁的繁华大道背后，你随处可以寻觅到古朴沧桑的旧迹，它们就这样静静地矗立在那里，凝视着小城的变迁流动。

这是一座面积不大的小城，却包容下无限的文化，传说着不尽的故事。

小城的每一处故居旧迹，都循着一块块的条石板慢慢延伸，让我们迈着轻缓的步伐，伴着哒哒的脚步声，去寻访古迹里的传说，想象曾经的声容。

一、桐城文庙

文庙居于小城的中心地带，"飞檐流丹"的古建筑格外醒目，作为明清以来桐城祭孔的礼制性建筑群，南面是市民广场，东西北面则被名人故居集中的老街环拥，犹如众星拱月。

文庙作为纪念和祭祀我国伟大思想家、政治家、教育家孔子的祠庙建筑，在历代王朝更迭中又被称作夫子庙、至圣庙、先师庙、先圣庙、文宣王庙，其中各地以"文庙"命名的更为普遍。由于孔子创立的儒家思想博大精深，尤其是汉代董仲舒"独尊儒术"的政策，对于维护社会安定起到重要作用，所以历代封建王朝对孔子都尊崇备至，也把修庙祀孔作为朝廷的重大事件。而到了明清时期，每一州、府、县治所在地都纷纷建立起孔庙或文庙，其数量之多、规制之高，建筑技术与艺术之精美，在我国古代建筑类型中可谓一枝独秀，也是我国古代文化遗产极其重要的组成部分。

历史上的孔庙一共有两千多所，根据其性质或类别可以分为三种类型：一是孔氏家庙，二是国庙，三是学庙。

第一种，孔氏家庙。历史上中国有两座孔氏家庙。最早的孔氏家庙就是现在被称为国庙的曲阜孔庙。孔子卒于公元前479年，第二年他的弟子将其居住的三间小屋改造成庙堂，并由孔氏族人来供奉，其间经历了283年的家庙历史。公元前195年，汉高祖亲临曲阜孔庙祭孔后，家庙开始正式向国庙过渡。孔氏家庙又分为南宗和北宗、南庙和北庙，其中南宗、南庙指宋室南渡后孔子后第48代衍圣公孔端友率族人迁至浙江衢州而建立的衢州家庙，而北宗、北庙则是指留在曲阜的孔氏族人孔瑶袭封衍圣公而

桐城文庙内景

承袭之家庙。

第二种，国庙。作为国庙性质的孔庙，全国只有曲阜孔庙和北京孔庙，它们与"学校"没有太大的关联，而是封建帝王、地方官员祭祀孔子的专用庙宇。曲阜孔庙是中国面积最大、等级最高的孔庙，北京孔庙是清代帝王祭孔的专用庙宇。国庙重在"国"字上，曲阜孔庙是由中央政府委派孔氏衍圣公（朝廷命官）来管理，并由政府出资维修的专为祭祀孔子的国家级礼制性庙宇。北京孔庙也由朝廷命官来管理，祭祀人员往往是皇帝本人或政府重要官员。

第三种，学庙。学庙或称庙学，是在古代社会以办学为宗旨，以儒家经典为教学内容，与祭祀孔子的礼制性庙宇相结合的国家行政教育场所和祭孔场所。它由政府教育行政主管部门直接管理。学庙重在"学"字，除了上述家庙、国庙外中国其他的孔庙都属学庙性质，当然也包括历朝历代的京师太学或国子监。作为学庙性质的孔庙，它实际上就是一座古代儒学教育的殿堂。中国古代的正统官学是儒学，儒学作为维系古代社会的重要纲领，具体表现为作为朝廷的治国理论、学而优则仕的科举制、从中央到地方的各级文庙学官。他们之间往往互为联系、互为因果，共同构成古代社会体制的坚强保障。

桐城文庙则属于学庙的范畴，在全国迄今为止保存较好的300多座文庙当中，桐城文庙享有较高的知名度，也是县级文庙当中保留最为完好的。这不仅因为它屡经兴废而未曾改易的堂皇格局和宏大规模，更是因为它哺育了一代又一代桐城英才，并从根本上奠定了桐城作为清代中国文学重镇的崇高地位。也只有在这里，你才会真切感受到桐城为何有"五里三进士，隔河两状元"的往日盛况。所以文庙对于桐城的意义，不仅在于桐城文人士子的培养成长，而且更在于桐城文化的孕育升华。

桐城明清以来的文化繁荣与人才辈出，与当时县学、庙学的垂范密切相关，因学修庙，即庙建学，学庙合一。文庙既是桐城地方祭祀孔子的礼制性建筑，又是县学的学官和儒学教官的衙署。可以说，兴学与建庙是相互促进的，即"因学尊庙，因庙表学"。正因为学中有庙，所以清代外省官员到桐城上任的第二天，都要到县学行香拜谒，每逢初一、十五也都要按例在文庙叩拜，以表示崇文重教的礼制。

桐城文庙始建于元代仁宗延祐元年（1314），后来在元末的兵火当中被毁坏，明代洪武初年从城东郊外移建于现在的庙址。此后屡屡遭遇兵火摧残以及自然灾害的严重侵蚀，明清两代一共修葺达19次之多。如今的文庙依然按照原来的格局进行修复，整座文庙格局堂皇，古朴典雅，成为大家共同瞻仰的地方。

整座文庙以大成殿为主体和中心，以晋谒通道也就是"御道"为中轴线，布局对称，气势恢宏，建有门楼、宫墙、泮池、状元桥、大成门、崇圣祠、土神祠、东西长庑等建筑，占地总面积达4159平方米。

文庙的门楼是三开间的亭阁式建筑，传统的砖木架构，雕刻有如"入平仲学"、"侍席鲁君"、"可坛礼乐"、"李太白醉酒"、"陶渊明赏菊"、"林和靖观梅"、"周敦颐爱莲"、"渔樵耕读"、"太公垂钓"、"文王访贤"、"孟母断杼"、"独占鳌头"、"威震寰宇"、"天宫赐福"、"魁星点斗"等六十余幅花卉人物图案。门楼正面镂花平枋上面悬有一块长方形的金字额匾，"文庙"二字为前全国政协副主席赵朴初先生题写。

走进文庙,中间有个半月形的泮池,这也是古代官学的标志性建筑,所取的是"诸侯不得观四方,故缺东以南,半天子之学,故曰'泮宫'"。《诗经·泮水》篇也有"思乐泮水,薄采其芹……"等说法,指的就是古时士子在太学可采摘泮池中的水芹,插在帽檐上以表示文才。泮池上一般建有石桥,或拱或平,或三座三洞,或单座多洞不等,称为泮桥。每到科举考试的时候学生都要迈过此桥去拜谒孔子,称为"入泮"。所以一般人进入太庙是绕过泮桥从两边走过的,只有读书人才有机会从泮桥通过。传闻明清时期桐城才子们,如"东林六君子"之一的左光斗,"百科全书式"大哲学家方以智,"父子双宰相"张英、张廷玉,以及桐城派鼻祖戴名世、方苞、刘大櫆、姚鼐等近千名臣硕儒,他们在成名之前都从桥上步入大成殿祭孔,直到最后金榜题名,所以文庙里的"泮桥"又被称为"状元桥"。过泮桥也是历代桐城文人士子走出桐城、名扬天下之前的一次精神洗礼。

在泮池的北端高耸着大成殿,作为文庙的主体建筑,大成殿很幸运地被完好保存下来。整个大成殿高大、宏伟、壮观,全国著名古建筑专家张驭寰、单士元到安徽考察历史文化名城时,对桐城文庙赞赏有加,尤为看重大成殿"斗拱",评价它无论从力学还是美学的角度来看,在古建筑中都是精品之作。这在全国同类建筑当中也是罕见的,是研究中国古建筑史难能可贵的直观教材。大成殿内有圣先师孔子、"四配"及"十二哲"塑像,形神兼备,栩栩如生,可与山东曲阜孔庙孔子塑像相媲美,并且享有更高赞誉。

桐城文庙,这座科举时代的学官,见证了多少桐城学子的

桐城文庙泮池

文誉。正如魁星阁的联语所云："地脉发官墙，灵钟皖岳，秀毓桐岗，庆云蔚霞蒸，溯当年威凤祥麟，蜚声奕叶；人文辉帝座，鹏奋秋霄，龙腾春浪，瞻奎光壁影，愿他日状元宰相，接武前人。"如今的文庙作为桐城文人士子的精神象征，流淌着桐城人的灵性气脉与文化传统，激励着一代代桐城人奋发图强。

二、故居旧事

环绕在桐城文庙周围的小街深巷，错落着桐城文人的故居旧迹，犹如点缀在桐城文脉上的点点繁星，至今依然闪烁着他们的如风往事。

1. "惜抱轩"银杏树

姚鼐（1732—1815），字姬传，一字梦谷，因其书斋取名"惜抱轩"，所以世人称他为"惜抱先生"。惜抱先生藏书甚丰的书斋已不存在，但是先生亲手种植的银杏树现今依然在桐城中学校园内迎风招展。

姚鼐出生于官宦世家，高祖姚文然是康熙年间的兵部尚书，曾祖姚士基曾任罗田知县，父亲姚淑虽终生未仕，却也是饱读诗书之人。姚鼐少时虽然家庭很是贫困，且体弱多病，但是他却嗜学如命。伯父姚范授之以经学，他又师从刘大櫆学习古文之法，并表现出非凡的天资。刘大櫆后来在《寄姚姬传诗》中说"我昔在故乡，初与君相识。君时甫弱冠，已具垂天翼"。姚鼐33岁时中进士，授庶吉士。3年后散馆改主事，分属兵部，不久又补礼部仪制司主事。后历任山东、湖南乡试副主考官，恩科会试同考官和刑部广东司郎中等职。乾隆三十八年（1773），由于朱筠等人的提议，清廷开设四库馆，姚鼐被推荐入馆充纂修官。2年后他辞官归里，在惜抱轩潜心文章之事，并亲手种下了这棵银杏树。

自乾隆四十二年（1777）起到他去世的38年中，姚鼐一直以授徒为业，先后主讲于扬州梅花书院、安庆敬敷书院、歙县紫阳书院、南京钟山书院，致力于教育和精研学问。因而他的弟子遍及南方各地，其中最著名的有管同、梅曾亮、刘开、方东树、姚莹、陈用光等人。他们如颗颗耀眼的群星闪烁在清代文坛的星空，姚鼐堪称是一位成就卓著的教育家！

作为桐城派的扛鼎大家，姚鼐创立一套完整的文学理论，明确地提出

"义理、考据、辞章三者合一"的文章理论，这是对方苞"义法说"和刘大櫆的神气、音节、字句、论文的继承和发展，但较方、刘的文论主张，更具有完整的体系性和周密的理论性。姚鼐在文论上的另一重大贡献是他的文章风格学。他在《复鲁絜非书》中将千姿百态的文风归结为"阳刚"、"阴柔"二端，指出文章的风格与作者个性之间的关系，同时又强调了"阳刚"、"阴柔"的相辅相成。其理论对后世桐城派作家的影响很大，曾国藩、张裕钊等人都以此作为品评文章的纲领。姚鼐的散文创作也形成了隽永耐读、意蕴无穷的风格，其记事体散文文辞简练而记事明晰，深得雅洁之美。就连序跋墓志也写得跌宕有致、富于韵味，论理的文章也写得颇有韵味，很有情感。这样一位大家，种下华盖文都的参天大树，其寓意深远。"惜抱轩"银杏树，更是文化之树，令后世代代学子景仰。

2. 左忠毅公祠

在"惜抱轩"银杏树的不远处，有一处三进间的房屋，典型的粉墙小瓦式桐城建筑风格，向南面对的是桐城的北大街，北面则依靠着如今的桐城中学，这里就是明朝佥都御史、"东林六君子"之一左光斗的故居所在。

左忠毅公祠与啖椒堂相连在一起，祠堂是家乡人为纪念左光斗而兴建的，啖椒堂则是左光斗的故居。祠堂分为前、中、后三进，都是木结构的建筑，中进是大殿，三开间，大殿为七架梁加前后破架。啖椒堂原是三进式的老式建筑，中进是明间堂屋，即"啖椒堂"，两侧次间为左右上房，后进为住宅生活区，是明万历初年的建筑。整座院落因为年久失修，前进一度被毁坏，近几年经过文物部门的保护和修葺，已经基本恢复了原貌，现在都属于重点保护的文物。

左光斗（1575—1625），字遗直，一字共之，号浮丘，是明代著名水利专家、东林党的主要成员。天启年间阉党横行，左副都御史杨涟上疏弹劾魏忠贤，左光斗极力支持，并独自上疏弹劾魏忠贤32个该斩的罪行。此后，左光斗便遭到阉党魏忠贤的打击报复，与杨涟、袁化中、魏大中、顾大章等人一起被捕入狱。据《桐城县志》记载，左光斗在家乡被捕时，家乡父老倾城出动，人们头顶明镜，手捧清水，截住马首，整条北大街哭号声一片，就连"缇骑亦为之涕零"。

左忠毅公祠

一位朝廷命官的起伏人生，竟然牵动了当地百姓的情怀，父老乡亲纷纷涌堵街道，跪地要求放人。因为，魏忠贤在朝政专权弄事，坑害忠良，早已引起全国百姓的无限愤慨，左光斗所抨击的正是民愤极大的阉党，他代表的正是民心。

左光斗自幼家境贫寒，万历三十五年（1607）中进士，此后当过左佥都御史，领直隶屯田事。在此期间，他走遍了河北的山山水水，并且根据河北的现状，设计出引流、设坝、疏渠、建闸、筑堤等十多项水利方案，并且亲临现场督造实施。可见左光斗作为地方官员倾情民众、体恤疾苦的可贵一面。

左光斗又是慧眼识人、处处以国家利益为重的人。他任京师学政时发现史可法才学过人，便爱之如子，极力举荐。史可法则不忘师恩，冒死去狱中探视左光斗。左光斗教诲他要以国家为重，不要因己误了前途，史可法感动得泪如雨下。桐城文派大家方苞曾写下《左忠毅公轶事》、《狱中杂记》，其情其景描述淋漓尽致，让今天的我们同样唏嘘崇敬。这些文章现在也都被编入中学课本。

左光斗最终被迫害致死，成为历史上著名的"东林六君子"冤案当事人之一。崇祯帝即位后，左光斗的冤案得以昭雪，并被追赠为太子少保，谥"忠毅"。当他84岁的老父亲接旨后，端坐瞑目，不语而亡。那不仅是大悲大切的等待与结束，也是刚正不阿、敢于抗争的信念与坚守，是啖椒堂传出的桐城精神的闪光之处。

3. 书香勺园

勺园坐落在桐城市旧城的南大街附近，抗战之前在旧城墙还没被拆掉的时候，勺园就位于西成门边依傍在坚固高大的城墙之下，仰面可见巍峨的门楼和错落的雉堞。可惜的是战争后旧城墙遭到破坏，勺园因此也失去凭依的保障，孤单落寞地坐落在今天的西大街附近，但是园内的一草一木仍旧浸润着昔日的芳华。

勺园的主人方守敦，是桐城鲁谼方氏、后期桐城派大家、清末理学家方宗诚之子，诗人方守彝之弟，新月女诗人方令孺之父。勺园既是方守敦生活起居、读书吟咏、临书作画的地方，也是与其往来的桐城文人雅集唱和之处。方守敦长女"九姑"方令孺在她的美文《忆江南》中这样写道："故乡的庭园里每一片石，每一条径，每一棵古树，每一个残缺浓荫的门，都和父亲的风仪连合着，我想到父亲，就联想到那些醇雅的情景……"

勺园基本依照江南园林的格局建造。主人方守敦先生当时遍搜珍贵的花木，"亭子的周围都是古木参天，有大可合抱的槐树，有枝干夭矫的五谷树，有双杆的梧桐，还有父亲亲手种的柏、石楠、柿和杉等树。这些树都是我几个兄弟的小名，父亲带着多少温良的深意把他们每一个名字都种植在土地上；看他把一瓢一瓢的清水灌溉到树根上，是存着多少的希望！"其中最能透出勺园雅致的还数凌寒亭。方家"九姑"方令孺凭记忆描述，"亭子共有三间傍着城墙，城墙像一座山，因为时间的古老，从砖缝里生出许多藤萝和灌木"。只可惜勺园在1938年遭到战火的破坏，在战火中一并消失的还有方守敦先生所藏的书籍。

如今的勺园虽然矗立在偏僻的一角，却印证了方家诗礼传家的文化名门，现当代文学史上的方孝岳、方令孺、方玮德、方管（舒芜），他们的童年都无不受到这座园子里的春风熏染，诗礼浸润。

4. 吴樾故居

在桐城西后街有一条偏僻而又安静的小巷，小巷有个很典雅的名子叫"延陵巷"，就在这个深巷的老宅里，走出了一位声名显赫的大英

勺园

雄——吴樾。

　　这座旧式故居是那种老式的推窗架梁、青砖小瓦、带廊沿的建筑。原为三进,两侧有厢房,因为年深日久,前两进已经被部分毁弃,后来桐城文物部门本着修旧如旧的原则,曾对此进行修葺并列为省重点文物保护单位。

　　吴樾(1878—1905),字梦霞,又称孟侠,是近代著名的民主革命烈士。清光绪三十一年(1905),清廷准备"仿行宪政"、"预备立法",派载泽、端方、绍英、戴鸿慈、徐世昌五位大臣出国考察,此时在保定高等学堂读书的吴樾,认为此举是朝廷为了延长封建统治的骗局,于是决定暗杀五大臣,揭穿骗局以唤醒民众。9月24日,载泽等五大臣乘车启程,吴樾乔装成官员仆从,怀揣着炸弹赶至北京正阳门车站,登上五大臣的专列。当时由于车身剧烈震动,炸弹被失手引爆,顿时弹片横飞,载泽和绍英等被炸伤,而吴樾英勇牺牲。与此同时《民报》增刊《天讨》号上,刊登了吴樾生前早已写好的《暗杀时代》、与未婚妻绝笔书和致章太炎的信,大声疾呼"今日为我同志诸君之暗杀时代,他年则为我汉族之革命时代……"深切悼念自我牺牲、为国捐躯的壮烈行为。

后来吴樾的遗骨南归安庆后,与安庆马炮营起义烈士一同安葬。孙中山还曾亲笔题写"皖江烈士墓",并铭文"爱有吴君,奋力一掷"。家乡人民为了纪念这位英雄,建起了吴樾祠,创办了孟侠小学。1929年,安庆市把当时最为繁华的商业街命名为"吴樾街"。

至今,后人每每访寻烈士故居,都不由得为吴樾的无畏精神所感动,他的舍生取义,永远被记在桐城人民的心中。

5. 紫气东来第一桥

龙眠河是桐城的母亲河。千百年来,桐城古城就一直依偎在她的怀抱里,吮吸着她的乳汁长大。出城东门,就是横卧在母亲河上的紫来桥。

紫来桥虽然只是一座桥,却是东、西大街发展变迁的印证,更是桐城文化凝结的故物。

紫来桥开始叫"桐溪桥",元朝末年,邑人方德益捐建甃石桥,明朝嘉靖末年,石桥损毁又改建木桥。天启年间,知县陈赞化倡议捐资修复石桥,并且袭用"紫气东来"之意命名为紫来桥。中国是龙的故乡,桐城当然也少不了"龙气",山叫龙眠山,河叫龙眠河,这东来的紫气更具动感和朝气。

紫来桥

是偶然的巧合还是历史的必然？自此之后，桐城士子科场及第者如过江之鲫。无论是崭露头角者的登科捷报，还是业有所成者的衣锦还乡，都必须经过紫来桥入城。"紫气东来"是不是就蕴含着这种人文鼎盛的现实和对未来的更大期盼呢？

紫来桥肩负着这种现实与期盼的重载，经受着龙眠河水和如斯岁月的冲刷，到清代初年桥基已严重毁坏，知县邬汝楫倡议重造石桥，并请邑人内阁中书陈焯作《桐城重造东门桥记》，勒石立碑，以纪其事。乾隆初年，紫来桥再度被洪水冲塌，保和殿大学士张廷玉捐建石桥，并在两端增建桥亭，乡人为了感激宰相的美德，又将紫来桥命名为"良弼桥"。桐城诗人姚兴泉在《龙眠杂忆》中记有此事："桐城好，桥跨大河滨。捐俸经营赖良弼，筑堤防御有恭人。七省是通津。"这也算是对张廷玉最好的褒扬与纪念。桐城是文化之域，桐城人素重情感，尤其是对那些曾造福桑梓和关心民情的清官更是敬仰有加。无论是叫"紫来桥"，还是叫"良弼桥"，都是这种情感的体现，并将作为历史佳话永远流传在桐城人民的口头和心中。

紫来桥桥面以条石铺就，上面已烙下深深的辙印，它记载着当年樵子农夫独轮小车的辛劳，也记载着当年达官贵人宝马雕车的荣耀。

紫来桥，它连接着龙眠河的两岸，也连接着两个世界，连接着两个时代。站在紫来桥上，极目西北而来的隐隐青山，放眼东南而去的悠悠碧水，神游在千百年的时空中，怎能不叫人感慨万千，击节放歌！

6. 名家墓群

在桐城的山川之间还静静地安置着历代桐城文人的墓地，当年他们从桐城一方水土走出家门，把桐城文化传扬天下，而等到他们暮年之时又思乡备切，独爱故乡龙眠的山水，把自己的生命之躯长眠于这方土地，他们是朱邑、张英张廷玉父子、戴名世、姚鼐、方东树、方以智、戴均衡、施从云、房秩五等名家。

其中，文和园位于桐城市龙眠山腹地的金鸡地（现为双溪村），是桐城著名的张英、张廷玉父子宰相的陵墓所在，有"父子双宰相，归葬同一方"的说法。相传墓地为张英生前亲自选定，希望子孙能够"金鸡报晓，勤勉侍朝"。墓坐西朝东，居高临下，背枕金鸡山，面临添家畈，龙眠河绕山流向东南，环境幽雅，风景绝胜。墓地面积有2000平方米，墓前设有石阶，上为拜台，拜台上放置有石制的供桌、烛台、香炉等整套祭具，台下站立石雕翁仲两对，石狮、石马、石羊、石龟各一对，对称排列，气势恢宏。由于张廷玉生活在康乾盛世，三朝老臣、两代宰相，居官五十年，宦迹政声载誉史册，富贵寿考为有清之最。乾隆二十年（1755），历经清代康、雍、乾政坛五十载的张廷玉，卒于家乡桐城，奉旨按大学士品秩葬于龙眠山，墓园以其谥号"文和"命名。

还有方以智墓。方以智逝世后共有三处墓冢：江西青原山为衣钵墓；浮山华严寺后为爪发塔；浮山北麓白沙岭"金牛架轭"地为肉身墓。前两墓（塔）为无可禅师（即方以智）之徒所立，后者为方家子孙所建，墓碑不署清朝年号，以尊其忠节。墓地依山傍水，坐西北朝东南，与其母诰命夫人吴令仪之墓相望，谓之"回龙望母"。墓地共217平方米，分墓冢、祭坛、拜台三部分。墓冢周围是花岗石墓圹，冢后竖一白石墓碑。左侧为潘氏夫人之墓，与其并列。墓前有石砌祭坛。再前立"方密之先生事略"碑一块，高约2米，两侧有楹联一副，文曰："博学清操垂百世，名山胜水共千秋。"其碑下，有拜台三道，白石栏杆前护。拜台之间均铺石级，最前面有石狮一对，分立左右。整个墓地，居高临下，气势磅礴。近年来，海内外学者如瑞士西方哲学教授更达·空及我国天体物理学家方励之教授等，均来墓前瞻仰。

三、老街名风

桐城古城还贯穿着无数条延续文化、

大学士张廷玉墓园

同时又生活气息浓厚的老街，它们与桐城的龙眠秀水一样，成为连接桐城文化的重要途径。桐城城内就有东西南北四条大街以及胜利街等，构成古城的重要枢纽。

东大街建筑群具有典型的明清风格，也是安徽省保存得比较完好的古建筑群之一。整条街道呈东西走向，东抵合（肥）安（庆）公路，西临紫来桥，主街一条，长480米，宽4米，麻条石横铺街道，呈微弧形，具有中国古街道特色。街道两侧为店铺，鳞次栉比，多是清代建筑，大都石砌单台基，木构架屋身，砖砌墀头。建筑形式以抬梁式最为普遍，采用榫卯结合、砖石结构的建造方法，错落有致。东大街昔日作为桐城繁荣的商业街之一，街道旁还有姚莹故居、姚元之旧馆、仙姑井、朱光潜故居、桐城革命烈士陵园等景点，是桐城古城的另一个缩影。

桐城古城之外还有很多大小老街集镇，它们作为当地百姓的交流场地，也构成了桐城古时的四大名镇：枞（阳）、汤（沟）、孔（城）、练（潭）四镇，以及西南角的青草镇等，其中枞阳和汤沟随着当代枞阳县的分治划出，它们都沿着桐城的秀水慢慢延伸，成为点缀在桐城水脉上的点点珍珠。

我们先来说说古镇练潭。

练潭，就是濒临菜子湖的一个入河口处。因为练潭河入湖前在这里转了个弯，转弯处正好有一尊巨石，奇伟峥嵘并且形状像龙头，所以人们又叫它"龙头石"。龙头石的北边伏脉数里的山岗就是龙身。由于龙头石突入河心，迫使湍急的河水在此回旋激荡，天长日久就形成了一口深潭，秋高气爽，河水不兴，寒潭幽邃，澄碧如练，这也便是"练潭"名字的由来。

每当夜空如洗，明月在天，潭水中便倒映出皎洁的月影，水光月色，如梦如幻，这便是桐城老八景之一"练潭秋月"的迷人景致。据说在天气适宜的情况下，潭水中还可以见到十几个皎洁的月影，这恐怕是对"练潭秋月"的神化和美化。桐城诗人姚兴泉在《龙眠杂忆》里也说道："桐城好，幽绝练潭秋，沙澄极浦浮官渡，月挂空亭系钓舟，水驿夜鸣驺。"如今练潭河道已经南移，"卧龙饮水"的雄姿、"练潭秋月"的清幽早已不在，都已成为人们心里最美好的传说。

在距桐城市12公里的地方，另一名镇孔城镇的孔城老街已有1800多年的历史，作为连接巢湖地区和长江地区的重要水运码头，孔城老街曾经非常繁荣。太平天国时期孔城一度遭到破坏，现有的老街是后来恢复建设的。老街绵延数里，分为十甲，每甲之间有闸门隔挡。整条街基本是南北走向，呈"S"形，地势南低北高，一条主街，两条横街，另有三巷一弄。总长约3公里，街道宽度为3米左右，街、巷、弄路面均是整块的麻石条铺成，总面积为17万平方米。店铺房舍皆为青砖灰瓦，多具飞檐翘角，木镂花窗，鳞次栉比，兼具江淮水乡及皖南徽派的建筑特色。

孔城镇历史悠久，地理位置重要，是三国时的东吴属地。传说大将吕蒙曾筑垒于此，《桐旧集·孔城》有"人烟开小聚，传说吕蒙城"，《宋史·李显忠传》也记载宋将张俊、李显忠曾败金兀术于此。宋《元丰九域志》记录"淮南路舒州桐城九镇，孔城即九镇之一"。但是它为什么又叫孔城呢？一种说法是因为它在水上交通孔道而得名，另一种说法是它曾经被大水冲洗一空，得名"空城"，并慢慢演变成为孔城，还有一说是因为从前镇上有个问事的先生姓孔而得名……名字都如此难以说清，恐怕也就是因为它的历史太悠久。

孔城不仅历史悠久，而且环境优美，风格秀丽。它东靠桐梓山，形成"桐梓晴岚"的胜景。桐城古代的时候也称为桐国、桐乡，因桐树而得名。桐梓山不仅多桐树，而且多梓树。它们都树大叶肥，使得满山滴翠。每当雨后初晴，山中便有水汽升腾、薄雾缭绕，或青碧连云，或如霞似锦，这便是前文已经有过一定描述的桐城八景之一的"桐梓晴岚"。古人诗云"雨霁桐梓山，奇态千万状。轻红抹峰头，嫩碧加于上"，赞美的就是这种乔林碧涧、山气溟濛的迷人景象。

孔城濒临孔城河，前文已揭的"孔城暮雪"的奇观也是在此。孔城河汇集东北诸山之水在此汇入白兔湖，河面宽阔、水流平缓，河水从上游夹带的沙粒在此沉积下来便形成沙地。由于这里的沙粒多为有光泽的石英石，每当夕阳反照的时候就闪闪烁烁，远望洁白如雪，于是就有了"孔城暮雪"的奇观。

连绵的沙滩、不尽的绿水、广袤的田野、艳红的夕阳……这是一幅多么迷人的风景画！明代桐城训导许浩有诗赞曰："朔风吹雪遍天涯，冻压江梅几树花。野老豫吹丰稔兆，更添冰水煮新茶。"杜甫曾经登高吟咏长江"渚清沙白"，不免表现出秋天的肃杀和悲凉，这里却给人"冰水新茶"的甜润芬芳！

孔城南依白兔湖，是"荻浦归帆"又一传说之地。荻浦在孔城镇的下街头，在古代，那里芦荻丛生，又是商埠码头，故而得名。这里不少人家直接经商或者从事航运事业，所以每当春暖花开、江满湖平的时候，他们便满载土特产品结伴东下芜湖、苏杭等地，然后运回咸盐百货转销家乡。在外滞留日久，一旦家乡在望，喜悦之情当然溢于言表，于是各船竞相扯满风帆，全速前进。此时他们的家人也正聚集在码头上，指点着、辨认着，迎接亲人的归来。

"萧萧金风漾碧流，锦帆片片白云秋"。天高气爽，明湖澄碧，片片白帆从水天相接处冉冉漂至，如白云般美丽而轻盈。"荻浦归帆"就是对

孔城老街

此美景的最好概括，所以也成为桐城八景之一。

整个孔城古镇呈半岛形，三面环水，依水设埠，依埠建镇。镇区以一条商业街为中心，以商贸物流为功能主体，以临街前店后居、街区外环封闭为布局结构。整体布局基本保持北宋古镇的时代特色。孔城经历了一个从最初的军事防御城池，到水运商埠重地，再到某一地区物资集散中心的漫长衍变过程。

孔城老街的繁华商业，既彰显了孔城人的勤劳，又显现着他们的诚信。孔城在明清两代可谓大放光芒，商贾云集，百业兴盛，桐城、庐阳、舒城、六安等地的货物大多先转运于此。早在宋代《元丰九域志》就有记载："桐城有孔城镇水运商埠，船只经白兔湖，菜子湖通往长江。"可见孔城码头当时的地位非常重要。明初定都南京，桐城得京畿便利成为江北潜山、怀宁、舒城等地重要的漕米集运地，镇民也多以贸易货运为业。发展到清末则出现了李鸿章钱庄这样的大金融实体。自宋代以来，由于孔城码头是安庆的咽喉，各地客商纷至沓来，设立酒楼、茶馆、码头、货栈、仓库以及大小钱庄等，街道中间青石板上独轮车压出的凹痕，就清晰记录了当时孔城码头的繁华景象。

关于孔城，我们还可听听这首脍炙人口的《十甲歌》："一甲咚咚呛，高跷带五猖；二甲真有钱，出个彩轮船；三甲真大胆，出个玻璃伞；四甲人斯文，出个富贵亭；五甲没得出，出个十二属；六甲与七甲，平台伴銮驾；八甲不顾羞，出个老悠秋；九甲狮子丑，像个哈叭狗；十甲人真榷，出的是台阁。"从这里我们基本可见孔城老街的整体风貌，其中有：一甲：以米行、杂货铺、手工作坊为主；二甲：主要集中药铺、布匹店铺；三甲：富商豪宅云集；四甲：政治、文化、教育中心；五甲：集中小吃、京货；六甲：寺巷热闹繁华；七甲：商铺经验范围较广，最为繁华的地段，茶楼酒馆林立；八九甲：古镇南端终点，米市、鱼行为主，九甲是货物运输的主要通道；十甲：东西水陆运输的埠头，民国时居民多从事丝织业和运输业。

下面我们简单地列举一下几家具有代表性的商埠，就可以大致窥见孔城商业昔日的繁华。

二甲 4 号——黄家大屋：

位于二甲首，又叫做"满江村茶楼"，始建于清末民初，坐西朝东，占地面积 450 平方米，建筑面积 380 平方米，是本籍官商黄氏宅第。满江村茶楼是孔城老街茶楼、酒馆的典型代表。

二甲 21 号——李鸿章钱庄：

位于二甲，坐东朝西，面阔三间，占地面积 2000 平方米，建筑面积 680 平方米。清同治年间，直隶总督李鸿章派人在孔城老街设立钱庄，主要是方便老街商户和百姓的银钱兑换。李鸿章钱庄前后七进，中间两进已毁，楼下正中设一方天井，上承天光，下接地气，符合阴阳调和之风水学。

三甲 5 号——瑞甫医院（孔城区、孔城镇文化站）：

位于三甲，坐东朝西，面阔五间，清末民初为瑞甫医院。它是一家以西医见长的西式医院，开创了孔城老街西医治病的历史。解放后一直作为孔城区、孔城镇文化站站房。瑞甫医院整体设计协调，聚合性强，符合当代以人为本的观念，整幢建筑带有些许西洋建筑风格，曾经考察孔城老街的一位专家留言道："青山绿水本无意，黑瓦白墙别有情。"

六甲 13 号——万春园茶楼（孔城米饺）：

位于老街六甲，面阔二间，坐东朝西，出门就是老街米市鱼行。在民国初期，主人郑某某经营茶楼，并诚请老街名士杨某题写商号"万春园"，寓意接纳八方来客，春意盎然。万春园茶楼的传统名点——孔城米饺，至今已有一百多年历史，其独特工艺已被列为非物质文化遗产。

李鸿章钱庄

七甲 8 号——巡检司：

位于老街七甲西街后，建于清朝后期，占地面积 418 平方米，建筑面积 248 平方米。姚府宅院坐西朝东，二进五开间，后进南侧只有半间房子大，当地人又把它叫作"九间半房"。房屋西头有一处空旷院落，原为羁押疑犯场所——硖石巡检司遗址。巡检司是孔城老街唯一遗留下来的清朝官方府衙。

从府衙、商铺、娱乐、金融等情况看，孔城老街可谓机构齐备，是一个相对独立的王国，这也再次证明孔城老街的商业繁华所带来的一系列变化。

孔城老街更是走出不少文人名士，孔城人民至今还念念不忘他们的不朽故事，不断讲述给他们的子孙后代。其中，桐城派重要作家戴名世是清代文学史上重要的文人。戴名世毕生著作多达几十部，有记载的有《四书朱子大全》、《困学集》、《天问集》、《芦中集》、《柳下集》、《时文全集》等。戴名世为文重视文章理论，作文主张"立诚有物，率其自然"，讲究"道、法、辞并重，精、气、神合一"，被视为"桐城派的奠基人物"，只可惜因为《南山集》案发，惨死于清朝那场惨烈的文字狱之中。此后姚门的弟子刘开同样恪守桐城人的读书传统，14 岁时将习作递给桐城派宗师姚鼐，姚鼐慨叹说"吾乡古文一脉，庶不至断绝矣"。刘开一生不意仕进，成就卓著，与梅曾亮、方东树、管同并称"姚门四杰"。而后，又有桐城派后期大家戴均衡与同里文聚奎、程恩绶筹建桐乡书院，中国美学奠基人朱光潜、一代大哲方东美、中国计算机之父慈云桂、中共早期社会活动家尹宽等大家名流均在此接受启蒙教育，孔城老街的文风一度盛行。

孔城老街还走出了一对父女革命义士。施从云（1880—1912），字燮卿，弱冠投军，选送入保定将弁学堂。在北洋军中历任排长、督队官。1910 年新军第二十镇成立，任第七十九标第一营管带。与王金铭、冯玉祥发起组织"武学研究会"，秘密宣传反清革命。1911 年武昌起义爆发，力劝统制张绍曾率部起义未遂。次年 1 月与王金铭发动滦州起义并宣布滦州独立，成立"北方革命军政府"，被推为总司令，率军西进准备进攻天津。1 月 4 日与清军激战于雷庄附近，清军诡称议和将其诱捕杀害。

施剑翘是施从云之女,是"乱世三女性"之一。1935年6月施剑翘从太原来津投亲,开始实施她的替父报仇的计划。她跟踪查访孙传芳的门牌号、车牌号、每日行程。11月13日下午,她尾随披着黑斗篷的孙传芳进入居士林,从众多的香客间挤到前排,取出勃朗宁手枪在孙传芳的身后连发三枪,一枪从右耳后进入,孙倒地后又补了两枪。当时现场大乱,施剑翘抛撒了已经准备好的传单,郑重宣布孙传芳是她打死的,一人做事一人当,不会连累大家。事发后,法院念其主动自首,又事出有因,她被判7年有期徒刑,不久因南方革命形势的发展,在冯玉祥的干预下提前特赦出狱。其后她去南方做过一些革命工作。"文革"中受到周恩来总理的保护,1979年病逝。

孔城人闲来无事还爱喊上几嗓子,他们敲打的十番锣鼓铿锵激昂,敲击出孔城人的精气神!而高拔子更是声腔浑厚,从孔城街头唱到了京剧里,成为京剧《徐策跑城》的代表唱腔。杨福源、杨隆寿父子二人,从古镇走入灿烂的中国戏剧史。杨福源成为昆曲名师,杨隆寿则成为一代京剧名家。杨隆寿在京城创办"小荣椿"科班,写连台本大戏,精心培养外孙梅兰芳,使之成为一代京剧大师,也成为家乡人的美谈。

现在枞阳县境与孔城老街齐名的还有汤沟镇。汤沟镇始建于明洪武六年(1373),距今已有600多年历史,是古桐城"四大名镇"之一,也是著名"桐城派"大师刘大櫆的故乡。汤沟镇因水而富有灵气和财气,一条双溪河穿境而过,所以旧名又叫"双溪"。现在也是枞阳县沿江地区重要的小商品和农副产品集散地,这座幽静的小镇不知埋藏着多少故事。

几百年来,古镇汤沟商店林立,清代商业更加发达,由于双溪河上到无为、庐江,下至江南、大通、横港、芜湖,而汤沟正是来往船只必经的重要港口,因此汤沟是一个重要的交通枢纽。曾经的汤沟仅仅茶馆、酒店就有三十多家,过去汤沟商业的特点是无早市,人们都是吃过早饭上街,从上午9点左右到夜半三更,"一家春"、"怡和楼"、"永乐轩"等金字招牌店门庭若市,走南闯北的商人、文人墨客、远近七乡八里的头面人物都会聚集于此。汤沟人都知道汤沟浮桥,古时汤沟集镇因双溪河一水相间,南来北往都靠摆渡,上、中、下三段渡口分别由钱、刘、吴三大家族把守。后来人们想要架桥，但一河不容二桥，为了争修大桥，三大家族可谓争先恐后。其中要数刘家比较聪明，一夜之间就架起了浮桥，整桥有四条墩船，船上架木板，人在板上过，桥随水位高低而起伏，人称"浮桥"。桥北为浮桥弄，是过去商业街的雏形，至今青石街面依旧，店堂挂招牌和红灯笼的廊柱依稀可见。1954年发大水浮桥随之被冲毁，后来被石桥代替，现双溪河上有四座水泥混凝土大桥连接两岸。

可能是有水的缘故，汤沟人很怕洪魔，所以每年组织"出会"来使汤沟增加旺气。每逢"出会"，下街搭有万年台，各行业采取自己特有的方式，拜神求仙，祈祷神灵，降洪魔除水怪，布业搭台阁耍溜揪，木业踩高跷，竹业舞叉子，铁业舞龙灯，杀猪的牵五猖等，场面喧嚣沸腾，也算是汤沟人每年的一件大事。汤沟人还信佛，镇内的永镇庵和水府庙，一个卧踞长江边，一个坐落双溪河边。据说，最初建庙宇都是为了镇水魔，求神拜佛给个好年成。每年农历九月十五日和十月十五日，分别是汤沟水府庙"可是佛"和大士阁"又是佛"的生日，前来汤沟烧香拜佛的人络绎不绝。

汤沟在清代时曾有八景闻名遐迩，即丹霞夜雨、赖子回帆、琵琶积雪、鲟鱼落雁、三官晓钟、断桥渔火、莲塘秋月、水村夕照。如今汤沟八景踪迹难寻，但不论是书香老翁还是乡下遗老，每每谈论此事都为汤沟昔日的繁华的景致而赞叹。几百年商业的兴盛和"小上海"的美名，都因水灾而没落。1954年发大水，长江决堤，汤沟境内一片汪洋。至今谈起当年的那场大水，不少老年人还心有余悸。但洪水退去后肥沃的泥土使汤沟的农业增产增收，水运更加活跃，商业更加发达，于是有了"北侧两湖米鱼库，南丰五谷裕陈洲"、"收了陈家洲，富了汤家沟"之说。

汤沟文化底蕴深厚，是"桐城派"大师刘大櫆的故乡。刘大櫆和姚鼐、刘开等先贤曾先后收徒讲学于此，史炳荣曾创办丰乐书院于汤沟。"我家门外长江水，江水之南山万重。今日却从图画上，青天遥望九芙蓉"。身材高大、留着美髯的刘大櫆性格豪放，在这首诗里吟颂了家乡——汤沟陈家洲秀美的景色。康熙三十七年（1689），刘大櫆出生在汤沟陈家洲的一户私塾人家。父亲刘柱是一名县学生，刘大櫆自幼便受到家庭熏陶，苦读诗书并自有建树。他一生笔耕不辍，为后人留下一批优秀的文章。昔日刘大櫆讲学的刘家祠堂，现已成为拥有二十多个班级、一千多名学生的陈洲初中。

四、古城魅力

1."铁打的桐城"

桐城古城区为桐城市（县）治所在地，已有1200余年历史。《全桐纪略》称："桐城县基，以其二水三峰，环绕拱峙，永为善地。"古城坐北朝南，背依玉屏、投子、龙眠三山，旁挟石河、龙眠二水，城处明山丽水之中，拥有山光水色之景，钟灵毓秀，人才荟萃。古城初名山城，民国时改为孟侠镇，新中国成立后定名为城关镇。

当初，桐城的选址营建是经过深思熟虑的。昔日桐城县治所营建之城池，如"枞阳城"、"居巢城"地居川泽，恒忧水患；"吕亭城"、"同安城"地近山岭，多患虫兽。唯有重新选址建城，则去危就安，革弊兴利，终择善地而建成。

桐城古城西北倚山，东南面水，城廓北、西顺应山势，城北突起的小山包"观野崖"成为阻挡龙眠河洪峰的一道天然屏障；东、南沿河道走向，龙眠河自北部山区发源流向东南开阔地，既为桐城提供充足水源，又能通畅地排洪；山、水、城相依相融，体现了人与自然和谐的关系。

《全桐纪略》写道："桐邑之基正子午，儒学（文庙）青龙隍庙（城隍庙，昔在法院街）虎。青龙角上莫通风，白虎须间莫破土。"此语虽是阴阳定位、风水之说，但也说明建城的科学依据：古城坐北朝南，东为"青龙"，

古桐国图

"青龙角上莫通风",城东必须沿龙眠河修垒坚固的护城石堤,以防洪水溢入城区;西为"白虎","白虎须间莫破土",城西北的"观野崖"(钓鱼台),是阻挡龙眠河洪峰的一个天然屏障,切勿破土,防止洪峰直泻城内,保护观野崖、修垒护城堤,使古城赖以磐固,居民可安居乐业。

古城始建于明朝万历四年(1576),时任知县陈于阶和邑人户部侍郎盛汝谦、河南布政使吴一介共同倡导,集资营建砖城。建造前,就地起窑烧砖1年。每块城砖长30多厘米,宽十六七厘米,厚8厘米,重七八公斤,横头镌刻有"桐城砖"三字。营砌砖城费时3个月,耗银21200两。竣工后的桐城城墙,周长3000米,高12米,雉堞1673垛。设城门6座,东称东作门,东南称向阳门,南称南薰门,西称西成门,西北称宜民门,北称北拱门。礼部尚书翁大立曾为之撰记勒石。桐城古城墙是明代砖砌城墙的范本,包含有城楼、瓮城、马面、敌楼、雉堞、窝铺、水洞、穿门,城墙高大坚固,居江淮之冠。

崇祯八年(1635),为抵御张献忠农民军攻城,官府曾拨银对城墙修葺加固。西北城墙增高六七十厘米,并增设窝铺炮台8座,雉堞亦增至1800余垛,同时还在北门筑起长30米的月城作为外层掩体。

在崇祯八年(1635)至崇祯十五年(1642)间,张献忠领兵先后6次围攻县城,均劳师无功。其中以崇祯八年(1635)与崇祯十五年(1642)两次战斗最为激烈。崇祯八年(1635)正月,张献忠农民军数万人克凤阳、过庐州,几乎是攻无不克,荡平了所经之地,兵锋直逼桐城,但终因守城官兵拼死强守,攻城失败。崇祯十五年(1642)二月,张献忠挟连破70余城之威,率军再次围攻县城,并宣称"必破桐"。经过14昼夜的激战,终因城防坚固而未克。张献忠对桐城县城久攻不下,只得收兵,率部永远离境,抱撼之至。自此,便有了"铁打的桐城"之誉。

清代,因遭风雨侵蚀和战争破坏,墙体损毁严重。道光二十六年(1846)重加修葺,耗银15000余两,使大半墙体得以翻新。民国年间,又增砌登城砖路,并增建营房碉堡等附属设施,使城防更为稳固。

然而,这座矗立近400年、饱经沧桑的坚固城垣,却永远地消失了。1939年,为躲避日军空袭,便利居民疏散,县长罗成均奉命下令拆除城墙。4月3日动工，半月后拆完。从此，这座形制在全国少见、稳居江淮之冠的桐城城墙就永远地定格在史书中了。

2."过了桐城莫说城"

今天，安庆地区流传着这样一句话："过了安庆莫说塔，过了桐城莫说城。"

安庆迎江寺内振风塔，原名万佛塔，又名迎江寺塔，是长江沿岸的著名古塔之一。它建于明代隆庆二年（1568），隆庆四年（1570）完工，迄今已有400多年的历史。振风塔临江而立，为长江流域规模最大、规格最高的七级浮屠，享有"万里长江第一塔"和"过了安庆不说塔"之美誉。有一副著名对联这样写道：

> 望江楼，望江流，望江楼上望江流，江楼千古，江流千古。
> 振风塔，振风华，振风塔内振风华，风塔万年，风华万年！

相传振风塔是为了振兴安庆文风所建，因为在明代以前，安庆没有出过状元，文风凋敝。一些星相家端详安庆地形后，煞有介事地说，安庆一带江水滔滔，文采难以在此扎根，须建塔镇之，才能不让文采东流。有趣的是，安庆自建成振风塔之后，境内文风果然昌盛，人才辈出，其中就以桐城人才最盛。

桐城之城，指的就是明朝中叶以后的桐城砖城——"铁打的桐城"。

当你漫步在桐城龙眠河公园紫气东来景区内，你会注意到，开阔平坦的广场中心地面上，有一方"城内外街道图"地刻，这就是明清时期桐城古城全图。它取自清道光七年（1827）《桐城续修县志》所绘地图，展示了古城风貌，深深地烙印在桐城人的心中，使人们可以想见当年桐城古城的宏伟和繁华。

人们称道"过了桐城莫说城"，大概不仅只是感叹它的历史悠久、城垣稳固，多少还有赞美它的构筑之妙。

桐城古城为椭圆形城池，形似"金龟"，六座城门为龟之首、尾及四足，城中桐溪塥、洙泗沟犹如龟肠曲折其间。取"金龟"为城形，含有金龟永寿之意，以期城固民安。这在全国古城建筑中亦属鲜见。

当初在建造城墙时，还有一个故事：相传本县城区为龟形，头南尾北，南门城外两大圆形池，象征一双"龟眼"，城内沟渠纵横，形容龟肠胃肚。筑城时，龟从北门向南门爬行，致使北城墙屡建自毁，筑城有司莫名其原因。后经堪舆术士指点迷津："需石造一龟，用一铁索系于龟颈，使之不能任意爬动，即可制服。"有司依其言，于是北门城墙始告落成。

桐城城墙是圆的，城中学宫（即文庙）是方的。龟形城池，文庙为心。这种外圆内方的布局，亦是精妙构思。

桐城街道格局有显著的特点：道路均呈弧形而不是一览无余，包括连通东西城门的东大街和西大街，也是弯曲的；整体为方格形道路网，但大多道路都不直通，多丁字路口，连接各个城门的大街亦呈丁字形相交；其余街、巷、弄、拐大多是斜街和弯曲的短路，布局灵活，表现出因地制宜、自发形成的特征。街道格局总体呈现出"七拐、八角、九弄、十三巷"分布格局，共有大小街巷40余条。

桐城古城有桐溪塥和洙泗沟二水穿城，二水都是引自桐溪（今龙眠河）之水入城。桐溪塥从北拱门附近引入，经县署过柴巷、操江巷折西后从西城门的南侧出城，因桐溪得名。洙泗沟由察院经文庙向南从南薰门的东侧出城。

如今城墙虽已不存在，部分墙基犹在，明清时期的龟形古城框架依然完好，街道格局大部分延续，桐溪塥、洙泗沟两条水系断续残余，南门外水芹菜地耕作至今。明清时期的公共建筑大都不存在，但文庙依旧耸立于老城的核心地带。

五、"中国第一文山"

在桐城四大名镇的枞阳镇有座浮山，据《大明一统志》记载："西南有独峰，直上千仞，大江环绕，望之若浮。"桐城名家刘大櫆在《浮山记》中写道："登山而望之，盖东西南北皆水汇，而山石嶙峋空虚，几欲乘风而去，故名之曰浮山。"关于浮山还有另一种说法叫"神符山"，也就是说天地造物而留下的标记符号，也有好事者从峰顶俯视远眺，发现面前的浮山好像一幅"亚欧板块"的地图，岩洞、峰壑、天池等都能找到一一对应的地方，似乎一切都表明浮山是天公刻意在此宝地留下的名胜。

浮山，是山与水的结合，文与灵的汇聚，一切在这里浓缩升华。

　　浮山在长江北岸的白荡湖畔，与天柱山、琅琊山并肩而坐，南与九华山隔江而望，是安徽历史上的名山。浮山交错在秀水之间，东南濒临白荡湖，北面环绕麻溪河，西望菜子湖，早些年没有江堤的时候，长江和湖泊连为一体，每当汛期来临湖水就高涨直抵浮山山麓，甚至将樯山、缆山都绕连一起。"浮山三面临湖边，湖光荡漾欲漂天"，每每此时登临浮山山顶，下望白荡湖烟波浩渺，水光接天，惊涛拍岸，泛舟湖面，远望浮山，山浮水面水浮山，所以浮山又有"江上绿叶"的美称。

　　浮山有如此的自然美景，不仅吸引桐城乃至天下的文人名士流连忘返，也是仙家的首选住处，当地至今流传着他们的美妙传说。东汉时代的左慈一度隐居浮山，如今的摘星岩还存留着他的炼丹石臼。唐代八仙之一的吕洞宾也曾在浮山的铁笛岩修道，并且作诗赞美雪浪岩，后人称为"洞宾岩"。

　　浮山寺庙林立，早在晋梁时代（266—557）就建有"浮山寺"。赵宋以后浮山寺为佛教曹洞宗第七代祖师远禄弘扬佛法的圣地，宋仁宗还赐远禄法号"圆鉴"，又赐寺名"大华严寺"。明代万历年间，明神宗诏赐浮山《大藏经》，慈圣太后懿旨赐随藏袈裟、水晶佛珠等，使得浮山因佛教而盛极一时。在浮山住持或开堂说法的高僧更是众多，最为著名的如远禄、义青、古庭、朗目、觉浪、无可等。浮山香火最为鼎盛的时期有大小寺庙十来座，如大华严寺、金谷禅寺、会圣禅寺、壁立岩寺、佛母岩寺等，与江南的九华圣地隔江相对。

　　浮山的盛名，更在于它是"中国第一文山"。

　　历代许多文人纷纷前来浮山雅集唱和，如唐代的孟郊、白居易，宋代的范仲淹、王安石、欧阳修、苏轼、黄庭坚，明代公安派的袁宏道、袁宗道，竟陵派的钟惺等。正是以他们为代表的文人墨客，在浮山吟诗作赋，题词刻石，留下无数精美绝伦的摩崖石刻。浮山现存483块石刻，上至唐宋，下至民国，文体各异，书法万千，数量之多、分布之密在全国同类的石刻当中也是罕见。其中，浮山会圣岩下一块"因棋说法"的摩崖石刻，就载录见证了欧阳修和法远禅师的往事。欧阳修专程从滁州来浮山，想面会闻名已久的法远禅师,但是等到见面的时候,发现法远禅师并没有过人之处,于是他并没有急于求教佛法,而是与一位客人对弈一局。法远禅师则在一旁默默静坐,直到他们的棋局结束后,才擂鼓欲与欧阳修论道说法。

浮山的盛名还在于无数文人为之讴歌赞美。戴名世《游浮山记》说:"余尝闻浮山之胜,欣然慕之,自以生此邦,有终焉之意。"方苞在《再游浮山记》里也流露出欣羡浮山美景、相约在此耕读的想法。桐城宰相张英更是在《山足和尚〈一茎草〉诗序》中表达:"予在京华时,浮渡烟峦结于梦想。"等到他告老还乡的时候,在67岁高龄身体不是很好的情况下还畅游浮山,并写下《癸未秋游浮山记》,记录游览"浮山十坐处"的情景,令人至今读起来还有身临其境之感。

桐城乡里大师方学渐写了很多赞美浮山的诗文。《浮山赋》洋洋洒洒近2000字,极赞浮山之美。他在《游浮山》中写道:"弃棹入丹丘,鳌台卷石楼。栏杆浮蜃气,风雨出龙湫。野阔天连水,岩深夏欲秋。生无尘一点,浮此太虚舟。"字里行间流露出桐城文人的高洁情怀。自方学渐的长

浮山

子方大镇在浮山脚下建造了"在陆山庄"之后,他的子孙后代也都寓居在浮山。

明代枞阳大青山还出了位何如宠,官至少保、户部尚书、武英殿大学士,人称何宰相,为官清廉,刚正不阿。他也曾多次回到浮山游览,在寺院中住宿,并写下多首赞美浮山的诗篇,其中《游浮山》"紫霞关外谷岩西,花树芸堂路不迷。倦鸟欲还无住着,绕林惟借一枝栖",表达出对家乡的无限眷恋之情。

此外,外乡的名人雅士也纷纷访至。明代名儒王守仁也写过两首《寄题浮山》的诗,一首是:"见说浮山麓,深林绕石溪。何时拂衣去,三十六岩栖。"另外一首是:"见说浮山胜,从与浮山期。三十六岩内,唯选一岩奇。"抒发了对浮山尤其是三十六岩的无限向往之情。就是这一方水土,引起往昔无数文人的纷纷赞誉。

浮山,就像一位满腹诗华的桐城才士,千百年来不偏不倚地傲立在皖江之滨。

第三讲

人有廉耻,百事可立
——桐城家风

一个家庭或家族的生活方式、处世原则、道德面貌、伦理规范等构成了家风。

家风既是治家经验的长期积累,也是家庭伦理和家庭美德的集中体现,更是一种文化传统的延续。家风作为一种无形的精神力量,有着强大的感染力和约束力,可以在潜移默化中熏染和陶冶家族的子孙后代,从而影响家族的兴旺发达。家风也是社会风气的基础,是社会状况的"晴雨表"。家风正,则民风正,社风正;家风不正,则民风坏,社风颓。

桐城人文的繁盛,不能不说与优良的家风有着千丝万缕的联系。

第一节 桐城家族

良好家风的形成并非一朝一夕之功，需要一个家庭乃至整个家族长期的精心培育。桐城地区家族家风的形成，与当地成百上千的家庭或家族的长期培育有关。因此，我们要了解桐城家风的内容与特点，得先从生活在这片土地上的家族说起。

一、外来移民

翻开桐城人家的家谱，就会发现一个特别有意思的现象：许多人家的先祖大都是外来移民，是由外地迁居桐城的。

一些家族移民桐城的历史较为久远，如方以智家族，其始祖方德益在南宋末年从徽州休宁迁到池州池口，到元初又从池口迁到安庆桐城；钱澄之家族，其迁桐始祖在南宋末年由浙江淳安移徙而来；刘大櫆家族，其始祖刘伯二在南宋末年自青阳迁居桐城东偏牻牌洲；姚鼐家族，其始祖本为余姚人，因喜欢桐城山水，故在元初迁移而来，定居桐城麻溪。

大批、成规模地移民桐城的情况出现，还是在元末明初。据《江氏家谱》记载，其先祖江洪在明洪武初年，带着三个儿子从婺源迁到桐城东乡炭埠柳峰之阳；《桐城项氏重修宗谱》记载，始迁祖项英发在明洪武初年由歙县桂溪迁居桐城；《南阳叶氏宗谱》记载，先祖叶贵在明初由金陵移居桐城西山余家冲；《皖桐毕氏宗谱》记载，先祖在元末由江西豫章迁居桐城；《皖桐高岭汪氏四修宗谱》记载，始迁祖汪觉富在元末自江西弋阳迁居桐城高岭；《横峰张氏重修宗谱》记载，始祖张长乙在元明之交自饶州鄱阳瓦屑坝迁居桐城。马其昶《桐城耆旧传》里也记载了一些家族先祖的迁入情况，如何如宠家族，上世居新安，元末徙居桐城青山之麓；鲁谼方东树家族，先世在明洪武年间由徽州婺源迁桐城鲁谼；戴名世家族，先世在洪武初年由婺源徙居桐城；戴完家族，先祖戴智富于元至正年间，由新安迁桐城，等等。

大批的移民事例表明：桐城的先民原来大都来自饶州、吉安、徽州等地。实际上，安庆其他地区的先民也大都来自这些地区。其中，有一个叫"瓦屑坝"的地名屡屡出现在许多人家的家谱中。这个地名，在谱中大多称为"鄱阳瓦屑坝"、"饶州瓦屑坝"、"瓦砾坝"、"瓦西坝"及"鄱阳桃花渡瓦屑坝"。外国学者比阿蒂曾对桐城县的人口由来作过研究，他指出桐城一地有20%以上的氏族始祖来自（鄱阳）瓦屑坝这个村庄，并且有差不多比例的氏族来自鄱阳县其他地方。

在移民史上，流传着这样一种说法："北有山西大槐树，南有江西瓦屑坝。"看来，"瓦屑坝"和"大槐树"一样，都是著名的移民基地。在元末明初前后近一个世纪里，成千上万的江西移民聚集在瓦屑坝，他们一拨又一拨地乘坐着帆船，渡过烟波浩渺的鄱阳湖，或顺长江而下，到达安徽各府县，或逆长江而上，到达湖北、湖南各府县。而瓦屑坝就是这些移民对于故乡的最后记忆。对于诸多移民后代来说，鄱阳瓦屑坝就是他们的根，是他们魂牵梦萦的地方。有一首桐城歌唱道："瓦屑坝，发源地，元末明初大迁徙，顺水而下安庆港，北上各地把家跻。我宗落在大山里，大山里，人丁稀。开出土地沃而肥，五谷杂粮够吃喝，牛羊挣钱够花的，就此扎根不再移。"

清末桐城人吴汝纶就说："桐城诸族，大抵元季所迁，其迁多自江西或徽郡，而莫详其移徙之由。"他虽然道出了桐城诸族的迁徙时间及迁出地情况，但不清楚迁移的具体原因。实际上，元朝末年大量移民如潮水般涌入桐城，与这一时期长年的战乱有着较大的关系。在中国历史上，大规模移民高潮的产生，无不发生在严重的自然灾害、剧烈的社会动乱和战争的过程之中以及平息以后，尤其是天灾人祸同时爆发的时候。元朝末年，政治腐败严重，官贪吏虐，民不聊生，百姓纷纷起兵反抗。至正十一年（1351），全国性的农民起义大爆发，战火也波及江淮之地以及长江中游一带，徽州、饶州、安庆等地都曾遭受兵燹之灾。

移民在迁徙过程中，迁移距离恐怕也是他们要考虑的一个因素。迁徙距离一般包括地理距离和社会文化距离两个方面。如果迁出地与迁入地两者之间的地理距离较远，这就意味着迁徙途中风险就会加大。同样，如果迁出地与迁入地两者之间的社会文化距离相差较大，这也就意味着移民融入迁入地社会文化圈的障碍较多。来自饶州、徽州等地的移民之所以选择安庆地区，是因为这个地区无论是在空间距离方面和社会文化距离方面都相差不太远。他们迁徙至此，安居乐业较为容易。

从地理环境来看，安庆部分地区是表里江湖，周环山泽。据《（康熙）安庆府志》记载，安庆属县共有山226座，其中怀宁之山有41座，桐城之山有53座，潜山除天柱山外，还有山24座，等等。又以桐城而言，东南滨江，西北环山。这种重峦叠嶂的地形为民众躲避战乱提供了较为安全的保障。虽然桐城地区在元末也有战火波及，如至正十九年（1359），廖永忠带兵攻占枞阳，徐达击赵普胜于浮山，等等。不过，这都发生在桐城东南枞阳一带，西北部分因为多山还是相对安全的。如桐城黄图一家，本是江西人，因为元末徐寿辉之乱，他们不得不避乱迁到桐城落户。又如桂氏始迁祖桂昌龄原籍江西鄱阳，也是因元末兵乱迁居安徽桐城之西乡三安坂。此外，桐城地区山川秀丽，景色秀美，这也是吸引外来移民的重要因素。如桐城井头刘氏先祖刘胜贵在明初由鄱阳迁居桐城，原因在于见到西乡井头山川秀丽；横山张氏迁居桐城，也是因为爱其背山面湖，山水秀丽；桐城费家，先祖也是见桐邑山水之胜，遂迁居龙眠；等等。

移民不仅是人口的迁移，也是文化的迁移与传播。迁出地的民众迁徙到迁入地后，带来的不仅仅是人口的增加，而且是文化的渗透与交融，会刺激迁入地的文化产生新变。

众所周知，明清以前，安庆地区在文化版图上并不显眼，文化业绩远远逊于南京、扬州、苏州、杭州、抚州、饶州等城市。而明清以前的江西、徽州等地则是文化发达地区。在赵宋时期，江西文化就已在全国崭露头角，涌现出大量的名人才士、硕学通儒，如黄庭坚、王安石、欧阳修等。逮至元代，江西文化在前代基础上继续发展，保持了相对领先的优势。据统计，元代江西的书院数量居全国首位，共计95所，占全国总数227所的41.85%。这其中，饶州地区就占14所，有鄱江书院、忠宣书院、白云书院、忠定书院、东山书院、石洞书院、南溪书院、慈湖书院等。就徽州地区来说，此地自黄巢之乱爆发后，中原世家大族大多避难于此，习俗由此趋于文雅。元末明初徽州儒士赵汸就说过，自世家大族南迁徽州后，徽州人物之多，文学之盛，称于天下。无论是在城镇田野，还是在远山深谷，民居之处都有学校、有老师，还有丰富藏书，而且他们都推崇乡贤朱熹的思想，理学风气浓厚。据统计，元代徽州地区有紫阳书院、翚阳书院等各种书院41所，而当时安徽全境的书院至少有60所，显然，徽州地区学风非常昌盛，教育发达，文化水准较高。

当大批来自徽州、饶州等地文化素养较高的移民，如潮水般迁入安庆、桐城等地，这里的原有文化生态就被重新刷洗了。实际上，移民迁徙的过程本身就是一个不断淘汰与选择的过程，凡是能够到达新地方的移民分子，都是比较有毅力的、有才干的。迁入安庆桐城等地的移民应该说也都是这样。如刘氏迁桐始祖刘承仕出自饶州望族，元末时以明经擢宣城令；姜氏迁桐始祖关住公本是婺源人，因教谕皖江而迁居桐城；等等。这些移民"精英"出自文化发达地区，自身文化修养较高，因迁徙流动，故其思想更为开放，眼界更加开阔。他们所继承的伦理道德、文学艺术、文化习俗等也随之落户桐城，与桐城本土文化涵化、融合，逐渐改变了桐城地区原有的文化格局、风俗习惯。

移民的到来，改变了桐城民众的信仰风气。明清时期桐城地区信奉朱子之风浓厚，家家户户的言传身教受理学影响较深。像桂林方氏六世祖方廷实，每天都拿朱熹的《小学集注》教导诸孙；彭宝是有名的孝子，在父亲死后，治丧依准《朱子家礼》；姚鼐甚至说"程朱犹吾父师也"，谁要是诋毁、讥笑程朱，他就认为是"诋讪父师"。桐城文人的这些行为固然与程朱理学是当时的主流意识形态有关，但也不排除桐城家族先祖迁出地浓郁的理学风气的影响。这种信奉程朱的风气犹如雨露，一旦播洒在地，万物都受其泽溉，从而孕育新芽，萌发新枝。

移民的到来，也改变了桐城方言的分布结构。这种语言习俗的变化，今天我们仍能从桐城方言中体会到。桐城话虽然属于江淮官话范围，但也有一些属于赣语范围。不仅是桐城话有这样特征，在安庆其他各县使用的方言也多少带有赣语的色彩。显然，方言中的赣语应该是与元末明初来自江西的大量移民有关。

这种习俗的变化,还可以从包括桐城在内的安庆地区丧葬习俗的独特性呈现出来。今天在安庆的桐城、怀宁、太湖、潜山、望江等县农村地区,仍存在着厝柩习俗。厝柩,是一种将死者棺木放置在荒山野岭的寄柩方式。这种寄柩所两头是土砖砌起来的墙,上面用木材或稻草覆盖着,棺木横置于其中,棺木的两边暴露在外。这种寄柩所只是棺木临时寄存的地方,待寄存满三年以后,还是要正式入土下葬。这可以从一首桐城歌里窥出端倪:"树高万丈叶归根,老祖仙逝应回程。只因路途太遥远,暂把灵柩厝山中。厝三厝五又厝七,无法送回就地翁。砌上拜台祭祖坟,从此厝葬成乡风。"据说,厝柩习俗与从江西迁移过来的民众有关。当年,迁到安庆的江西先民,总是期待着找机会再迁回江西,人死后也不愿埋入土中,只得停柩于地面,等待回迁时方便,但年复一年,天长日久,人们觉得回迁无望后,只得再埋入土中。久而久之,这个风俗就流传到了今天,成为安庆农村地区独特的殡葬习俗。

这些来自徽州、江西等文化水准较高地区的移民家庭进入桐城后,对当地文化的影响并不是直接、快速地显现出来,而是在经历若干代蓄积酝酿后才喷涌而出的。清代方东树谈及桐城家族的涌现时说:"惟明初姚氏、方氏始大,中叶以后遂有吴氏、张氏、马氏、左氏数十族,同盛递兴,勃焉浚发。"他说出了桐城姚氏、方氏、吴氏、张氏、马氏、左氏等族在明代尤其是明代中叶以后蓬勃兴起的壮观景象。可以说,这些家族发展壮大的过程,也是其家风不断凝聚与彰显的过程。家风深深地影响着桐城家族的发展方向以及桐城文化的格局。

二、桐城诸族

明清时期,桐城地区出现了一大批有声望的家族,如方氏、姚氏、张氏、左氏、马氏、戴氏、叶氏、齐氏、何氏、潘式、光式、张氏等,这些家族在科第、仕宦、道德、文学、艺术等方面都有着突出的成就。

桐城方氏,主要有桂林方氏、会宫方氏、鲁谼方氏、黄华方氏、虎形方氏等数支,各自为宗,其中尤以桂林方氏最著名,人文蔚盛。方氏始祖为方德益,传至五世方法。明初方法殉靖难之役,其后世忠孝贤杰,迭起代兴。自方佑于天顺元年(1457)中进士后,方氏科第蝉联,以科名仕宦、道德文章称名于世,代不乏人。清初松江人周茂源有诗赞说:"江东华胄推第一,方氏簪缨盛无匹。"如方学渐、方大镇、方孔炤、方以智、方文、方苞、方观承、方维甸等皆出自此族。鲁谼方氏,其始祖宋末由徽州婺源走猎入桐城,定居鲁谼山,又称"猎户方"。与桂林方氏"折桂如林"的佳绩相比,鲁谼方氏勃兴较迟,传至方畯,家族才弃猎从文,其后涌现出方泽、方绩、方东树、方宗诚、方守彝等许多著名文士,从而成为典型的文学世家。

麻溪姚氏,自始祖胜三公迁至桐城,四世孝友力田,至五世参政公姚旭才科第有名,家族始大。其后,科第相继,簪缨不绝,诗书传家,成为桐城著名的科宦世家、文化世家。据统计,明清两代,这个家族有21人中进士,有31人中举人,这个科举佳绩在桐城家族中名列前茅。有清一代,这个家族更是因与桐城派契合之深而闻名天下。姚氏作家自十五世姚范、十六世姚鼐至二十世姚永朴、姚永概兄弟,六代传承,于桐城派开创、发展、兴盛,颇多建树。

左氏,其先祖为泾县人,后迁潜山,明洪武初年有叫左代一的人,复迁居桐城横埠河。传至五世左麟,有义侠行。再传至左出颖,有九子,其中声名较显者有左光前、左光明、左光斗、左光左等人,左氏由此跃为文化望族。左光前以孝子显声,左光斗、左光明皆以政绩闻名,尤其是左光斗,忠直刚烈之节,享誉海内。此后,左氏在仕宦、文学等方面声名延续。

马氏,始迁祖为马骥,初姓为赵氏,为六安州学生,永乐年间入赘桐城马氏,遂承马祀。传至六世太仆公马孟祯始显。马孟祯之后,马氏一门科宦、文学均蒸蒸日上,成为桐邑最著名的科举世家、文化世家。清初,以诗才知名者有号称"怡园六子"的马懋勋、马懋学、马懋德、马懋赞、马之瑛、马之瑜等人。其中,马之瑛有六

马其昶像

子：马敬思、马孝思、马继融、马教思、马日思、马方思，他们与其父庚唱迭和，风雅不歇。九世之后，簪缨不绝，且多以诗文著称，如马宗琏、马瑞辰、马其昶等。

张氏，明初自鄱阳瓦屑坝徙于桐成，始祖为贵四公。传至六世张淳，科举有声，家族始显。接着，张淳之孙张秉文、张秉贞又创辉煌，由此拉开了张氏家族荣登天下望族的序幕。明清易代，以张英、张廷玉父子为代表的两代人，再谱新篇，使得桐城张氏成为声震天下的巨姓望族。张家自张英起，运势昌隆，显赫异常，有"父子翰林"、"兄弟翰林"、"祖孙翰林"之美誉。据统计，清代张氏族人获取功名者达554人，中进士者多至24人，在清代进士总人数中，接近1%。自张英、张廷玉父子相继为相后，张氏家族的后裔子孙入仕为官者，数以百计，遍及中央各衙署及全国各省区，所授官职上至内阁学士、军机章京、各部尚书侍郎、郎中主事、诸院寺监丞，下至各省抚院、学台、藩台、道台、州县县厅知府、知州、知县以及同知等。张氏家族之势大根深、门庭焜耀，由此可见一斑。

吴氏，自元明之交由徽州迁桐城，凡数派，各自为宗。有马埠吴氏、麻溪吴氏、高甸吴氏、豸岭吴氏之别。尤以麻溪、高甸两宗最为显著。豸岭吴氏后世不详。马埠吴氏以吴道二为始祖，洪武初年，自婺源迁居桐城东乡马埠山。传至吴檄，高中进士，步入仕途，族名显赫。其后，吴自峒、吴绍志、吴绍奇、吴国琪等颇有声名。麻溪吴氏以吴太一为始祖，于宋末自休宁避兵迁入桐城。至四世，支派繁衍，分为东西两股。东股有方伯公吴一介、官谕公吴应宾、司马公吴用先；西股有廷尉公吴应琦、黄州公吴叔度。他们联合而起，光耀门楣。其后，这个家族依然簪缨不绝，俊彦辈出，诗礼传家。高甸吴氏始迁祖是吴泰一，元末由婺源黄岭花桥迁至桐城南乡峡山，今枞阳高甸，以地名氏。吴泰一有二子：吴七评、吴八评。吴七评后裔以荣华富贵为行次，故称荣华股；吴八评后裔以保庆平安为行次，称保庆股。高甸吴氏由此分为两支。宝庆股多科甲仕宦，荣华股亦有吴直、吴汝纶、吴闿生等桐城派阵营中的知名文士。

齐氏，先世居凤阳，元末避祸迁至桐城。至四世齐之鸾开始显达。桐城人中进士入翰林者自齐之鸾始。齐之鸾亦有诗文名,钱澄之称其开桐城文学风气之始。齐氏自齐之鸾后,诗书传家,科举代不乏人,簪缨不绝,是桐城较早的文化望族。齐氏后裔也多有文名宦声。

何氏,世居新安,元末徙居桐城青山之麓。传至何思鳌始有科名。明万历年间,何思鳌之子何如申、何如宠同举进士,前者官至浙江右布政使,后者官拜少保、户部尚书、武英殿大学士。何家自此簪缨不绝,成为地方显赫之族。

叶氏,有峡山、陶冲、枞镇、项家河之别,而人文独推项家河。其先祖在明初永乐年间自婺源迁桐城,营宅项家河。至八世叶灿,中万历四十一年(1613)进士,官拜翰林院编修,至礼部尚书,家族由此光大。其长子叶士璋,以父荫至户部郎中,次子叶士瑛中崇祯七年(1633)进士。此后,家族簪缨相续,门风纯正,成为地方望族。

章氏,迁桐时间比较早,南宋末年,有通道公者自祁门迁居桐城东合明山之阳。传至七世章纶,科举中第,门楣始耀。绵绵延延,其间蓄道德、立功业者簪绂不绝,后先继起。

这些家族在发展壮大的过程中,也形成了优良的家风。由于这些家族在地方享有很高的声望,具有很大的影响力,所以他们的家风也影响到桐城地区的风气,故可谓桐城家风的典型代表。

第二节 知书达礼

明清桐城,是书香满城、文章华国之地,也是礼让风行、德教泽溉之区。有书籍,就有文化;有文化,则能知礼。在桐城,书香门第比比皆是,知礼君子处处可见。

一、蓄书传家

清末江西丰城人毛庆蕃曾赞称桐城为文献名城，"号天下第一"。其言虽有过誉之嫌，但桐城作为文献名城却是不争的事实。有清一代，桐城一县以其著述之丰、藏书之富，在皖省之内，可与之比肩的县邑确实是寥寥无几。桐城之所以能成为文献名城，与当地家族藏书风气密不可分。先来列举一些藏书家。

潘江，幼聪慧，康熙十八年（1679）举博学鸿词，以母老辞。居城北河墅，藏书读书自娱。戴名世曾赴其家读书，得其指教。

祝祺，顺治初年诸生，博学工文，张英曾拜其为师。祝氏家贫，得钱即购书，积书数千卷。

李雅，诸生，选拔授江西崇义教谕。归里，筑东皋草堂于东郭外。家藏文集数千种，与何永绍共辑《龙眠古文》。

章甫，乾隆四十四年（1779）举人，官拜江西东乡县知县。家有小嫏嬛室，博藏群书，藏印有"小嫏嬛"白方印。

唐衢，国子监生，好聚书，家蓄数万卷，丹黄纂记无虚日。

吴虬，嗜学耽吟咏，家中藏书丰富，一日见架上蠹鱼往来，检视已啮伤大半，乃叹曰："吾平生以书为命，书之伤，死之兆也。"于是，焚其书于白湖之滨，是年果卒。

吴自高，诸生，家贫力学，于书无所不读。雍正年间，被张廷玉延为记室，章疏皆出其手。家无长物，唯藏书数千卷，日夜披览。

吴汝纶，家中藏书数万卷，考证校勘，丹黄殆遍；其子吴闿生也嗜好藏书，其中宋刻本《大观本草》较为珍贵。

光聪谐，嘉庆十四年（1809）进士，官至甘肃布政使，做官后，广置书籍，有稼墨轩，聚书三万余卷。藏书散于咸丰兵燹。

孙起垣，嘉庆十六年（1811）进士，官至苏州府教授。喜藏书，家有书室榷经斋，手自校勘，穷研经学，有《榷经斋札记》。

徐璈，嘉庆十九年（1814）进士，授户部主事。道光初年，改授山西阳城知县，有政绩。生平好聚书，积至三万余卷。凭借藏书，主编了一部桐城诗歌总集《桐旧集》。

文汉光，诸生，壮年游方宗诚之门，后被荐为光禄寺署正。喜购书籍字画，咸丰初年收得乡里世家散佚之书十数万卷。旋即又因战乱散失。

方维甸，方观承之子，方式济之孙，贡生，累官至直隶总督。家有心兰室，藏书颇丰。四库馆开，献出家世三代著作，其中方式济《龙沙纪略》录入《四库全书》，方观承及方维甸诗集皆入《四库全书总目》中"存目"。

张若溎，张廷玠之子，雍正八年（1730）进士，官至左都御史，曾任四库全书馆副总裁。家中藏书甚富，四库开馆时，他献出部分藏书，收入《四库全书》者有8种，录入存目者有26种，共计34种。

张若淳，张廷玉之子，累官至兵部尚书。四库开馆，献出家中藏书，其祖张英《文端公集》录入《四库全书》，其父张廷玉《澄怀园全集》录入存目。

萧穆，诸生，曾入曾国藩幕府。曾国藩说："桐城萧穆，今之读书种子也。"喜搜书、校勘书籍。初以搜集桐城乡先辈遗著为主，后又兼广收清代学人著述及珍稀版本。得书数万卷，间有善本，其中有宋版《孔子家语》，为传世孤本。其藏书室为文征阁，藏印有"桐城萧穆经籍图记"、"桐城萧氏敬孚藏本"二朱文长印。萧穆凭借丰富藏书，校勘不辍，由此成为一代学问大家。近代大诗人陈衍说："安徽文人，我见过的比较多。如果要说学问博洽的，只有桐城萧穆。他真是近代通人！"

上述藏书家，充分说明桐城地区藏书风气之浓厚。他们利用各种资源积聚、批点和整理书籍，一方面为家族自身的文化建设营造了浓郁的书香氛围，另一方面也为桐城文献之城的建设、桐城文化学术的繁盛奠定了坚实的基础。桐城藏书家，主要还是集中在一些文化世家。由此，也出现了一些家族世代书香的景观。这里可以麻溪姚氏为例。

清代姚氏藏书，最著名的当推姚范。他生平博览群书，自经史以逮百家，天文、地理、小学、训诂，无不淹通明贯。他的博物洽闻，颇似汉代的刘向、扬雄、班彪、班固等人。其渊博精湛学问的形成与其丰富的藏书分不开。他蓄书十万余卷，这个数量可与江南著名藏书家的藏书相等，比如杭州藏书家鲍廷博，积累数十年，家藏万卷书籍，余姚藏书家卢文弨也是家藏万余卷书，鄞县藏书家卢址，搜罗三十年，才得书数万卷。

目前尚没有资料表明姚范生前对其藏书有过编目，其藏书具体情形仅能从其他资料略知一二。他的《援鹑堂笔记》是一个较佳的考察窗口。这部书是其曾孙姚莹根据族祖父姚鼐所保存的姚范部分藏书编纂而成。它博涉经史子集，经部有《周易》《尚书》《毛诗》《周礼》《仪礼》《左传》《公羊传》《谷梁传》《论语》《孝经》《尔雅》《释名》《易林》《大戴礼》《春秋繁露》等书；史部有《史记》《汉书》《后汉书》《三国志》等书，子部有《老子》《庄子》《荀子》《吕氏春秋》《淮南子》《盐铁论》《论衡》《潜夫论》《参同契》等书；集部有《文选》《楚辞》《文心雕龙》《王阮亭古诗选》《韩昌黎集》《王荆公诗集》等。此外，集部杂家部分还评论了王安石、柳宗元、李翱、皇甫湜、孙可之、曾巩、方苞诸集。由此可窥知姚范藏书之冰山一角。到姚范五世孙姚永概之时，姚家书箧之中仍保存着姚范的一些手校之书，它们是《四书》残本、《史记》《前汉书》《后汉书》《三国志》残本、《南史》、高注《战国策》《老子》《关尹子》、郭注《庄子》《荀子》《楚辞》《吕氏春秋》《韩非子》《文心雕龙》《通书》《正蒙》《韩昌黎集》《杜工部集》《韦苏州集》《苏子美集》《刘须溪记钞》《五七言古诗钞》残本、《钞选宋元明人诗》《淮南子》，等等。

姚范之后，姚氏家族的藏书传统依然延续，姚鼐、姚觐闻、姚莹、姚元之、姚柬之、姚濬昌父子等皆有藏书之雅好。姚范之侄姚鼐也嗜好收藏，家藏书籍、金石字画颇多。十七世姚觐闻也是一个著名的藏书家。他生平嗜好书籍，家中所藏多有善本。他在《春日礼庄读书》中说："世业承缥缃，插架富签轴。展卷开蓬心，道腴味斯足……"道出了他藏书之丰富以及读书之趣味。他还编有《桐城诗萃》三十二卷，皇皇巨著，从侧面反映出他搜集乡邦文献甚多，否则这部地方性诗歌总集难以编成。

十八世姚莹亦似曾祖姚范，多方积聚书籍。他在里中授徒时，就经常用薪水来买书，有时甚至典当衣物或者借贷来买书。后来，他游历京师，又去过吴中、粤、浙、闽等地，每到一地，都会买些书籍。历经三十余年的辛勤搜购，其藏书颇为可观，海内常见之书十得七八，而世所少见之本亦间得一二。道光十六年（1836），姚莹聘请好友左石侨主讲台湾海东书院，左石侨主动提出为其藏书分类编次。到道光二十三年（1843）时，书目编出，卷帙相当宏富：经部十七类，一百四十九种，为册一千五百八十八本，七千九百九十六卷；史部十五类，二百九十七种，为册五千四百一十一本，二万一千一百五十五卷；子部十四类，二百二十二种，为册三千二百一十八本，一万六千八百九十卷；集部七类，三百五十八种，为册三千二百七十二本，一万九千三百六十八卷；又未定类入者二十种，为册一百六十八本，七百七十五卷。总凡四部书，六万六千一百八十四卷。姚莹的这批藏书，数量相当可观，成为丰厚的文化遗产，被其子孙所继承。

十八世姚元之、姚柬之也是藏书、爱书之人。姚元之好蓄古书，在京师之时，为购书曾借表弟衣裘抵五万钱，得《管子》《庄子》《佩文韵府》及《事文类聚》《六臣注文选》《北堂书钞》《四库全书总目》等书。清代藏书家有嗜好宋雕元椠之风，姚元之还购得元刻《楚辞》。姚元之藏书之地是小红鹅馆，其藏印为"桐城姚氏小红鹅馆收藏"朱方长印。逮至姚元之后裔姚达之（1876—1950），藏书依旧甚富，解放初，曾将家藏万卷古籍图书上交国家。姚柬之藏书亦颇富，不乏珍本。其中有北宋刊本《东观汉记》，最为宝贵。

十九世姚濬昌继承了其父姚莹藏书之好，家中书笥比较多。光绪十一年（1885）七月，其子姚永概曾与姚子椿用了十余天时间，整理家中藏书，编出书目，共二万余卷。这个数量只抵姚莹藏书的三分之一，可见遗失较多。姚范所藏之书亦多有流失。究其因，这与保护不善以及咸丰、同治年间兵燹等因素有关。不过，作为劫后余存，姚家藏书能有如此数量实属不易。

看来，姚氏家族确实有着优良的藏书传统，堪称藏书世家。父承祖业，子承父业，代代相传，代代累积。姚家的万卷缥缃，为家族营造了浓郁的书香环境，提供了优质的学习资源，这种文化氛围有利于家族学术文化传统的形成与发展，也对桐城的文化建设做出了自己的贡献。

二、礼让风习

古人有言："终身让路，不失尺寸。"意思是说，一辈子给别人让路，也不会失去一尺一寸。左丘明也说："让，德之本也。"在他看来，礼让是德行的根本所在。可见，礼让是一种美德，是一种胸怀，也是一种智慧。

1. 六尺巷

在桐城，礼让是家风中的重要内容和显著特征。关于礼让的故事，在民间流传较多，最著名的莫过于六尺巷的故事了。

在市镇，在乡村，巷道纵横交错，方便着车马、人员的往来。巷子有长有短，有宽有窄，或蜿蜒曲折，或平直通达，它是城市、乡镇的血脉和根基。

一个小巷就是一则故事，无声地诉说着人事的变迁与岁月的沧桑，地上密密麻麻、忽高忽低的青砖记录和承载着无数的繁华盛衰。有故事的小巷在全国各地到处都有，尤其是在历史文化名城，比比皆是。桐城也不例外。在这里，有一条古巷，不仅有精彩的故事，而且还享誉海内外。放眼全国，这种情况也是较为罕见的。

它，就是六尺巷。

六尺巷，为什么被广为传颂，美名远扬呢？这要从三百年前的一桩土地纠纷案说起。

话说康熙年间，桐城张英正担任文华殿大学士兼礼部尚书，其老家府邸与吴氏宅子相邻。两家宅邸之间有个巷道，可方便双方交通往来。有一年，吴家盖房子，想要占用这个过路通道。张家不同意，认为通道是自家的宅基，吴家想要强占宅基，而吴家对此并不承认。于是两家争论不休，公说公有理，婆说婆有理，谁也不肯相让一丝一毫。这场宅基纠纷案打到了县衙。由于张、吴两家都是显宦世家，双方各有势力，县令哪一边都得罪不起，左右为难。他若判张家败诉，有可能得罪相爷，这会影响自己的升迁之路；若断吴家败诉，自己可能会落得仗势欺人的名声，老百姓要在背后戳脊梁骨。这个案子在县令那里迟迟不得判决。张家见案件久拖不定，决定写信给远在京城做官的张英，希望借助他的权力来干涉此事，为自己做主。张英接到家书后，展信一读，并没有勃

六尺巷

然大怒,反而觉得老家人有点小题大做,没必要为这点纠纷大动干戈,闹得乡里不得安宁。他于是提笔蘸墨,修书一封,在纸上写下了一首诗:"一纸书来只为墙,让他三尺又何妨?长城万里今犹在,不见当年秦始皇。"意思是说:一封家书千里迢迢而来,只是为了一堵墙,让吴家三尺又有什么关系呢?万里长城如今还存在,但当年主持修建长城的秦始皇早已作古了。争这点三尺土地,有什么意思呢?我们不妨把胸襟放开点。这封书信虽是一纸便笺,却分量极重,价抵万金,影响深远。这恐怕是张英挥笔写就时未曾想到的吧。

张家接到京城回信后,原以为张英会干预此事,为他们做主。但他们看到书信后,都傻眼了,没想到张英竟然要自家"让他三尺"。张家人仔细思量,觉得张英言之有理,于是主动将垣墙拆让三尺,大家交口称赞张英和他家人的豁达态度。这也正应了"宰相肚里能撑船"的那句古话。张英一家的礼让行为,也感动了邻居吴家。吴家人在惭愧之余,也主动把围墙向后退了三尺。两家人的争端由此平息。

张、吴两家各退三尺，原有的通道变得更加宽敞了，它更加便于两家以及往来行人通过。"六尺巷"之名也由此而来。有一首桐城歌《宰相让人三尺墙》就唱到："劝郎切务学横强，横强没有好下场。强中还有强中手，你强我强更有强。马背跌死英雄汉，河边淹死会水郎。桐城有个六尺巷，宰相让人三尺墙，三尺墙，和谐美名世代传。"

六尺巷的故事说明，邻里之间如果相互谦让、相互谅解，实际上就没有什么问题解决不了。当然，不仅仅是邻里之间如此，只要是人与人之间，都应该相互谦让。梭罗曾称："哪怕我们能用他人的眼光去观察哪怕一瞬，便是世间难得的奇迹了。"人们如果过分地看重自己的利益，一味地坚持自己的想法，不换位思考，摩擦只能越来越多，冲突会日益频繁，无助于化解分歧，解决矛盾。各退一步，海阔天空。遇到障碍或麻烦时，适时地转个弯，说不定另有一条康庄大道正等着你呢。

几百年后，六尺巷的故事再度热起来，而使之热起来的人是毛泽东主席。1958年，毛主席接见时任苏联驻华大使尤金。当时中苏关系已过蜜月期，出现了严重危机。鉴于这种情况，毛主席跟尤金会谈时，便举了张英的诗为例，以"长城万里今犹在，不见当年秦始皇"来隐喻双方在处理两国问题的分歧时应该要谦让。双方各退一步，海阔天空，若死不退让，终究会酿成大祸。由于两国的文化传统不同，加之当时苏联是超级大国，并未平等对待中国，故而中国没有选择退让，最终中苏两国关系走向了对立。

张英的诗和六尺巷的故事引起了世人的注意，不断地被征引和传诵。在举世瞩目的朝核六方会谈中，时任我国外交部副部长武大伟也引用过六尺巷的故事，希望各方能够谦让，能够妥协，以便最终达成朝鲜半岛的和平协议。2011年2月，时任海协会会长陈云林访问台湾时，谈到两岸问题时，也提到了六尺巷的故事。2014年7月，国民党荣誉主席吴伯雄在赣台经贸文化合作交流大会上，也引用了张英的诗，说这种老祖宗留下的智慧，可以用来解决海峡两岸的问题。

今天大陆与台湾之间尚未统一，和平统一是两岸人民的共同心声。海峡两岸因社会制度、经济水平、价值理念等各方面的不同，双方之间存在着许多的分歧与差异。要想解决这些问题,双方应该要相互尊重、相互礼让,要走和平对话、谈判之路。为了中华民族的伟大复兴和长远发展,"让他三尺又何妨",六尺巷的故事的确值得两岸借鉴。

六尺巷,还多次吸引党和国家领导人前来考察,品味和深思它的文化内涵。2006年11月21日,时任国务委员唐家璇到桐城考察。在参观六尺巷时,唐家璇充分褒扬了桐城文化的博大精深,并欣然题词:"桐城六尺巷,和谐名城扬。"2008年2月21日,时任国务院副总理吴仪来桐城考察。在视察六尺巷时,她对巷子的一草一木、一砖一石都看得非常仔细,临别之际,她很严肃地对随行人员说:"六尺巷的故事告诉世人:大度做人,克己处事。"2014年11月15日,中纪委书记王岐山低调考察桐城六尺巷,让这个小巷再度引起国人和海内外媒体的广泛关注。

谁能说六尺巷所传递的谦恭礼让精神,在当今社会没有价值呢?相信每个走在这条小巷子里的人都会有所思,有所悟。幽幽六尺巷,虽然只有百米长,但它留给我们的思索,却很长很长。

2. 辞让探花

有其父,必有其子。张英的几个儿子,也受到礼让家风的熏陶和影响,在为人处世上恭谨谦卑,少与人争。这尤以张廷玉最具代表,大有乃父之风。雍正十一年(1733)三月,张廷玉的儿子张若霭参加殿试。考完试后,雍正皇帝亲自定夺考生名次。突然发现一份试卷笔画端正、整洁清爽,且卷中所论公忠体国之道言辞恳切,颇有古大臣之风,于是决定点为一甲第三名,即探花。卷子拆开后,当他得知这名考生竟然是大学士张廷玉之子,感到十分欣慰,他说:"大臣子弟能有忠君爱国之心,将来必能为国家尽心尽力。况且张廷玉与我朝夕相处,勤劳翊赞,时时以尧舜之君期待于我,而我也以皋夔期待于他。张若霭能禀承家教,实为朝廷之幸啊!"他于是遣人通知张廷玉,定其子为探花乃出于公心,非以大臣之子而有意提拔。张廷玉闻讯立刻觐见,恳切地对雍正帝说:"天下人才众多,三年一次考试,谁不希望名列前茅?我已蒙皇恩,承担要职,若再让儿子登一甲三名,占寒士之先,于心实有不安。若蒙皇恩,能将其列为二甲,已为荣幸。"雍正帝说:"你家尽忠积德,有此佳子,中一鼎甲,定为众人所服，何必逊让？"张廷玉听罢，马上跪在皇帝面前，惶恐奏言说："皇上至圣至公，但我家已备受恩荣，求皇上可怜臣的一片真心，我愿让出一甲之荣给予天下寒士。再说，如能给我的儿子留个将来上进的机会，更是一件美事。"最后，雍正帝不得不勉从其请，将张若霭改为二甲，以示大臣谦让之诚。后来，雍正帝特颁谕旨，表彰张廷玉的谦让美德，并让普天下之士子都知道这件事。

张若霭凭真本事当选探花郎，这是相当不易的。虽然探花不及状元，但在一甲之列，是众多举子所梦寐以求的。面对这件光宗耀祖的天大喜事，做父亲的张廷玉竟然向皇帝辞让这个名分，实在是世上罕见啊！

当然，如若张廷玉不辞让，张若霭高中探花，对张家而言，固然是一件锦上添花的大喜事，但这会在无形当中引起他人的嫉妒忿恨之心。这一退让，从表面上看，张家吃了点亏，但实际上，不仅赢得了从皇帝到庶民的交口称赞与由衷佩服，也在无形之中消解了招致嫉恨的隐患。这一让，让出了智慧，让出了高明。

3. 礼让之城

张家的礼让之风，是桐城家风的典型代表。我们若翻开史籍，会发现涉及桐城人礼让的故事还有不少。如明代何如宠，罢官回籍，偶寓枞阳镇上的古道庵。一日，有人请他喝酒。天黑后，宴席结束，打道回府。途中，某姓人家的儿子喝多了酒，耍酒疯，还朝着何如宠这边冲撞过来。何如宠的随从见状呵斥，醉酒青年闻后，十分生气，肆意诟骂，还大声吟唱："相逢尽道休官好，林下何曾见一人？"讥讽何如宠不是好官，不是好人。不仅如此，他还脚踢灯笼扬长而去。面对如此无礼之人，何如宠并没有恼怒，还吩咐仆从不要追查。第二天早上，昨夜醉酒青年之父偕其子跪在庵门之外，持杖请罪。何如宠却说："你们找错人了，我昨天未出庵门一步。"可见他并没有把此事放在心上。这种忍让、这种气度，值得敬佩。

在桐城一些人家的家谱中也可以看到对礼让的强调。比如《许氏宗谱》的族规强调："凡我子孙，不可不明礼让。"《刘氏宗谱》中家范第八条也要求"和乡里"，认为从来讼狱之滋起，多因乡党之间的不和，或以口角讥评，从而积为怨府；或以儿童嬉戏，从而酿成祸胎；或此姓显荣，以致彼姓忌同藜刺；或一家殷实，以致他家嫉妒仇恨；或婚姻失败，以美好开始而以不幸结束。倘若能平情合理、明礼谦让的话，宇内尽似阳春一片。

谦让，这种良好的风习，宛如春日骄阳，可以化解人际之间的冰冷，可以温暖每个人的心田，可以提升社会风气的纯净度，无论是对个体还是对整个社会都具有重要的意义。

第三节 勤俭慎交

一、勤俭持家

勤俭是治家之本，骄奢是败家之由。一家之人做事勤快，节约有度，家业自然会蒸蒸日上。反之，好吃懒做，开销无度，天大的家业也会有山穷水尽之日。

有一首桐城歌唱道："一把算盘十二桥，哥六桥来姐六桥，哥的六桥认真打，姐的六桥细心敲，细心敲，过日子勤俭要记牢。"在桐城，无论是官宦显赫之家，还是普通无名之家，都比较注意勤俭持家，反对铺张奢靡。

《皖桐姜氏宗谱》中有一条家规就是"尚勤俭"，强调居家宜从俭，兴家本在勤。勿懒惰，勿奢盈，耕读两件持身本。

《樊氏宗谱》中有一条家训是"尚节俭"，认为每见豪富之家，田连阡陌，屋耸云霄，肆意挥霍，固为一时之雄。但在转盼之间，又丸解冰消，子孙竟无立锥之地，原因何在？这与不知节俭有重大关联。故日用之间多花费一点，不如少花费一点。

桐城张氏，是享誉海内的官宦世家。上至中央，下至地方，政府各级机构都有张氏族人的身影，政治权力相当大，声望相当高。可是，谁又能想到如此声望显赫、位高权重的家族竟然朴实低调，勤俭持家呢？实际上，《张氏家训》就强调："居家简要，可久之道。"也就是说，居家长久之道在于生活简约，不追求奢华。张英夫妇过日子非常注重节俭。张英曾撰写过一副对联，说："勤俭自是持家本，和顺端为受福基。"此联道出了他平日的治家观和处世观。张英夫人姚氏虽贵为宰相夫人，但也是一个勤俭之人。她在饮食上，喜欢吃素，一月之中大多瓜菹蔬食，甘之如饴；在穿着上，生平不饰珠玉，不尚纨绮，在家常穿一件青缣旧衫，而且一穿数年。有一次，某亲戚派奴婢来相府问候她，她正在补一件旧衣，奴婢不知道她就是相爷夫人。问她老夫人在哪里，她放下手中活儿，缓缓起身说自己就是。奴婢大惊，无地自容，羞惭而去。张英夫妇在教导子女时，也非常注重节俭教育。张英在《聪训斋语》中强调："一切事常思俭啬之义，方有余地。俭于饮食，可以养脾胃。俭于嗜欲，可以聚精神。俭于言语，可以养气息非。俭于交游，可以择友寡过。俭于酬错，可以养身息劳。俭于夜坐，可以安神舒体。俭于饮酒，可以清心养德。俭于思虑，可以蠲烦去扰。"在他看来，在日常生活的各个方面，都应该要做到"俭啬"，这样做，不仅可以修身养性，而且在为人处世上也会有余地。张氏子女也大都恪承了家训，如长子张廷瓒即便做了翰林，妻吴氏仍布衣椎髻，亲自操作，与寒家之女无异，乡党皆称其贤惠。次子张廷玉虽也登宰相之位，但居家仍以勤俭为本，尝撰联自勉，兼诫儿孙，联曰："惜食惜衣，非为惜财原惜福；求名求利，任须求己莫求人。"诚如其联所云，惜食惜衣，实为惜福。张家之所以福泽绵长，根深蒂固，很难说与这种俭朴的生活没有关联。

张家的世代姻亲姚家，也是一个勤俭朴素之家。早在明代二世祖文二公时，姚家虽然家境殷富，但平日饮食仍以布衣蔬食，粗茶淡饭为主。即便是做到刑部尚书的姚文然，也在家书中对他的几个儿子说："家中一切以谨慎节俭为主，人情日险，不慎其可得乎？生计日艰，不俭其可得乎？"姚氏兄弟闻后，矢志向学，于物质追求淡然，而在学术、辞章上则是硕果累累。

古人云："俭，德之共也；侈，恶之大也。"勤俭节约的美德如甘霖，能让贫穷的土地开出富裕的花朵；勤俭节约的美德似雨露，能让富有的土地结出丰硕的果实。

二、交游君子

人活在世上，难免会交上一些朋友。罗马作家西塞罗说过，朋友就像阳光一样，从生活中取消阳光，后果不堪设想，因为它有温暖也有光明。可见，朋友在我们的生活中是占有重要地位的。

朋友也有损友、益友之分，孔子就说："益者三友，损者三友。友直，友谅，友多闻，益矣。友便辟，友善柔，友便佞，损矣。"在他看来，世间有三种有益的朋友，有三种有害的朋友。同正直的人交朋友，同诚实的人交朋友，同见多识广的人交朋友，这是有益的；同阿谀奉承的人交朋友，同表面恭维而背地诽谤的人交朋友，同花言巧语的人交朋友，这是有害的。所谓近朱者赤，近墨者黑。交友不可滥交，一定要慎重选择。

为人父母在教育子女时，往往会注重交友之道，告诫子女一定要"慎交游"，多与君子之友相往来。如张英就说过："保家莫如择友，求名最好读书。"张廷玉秉承家训，他在《澄怀园语》中也对子女强调，从亲戚中观其德性谨厚、好读书者，交友两三人便足够了。他还诫言："友不择便交，气不忍便动，财不审便取，衣不慎便脱。"《皖桐姜氏宗谱》家规中也有"慎交游"一条，强调朋友为五伦之一，一旦结交，不可欺骗；君子要远离小人。

麻溪姚家也是一个非常重择友的家族。姚文然教导其子，要闭门读书，切莫出游，以免误入歧途。他写信给儿子姚士坚说："结社结盟，这是我所痛戒的事。现在江南盛行此风，你现在虽然愚稚，还没有人与你结社结盟，但我要防微杜渐，希望你多加注意。"姚士坚得此父教，一生交游谨慎。某日，金陵友人召饮，他前去赴宴，听说有名妓在座，他说："僧律规定，在隔壁听到女人钗钏之声都可视作破戒。何况我还要与她们一起喝酒？"于是，他坚决不入宴席之门，掉头而去。

姚莹更是姚家择交朋友的典型代表。他年轻时，在里中读书，经常与英杰才俊砥砺于学，精研诗文。所相交者，年纪稍大者有李宗传、朱雅、吴云骧，年纪相近者有方东树、马瑞辰、左朝第、方秉澄，以兄事之者有徐璈、光聪谐、吴孙瑊、方遵道、张聪咸、刘开、姚全，以弟相待者有吴庚、朱道文、胡方朔、姚柬之等。这些人大多师承或私淑姚鼐，是桐城派本土力量的代表人物。姚莹与他们经常游宴，娓娓而谈，磨砺文章道义，共同推动了桐城文事的兴盛。

　　在姚莹所交朋友中，张际亮可说是最亲密的一位。他们之间是管鲍之交，也是生死之交。道光三年（1823），姚莹在福州，福建建宁人张际亮以诗来谒，这是他们初次相识。此后，两人时常往来，诗书不断。道光十一年（1831），张际亮有桐城之行，姚莹、姚朔、马瑞辰、方东树等人与之游。姚、张两人的交情进一步加深。他们两人性情、志趣相似，皆有睥睨时俗、怀抱经世之志。张际亮称姚莹雄伟俊异，深明大义，堪比唐代的李德裕、明代的张居正。后来姚莹在江南做官时，张际亮还曾多次去看望他。姚、张情谊至深，突出表现在张际亮为姚莹台湾之狱事奔波这件事上。道光二十三年（1843），姚莹因保台抗英一事被逮捕，押赴京师受讯。七月，姚莹途经苏州，张际亮前来探望。虽然当时张际亮正患病在身，但他极为担心姚莹进京之后的安危，决定陪同姚莹一起进京，说："事情如果不测，我将鸣台谏为你昭雪不白之冤。"入京后，张际亮与故交汤鹏、何绍基等人共同营救姚莹。后来姚莹事白出狱，张际亮却由此病重，最终亡故。据说，张际亮临死前，仍挥金如土。姚莹入狱前，曾留二百两银子给张际亮，但张际亮都花费在优伶身上，三日罄尽。后来，张际亮病重，人们都比较轻视他。姚莹却暗自想办法，悄悄地将二百两银子放进张的箧中，假装搜而得之，众人误以为张际亮没花姚莹的银子。于是，都纷纷去慰问张的病情。张际亮去世之后，姚莹治其丧事。张际亮生前故旧也闻丧争赴，并出赙金三百两。后来，姚莹携张际亮的灵柩返回桐城，并召其子张诵芬来桐迁柩，并将赙金三百两以及自己的二百两银子全都给了张诵芬。其后，姚莹还打算编校刻印张际亮诗文集，最终其子姚濬昌完成了父亲的愿望，于同治八年（1869），在安福县署与友人郑福照取遗稿详加编校，成书三十二卷。姚、张之交成为一时美谈，何绍基曾有挽联说："是骨肉同年，诗订闽江，酒浇燕市；真血心男子，生依石甫，死傍椒山。"堪称对两人友谊与为人的真实写照。

第四节 敦亲恤族

人生于世，谁无父母？谁无兄弟姐妹？谁无亲戚？不同的人有不同的对待方式。有人孝顺父母，友爱兄弟，和睦亲戚；有人不孝父母，骨肉相残，冷对亲朋。桐城地区对于家庭伦理素来非常重视，形成了敦亲恤族的好风气。

一、孝敬父母

百善孝为先。人行百善，首在孝敬父母。因为父母不仅给了我们身体，还辛苦养育了我们。做子女的，必须要关心父母的饮食起居，要关心他们的身体状况，要使他们开心快乐，能够颐养天年。

桐城各家族的家谱中总是明确规定要孝顺父母。如《樊氏宗谱》家规第二条说："孝弟为百行之首，凡我族众各宜尊祖敬宗，孝亲敬长，倘有忤逆傲慢，不听约束者，轻则家法处治，重则送官究办。"《王氏宗谱》家训中有"敦孝弟"一条，强调父母之恩，天高地厚，孝顺父母和敬爱兄长，这是做人的根本。凡为人子，从出生到长大成人，在饮食教诲上，父母不知花了多少心思。养育之恩，像苍天那样无限深广。古代圣贤之人故而重视孝悌。做人要孝顺父母，友爱兄弟，要善待他们，得其欢心，向圣贤看齐。遇到亲友长辈，无论关系亲近还是疏远，都要有敬意，不可有傲慢之心。同样，对待族中亲朋好友，无论尊贵之人，还是卑贱之人，都要和睦相待，毕恭毕敬，谦让无争，这才是做人的根本道理。如果族人有违背和忤逆的，犯上欺凌，天理不容，王法也不会宽宥的。凡是族人，都应该谨记在心，务必遵守。这些训条或规条，对家族成员的言行有着极强的约束力。故而，孝道之行，遍于桐城。

著名桐城派作家刘大櫆就曾被一位孝子的故事感动过，并专门为他写了一篇传记——《胡孝子传》。孝子的真名叫胡其爱，字汝彩。他不识字，没读过诗书，以出卖劳力为生。家有老母，因病半身不遂，瘫痪在床。因为没有兄弟姐妹，所以胡其爱只能孤身一人照顾母亲的起卧、饮食、溲便，尽心尽力，毫无怨言。

胡家经济条件差，米无升斗之储。胡其爱不得不天天出门离家去找活干。每天早上，他起床后，为母亲盥洗、烹饪，把家中的事情做好后，他就告别母亲出去做工。有时候做工之地离家比较远，他来不及回来烧饭给母亲吃，于是就将米托付给邻居老太太代为烧饭。晚上回来后，他不顾自身疲惫，还要给母亲清洗脏衣服。胡其爱自己的穿着虽然比较破旧，但他尽量让母亲穿好一点、吃好一点。有时候，他在雇主家干活，有肉食招待，他自己不吃。主人问其原因，他说家中有卧床老母，不忍心吃，想让母亲尝尝。主人很感动，同意让他带肉食回家给母亲吃。

母亲虽然卧床，但对外面世界很向往，也想出去观赏游玩。胡其爱懂得母亲的心思，也明白经常带母亲出去散散心，对身体也有好处。闲暇之余，他尽量满足母亲的心愿。有时候，邻村有演戏活动，他不辞辛苦，长途跋涉，背着母亲去看戏。到夜半，人们都散场后，他又背着母亲回家。天晴之日，母亲想去亲戚家串门，他也会背着母亲过去。

胡其爱为了照顾好母亲，没有考虑自己的终身大事。其实，他也明白，自己工作卑微，家徒四壁，还有寡母卧病在床，这样的家庭境况很难有姑娘愿意嫁过来。当然，即便自己结了婚，多少也会影响自己照顾母亲。于是，他终生未娶，单独一人，竭力供养母亲一生。

胡母是在雍正八年（1730）发病的，直到乾隆二十七年（1762）才去世。胡其爱照顾病母有三十余年，他奉之如一日，全心全意，无怨无悔。母亲去世后，他负土成坟，在坟墓旁边挂片席而居，忧伤成疾。在母亲逝世的第二年，他也病亡了。

胡其爱是一个生活在社会底层非常卑微、毫不起眼的人。终其一生，他过着普通而又贫困的生活。他这一生，可说是照顾病母的一生。他虽然目不识丁，但于伦理大义非常清楚，用一言一行自觉地践行着孝道。这让刘大櫆非常佩服，并赞叹说："当今一些士大夫在数千里外做官，父母在家中去世都不知情。没想到，在乡间，在佣工身上，还有像胡其爱这样笃行深爱之德、不忍一夜离其亲而宿于外的人。胡其爱真让人敬佩啊！"

其实，除了刘大櫆笔下的胡其爱，翻开史籍，桐城的孝子孝妇们比比皆是，不绝于书。比如在马其昶《桐城耆旧传》、道光《桐城续修县志》中就有：

孝子朱文林，六岁丧父，家境贫困，以理发为业，竭力养母。母亲想念朱文林的寡姐，他就把姐姐从她夫家接回来，与母亲共居。母亲病了，想吃鱼肉，集市无鱼，他就投竿钓鱼。母亲病重，觅药困难，他就割取乳下一块肉，悄悄做成药丸，治愈母病。朱母年八十五而逝，孝子在墓旁搭建草庐，为母亲守墓。每风雨交加之时，他常常绕墓哭泣，闻者凄婉。

孝子彭宝，秀才，善事父母。父亲脾气暴躁。某夜，天降大雪，父亲对母亲发怒，彭宝害怕，于是跪在房门外，恳求父亲息怒。直到天明，父亲开门，才发现彭宝仍跪着，毕恭毕敬，于是感喟不已。他的孝顺，使一家其乐融融。

孝子王晟，母亲患病，经常咳血，他七岁时，有人戏言："如果你能饮母亲血

慈母手中线

的话，她的病就会好起来。"他信以为真，在母亲呕血数升后，他伏地饮之，母亲竟然痊愈。某年，桐城发生疫情，王晟父母双双卧病在床，医生惧怕疫情不敢来诊治。孝子伤心欲绝，涕泣呼天，两眶出血，染红衣襟，父母病体霍然而愈。王晟卒后，入祀忠孝祠。

孝姑童氏，因侍奉双亲而终身未嫁。母亲病重，她衣不解带地伺候着，母病逝后，她哀痛万分，累日不食。后来，有人给她提亲，谈婚论嫁，她都坚决拒之，发誓终生养父，绝不出嫁。年四十四，病逝。

孝妇于氏，刘庭灌之妻，赋性纯孝。嫁到刘家后，精心侍奉失明的婆婆。常焚香祷告上天，愿意减自己阳寿以增婆婆之寿。婆婆想吃什么，于氏尽力谋之，婆婆见人就说："我媳妇对我极为诚敬，虽古贤妇都无以过之。"

孝妇伍氏，蒋广居之妻，年二十四守寡，侍奉婆婆二十五年，以孝闻。嘉庆二十四年（1819），一夜，居室突发火灾，九十六岁的婆婆卧床不能起身，逃生困难。伍氏冲进房内大火中，背起婆婆，因火势太大，逼不得出，最终婆媳二人均被烧死。

更有甚者，割肉给父母治病，这些例子也比比皆是，如房仙坡妻张氏，性柔顺，孝事婆母，婆婆病笃，张氏刲股进之，遂病愈；陈坦妻曹氏，性纯孝，祖姑病重，两次刲股以进，得愈；钱芝田妻陈氏，姑病笃，刲股进救，病遂痊愈；等等。

当然，我们也明白，古代社会是以儒家思想为主导的社会，孝顺父母是儒家伦理规范的重要内容。孝顺父母，并非只有桐城家风里有，在其他地方也有。可以说，它是一个普适性的规定和教条。

二、和睦兄弟

古人云：兄弟同心，其利断金。兄弟之间只要同心同德，齐心协力，就能拥有无限强大的力量，家庭和谐，家业兴旺；反之，若兄弟不和，相互争斗，则会导致身败家衰，令人不耻。正所谓："兄弟和睦一条心，门前黄土变成金。兄弟相争各条心，家有万金化成尘。"如三国时的曹丕对弟弟曹植的迫害，让曹植发出"本是同根生，相煎何太急"的悲叹与愤慨，也引起后人对曹植的无限同情以及对曹丕的批评。

桐城歌唱道："千朵桃花一树生，不共叶子也共根。哥打弟弟看娘面，姐打妹妹看娘情。"桐城家族非常注重家族兄弟姐妹之间的和睦相处。如《皖桐姜氏宗谱》家训第二条就要求"和睦兄弟"，认为兄弟都是父母同胞而生，是骨肉至亲，情义至密，与结义兄弟的情感是大不相同的。凡有急难，一般人见到其中利害关系，往往推托不出，但同胞兄弟，天性还在，不可视若无睹，而应虽死必赴，施以援手。强调族人务必要和睦兄弟，使家庭团结而外侮不得入。姜氏《家规》也要求"宜兄弟"，强调兄弟之间，本是一胞所分，吃在一起，睡在一起，相互之间应该友爱。遇到重大事情商量着办，鸡毛蒜皮的小事不要争来争去。平时不知道天伦之乐，到患难之时方才知道手足之亲情。

桐城方志、家谱中也不乏友爱兄弟的记载，如：

阮家。副都御史阮鹗的父亲阮廷瓒，十岁丧母，后又丧父，依兄长生活。兄长为人凶狠暴戾，对其弟阮廷瓒打骂不止。阮廷瓒比较老实，把兄长当作父亲来侍奉。牧羊放马、耕地插秧，在家什么活儿都干。有一次，一个和尚偷了东西，诬告是阮廷瓒兄长所为。阮廷瓒代兄长被关押起来，他在牢中坚决不承认偷窃，最终得以释放。后来，兄长又遭遇官司，病在县城客店，阮廷瓒走了百里路去探望其兄，并把兄长背回了家。因为途中降大雪，自己的脚反而被冰雪冻伤。再后来，他们兄弟分了家，阮廷瓒分得差些，却没有怨言，还不时去看望兄长。兄长去世后，他还尽力照顾其嫂及侄子。

方家。方廷实，其兄方佑被朝廷廷杖责罚后，贬到湖南攸县，没有钱准备行装，他出钱给兄长置办行装；方印，与弟方塘甚友爱，有收入，都全部给方塘，不问出入。久之，家境丰饶，弟方塘请求平分家产。他说："我只有一个儿子，你有四个儿子，难道让我厚薄不一地看待孩子们的家室吗？"于是，他五分财产，自己只取其一。方学渐，在父亲去世后，将财产全部给了兄长方学恒，自己分文不取。他在娶妻后，得知其兄日渐贫困，又将妻子陪嫁的奁田送给兄长。方于伟，兄弟五人，他竭力供养兄弟们读书，各自成名后，仍然待诸子侄无间。

张家。张廷玉说:"法昭禅师偈云:'同气连枝各自荣,些些言语各伤情。一回相见一回老,能得几时为弟兄?'词意蔼然,足以启人友于之爱。然予尝谓人伦有五,而兄弟相处之日最长。"他自己对待兄弟关照有加。族中其他人也是如此,如张廷中,在兄弟五人分家后,几个弟弟家境日益贫困,他不忍见众弟家徒四壁,于是重新集合诸弟合灶而居。在诸弟都有孩子后,他不仅将自己的财产一分为五,兄弟一人一份,还承担纳税服役之责,使其弟终身怡怡。张聪朗,在弟弟去世后,将弟弟子女带到身边,吃穿读书都予以供应,还操办他们的婚嫁事宜。张若霖与弟张若需相友爱,长而益加笃厚。张若需事之如严师友,即便后来做了官,仍然写信,向兄长请教,然后乃行。张若崋,与弟张壑笃友爱,自同为秀才,常常共起卧。后来,张壑任曲沃县令,告归后,又与哥哥白首相对,如少壮之时,其乐融融。

姚家。九世姚承虞在父亲病殁后,督导诸弟读书,非常严格,昼夜不怠。诸弟中有倦困者,他就说:"难道你忘记了父亲的教诲了吗?"几个弟弟都不敢有所懈怠,诵读之声彻夜不歇。在兄长的带头示范下,几个弟弟同一年进了郡学或县学。二十世姚永楷、姚永朴、姚永概三兄弟关系比较好,姚永楷因病中年早逝,姚永朴、姚永概兄弟悲痛万分,后将姚永楷二子抚养成人。

刘家。刘正球,在父母双亡后,独立支撑家庭,凡弟妹们婚嫁之事皆一力承担,二弟病亡后,又教养其孤并有所成就。后大妹孀寡,有三个孩子,家贫无所依靠,于是又把母子四人接回家,教养数十年。又有堂弟病危,无子,于是为之出丧葬费用,并祭扫其三世坟墓,春秋不辍。刘渐二,性孝友,昆弟五人同居七十年,和睦无间。仲兄早亡,留下二孤,刘渐二抚育教诲甚于己子。妹妹孀居,刘渐二替她经理田产,复其先业以授孤甥。

三、赒恤族党

宗族在古代社会生活中占有十分重要的地位。对内,管理一族之人的生活;对外,积极参与地方的公共事务。对于一个家族而言,由于人口众多，事繁言杂，倘若不对族人的言行加以管控，有可能给家族带来麻烦和灾难。因此，家族内部的和睦团结，是关乎家族兴衰的重要因素。

桐城家族众多，有着睦族、恤族的良好家风。家范、家规、家训中都有相应的规定。如《江氏宗谱》中"家范"就有："族有鳏寡孤独及老幼残疾者，众宗咸宜抚恤。"

《许氏宗谱》家规中有一条是"务和协"，强调族中子孙，如果遇到大事，婚姻死丧必相庆、相吊、守望，疾病必相助、相扶，假若有人突遭官事株连，尤当协力救护之；否则有伤祖宗一体之意。因为有这样的规定存在，许氏族人面对族中大事时，能做到心往一处想，劲向一处使，从而更好地维护家族每一个成员的利益。

《樊氏宗谱》家训中也有一条是"睦宗族"，认为宗族本为同源一体，但人心不明，于他人每多亲厚，而于本族之人却反致乖离，见富贵则忌之，见贫贱则厌之，遇有急难则淡漠视之，遇有微嫌，必思报复之，实在愧对祖先在天之灵。强调凡其族人宜鉴此弊，要去乖离之心，敦雍睦之谊，忧乐相同，吉凶与共，户虽分而不分，门虽别而不别，这样祖宗才会庇佑，家族才会壮大。

《刘氏宗谱》家规第九条也规定，族中人等，虽然不同父母，但祖宗一本，总要和睦，不可以因毫末起争端，如有恃强凌弱，遇事生波，拼命图赖者，先要告诉族长尊长，集合族人在祠堂处治。倘若怙恶不悛，则送至官府。

还有的家族通过诗歌来告诫子孙，要恤族仁爱。如麻溪姚氏八世祖葵轩公姚希廉，为人忠厚慈祥。当时徭役甚重，而秀才是可以免役的。姚族中有人是秀才，但不庇护姚希廉一家，反而以更多的徭役来为难姚希廉。姚希廉为徭役所困，疲惫不堪。于是，赋《感怀》诗一首："四十年来光景殊，蹉跎岁月竟何如。儿童五六饥寒迫，家计萧条事业孤。灶火烟余蒸麦熟，竹篱掩罢听征呼。重重乐事人间有，寥落凄凉似我无。"意思是说，我这四十年过得真不容易，蹉跎了岁月又怎么办呢？家中五六个孩子饥寒交迫，家计也萧条贫困，事业也无所成就。厨房内灶台里的烟火快要熄灭了，麦饭蒸熟了，就在关上竹篱准备吃饭的时候，听见纳役的呼声。人间的乐事数不胜数，可是像我这般寥落凄凉的却是没有。

诗歌写好后，他告诉了姚祖虞、姚本虞、姚宾虞、姚自虞等四个儿子，并且告诫说："他日子孙有兴者，当厚恤宗人也。"虽然姚希廉在世时没有看到几个儿子的成材，但在他去世之后，三年丧期刚结束，四个儿子就在同一年进入县学或府学。后来，他的两个孙子都考中了进士，姚家自此成为显族。姚希廉后裔成功后，他们遵从姚希廉遗诫，帮助族中贫弱者。如姚文荧，在族人贫乏之时，常给米周济；姚鼐讲学于敬敷、钟山等书院时，常用薪水接济族人；等等。

不仅如此，麻溪姚氏还形成了赓和《感怀》诗的风尚。家族之中，只要有人科举有声，就会赋诗酬和，如姚希廉之孙姚之兰就有《赴鹿鸣宴步王父感怀诗韵有序》《恩荣宴步王父感怀诗韵是科同弟若水偕成进士》、曾孙姚孙棐有《秋捷后赴南雍铨部鹿鸣宴用曾祖感怀韵兼怀四兄》《赴恩荣宴用曾祖韵》等。这个和诗传统到十六世姚鼐的时候，因他觉得没有必要唱和而中断。但到十九世姚濬昌时，这个断裂的文化传统再次恢复。恢复这一传统的原因，与姚氏当时科举不振、姚永概意外高中解元颇有关系。姚濬昌的和诗尾联说："明年金殿恩荣宴，细数家风未觉无。"他期待家声重振的拳拳之心溢于言表。

显然，姚希廉《感怀》诗已成为姚氏家族文化精神的象征物，不断激励着姚氏子弟刻苦向学、奋发向上，以期光耀门楣。一首诗竟然影响了一个家族数百年，这在桐城诸多家族中较为罕见。

此外，桐城一些家族为了周济族人，往往会建立族田义庄，来解决一些困难。这实际上是古代宗法制下原始的社会保障的体现，对家族的稳定与发展大有好处。如马树华家族设有祭田，老的、幼的、患病的、丧夫的都能有所养，读书、婚丧嫁娶等事都能得到资助。其族还有延景堂义庄，有五处田地，二百四十四亩有余，用来周济族中困难之人。吴用铭，尝出家产分给族党贫乏之人，终身无间，里人称之。张孔纪，周恤三党，或助之金以买祭产，或资之读书以掇科名。张廷硕，两兄先逝，抚养孤侄如同己子，且又以岁收之余周济本房贫乏孤寡及不能营葬之人。张若霖置义田，以赡族人，还经理其事，为之规划，又以其盈余增置田产若干亩。

第五节 乐善好施

古人云：积德行善，必有后福。当一个社会的社会职能不发达、不完善的时候，比如孤寡残疾的人无人照顾，受伤受困的人无人救助，饥寒交迫的人无人负责，弱势群体的人无人谦让，而国家和社会又不能顾及的时候，积德行善就有了发挥作用的空间。上天有好生之德，人人有恻隐怜悯之心，广结善缘，方有福报。所谓积善之家，必有余庆，就是此意。桐城不少家族都有悲天悯人的情怀，募捐赈济，扶危济困，从而形成了乐善好施的优良的家风传统。

一、赈灾济困

清代桐城人姚兴泉《龙眠杂忆》说："桐城好，募赈各乡村。枞汤孔练东南盛，老弱残羸极次分，准备待鸿恩。"这首词写到桐城各乡村募捐赈灾的情形。当时枞阳、汤沟、孔城、练潭四镇，隶属东、南、西、北四乡。四乡饥民有极贫、次贫之分，他们都能享受到地方乡绅组织的募赈物资。姚兴泉又说："桐城好，周济古风淳。大户施绵成定例，公堂给米有同仁，加惠最均匀。"这首词写到桐城周济风气的淳厚。邑中大户人家施舍已成定例。不仅如此，乾隆二十三年（1758），张家的张曾敞在大宁寺东庑组织人力修建了永惠仓，储备了许多米谷，以备灾荒之年用来平粜。到每年腊月底的

修路

时候，大户人家还各捐米给公所，选择能主事者经理其事，令贫民持票领取。他们所领的米被称为辅仁堂米，这些米大致能够帮助他们度过年关。可以说，这两首词较为鲜明地反映出桐城民众赈灾济困的纯美品格。

赈灾济困，是一种奉献爱心的慈善行为。它的实施，需要一定的人力、财力。桐城地方上的一些大户望族，往往具备这样的条件。他们也非常乐意做一些慈善之事。

张英夫妇堪称桐城积德行善的楷模。在张英准备过六十大寿的时候，其妻姚氏想给丈夫过一个有特别意义的生日。按照过生日祝寿的惯例，应当要设梨园，宴请亲友看戏，热闹一番。由于姚氏是虔诚的信佛之人，且张家素来不喜观剧，故她觉得不如将生日费用制成一些棉衣，送给那些饥寒之人。她对张英说了自己的想法，张英也非常赞同这个主意。张英的六十大寿就以这种行善的方式度过了。其实，张英也是一个大善人。他曾打算年老归里颐养时，仿效南宋学者陆九韶居家之法，以一岁之费分为十二股，一月用一股，每日在食用上节省一点，到月尾之日，则统计一月之所余，别作一封，以应贫寒之急。他觉得能多做好事一两件，其乐胜过每天享受的奉养。张英夫妇乐善好施的行为对家族后人也颇有影响。其子张廷玉很好地秉承了家风。康熙三十七年（1698）秋，桐城水灾，张廷玉在家乡设立粥厂，赈济灾民。乾隆五年（1740），他又闻知桐城一带歉收，米价暴涨，便寄信回家，令家人捐谷一千石以救济灾民。张英的嫡长孙张若霖也是行善之人。雍正年间，因桐城遭遇大旱，他率先输粟赈灾，又广募数千担粮食。张若霖去世之后，乡人对他仍多有怀念。张廷玉的侄孙张鸿恕也经常帮助他人，凡是里中修学官、筑河堤、拯灾患、恤孤贫诸事，他都积极去做。张氏族人所做的这些善事，无不表明张家确实是行善之家。

麻溪姚家也有扶贫济困的传统。始祖姚胜三，周贫恤困，毫不吝啬，人称长者。二世文二公受其父影响，也好施与，周恤贫苦困难之人，左右乡邻交口称赞。三世仲义公也是豁达好施之人，人皆呼为好善。五世姚昶急于行义，见人贫困尽力行恤。他捐设粥厂，给病人施药，给贫寒者提供棉絮，力助不能嫁娶殓葬者，所做善事甚多。十三世姚士至也积极参与赈灾济困事务。桐城在康熙四十七年（1708）、五十三年（1714）两遇灾荒，他竭资助赈，同乡先达去太霞宫粥厂组织赈粥事宜。十五世姚兴淙也是性好施予之人，康熙年间桐城大饥，乡里绅士在太霞宫道观赈粥，他当时才20岁，就主动参与其事，历时三个多月。后又在康熙五十四年（1715）奉檄赈饥，到挂车河办事，散给有条理，人人皆得实惠。明清两代姚氏族人的这些乐施事迹，说明姚家行善有着悠久的传统。

方氏家族也常常行善施舍。国子监生方琨就是其中的一个典型代表。乾隆五十年（1785），桐城大饥，他不仅自己捐钱捐物，还劝乡里富人赈济，全乡得以活下来的人非常多。当时，有以饥女卖作婢女的，他不仅给钱收养，还悄悄寻访到许配的人家，令其领回完娶。方璨也是好施之人。乾隆年间，桐城大饥，他除了奉公捐赈外，又私下质卖田产，输金谷各数千，助施穷乏，一时获全者甚多。他临终时，又嘱咐儿子烧毁四百余张债券。

在桐城其他家族中也存在乐善好施之风。如刘氏，其宗谱第十条就说，天灾流行，凡有力者，理宜捐给散，斯为好义。族中贫困之人不得以凶荒为借口，强掇强借，扛老图骗以及在外横行无忌。马家的马朔，《桐城县志》说他平生乐善不倦，曾经赎回乡人卖掉的儿子，又烧毁荒年的债券。吴家的吴诒德，性乐施济，不计有无，贫乏不能自存及老弱无告婚丧莫备者，咸赈给之。吴庆，家境虽然中等，但仗义好施与。每逢久雨严寒，令人密送钱米给饥寒窘迫之人。

可以说，桐城浓厚的赈灾济贫的风气，有效地弥补了官府应对灾难之不足；同时，也彰显出桐城民众的大爱情怀。

二、其他善举

桐城，是典型的丘陵地区，山川交错，河汉纵横。这样的地貌，是不利于交通的。人们出门，要是遇上湍急的河流，或是崎岖难走的小道，肯定希望有人能够修建一座好桥，修一条好路。但是搭桥铺路，是要花大笔银子的。这白花花的银子谁来出？桐城的诸多乡绅、官员还是愿意做大善人的，他们有钱的出钱，有力的出力，在桐城大地上修建了许多桥梁，如良弼桥、回龙桥、义津桥、永镇桥、木犀桥、七星桥等。这一座座桥梁的背后，也蕴含着一个个感人的善心故事。

良弼桥屡毁屡建的故事，颇值得注意。此桥在桐城东门外，原名桐溪桥，元朝末年，由里人方德益捐资所建。到明嘉靖末年，此桥坍塌，易以木桥。天启年间，知县陈赞化复甃为石桥，并更名为紫来。岁久桥复塌圮。此桥之所以屡坏，与山水冲刷有关。每当山水大至，桥辄坏，凡樵苏之出入城市，及驿使、宦游、商贾之有事于江楚闽粤者，往往阻绝不得渡。雍正年间，张廷玉用皇帝所赐白银近五千两捐修此桥，石材建构，两头俱有桥亭。乾隆二十五年（1760），邑人胡大成又捐修完固。嘉庆五年（1800），此桥毁塌。其后，邑人又多次捐修。一部良弼桥的修建史，也可说是一部桐城民众的捐助史。

姚士坚也曾捐资修桥。桐城西边挂车河是四川、湖广、云南等地人员来往的交通要道，由于河流湍急，行人至此，往往会漂没。康熙年间，三藩作乱，羽书相望，冒险渡河者十七八，多有死亡。见此情况，姚士坚慨然捐资建造小舟，帮助行人渡河。后来，又募捐钱财，建造石梁桥，方便交通。他的这种义举，赢得了来往行人的高度称赞。

今天，当我们翻开《桐城县志》，还可以看到许多桐城民众捐资修桥铺路的记载。如外浮桥，嘉庆二十年（1815）由里人方正宣等捐建；三公桥，雍正三年（1725）由里人开世臣捐建；承先桥、再兴桥、三兴桥、六红桥，俱由项家河李九彰捐建；安息桥，在安息湖中，横排长石五里，雍正年间由高天培捐建，复捐田供修补之费；永庆桥，由青草塥镇蒋忠淦、刘镰等捐建；沿安桥，由小河沿镇蒋忠萧捐建；勤仁桥，由乾隆年间胡大成捐建。

桐城一些民众还热心地方上的教育事业，他们往往会捐资助学，希望培养出更多更优秀的人才。清代地方书院的创建往往离不开当地民众的支持。如培文书院，方世盘捐田四十二亩，以资膏火；毓秀书院，邑人张若瀛移建；天城书院，道光年间，刘存庄、潘楫等广募银两，恢扩建造；白鹤峰文社，嘉庆年间，知县与里人捐银共建，道光年间，邑人又捐银添置门窗闭风雨，后又捐助修建考棚。此外，还有捐出田产，作为贫寒读书人的考试费用。如方氏试资田，乾隆三十二年（1767），方观承捐置，田有四十八亩四分四厘，种子有十五石，额租有一百零五石，又棉地租有一石。姚氏试资田，福建巡抚姚棻捐置，田有二百二十三亩，塘有八亩，种子有一百五十七石六斗七升五合，额租有九百七十五石六斗七升五合。这些捐助，有效地推动了桐城教育事业的发展和科举人才的培养。清代桐城文风的昌盛、文化的发达与此都有关联。

桐城鲁洪农家书屋

人活于世，总有埋归黄土之日，但并不是每一个人都得以入土为安。在古代，要是遇到灾荒瘟疫，或家中无后，或无财埋葬，以及其他情况，难免会置棺不葬，甚至暴尸野外。面对这样的惨况，桐城一些文士往往会资置义冢，为之埋葬。《龙眠杂忆》就说："桐城好，义举集朋侪。百人善会施棺殓，七尺残躯捡骨埋，阴骘及枯骸。"桐城旧有百人善会，每人每天出一钱，到年末可积攒到36000钱，交给主事人管理，准备棺材，提供给那些无钱殡殓的人。还敛金买山，以掩埋枯骨。如姚东胶，见邑东郊多无主枯棺，买山埋之，不下数百冢。张廷硕，买山于下坦冲口，见附近居民贫苦无力迁葬，遂捐为义山。

桐城地方乡绅还捐资设置专门机构，从事慈善工作。如体仁局，由邑人胡承露同张鸿械、僧明参募合邑公费，建于南门外心庵。先是胡承露祖胡玉振偕邑绅姚孔金辰、僧瑞云倡施棺局于药师庵。嘉庆六年（1801），胡承露移建于此，永备施棺之用。

积善所，即在心庵体仁局，先是有思义所，专行掩埋，与体仁局并行。后废弃，邑人柯国荃捐田倡始，复募公费创局，更名积善所，归入体仁局，并理永备掩埋之用。

青草镇树德堂体仁局，嘉庆十三年（1808），里人汪恕、萧俊等倡募捐建，布施棺木。

枞阳镇存仁局，嘉庆二十三年（1818），里人童先声、项正邦捐置。

枞阳义冢，在枞阳镇东北三里冈等处，乾隆六十年（1795）马踏石巡检司李玑捐俸，协同枞阳镇绅商建置。

孔城保体仁局，里人程宗洛等捐置。

汤沟保安仁局，里人程大侃等捐置。

北峡关义局，道光二年（1822），北峡关巡检席沅与里人捐置。

邑西求仁堂施棺局，龙河李氏创置。

老洲头保义冢，道光元年（1821），里人周鲲倡众公置。

应该说，一个家庭或家族里有乐善好施的传统和风气，对个人的社会交往、品质培养是起积极作用的，甚至对整个社会风气的改善都有良好的促进作用。乐善好施靠的是爱心，只要人人都献出一份爱，那么整个社会将会变得更加美好。

总而言之，前面所提到的桐城家风内涵，可说是以传统的伦理道德为指导、以修身齐家为核心，倡导家庭成员修身正心、安分守己，家庭成员间有严格的尊卑贵贱，尊崇父慈子孝、兄仁弟悌和夫唱妇随的基本准则。它来源于桐城民众的日常生活，是他们平时居家、教育、处世等经验的积累，沉淀了优秀的民俗民风，反映出中华民族的精气神。

今天，我们已步入现代社会，桐城的传统家风肯定有着不适应当下社会的一面，但也有诸多积极因素，完全可以被我们吸收、继承，对我们的社会文化乃至核心价值观的构建都有着重要的作用与意义。

第四讲 穷不丢书，富不丢猪——桐城教育

桐城文化的兴盛与桐城人重视教育以及教育的发达是分不开的。同时教育本身也给桐城带来了深厚的文化积累。这种积累，不仅体现在绵延不绝的人才输出上，更体现在教育为这个灵秀之地培育着一种人文力量和地域灵魂。

桐城人尊师重教，既重视教育的广度与覆盖面，所谓"子弟无贫富皆教之读"，也重视教育的质量，所谓"课子重名师"。这种对教育的重视，当地人归纳成一句尽人皆知的俗语："穷不丢书，富不丢猪。"

第一节 弦歌琅琅

桐城教育的三个主要途径是：私塾与社学、官学（县学）、书院。

一、私塾与社学

设立一定的机构来教育普通平民家的儿童，这种做法可以追溯到周代。据说那个时候，在基层的"里"下设有"塾"，用来教育本里的儿童。这个"塾"，其实是大门边的小屋，所以后来演变为"家塾"，乃至将所有相对固定的、教育儿童的场所都叫作"塾"。在汉代，则有农家子弟腊月入小学读书的记载。在王充的《论衡》中，也有他小时候上"书馆"的记载。不过，这类儿童教育设施显然都是在农闲时间短期设立的。六朝时期（222—589），北魏的高祐曾经命令乡村"立小学"，这是目前可查见的、由地方官员明令实行的设立乡村小学的记载。唐宋时期，乡村设学的命令开始出现于中央的教育决策中。在元代，则在小学之外，另设有社学，以便在农闲的时候让老百姓的孩子入学读书。

明洪武八年（1375），政府规定：各府州县设立社学，每50家设一所，并把师生的名单上报礼部。但数年之后，即令停办，只让民间德行高尚的人，不限地点、不限学生人数，设立学校，每年农历十月初开学，腊月终止。洪武十六年（1383），又命民间自行设立社学，地方官不得干预。正统、天顺年间设立提学官，再令地方官创修社学。此后至崇祯时期，各朝都有关于兴建社学的命令颁布。但在明代，社学基本上游离于国家整体教育部署之外，并且除部分社学由当地政府拨给一点经费外，学校的经费都是通过捐赠、出租学校产业等方式获得的。

清朝在顺治九年（1652）亦令设立社学，每乡一所。康熙二十五年（1686），因社学有名无实者多，遂下令严格审查，不合格的废除。此后因康熙四十一年（1702）在京城崇文门外设立义学，五城各设小学，所以清代的儿童教育机构多被称为"义学"。而且，清代由官方设立的义学、社学等，国家每年都拨给一定的经费，教师免除差徭，学生也可以享受一定的待遇。

桐城私塾起源很早，明清时期，私塾遍布城乡。

私塾开办的形式一般分为族塾、村塾、家塾三种。由家族族长利用祠堂、公房，聘请塾师教授本姓子弟的学堂，称族塾；由地方关心教育的人任学东，收集学费，聘请塾师教授贫寒子弟的学堂，称村塾；由名门富户聘请塾师来家坐馆，教授自家子弟的学堂称家塾。

私塾用的教材有启蒙方面的《三字经》、《百家姓》、《千字文》、《杂字》、《字课图说》、《弟子规》、《千家诗》等；正课教读有《国文》、《龙文鞭影》、《幼学琼林》、《鉴略》、《论语》、《大学》、《中庸》等；应用文有买卖契约、收支簿记、往来信札、诉讼、婚丧喜庆等内容的教材。

私塾的教学方法也有着自身模式，一般分为：

认读：儿童五六岁入蒙学，以认读为主。塾师在一寸见方的纸上写字，称字片。教认的字数按每个学生的接受能力而定，每天周而复始地练习。当学生能认读1000个字左右时便教读《三字经》、《百家姓》、《千字文》等启蒙书籍。先生教完一课，学生就自读，直到能背诵为止。一般是第一天上新课，第二天早上就要背诵。

讲解：学生熟读背诵部分书文以后，先生就开始讲书。先生逐字逐句串讲，学生一字一句理解。讲解为每天一次，学生听讲后，回到座位上默讲，第二天向先生复讲。

写字：蒙童习字，一般由先生手把手润字。学生掌握笔划和字的结构以后，由学生自己练习。开始是描红字，接着是影写，即用好的摹本套上竹箔纸，照字样写。仿影文字多是韵文，如"一去二三里，烟村四五家。亭台六七座，八九十枝花"。学生练习一段时间后，先生根据学生的笔力，选欧、柳、赵、颜字帖，令学生临摹，即不看字帖写字。写字的时间，一般安排在上午讲读之后。写字作业于当日送先生批改。先生用朱笔在写得好的字旁画个圆，在有错误的字旁批上"重写"二字。写字是私塾教学中一门重要的功课。

写作：学生进入读讲阶段后，先生便教他们作对联，写文章。先生结合课文命作文题。写作体裁一般是游记、说、论、序、传以及应用文等。批改作文主要是面批，先生及时指出学生文章的优劣之处。

私塾按教学内容有蒙馆、经馆之分。教授的内容也各有侧重。

蒙馆以识字为主，学童有了识字基础，方入经馆。

经馆以读经明义为主，兼学应用文字，教材多为经史子集文章，平日读经兼学辞赋。教师讲解时，多采用逐句串讲的方法。经馆作业以作文为主，兼习对联、诗词，明清时期重点练习八股文等，以为科举的预备。经馆塾师的地位比蒙馆塾师的要高，他们的职责是"传道、授业、解惑"。他们中的不少人为落第士子，迫于家贫，不得不以开馆为生。一方面以此赚钱维持生活，另一方面将科第希望寄托在学生身上，如果时机、条件适合，自己也会再赴考场，以图进取。

旧时桐城城乡，男孩到六七岁就要"破蒙"进馆，接受启蒙教育。清初桐城名士方中通妻陈舜英《送儿庚同就塾》一诗就生动地描述了送子入塾时喜悦而期待的心情："吾儿刚六岁，今日便延师。膝下才离母，怀中早诵诗。"

据民国《桐城县志略》记载，民国二十五年（1936）以前，私塾全县2780所，私塾学生33336人。此书统计的数字不一定十分精确，但至少反映了桐城私塾在清代、民国前期已较为发达。

明清时期，桐城县内社学发展道路曲折，时兴时废。

明洪武八年（1375），桐城县建立社学7所。明弘治二年（1489），奉提学之命，知县陈勉在迎恩坊、凤仪坊、丹桂坊、牧爱坊、株陇、双港、北峡关、石塘、土桥、破罡、花园坊、横步、五观、青山、峡山、独山、安店、练潭、孔城、白兔河、马踏石、源子港、六百丈等处建立社学24所，贫家子弟入学可由社学提供纸笔。当时，安庆府共有社学47所，其中府治所在的怀宁县10所，潜山2所，太湖6所，宿松4所，望江1所，而桐城一县就占了24所，足见桐城社学的发展在当时的安庆府内处于遥遥领先的位置。后由于社会动荡，规章废弛，经费匮乏，管理不善，至明朝末年，桐城县内社学尽皆废止。

清初，社学逐渐兴起。清顺治年间知县邬汝楫开始兴办社学，但不久便废弛。清康熙四十年（1701）至康熙四十一年（1702），桐城又复建社学，但很快又废弛。乾隆五年（1740），知县唐叔度就任伊始，即再度兴办社学。他捐出养廉银两助修社学，在社学建成后，又延请名师江若度授课，并且常常亲自到学校，劝导学生努力学习。远在京城的大学士张廷玉得知家乡复建社学，也捐薪俸相助，并应唐知县的请求，撰写《桐城义学记》一文，叙其原委，表彰唐知县培养人才、振兴文教的功绩。不久，唐叔度因吏议去官，社学又一次废弛。道光四年（1824），知县廖大闻也曾设立义塾、义学，教授民众子弟。

除地方官员倡导并扶持的社学外，更多的是族人为族中寒士捐资建置的义塾。在桐城，私人兴办义塾之风亦渐盛行。如方氏的惠远堂义塾。清道光三十年（1850），桂林方氏邑绅方秬森，捐置田业128石，兴办义塾，专教本族寒士。其子方传书、方传理亦分别于浮山、县城捐建学舍，教授贫家子弟。东乡周氏、刘氏也效仿其他家族，相继建义塾，专教本家子弟。

正是这遍布城乡的私塾、社学和义学，保证了最广大的普通百姓的子弟、特别是贫寒子弟接受教育的机会，使得他们有机会摆脱穷困，实现"朝为田舍郎，暮登天子堂"的梦想，从而保证了社会的稳定与和谐，同时也极大地提高了桐城民众的整体素质。

二、桐城官学

我国古代的官学是指封建朝廷直接举办和管辖，以及历代官府按照行政区划在地方所办的学校系统。包括中央官学和地方官学，共同构成了中国古代最主要的官学教育体系。

国家的中央官学，汉朝时正式创办。魏晋南北朝时期政局纷乱，官学时兴时废，到了唐朝，中央官学繁盛，制度完备，南宋以后逐渐走下坡路。到了封建社会后期，中央官学逐步衰败，成为科举制度的附庸，名存实亡。清朝末年，完全被学堂和学校所代替。

桐城的官学为县学。桐城县学始建于宋元祐初年，由知县温士谦、武子春相继创立。县学位于桐溪桥东儒学学官孔庙内，元末毁于战乱。明洪武初年，知县瞿那海将县学随孔庙移到县治东南佑文坊（今桐城市人民广

桐城文庙内景

场北端）。后来的几任知县孔希善、颜颐、陈勉等又相继多次修葺、扩建，历时二百余年，渐成规模。大批县学生员从这里踏上科举之路，过关夺隘，金榜名题。

清代桐城县学经历了由朝廷扶持发展到自身衰落的过程。

清初入关，政局动荡，民心不稳，反清势力迭起，清政府于是在政治上施行高压统治，圈地剃发、大肆屠杀；而在文化教育方面，则着手笼络士子，招揽人才，学校教育因此迅速被恢复。据《清朝文献通考·学校考七》记载：顺治元年（1644），"诏各省府、州、县儒学，食廪生员仍准廪给，增、附生员仍准在学肄业，俱照例优免"。"在京者户部支给，在外者州、县官支给"。至顺治七年（1650），又颁卧碑文，刊石立直省学官。于是，全国各地饱经战乱的学校教育事业顿时呈现出一片春风吹又生的大好景象。

卧碑文颁布后的第二年，即顺治八年（1651），桐城知县张洪极便重修了桐城儒学学官，又将原来明朝的卧碑文改为清顺治七年（1650）颁布的新卧碑文。自此桐城的学校教育正式步入发展的阶段。

桐城官学的发展得益于历任开明的地方官员的大力扶持，这从学官的数次修葺、扩建可见一斑。据康熙《桐城县志》记载："国朝顺治十一年

（1654），正殿梁坏，知县石朗重修之。康熙八年（1669），仪门、棂星门悉皆倾圯。知县胡必选捐资造建。又设栅栏于棂星门外，一时称巍观焉。"学官规模宏大，功能齐备。数百年间，学官（亦即文庙、圣庙）经过19次大规模修葺，直到今天主建筑仍完好。

清初桐城学校教育迅速恢复，繁荣发展，主要表现在：

一是生员数多。桐城人文昌盛，官学规模较大。据康熙《桐城县志》载："国朝顺治初年定制，每试新进生员四十八名，内拨府学八名。能精骑射、通策论者取进武生，附学肄业。"

二是章程严明。桐城儒学教法较严。"督学岁试之，县季考之，学月课之，各如令"。旧《会典》载："教谕昕夕坐于堂，鸣，诸生升堂已，乃退就舍。训导进诸生于斋，日诵读焉。及夜，诸生就舍诵读。学官时临视之。三、六、九日讲书作文如约。"同时有"题名记"之例，"国朝人一丁乡试、会试中式者与贡者，县官籍其名榜于明伦堂左右，谓之题名记"。这是对中式者的褒奖。

三是资产丰厚。桐城县学学廪、学田颇为丰厚。到康熙二十二年（1683），学田尚处扩增之势。办学的资金充裕，教法得到实施，学堂规章严明，真正发挥了教育和培养士子的功能。

清中期之后，全国各级官办学校坚持到嘉庆、道光之际，也无法逃脱自明以来的衰落命运，渐渐变质，彻底衰落。与全国教育形势相一致，桐城的官学亦不能躲过此劫，从学官到学田，从资金到教法，无一不是颓败衰落，此次失势再难挽回。而书院则与此不同，尤其是桐城书院的发展，完全迥异于全国书院大衰的形势，这时竟然迎来了发展高潮，担当了官方"造士"的重任。

三、桐城书院

随着桐城社会经济、文化的发展，人口的急剧增加，官学的规模无法满足广大士子求学的需求，加之官学日渐衰落，书院开始逐渐复兴。

据道光《续修桐城县志》记载：顺治十四年（1657）至乾隆三十年（1765）间，桐城县由6123户增至114758户，人口由33250人增至

850168 人。人口增长速度较快，但政府所提供的教育场所极少，仅有一所县学及几所兴废不定的社学。县学的入学者均为通过三考（县试、府试、院试）的优秀童生，人数也有规定："国朝顺治初定制，每试新进生员四十八名，内拨府学八名。"后虽有增广生员与附学生员的加入，但名额很少。然而桐城素来重视教育，"子弟无论贫富皆教之读"，学校如此少，根本无法满足人们的需求，这就为桐城书院的发展提供了空间。

中国教育史上曾经出现过由民间创办的教育机构——书院，它有别于官学，高于蒙学，是与官学平行交叉发展的一种教育机构。它在系统地综合和改造传统的官学和私学的基础上，建构了一种不是官学但有官学成分、不是私学但又吸收私学长处的新的教育制度。它是官学和私学相结合的产物，是集教育、学术、藏书于一体的文化教育机构。

书院之名起于唐代，指朝廷收藏、校勘图书的地方。作为教育机构，起源于私人讲学。宋代书院教育已经普及，形成了书院制度，以相对灵活的教育方式，培养人才，弥补官办教育的不足。书院教育发展于宋元，兴盛于明清，衰微于清末，在中国教育史上占有重要的地位。

作为一种不同于官学教育的独特的教育组织形式，书院在近千年的发展过程中，逐步形成了鲜明的特点。

一是教学与研究相结合。书院既是教育机构，又是学术研究基地。同时，许多书院还有一定规模的图书馆和有影响的印刷出版机关。书院的创建者、主持人大多是一方有名的学者，他们担任主讲时，一般都是讲自己的学术心得，不少研究成果也是在讲学的过程中完成并得到社会承认的。二是书院盛行"讲会"制度，提倡百家争鸣，这就促进了学术的交流，推动了学术的发展。三是教学上实行门户开放。书院教学不受地域和学派的限制，允许不同书院、不同学派的师生互相讲学，互相听课。这在一定程度上体现了"百家争鸣"的精神。四是学习以个人钻研为主。书院强调学生读书自学，重视对学生自修的指导。因此，书院中的师生关系极其融洽。

书院以其独有的优势和特色，在促进地域文化发展中扮演着重要角色。它在不同地域内的发展，深刻地影响了地方文化教育事业的发展。

桐城的书院始建于明代，这便是桐溪书院，之后建成桐阳书院。

桐溪书院：明嘉靖三年（1524），安庆知府胡缵宗、桐城知县沈教在县治西北隅灵泉寺故址，建桐溪书院，这是县内书院的开始。

桐阳书院：明万历末年（1620），知县王廷在县东郭外建桐阳书院。

桐城在明代时书院并不发达，即使在安庆府内也无优势可言。

明代安徽分设7个府、3个直隶州。全省共有书院144所，其中新建131所，重建13所，全国平均数是103.263所，安徽高于平均值，是明代书院发达地区。安庆府仅有书院11所，占全省的7.91%，位列全省第6位，是书院发展的欠发达地区。

明代安庆府下辖6县，府内共有书院11所，桐城仅有2所，占全府的18%。安庆府书院的分布情况为：怀宁县4所（二良书院、近思书院、山谷书院、龙山书院）；桐城县2所（桐溪书院、桐阳书院）；潜山县2所（皖山书院、山谷书院）；太湖县2所（同春书院、正学书院）；宿松县1所（禹江书院）。

明代中叶后，朝政日趋腐败，一百年中全国三次毁废书院，桐城县内书院亦相继毁废。

及至清代，由于清廷的政策激励和扶持，桐城地方官的积极参与，桐城的书院发展迎来了一个黄金时代。

清代安庆府共有书院17所，桐城便有7所，占全府的41%。跃居全府第一，全省第四。分别为桐阳书院、培文书院、毓秀书院、天城书院、白鹤峰书院、丰乐书院和桐乡书院。这些书院充当着科举附庸的角色，书院的课业安排和经费的开支主要围绕科举而制定。在课业方面，《桐乡书院志·课例十二则》中明确规定："生童大课，四书文一首，试帖诗一首，律诗一首，经解一首。""每年大课之外，另设小课，四书文一首，试帖一首，外经解、律赋各一。"其课考内容与科举考试内容如出一辙。在经费开支方面，大课、小课的奖赏和乡试试资占主要部分，即使书院在经费不足的情况下，仍坚持补助考试者，以资鼓励。

清初桐城书院俱废。直至康熙年间，时任桐城县令的高攀桂，想为桐城文教事业建功，修复了两所书院：桐阳书院与培文书院。

桐阳书院：清代桐城修复的第一处书院。

培文书院：清嘉庆二十五年（1820），在原明代桐阳书院旧址建培文书院，后废为庙。清道光元年（1821），知县吕荣将北门内后街官房卖给邑人作培文书院，邑绅方世盘捐田租资助学生伙食。翌年，知县廖大闻买崇文洲作学田，以增书院经费。道光二十六年（1846），知县史丙荣改定崇文洲章程，以三年租息除例支外，分作八股，以四股作培文书院经费。后邑绅叶瑛、吴庭辉捐钱三百缗，马树华捐钱一千缗，将书院修缮一新，并增购火炉岗保倪庄田十三石七斗五升，额租七十五石作为书院经费。咸丰三年（1853），书院毁于兵燹。同治初年（1862），经邑绅公议，在城内里仁巷再办培文书院。同治四年（1865），五乡公议，书院扩建，且设有考棚。次年，知县李蔚曾捐廉为书院聘请山长。同治九年（1870），邑绅马起升等因书院岁入租息有限，办学困难，禀请知县单光禄捐银培养，代完书院钱粮。光绪年间废科举时停办。

毓秀书院：清乾隆年间，曾任直隶抚宁知县的张若瀛告老还乡后，在县城儒学（文庙）南创建毓秀书院，自为山长，每年捐资课士，延贤讲学，培养俊秀之才。咸丰三年（1853）书院毁于兵事。

白鹤峰书院：清嘉庆二十三年（1818），知县吕荣和民众捐银在枞阳镇文昌阁旁建明鹭亭，名白鹤峰文社。道光三年（1823），知县廖大闻捐银添置门窗，改名白鹤峰书院。每年二月，择期开课，每月有课期，聘马一斋主讲。咸丰三年（1853）兵毁。同治七年（1868）里人集资重建，清末停办。光绪三十一年（1905），南乡绅士童鉴泉将书院改为枞阳高等小学堂。

天城书院：清道光六年（1826），知县廖大闻捐资相助，里人刘存庄、潘楫等广募租银，在明社学故址梵天城（今天城中学校址）文昌阁建天城书院。书院大门镌刻对联一副，曰："皖水桐山钟灵毓秀，春风化雨由又居仁。"书院建成后，每年春秋仲月三日，知县往祭文昌，会课童生，榜示奖赏。咸丰三年（1853），虽遭兵事，尚未毁废。同治十年（1871），知县王国钧沿袭前任，课士如旧。清末废科举时停办。

桐乡书院：位于县东孔城镇中街。据《桐城县志》和《桐乡书院志》

桐乡书院

记载，书院建于清道光二十年（1840），里人文聚奎、戴钧衡、程恩绶为教化桑梓，呈知县陈元中复核建修，捐钱购置田产十数处，建房舍五重，设"朝阳楼"、"漱芳精舍"、"讲堂"、"内堂"、"后堂"、"课堂"、"仓房"、"帐房"等，辟"旷怀园"，广植异树奇葩。道光二十一年（1841），桐乡书院开课后，群贤聚首，学子咸集。书院每年春秋各举行大课一次，由知县阅卷。大课之外，设小课数次，试卷由县学老师或乡贤评定名次。内容有四书文一首，试帖诗、律赋各一首，经解一首。每逢乡试之年，停小课，增设决科。决科课卷采用弥封、坐号、浮票等办法严加管理。桐乡书院创办不到三年，成绩卓著，在县试、府试中考第一的都是该书院的学子，因此颇负盛名。咸丰三年（1853）书院遭兵灾。同治六年（1867）里人购买程姓屋宇，改建为书院，课士一如既往。光绪三十二年（1906）改为"公立桐乡高等小学堂"。民国元年（1912）后，改名为"桐城县立第三高等小学"。书院朝阳楼、旷怀园和漱芳精舍故址及清道光三十年（1850）罗惇衍撰写的《桐乡书院记》碑刻，今尚存。

丰乐书院：清道光二十五年（1845），知县史丙荣在东乡汤沟镇购置毕姓房屋，建丰乐书院，将崇文洲租息、当地士绅捐助的田租息作为正课生伙食费和书院维修费。翌年秋开课，史丙荣亲临讲学。咸丰三年（1853）遭兵毁，屋宇尚存。同治九年（1870），里人周理源等筹款修整，复为书院。光绪时停办。

清代书院多为科举补习科、讲习所。入院者通过甄审选择，分正课生和附课生两种。正课生享受伙食费，其中住院内的每月领取伙食银二至三两，住院外的为住院内的一半；附课生无伙食费。书院每月进行两次月试，多由山长命题、阅卷，评定超、特、壹三等名次。正、附课生评为超等、特等名次者，奖银三至五钱。书院学生外出参加各级考试，都由书院资助旅费。

清代桐城书院振兴的原因：

一是政治原因。

书院的发展与否，与整个社会局势稳定与否有着很大的关系。清廷的书院政策总体来说有一个由限制发展、逐渐支持到积极推进的过程。清初，清王朝统治极不稳固，朝廷对书院百般抵制。随着国家的日益强盛，特别是雍正十一年（1733）发布的著名的创建省城书院的上谕，明确表明了政府对书院提倡、支持和积极设办的态度，直接推动了各地书院的建设。

《桐乡书院志》中记载了桐乡书院的创建过程。道光二十年（1840）七月初八，文聚奎、戴均衡等谋建书院之初，就曾上《议举首事公陈邑侯状》，恳请县令批准创建书院。十六日，上陈邑侯批准。之后书院又为开课、收取募捐等事宜不断上书县官请求帮助解决，这一切事宜也都须经县官批准。官方对书院的控制由此可见一斑。

二是地方官员的办学热情。

封建时代的政府官员多为科场出身，本人既是饱读诗书之士，又大都有过书院求学的经历，对书院都有很深的感情，而兴办书院、培养人才不仅能使官员获得好评，同时也可以起到"化民导俗"的作用，因此，官员们都直接支持书院的建设，或出资捐银，或亲自为书院办事。培文、白鹤峰书院等都得到官员的捐助。白鹤峰书院，"嘉庆二十三年（1818），知县吕荣与里人捐银"。而且，因为经费不足，各书院没有请山长，官员还需定期亲临书院给士子上课，行山长之责。又如天城书院，"每春秋仲月之三日，知县牲祭，会课生童，榜示奖赏，乡试各给卷资"。白鹤峰书院，"每岁二月，知县卜期课士子"。

在民众捐资助学一事上，书院也有赖官方的力量。道光二十年（1840）七月，桐乡书院因收不到捐输而上《首事公禀陈邑侯状》，恳请官方出面为书院下令募捐。八月，官方下《劝捐示》："北乡各保绅士庶民人等知悉：尔等须知书院为振兴文教之要务，所需工费浩繁，不能不作集腋成裘之举。务各踊跃捐输，共襄善举。毋负本县之厚望焉。各宜凛遵毋违。"此后，官方又多次出示劝捐，维持书院发展。

三是桐城民众对教育的重视和支持。

桐城的老百姓有捐资助学的好传统。毓秀书院便是告老还乡的张若瀛捐资创办的。培文、天城、白鹤峰、桐乡书院等也都是由邑人捐建的。

四是书院自身管理严明。

桐城各书院在管理方面做得非常严格谨慎。如桐乡书院制定了精细的章程。《桐乡书院志》专立一卷，列出了书院的各项章程，如《课例十二则》、《课规七责》、《董事九则》、《杂欵八则》、《试资六则》、《补议章程数则》等，规定严格。经费开支节俭而严明，县官来书院公干，一切开支都有规定；并明言拒绝非公干而入书院。"院乃培养人才之地，不准地保借作官长公馆。官长非因书院公事即至孔城，董事不得请临书院"。书院经费主要用于课考奖赏和决科试资。每次经费开支都列出明细并且张贴出来。"每大、小课既毕，董事于榜发给完奖资之后，必将是课所用经费若干分列数项，开明张贴，晓于大众，以杜侵渔"。

书院的日常事务由数名董事负责管理。制度严密，赏罚分明，措施有力，秩序井然。书院采用大课、小课、散题课等办法检测教学效果，评定学生成绩，分出优劣等次。书院规定每年大课两次（春秋各一次），春课定于农历二月十五日，秋课定于农历九月十五日。一般情况是在开课前半个月，由书院董事禀请县令亲临视察，或提请县令开课前二日发题纸封固加印，届时当堂拆封。考试内容有明确规定，即四书文一篇，试贴诗一首，律赋一首，经解一首。交卷时，每名生童发席资七折银一钱。董事在书院门外张贴成绩揭晓日期，生童可以按时到书院查阅课卷，知晓等次。试卷由专人评阅，阅完后，由县令或有名望的乡贤甄定甲、乙。对那些成绩优异者，奖励16000文钱，超等生监和童生成绩前10名者所作诗文，由书院汇编刊刻。

书院考试除大课之外，还设小课和散题课。小课次数多寡不定，其试卷请县学老师，或乡中贤达评定等次，对优异者的奖赏依照大课标准减半。散题课除农历正月、腊月及有春秋大课三个月外，每月举行一次。成绩位居前列者，奖给纸笔，屡居前列者，从重奖赏。

书院还规定，书院的学生参加乡试，补助试资，每人每科最多资助30000文钱。三年一次乡试，其间书院大课五次，凡未能完全参加书院大课的，按缺课次数扣减。所有资助款额，由董事亲赴金陵发给参加考试的学生。

书院的建立为学子提供了充裕的读书学习场所，成为应对科举考试的坚强后盾。

第二节 穷不丢书

桐城历史久远，文教昌盛，素有尊师重教、勤学苦读的优良传统。桐城人历代重视教育，把"穷不丢书，富不丢猪"奉为金科玉律。境内读书风气浓厚，书院林立，家学兴旺。

一、崇教传统

1. 读书风

从明代中叶开始，桐城逐渐形成重读尚文、尊师重教的良好风气。桐城人不论贫富都把读书当作第一重要的事，素有勤学苦读的习俗。很多士子家境贫寒，但他们仍不弃举业，专心钻研学问。桐城境内，书院多，私塾多，家学多，读书人多。学子不仅在本乡本县读书，还随在外做官或教书的家人到外县外省读书，到京城读书。许多人几岁就开始上学，二十出头即读遍经史百家，学问渊博，在科举考试中蟾宫折桂，名列巍科。桐城科举的繁盛离不开桐城士子们自身的勤奋刻苦。

在桐城，上到名门望族，下到一般家庭，都有一个较为普遍的价值取向，即以家有纺绩声、读书声为兴旺人家的标志。

《桐城耆旧传》有这样一段记载，说桐城人史仲宏、金腾高与方懋三人之间有兄弟一样的交情。一次，史到金家，看到金家子弟聚在一起打牌赌博，他看到后直摇头，掉头就离开了金家。转到方家，见西厢房中纺绩声嗡嗡，东厢房中读书声琅琅，两家气象大为不同。他慨叹说，"方家子孙将来必定有出息"。果然，几年后，方家的方佑中进士，方瑜中举人。邻里祝贺，都监王瑞登门道喜，题词"桂林"，悬额门上。科举及第古称"蟾宫折桂"，题词赞美并祝愿方家"人材辈出，折桂成林"，"桂林"遂成为桐城方氏的荣誉标识。读书也成为方氏家族世代继承的优良传统，最终造就出了一个名望仅次于山东曲阜孔氏的名门望族。

2. 尊师重教风

桐城素来尊师重教，"子弟无贫富皆教之读"，而且"课子重名师"，不惜资金，不怕路远，四方求学。明清两代，桐城教师颇受尊重，文人从教者多。一些落第文人一面教书取酬，谋生行孝，一面边教边学，为再度参加科举考试作准备。一些饱学宿儒，坐守一方，广招弟子，传道授业，培养后进，显示自己的人生价值。一些在职的官员或兴学，或授徒，以扩大自己的影响。桐城籍著名教师有何唐、方学渐、潘木崖、方苞、戴名世、刘大櫆、姚鼐、王灼、方东树、姚莹、吴汝纶、姚永朴等，他们高名博学，教风严谨，远方学子奔趋门下，为能在他们的门下读书而感到荣幸。桐城籍的教师也因此赢得了崇高的声誉。

在桐城人的眼中，"万般皆下品，惟有读书高"。桐城人不管是在外奔波，还是在家操持，一切的一切，都是为了下一代读书。家里再穷，哪怕揭不开锅，也要节衣缩食，想尽办法让子女读书。

被誉为"开启桐城讲学端绪"的宿儒何唐，10岁左右父亲去世，生活艰难。但他并未放弃读书。他一边操持家务，一边埋头书籍，勤奋苦读，志行高洁，卓尔不群。20岁便成为受人敬重的乡里名士。他于明正德十四年（1519）中举，正德十六年（1521）进士及第，官至兵部尚书。后辞官归里，在桐城西旗岭下赁屋而居，开始了自己的讲学生涯。后主讲于桐溪书院，培养了大批人才，开桐城读书风气之先。

又如桐城派三祖之一的刘大櫆祖母章氏，刘大櫆称其为"大家"，她对子孙读书极为重视。"櫆七岁，与伯兄、仲兄从塾师在外庭读书。每隆冬，阴风积雪，或夜分始归，僮奴皆睡去，独大家煨火以待。闻叩门声，即应声策杖扶壁行启门，且执手问曰：'若书熟否？先生曾扑责否？'即应以书熟，未曾扑责，乃喜"。

"穷不丢书"，带着对传统文化的执着，毅然而怡然地担当其文化传承和社会改造的使命。读书在古代被认为是第一等好事，这一般只有小康的人家才能做到，但桐城人即使穷得揭不开锅，也要砸锅卖铁供子女上学。"穷"而读书，固然能够改变自身的命运，但似乎不仅仅如此；而"穷不丢书"似乎包含即使将来富贵了，也不放弃读书的传统。所以在过去的桐城，书院遍布城乡，无论贫富，皆向往读书。清晨的乡间和市井，书声琅琅，代代弦歌不绝，在这弦歌声中，对传统的坚守，就化作了日常的生活方式。即使是山野村夫，你若和他谈诗论文，他也绝不怯场，会和你津津乐道诗文及其中的蕴意。

读书，在桐城人看来，不仅仅是为了获得知识，更重要的是为了"明事理"和践履。若是读书人不孝敬长辈，和亲戚邻里发生纷争，蝇营狗苟，乡邻便会责怪他"书读到狗肚子里去了"，和猪狗等动物一般。至今，桐城人的行为举止仍受程朱理学潜移默化的影响，如果哪家孩子在长辈亲朋面前不懂规矩，不知礼节，那家的父母在村子里便被人看不起，被人认为家里没有教养。可见，桐城人读书，是为了做人，做一个无论男女老幼、贫富贵贱都喜欢、接受的人。读书的人文意义一目了然。

这样的文化传统，自然有无比的生命力。直到现在，在桐城、枞阳一带大多数人家，传承传统文化成为自觉的行动，他们往往把最好的东西让给别人，把方便留给别人，"六尺巷"的故事代代相传，深入人心。

二、重教兴学

客观地讲，一个地区是否崇教，与一个地区的教育发展状况是有密切关系的。桐城历史上就有积极创办学校的优良传统。

桐城地区历来重视教育，当地士绅为教育发展不遗余力。桐城的许多贤达智者，淡泊名利，乐于乡里开办教育。明中叶后，即有部分名宦硕儒隐居桑梓，倾心办学。清代桐城派崛起，其代表作家更是躬行力践，极力倡办教育。

桐城桂林方氏家学的开创者方学渐（1540—1615），学识渊博，挚爱教育。在重功名的科举时代，他选择终身执教，布衣振学，主持教席20余年。他还游学四方，多次应邀给东林党人讲学，互磋学问，受到高度评价，高攀龙曾将其学识与顾宪成并称。他继何唐之后在桐城兴教倡学，在桐城县城创立桐川学馆，开桐城县设馆讲学之先河。会馆堂屋门额上题"崇实"二字，表明自己崇尚朴质敦行的务实之风。毕其一生，教书育人，门下弟子多达千人，培养了一大批有真才实学的后生，大开桐城重文尊教的风气，是一位泽被后世的乡里大师。张英称方学渐为"以布衣振风教，食其泽者累世"。足见其人其学其行对桐城方氏家族人才兴盛及桐城重文尚学良好社会风气形成的重要影响。

与著名近代民主革命先驱吴樾同时期的巾帼英雄桐城人吴芝瑛，秉承先父"恤民兴学"的遗志，曾筹款赈济苏、皖灾民。清光绪二十四年（1898），将其父原籍田地、房产，约值银万两，悉数捐出，于浮山西麓创立鞠隐小学堂。此前，吴族中有恶痞贿通府县，图谋霸占此笔财产，阻挠吴芝瑛义举，然而吴芝瑛不畏恶痞恫吓，呈文拜谒两江总督周玉帅，周批示"披览来牍，深堪嘉尚"，支持吴芝瑛义举，使学堂得以创立。1907年秋瑾反清起义失败被害，还是这位吴芝瑛挺身而出，将秋瑾尸骨安葬于杭州西泠桥畔，立碑"呜呼！鉴湖女侠秋瑾之墓"。这在当时那样一个黑暗的社会环境下，无疑需要勇气和胆识。

李光炯（1870—1941），桐城县南乡李兰庄人。青年时，从师吴汝纶，为之器重，携往日本考察教育，归国后协助吴汝纶创办桐城学堂。1903年，李光炯应聘去湖南高等学堂任历史教习，与卢仲农创办安徽旅湘公学。不久，迁芜湖，易名安徽公学，增设速成师范学校，请房秩五主持校务，继而与阮仲勉创办女子公学。1919年，离开政界与阮仲勉等筹办芜湖公立职业学校，晚年专注于职业教育。李光炯热爱家乡，更关心家乡教育事业。1937年，他在枞阳故里创设宏实职业初级中学，并附设成人班、妇女班，同时开办农场、工厂。1941年李光炯病逝于成都，家人按其遗嘱，将其生前房屋、田产、图书捐给枞阳宏实小学和孤儿教养院。

朱光潜的祖父朱文涛，字海门，清朝贡生，擅长写八股文，在故乡桐城县孔城镇主持过桐乡书院。朱光潜的父亲朱若兰，虽科举不第，但终身笃志于学，在家乡开设私塾学馆，终身致力教育，培养桐城后学。

正是尊师重教的社会风气和环境，促进了一代又一代桐城学子的成长。

三、家学传播

桐城教育中最具地方特色的是它的家族教育与家学的传播。

家学与家学传承是中国文化赖以传承的重要途径。所谓家学，就是家族世代相传之学。在古代社会里，家族制度在社会中承担着特殊职能，整个文化与社会无不被其所形塑。因此，过去世家大族特别重视家风家教，因为它关系到自己的家族能不能够从千百户家族中崛起、壮大；在上升为名门望族后，又如何保证祖泽绵延，积厚流光，防止"富不过三代"的悲剧发生。

桐城素称"文物之邦"，宗族观念浓厚，有所谓"累世可同堂"之说。其著姓大族，不仅簪缨代传，而且学问相继，家学源远流长。

明清时期桐城家族教育及家学传播有五个主要特色：

1. 世代相授的家学

桐城的世家大族，家学渊远流长。如康熙年间官至刑部尚书的姚文然，与其兄姚文烈、弟姚文燕，都因宦绩卓著而一同流芳于史志。姚家后代也是官宦层出，其中在鸦片战争中领导台湾军民守土卫国的姚莹最为著名。不仅如此，姚家文学之名亦世代不坠。姚文烈，"嗜学工诗，文有声"；其子姚士垒，"读书千卷，尤嗜为诗"；其侄曾孙姚范，"官翰林院编修，与同里刘大櫆友善，得方苞为文义法"，诗文"绝去依傍，穷幽涉险，力追古人，而得其渊旨"。姚范的从子即姚鼐，古诗文之大家。姚范的曾孙姚莹，古文写作丝毫不逊于其先人。姚莹的孙子姚永朴、姚永概，各承家学，成为桐城古文的传承人。

不仅大姓著族家学有继，书香小族也是力保文风不坠。桐城戴氏是较为典型的耕读家族。戴名世曾自述："吾桐之戴迁自新安，已三百年于今，家世躬耕读，仕宦皆不显。"据《戴氏宗谱》记载，戴氏六世祖戴南居"力耕起家，尤多隐德"。他的儿子带着家人耕地时挖出了一些金银玉器，就带回了家。戴南居得知后大怒，他责骂说："吾闻之，有无妄之福者，必有无妄之祸。吾家世力田自给，今汝不自力，而欲取非义以长其骄，吾家焉用此不才子！"乃杖之。戴南居主张自食其力，视拾金而昧为取之非义；取非义之财会助长子孙的骄惰。将有拾金而昧之心的儿子视为"不才子"而杖责之，这的确不是一般乡士所能达到的精神境界。戴氏子孙世代躬耕读书，戴名世的高祖戴时章、曾祖戴震、祖父戴宁、父亲戴硕，都勤学苦读，淹贯经史。正是数代人的积累，才有了戴名世后来的辉煌。康熙四十八年（1709），戴名世以会试中式第一名进士，殿试一甲第二名，授翰林院编修，名满天下。戴名世不仅是桐城戴族最显赫的人物，也是桐城文化史乃至清代文化史上的佼佼者。

家学的赓续传播，实为教育的功劳。家族内部教育将家族文化植入后代，与此同时，家族教育又扩展至亲旧之族，本族文化于是融入其他家族之中。并且，文化家族对周围民众的教育作用也是不容忽视的。

家族教育有别于学校、书院和塾学，主要依赖于长者的授受和督促，其教育内容为蒙学、学问和道德。

就家族教育的方式而言，可分长者亲授、督授以及习者私淑。一般而言，父兄长者会亲授子孙小辈以知识学问，这种现象在桐城十分普遍。

县志记载方苞"稍长从兄舟受业"。方苞亦言，"先君子课余及弟诵读甚严"。方苞还曾辅课族弟方式济读书,且对其要求很高,曾云,"式济童稚,视余如严师"。

大学士张杰,"博洽经史","弟文端公师事之"。文端公张英,"有子六人,廷瓒居长,诸弟皆师之"。

刘大櫆,"祖甡,父柱,皆县学生,均以课读为业。长兄大宾,亦会教读",故"大櫆幼年即从父兄读书"。

2. 由延请名师发展为"家馆"的教育形式

还有一些家族,由于长辈在外忙于官务、商务无暇顾及,或限于自身的学识无法亲教,于是便延请名师为子侄授课,甚至设家馆授学。

如张英聘请戴名世为其子授课。张、戴两家有两代之谊。戴名世居京期间是张家常客,并曾任张英之子张廷璐等的"家庭教师"。张英在为《戴氏宗谱》所作的序中云:"余少与戴公孔曼(按,即名世的父亲戴硕)同见知于学使蓝公,因得与孔曼交。……孔曼长公(子)田有(按,即戴名世,字田友)至京师,以才名冠江南……余以乡戚故,延至家课子廷璐等。"

姚莹是姚鼐的侄孙,他在得到姚鼐教诲的同时,还得到其母亲的严格家教。姚莹之母张氏,

张英书法

张英后裔,通晓经史。姚莹曾这样记叙:"莹兄弟方幼,太宜人竭蹙延师教之。每当讲授,太宜人屏后窃听,有所开悟则喜,苟不慧或惰,则俟师去而笞之,夜必篝灯,自课莹兄弟。《诗》、《礼》二经,皆太宜人口授。旦夕动作,必称说古今圣贤事。"

3. 族族互教与家学互融

在桐城,姻亲相互切磋授受现象十分普遍,家学也由此得以出彼之宅而入此之门,相渗相融,更生更长。

姚莹十七八岁时，师从伯外祖张蓉园先生；二十岁，为妻姐夫马瑞辰所聘，作为马氏二子的蒙师。张廷玉年十二岁，"受业于表兄刘伯顾先生"。马宗琏，"师事舅氏姚鼐，受古文法。通古训及地理沿革，撰述甚丰"，"笃志好学，复工吟咏，时有沉博雄丽之作"；族子马树华"师事姚鼐，受古文法"，"其为文博稽典章制度，清雅有韵，途辙甚正"。马起升"初师事世父马树华、戴均衡，受古文法，得古人用笔之意"，"其文说理甚明，运词甚达，气息从容以和，不求胜于人，实已造人所不能造"。古文法由姚氏转而入马氏之门，并成其家学。两族姻亲，家学各异，而一旦相会相融之后，则相渗相通。

姻亲外戚和新知旧友的切磋授受使家学流传于各个家族间，形成相汇互合的家族文化圈。文化在其中互渗互融，更生更长。

4. 以家诫、家训等形式进行学识礼法的垂范式教育

书诫教子的盛行是明清时期桐城家族教育中的另一个重要特点。

"诫子书"又称"家诫"、"家训"等，它是世家大族教育子孙的言论和说教。中国古代的家训，产生于西周，成熟于隋唐，完善于明清。"家训"顾名思义就是"言居家之道，以垂训子孙者"。主要指父祖对子孙、家长对家人的训示、教诲，其文字记录形式包括家书、家教、家规、家法、家诫、家范、家风等多种形式，是古人向后代传播修身治家、为人处世的最基本的形式。

（1）张英的《聪训斋语》。

张英，康熙六年（1667）进士，官至文华殿大学士兼礼部尚书。张英平时十分注重对子弟的训导，写有《聪训斋语》、《恒产琐言》，以务本力田、随分知足告诫子弟。

《聪训斋语》共两卷，一卷是他在京为官时专为训诫三子张廷璐写的，另一卷是他退隐后"随所欲言"地对长子张廷瓒的训示。

张英的家训思想十分丰富，但核心内容则为"务本力田，随分知足"八字，主要有四大要点。张英说："予之立训，更无多言，止有四语：读书者不贱；守田者不饥；积德者不倾；择交者不败。尝将四语，律身训子。"这四条纲领具体化为八教，即"教之孝友，教之谦让，教之立品，

教之读书,教之择友,教之养身,教之俭用,教之作家"。这是他为官律身的总结,也是训子传家的要诀。

第一,"读书者不贱"。

张英把读书作为其家训四语之首,鼓励子弟努力读书以求通达。他告诫长子张廷瓒,读书可以"取功名"、"继家声"、"使人敬重"。"今见贫贱之士,果胸中淹博,笔下氤氲,自然进退安雅,言谈有味。即使迂腐不通方,亦可以教学授徒,为人师表……人若举业高华秀美,则不敢轻视。每见仁宦显赫之家,其老者或退或故,而其家索然者,其后无读书之人也;其家郁然者,其后有读书之人也"。张英训导子弟读书非常具体,要求他们:一是学字。"学字当专一,择古人佳帖,或时人墨迹,与己笔路相近者,专心习之。若朝更夕改,见异思迁,鲜有得成者"。二是读文。读文章必须理会,"不能理会,则读数千篇,与不读一字等,徒使精神聩乱"。三是作文。学字、读文是为了写好文章。张英训子道,"文章为荣世之业,士子进身之具",科举应试文章的特点是"理明词畅,气足机圆",应平心静气细加研读,平时要多加练习。

第二,"守田者不饥"。

如果说读书是兴家之途,那么,保田则是立家之本。张氏家族世代耕读,田产是保证子弟读书举业的基础。为此,张英特意写了《恒产琐言》,教诫子弟"守田之法",并且把保田产与做人联系起来,明确提出"有恒产者有恒心"。恒产就是田地,其他都算不上恒产。屋久而颓,衣久而敝,牛马老而死,"独田之为物,虽百年、千年而常新。即或农力不勤,土敝产

张英全书

薄，一经粪溉则新矣。亘古及今，无有朽蠹颓坏之虑，逃亡耗缺之忧"，"不忧水火，不忧盗贼"。为了保住"恒产"，他要求子弟做到：一不卖田经商；二是尚节俭，去恶习；三是尽地利；四是善管理。在张家，上自古稀老翁，下至黄口小儿，无不以节俭为做人的基本。张英的父亲张秉彝生平俭朴，一件羊裘穿了 30 年，虽然已经很旧了，但仍然不肯换。而且经常教育张英等人爱惜物力。张英的妻子姚氏也保持着俭朴的生活习惯，家常衣服常常是一穿数年。张家子孙也都恪守家训，崇尚节俭。

第三，"积德者不倾"。

"倾"指倾覆、倾危。积德行善，不与人争夺，就不会倾覆危亡。他告诫子孙："人生必厚重沉静，而后为载福之器。"为此，一要认识官家子弟修行立名之难度。因为"人之当面待之者，万不能如寒士之直道，小有失检，谁肯出斥其非？微有骄盈，谁肯深规其过？幼而娇惯，为亲戚之所优容，长而习成，为朋友之所谅恕"。富家子弟只有"谨饬倍于寒士，俭素倍于寒士，谦冲小心倍于寒士，读书勤奋倍于寒士，乐闻规劝倍于寒士"，才能得到与寒士同样的称誉。二是知足守礼。父祖经营多年，子孙坐享其成，所以要"敦厚谦谨，慎言守礼"，做到思事周全，言思可道，行思可法，不放言高论，不骄盈，不诈伪，不刻薄，不轻佻，才可享有福祉。三是忍让不争。张英认为："自古只闻忍与让足以消无穷之灾悔，未闻忍与让反以酿后来之祸患也。"也就是说，只有忍让，才不会招致麻烦和灾难。要做到能忍让，一定要从小事做起。他在刑部做官期间，看到世上大的案件，很多都是由极小事情引起的。有德行的人谨小慎微，遇事能及时从小处化了。张英待人接物，非常注意在小事上谦让他人。在他看来，天下之事，受得小气，则不至于受大气，吃得小亏，则不至于吃大亏。他自己生平就未尝受到小人的侮辱，原因很简单，他想得开，转弯早，能忍让。这样的人，在生活、工作中，岂会吃大亏、遭大难？

第四，"择交者不败"。

张英说："余家训云：'保家莫若择友'，盖痛心疾首其言之也。"立身行己之道的关键在于择友。首先，是因为年轻人可塑性大，容易受诱惑变坏。其次，是因为朋友的需求难以满足，容易招致怨恨。那么，怎样做才恰当？张英指出："与人相交，一言一事，皆须有益于人，便是善人。"不论是亲戚还是途人，都要以此标准判别。亲戚中若有不善之人，"则踪迹常令疏远，不必亲密，若朋友，则直以不识其颜面，不知其姓名为善"。

张英所著《聪训斋语》，不仅使其子孙后人受益匪浅，同时，也被名人方家所看重。在清代、民国期间，数次翻刻，流传甚广。特别是清朝重臣曾国藩对张英所著《聪训斋语》，垂爱有加，要求子孙后人终身诵读。他在写给儿子曾纪泽的家书中说："《颜氏家训》作于乱离之世，张文端（英）《聪训斋语》作于承平之世，所以教家者极精。尔兄弟各觅一册，常常阅习，则日进矣。"并亲自为弟、子、侄八人每人购书一本，让他们随时诵读。曾国藩教子，如此看重《聪训斋语》一书，足见张英的家训确有诵读的价值。

（2）张廷玉的《澄怀园语》。

张廷玉，康熙年间进士，雍正朝保和殿大学士、吏部尚书、军机大臣，历三朝，居官五十年，文章政声，闻名遐迩。

"六尺巷"诗刻

《澄怀园语》是张廷玉十数年"意念之所及、耳目之所经",日积月累的人生感受。旨在告诫子孙后人"知我之立身行己,处心积虑之大端",同时也是为了不辜负其父张英"承先启后"的意愿。张廷玉一生身居要职,阅历丰富,其家训多以言官、训子、关心百姓疾苦等内容为主。

　　他认为:"居官清廉乃分内之事。"为官第一要"廉",养廉之道,莫如能忍,提倡为臣要直谏,"遇事敢言",即使亏体受辱,也无所畏惧。在为人处世方面,张廷玉首先要求"一言一行,常思有益于人,惟恐有损于人"。其次,他力主为人厚道,处事要内严外宽,不可苛刻。他还提倡时时以盛满为戒,不可存放逸之心。"处顺境则退一步想,处逆境则进一步想"。遇事必须保持清醒头脑,在得意、失意之时,都能做到检点言语,无过当之言辞。最后,他痛恶富贵子弟的纨绔之习,修身自好。他居住在皇帝赐居的戚畹旧园十余年,生活非常俭朴,连日用器具都不齐全,"所有者皆粗重朴野,聊以充数而已",以致王公同僚或亲戚朋友,"多以俭啬相讥嘲"。他教育后人要学会明辨是非善恶,并根据自己对善恶的看法,将其分为四等:"隐恶扬善,圣人也;好善恶恶,贤人也;分别善恶无当者,庸人也;颠倒善恶,小人也。"正因为修身如是,张廷玉七十寿辰时,皇帝赐对联颂扬他:"潞国晚年犹矍铄,吕端大事不糊涂。"

　　张廷玉有四个儿子:张若霭、张若澄、张若淑、张若渟。长子张若霭,雍正十一年(1733)中进士,官至内阁学士,工书善画,著有《蕴真阁集》传世。次子张若澄,乾隆十年(1745)进士,授编修,直南书房,三次乡试、会试同考官,一主湖南乡试,官至内阁学士,喜文善画,著有《潇碧轩集》。三子张若淑,乾隆元年(1736)荫贡,官至户部浙江司郎中。四子张若渟,乾隆元年(1736)例贡,授刑部主事,入直军机处,嘉庆五年(1800)迁升兵部尚书,后改任刑部尚书,处事缜密,尤练习刑律,政绩卓著,赠太子太保,卒谥"勤恪"。张廷玉的四个儿子中有三人入内阁,足见其教子有方。

　　居官清廉、忧民疾苦、劝戒恶习,这些都是张廷玉率先垂范并在家训中训诫子孙的内容。他以习见习闻之事,由一己一家而推及于治国平天下,构成其家训的一大特色,令"海内钦仰",传而不绝。清代学者沈树德在评价《澄怀园语》时说："《澄怀园语》四卷，皆圣贤精实切至之语。修（身）、齐（家）、治（国）、平（天下）之道，即于是乎在焉！"

明清时期桐城家族的"诫子书"，对中国传统文化的继承和普及做出一定的贡献，它将道德品质教育融于文化教育之中，对后世产生了积极的影响。其中某些教育形式和内容对于今天的家庭教育仍有许多借鉴之处。

5. 妇女积极参与家族教育

在士人家庭中父亲因家族责任而赴京应试、外出为官、游幕、教书，在子女的教育过程中，经常处于缺席的状态，此时就要依靠家族其他成员的教育。桐城一县，明清两代，男子外出做官或远游者不计其数，母亲就当仁不让地担负起教育后辈的职责。姚兴泉感慨而言："吾乡宦游与远幕者，十居八九，故幼稚得力于母教者尤多。"

母仪与母教，是古代"齐家"的重要因素，历来受到重视。明清时代，母教的内容既包含道德精神方面的指导和示范，即以良言嘉行教育子女，立身行事熏陶子女，也包含文化知识上的传授，即担当起家庭塾师的责任。桐城文学家族林立，母教有着很大的功劳。

在桐城，流传着一部《教儿经》，其中就有《劝学》一篇：

> 教儿学内攻书史，教女针绣莫懒身。读书须把书为重，切莫学内哄先生。哄了先生欺了己，纸糊灯笼怎瞒人。甘罗十二为丞相，孙康年幼便成名。莫说年轻不晓事，切勿玩耍混光阴。书要诵读字要写，有始有终做学问。同学校友休怠慢，温温和和如弟兄。回家要把父母敬，见了叔伯礼相迎。勤读苦学知书理，学富五车天下行。纵然不把文墨就，也算知书识理人。读得书多无价宝，一字不识好伤心。别人写字不认得，呆头呆脑望着人。从前几个荒学辈，玩世不恭讨厌人。父母先生被他哄，何况哄的是别人。后来懊悔学已晚，一无成来百无成。

这首诗歌反映出桐城民间极为重视子女教育。

明清时期桐城妇女的地位有所提高，一些学术渊博的大家族，将家学传授给女子。在她们之中，有不少人因有才识而彪炳史册。在《安徽名媛诗词征略》中便有许多桐城女子自小博览群书的记载：吴令则，博通经史，小从父学诗，声调婉丽；吴令仪，自幼勤学不倦；章有湘，幼时入塾，常背诵《捣衣篇》《长恨歌》，一字无讹，与姊瑞麟、妹玉瑱、回谰、掌珠，并善才名；吴坤元，幼奇慧，从从祖应宾受书，辄成诵，十岁知属文……她们自幼受家学的熏陶，展现出杰出的文学才华，或亲授子侄、或督教督课。这样的事例不胜枚举。

就桐城母教的内容而言，主要表现在两方面：一是重德教，二是重为学。古人立身处世以儒家伦理道德为准则，在教育方面，非常注重德教，注重君子人格的培养。如姚永朴之母光氏平日就比较注重子女的品行培养。姚永朴说，他小时候见到别人穿漂亮的衣服，非常羡慕，就向母亲请求，母亲很生气地说："你小时候就习惯奢侈的话，长大以后怎么办？"最终没有满足姚永朴的愿望。作为世家望族，为保持家族声望之不坠，母亲在子女的学习方面也是倾尽心血。如姚兴泉的母亲张氏教育子女非常严厉，姚兴泉有同学来访，她必悄悄站在大厅屏风后面闻听。如果他们谈论经史书籍，她往往会典当衣服，买酒给他们喝，假如稍涉戏谑，则会立即加以呵逐。

更有甚者，母亲于师教外还亲自教读，显示出过人的才学。如姚孔鋆之母张令仪，在丈夫姚士封逝世后，独自教子。她著有《蠹窗诗集》二十卷，其中多有与课子有关的诗篇。如《夜坐对诸子有作》说："工嫌婢惰亲缝衽，学恐儿疏自授书。"《携子女春晖亭纳凉》说："唐诗遴选教儿诵，正始元音只数家。"《课子》又说："一经唯课子，黾勉惜分阴。益友原难得，先贤尚可寻。恩仇虽快意，忠厚在存心。积善有余庆，斯言足宝箴。"通过这些诗篇，我们不仅能体会到张令仪教育子女的良苦用心，还会感叹于张令仪的才藻富赡与学识渊博。

姚莹的母亲张氏也是这方面的典型代表。姚莹兄弟年幼之时，母亲张氏竭力延请老师教育他们。每当老师讲授之时，张氏在屏风后窃听，姚莹兄弟有所开悟则喜，假若他们愚钝或者懒惰，就会等老师离开后，鞭笞他们，告诫他们要认真读书。到了晚上，张氏还亲自教授姚莹兄弟，像《诗》《礼》二经，就是由她口授的。姚莹《不得伯兄消息》诗就说："忆昔同篝火，慈亲夜课书。"母亲还跟他们讲说古今贤哲之事，有时也历举桐城当地某人成才之事、某人不肖之事。由于母亲出自桐城官宦望族，耳濡目染，对于本朝掌故也多少知道一些，因而，有时她也会有意识地讲一些本朝掌故，希望扩大儿子的见识。等到姚莹兄弟学作文时，张氏亲自抄写时文数十篇以及唐诗百

方以智故居

首，让他们读，字画端楷，让老师都非常惊叹。

据史料记载，胡宗绪，国子监司业，在职时培养了很多人才。他"十岁而孤，家贫不能延师。母教之，不许读无用之书"。方以诚，方苞舅氏之子，"诚幼时无资就外傅，及次子以讷，小学皆孺人口授"。太学学生潘金芝妻吴坤元，"尤工诗、书、画"，抚二子江、培，"皆教以义方"。

最值得一提的是方维仪对侄儿方以智的抚养和教育。方以智是名垂青史的著名文学家、思想家、科学家和书画家，具有多方面的成就。他12岁时母亲就病逝，而其时父亲宦游在外，无法承担抚育子女的责任。他的姑母方维仪就毅然承担起抚育方以智兄妹三人的重任。方维仪才华出众，学识渊博，康熙《桐城县志》记其"淹贯经史，能诗及古文词，著有《宫闺诗史》、《尼说七惑》等书及《清芬阁集》行于世"。她既是慈母，更"俨如人师"，抚养并教育方以智成长成才，并亲授学问，将自己的全部知识悉心传授给方以智。方以智曾写道："智十二丧母，为姑所托，《礼记》、《离骚》皆姑授也。"这些对方以智以后的成长影响至深。方以智所取得的众多成就，与方维仪的悉心培养是分不开的。为此，方以智始终心存感激，视之如母，为之刊刻诗集，感念她的养育之恩。

堪称桐城母教典型是桐城龙泉学博孙森之女、张文端公张英之妻姚

氏。据马其昶所著《桐城耆旧传》记载，姚氏性好简朴，虽夫位至卿相，不改其态，生平于《毛诗》、《通鉴》悉能淹贯，旁及医药、方数、相上之书，而尤好禅学。子张廷玉，继入翰林，直南书房时，康熙帝尝顾左右曰："张廷玉兄弟，母教之有素，不独父训也。"康熙皇帝的评价，是对姚氏教育的肯定和赞赏，也从侧面反映出桐城母教的高超水平与巨大影响。

桐城的一代文学宗师姚鼐也曾竭力赞扬妇女的才学过人以及在持家、教子上的重要作用。他在《郑太孺人六十寿序》中，赞扬"侯官林君母氏郑太孺人，少善文辞"，在其丈夫死后，"上事姑，下抚两幼子，辛苦劳瘁，以其学教二子，同一年得乡荐，季者成进士，为编修。余每与两林君言论，非世俗浅学也，而皆出于母氏"，充分肯定了母教对持家、教子起到的决定性作用。

母教现象在桐城家族教育中广泛存在，在客观上促进了人才的培养和优良家风的传承。

第三节　高山仰止

一、桐籍名师

桐城人崇教、重教也与桐城教育家和名师的推动有着很大的关系。

任何一个地方的教育质量，有赖于其教师的素质。桐城文化的昌盛，桐城教育的发达，除了它的教育机构遍布城乡外，一支庞大的、文化功底深厚的、德才兼备的名师队伍，是不可忽视的重要原因。

桐城派的大儒们首先也是大教育家，桐城学者中从事教育的名家较多。

戴名世，少时家贫，先祖及本人均以教馆营生。弱冠即授徒养亲，执教有13年之久。先后设馆于舒城及枞阳陈家洲两地。他在《时文全集自序》中曾说："读书稍有得，已二十矣，先君子束脩之入，不足以给饔飧，余亦课授徒以养亲。"

方苞，早年因乡试不中，24岁起即觅塾馆以自赡。他曾在多处任教多年，直到康熙三十八年（1699）举江南乡试后，授徒遂告中辍。在京为官数十年，方苞主要精力用在教育和著书之上。他的弟子甚众，他们在道学、经学、义理等方面各有侧重，后多成为推动桐城古文运动的中心人物，其中主要有本县的叶酉、张尹，宁化雷鋐，吴江沈彤，天津王又朴，仁和沈庭芳，大兴王兆符，歙县程崟等。

刘大櫆，三世以教馆为业，自己一生授业数十年。他在《授徒诗》中曾说："授徒一室内，少长各有仪……欣欣日相对，足以忘朝饥。"25岁，在张氏勺园课徒；27岁返枞阳，在家课其弟侄；29岁，赴京并留居北京，在城北授徒；31岁，馆于工部侍郎吴士玉之家，长达10年之久；于44岁返里，闭门僻处，设帐课徒。2年后，赴其兄刘大宾山西徐沟县之任所，并一度在百泉书院担任主讲。50岁时，由方苞推荐进入江苏学幕校试阅文。58岁又入湖北学幕，63岁入浙江学幕。63岁时，任黟县教谕，其间，安徽巡抚檄令刘大櫆兼领安庆书院。71岁辞去黟县教谕，应聘至歙县，主讲于问政书院。75岁，离歙回桐，仍在家乡讲学，直至83岁寿终。受教于先生门下的著名弟子有姚鼐、王灼、程晋芳、方国、方绩、钱鲁斯、金榜、吴定、吴绍泽等。

姚鼐踏入官场刚满10年，便急流勇退，投身教育。先后主讲于扬州梅花书院、安庆敬敷书院、歙县紫阳书院、南京钟山书院。其中主敬敷书院12年，而主钟山书院有22年之久。姚鼐年寿很高，而他在书院讲学有40余年，长期专注于教书育人，其弟子遍布南方各省。

方东树，毕生诲迪后进，孜孜不倦。27岁，授经于江右新城陈家。30岁，应姚鼐之约，赴江宁钟山书院课其长孙，其间亦辗转于阜阳、六安、池州、宿州等地讲学。48岁，先后执教于廉州海门书院，主政韶州韶阳书院，后又历主庐州庐阳书院、亳州泖湖书院、宿松松滋书院。69岁，返桐授徒课孙。80岁，出任祁门东山书院山长。同年5月卒于书院。方东树一生主要精力用于著书讲学，其著名弟子有戴存庄、方宗诚、苏淳元、陈澹然、马起升、吴廷香、张勋、唐治、江有兰、文汉光、马三俊、甘绍盘、刘宅俊、郑福照等。

戴钧衡，一生致力于整理桐城前贤诗文，创办桐乡书院并亲自主持校政，登堂讲学。书院教学得人，管理有方，成绩卓著。桐城、舒城等地士子负笈来游的有数百人。

方宗诚，24岁，在友人方召卿家授经。41岁入山东布政使吴竹如之幕，讲授经学，并主讲于商河书院。后任枣强县令，治理枣强10年，设乡塾，创建敬义书院，枣强文风一时昌盛。

马其昶，光绪二十一年（1895），授经于安庆。光绪二十三年（1897），主讲于庐江潜川书院。光绪二十八年（1902），授经于合肥李仲仙家。光绪三十年（1904），任桐城县公立中学堂总理，秉承学校创始人吴汝纶先生办学宗旨，以"养成济世人材"为己任。光绪三十四年（1908），任安徽学部主事。民国元年（1912），曾主安庆高等学堂。3年后，赴北京主京师法政学堂教务，直到民国十五年（1926）才因病回到家乡桐城。

姚永朴，21岁，授经于湖口。26岁，执教于天津。32岁，执教于旅顺。光绪二十七年（1901），客游广东信宜县，受聘为起凤书院山长。光绪二十九年（1903），受聘为山东高等学堂教习。宣统元年（1909），清学部大臣推荐他为学部咨议官；京师法政学堂监督聘他为国文教习。民国成立后，1914年，姚永朴应北京大学聘，任文科教授。1926年秋，赴南京东南大学任教。1928年初，皖省筹建安徽大学，同年秋，聘其为教授。姚永朴一生孜孜教学，他知识渊博，讲课深入浅出，十分精彩，听他讲课，学生受益终生，经他培养的人才不可胜数。同时，他的著作也极丰富。

姚永概，光绪二十九年（1903），桐城中学堂成立，姚永概为总监之一，又被聘为安徽高等学堂总教习。光绪三十二年（1906），被公推为安徽师范学堂监督（校长）。光绪三十三年（1907），受命赴日本考察学制，归国后积极提倡教育革新。民国成立后，严复任北京大学校长，邀姚永概任北大文科学长，1918年，徐树铮在北京创办正志学校，聘姚永概为教务长。1922年，因病南归，次年病卒。

桐城派与教育似乎结下了不解之缘。

桐城派诸学人如刘大櫆、姚鼐、沈廷芳、方东树、梅曾亮、张裕钊、吴汝纶等人,主讲的书院、大学、学堂120多个,书院所在省市包括广东、贵州、安徽、北京、辽宁、山东、江西、湖北、河南、上海、陕西、浙江、江苏等,涉及地方如安庆、肥西、芜湖、歙县、亳州、凤阳、保定、福州、海宁、杭州、黄冈、江宁、开封、庐江、庐州、聊城、绍兴、武夷、扬州、仪征、肇庆等。据资料统计,共有50多位桐城籍学者在全国各地书院任教,这充分地说明了桐城籍学者讲课的足迹早已走出桐城,遍布全国。

二、教育先驱

在中国近代教育史上有一位里程碑式的人物,那就是废科举的坚定斗士和教育改革的先锋——吴汝纶。

吴汝纶(1840—1903),字挚甫,一字挚父,晚清著名学者、桐城派后期代表人物之一,是中国近代著名的教育家。

吴汝纶早年生活在困苦动荡的年代,家乡"道光年间多水旱之灾,人苦荡析离居,谋生不暇"。吴汝纶早年随其父吴元甲学习,祖父也对他有一定的教育和影响。吴汝纶的祖父是一位乡间塾师,从小就爱读书,满腹诗书,著有《静远轩诗稿》。他教育学生十分认真负责,"务成其材,不计修金"。但他在仕途上一直不得意。尽管他不是很富裕,但却乐善好施,"每逢饥岁,必为粥以待饿者"。晚年最以教孙子读书为乐。吴汝纶的父亲自幼聪颖,"九岁能属文,著中正论三篇,长者惊异。后每为文,知言者皆心服",但科举也并不顺利,只能做个乡间塾师。他为人忠厚善良,闻名乡里。祖上留下的田产,他让给自己的兄弟,自己从不拿一点。他总是尽力帮助亲邻,每次到学生送交束修的时候,家里总有许多上门求助的亲朋,他也从不让这些人空手而回。同治元年(1862)岁末,他从江西武宁教馆归来,得束修三十斛大米,其中二十八斛给了上门求助的亲朋,自己家仅仅留了两斛,家人掺杂其他杂粮充饥。他还是一位很有主见的人,每逢乡里之间有纠纷,大家噤不发声,他总是以简短的几句话做出决断,大家都心悦诚服。吴汝纶自幼即跟随父亲学习,父亲常

吴汝纶塑像

常教诲吴汝纶,"仕人当使实出名上,无使名出实上"。父亲对吴汝纶无论是学问文章,还是人格品行的影响都是巨大的。

有着良好的家庭教育,再加上家乡桐城良好的学风、乡风的熏陶,吴汝纶自幼即勤奋好学,与此同时,他还遍访乡贤,纵情游览家乡的山水,增广见识,开阔胸襟。同治二年(1863),24岁的吴汝纶和他的哥哥吴朏甫同时参加县试,分获第一、二名,接着参加府试,他的哥哥获第一,他第二。同治三年(1864),吴汝纶参加江南乡试,中第九名举人。同治四年(1865),吴汝纶入京参加会试,中第八名进士,以内阁中书用。同年,经同乡方存之推荐,得到了当时朝廷重臣曾国藩的赏识器重,入幕曾府,开始了他的幕僚生涯。同治八年(1869),由曾国藩举荐,出任深州知州、后又署天津知府,补冀州知州,经历了长达10年的地方官生涯。作为地方官,他尽职尽责,廉洁自律,干实事,不扰民,因而官声卓著。作为地方官,他始终重视教育。经过他的努力,"深冀二州文教斐然冠畿辅"。吴汝纶不仅是能吏,也是一位廉吏。做了两任共10年知州的吴汝纶,除了有数万卷藏书之外,身无长物。身为直隶知州,为了养活数十口家人竟多次举债度日,其廉洁可见一斑。

吴汝纶就任深州知州不久,就感到地方官职务与其志趣相去甚远,不止一次想辞官。光绪十四年(1888),适值河北莲池书院无人主持。吴汝纶知道后，立即辞去冀州任，主动要求主持莲池书院。主持书院后，他立即对书院的办学模式、教学内容和管理方式进行了大胆的改革，在莲池书院创办了东、西学堂，首开在旧式书院中讲授西学知识的先河。他还自己筹资购买图书供学生阅读，让他们了解外部世界，并聘请中外知名学者来书院进行学术交流，为书院营造了一个宽松、浓厚的文化氛围。他的一系列举措，极大地推动了我国书院的近代化进程，使莲池书院成为北方的学术中心。吴汝纶在主持书院的过程中，将其倡导新学、经世致用等思想付诸实践，并取得重大成效，奠定了作为一个教育家的思想和实践基础。

吴汝纶深受桐城文派所继承的理学经世思想的影响，笃行"学行起家，出为世用"，关注世变并有所贡献，是他孜孜以求的目标。吴汝纶主持莲池书院的10年，正值中国面临着西方列强侵凌瓜分、民族危机日渐深重、改良运动兴起的变局。他虽然退居莲池，但仍时刻关注世事变化。

光绪二十六年（1900），义和团攻下保定，吴汝纶避乱深州。不久，八国联军攻入北京。光绪二十八年（1902），清廷议复京师大学堂，任用吴汝纶为总教习。同年5月，吴汝纶东渡日本，访问考察日本教育。在日本的100多天时间里，他参观了各级各类学校44所，还访问了与学校有关的官厅，历访学校领导、教育行政长官、教育名家等，考察的内容遍涉教育行政、教育大意、学校卫生、学校管理法、教学法、学校设备、日本学校沿革等等。回国后，他将访问报告书《东游丛录》上报清廷，提出了五条教育改革建议。一是培养教员，"谓救急办法，惟有取我高材生教以西学，数年之间便可得用"。二是实施国民教育，"欲令后起之士与国外人才竞美，则必由中、小学循序而进……而小学不惟养成大、中学基本，乃是普国人而教之，不入学者有罚，各国所以能强者，全赖于此"。为普及国民教育，吴汝纶建议推广省笔字（即今天所说的简化汉字）。三是建立学制体系，渐次推行。"第一义造就办事人才为要：政法一也，实业二也；其次则义务教育，即小学校所以教育全国男女者是也。至文化渐进，再立中学校"。四是合理确定学制年限和选择教育内容。五是废科举，"其尤要者，教育与政治有密切关系，非请停科举则学校难成"。他的思维框架非常明确，那就是废科举、倡西学、兴学堂、育人才、强国家。他为我国教育的近代化做出了杰出贡献，也为我国当今的教育改革提供了一些历史借鉴。

吴汝纶回国后，委托门人将汇报文稿送京城管学大臣处，自己则偕日本教师早川新次，回家乡创办桐城学堂（即今桐城中学）。经过四处劳苦奔波，多方洽谈交涉，终于解决了场地和经费问题，在垂暮之年创办了桐城学堂。这是吴汝纶"安得东西并一堂"理念的一次实践，也是安徽近代第一所真正意义上的新式学堂。

为了配合桐城学堂的建设，吴汝纶亲自撰写了《开办学堂呈稿》、《开办学堂章程十七条》，将办学宗旨、学堂管理、教师选聘、教学设备等一一记录在案，为全国的新学堂建设提供了一条全新的思路。

为吸引广大有志的桐城学子报考桐城学堂，吴汝纶在创办之际写了一篇热情洋溢的《学堂招考说帖》，他结合自己几十年来的见闻指出当前的世界与以前中国的处境绝然不同了，中国以往的旧学问已不能适应形势的需要，必须学到真实的本领才能和列强抗衡。他鼓励年轻后生踊跃报考，强调有血气的中国人要发愤图强，不做亡国奴。

为了解决当时中国急缺专长人才的燃眉之急，吴汝纶将速成专科学校作为桐城学堂的基本模式，以期为社会开化和新学传播培养人才。为了达到"欲求速效"的目标，他在课程开设上也颇费心思。他指出，"专门之业，如天文、理化、博物、制造等，皆深奥难学，不易得师，其农工商业，虽家国富强基础必不可缓之事，而吾国尚区而别之，以为非士人之业，今亦未便创兴。今所延之师，长于法学、理材学，此二学，尤吾国所急需"。他聘请在日本考察期间物色到的长于法学、经济二科的早川新次担任教师，以培养急需的实学人才。

由于吴汝纶的多方努力和家乡士绅的积极响应，桐城学堂取得了巨大成功。报考者达千人之多，远远超过正取70人，附取六七十人的学额。该学堂后来为国家培育了一大批人才，其先后选派的19名留学生归国后大都成了兴办新学的骨干。

吴汝纶是科举制度的受益者，但是当他看到中国近代落后与科举密切相关时，他立即转变观念，猛烈抨击科举制度，成为封建士大夫中较早明确认识到兴办新式学堂、造就可用人才是国家富强、民族振兴根本大计的先进分子。

吴汝纶在家乡将其对近代教育的理解和追求变为现实,但其意义绝不仅仅限于桐城一乡一隅,桐城学堂的创建是近代中国有识之士推进中国教育现代化最具前瞻性和理性的成功探索。

吴汝纶是一位著名的教育理论家,更是一位实干家,无论是教育改革理论还是教育具体实践,都开了中国近代教育的先河。

第四节 近代转型

桐城的现代教育肇始于清末民初的社会、文化转型期,具有那个时代新旧交替、东西融合的历史特点,基本上完成了继承传统、开拓未来的历史使命。

清末民初,近代中国社会发生了巨大的变化,内忧外患,政权更替,停废科举,直接改变了官僚体系的铨选内容与仕进渠道,同时极大地推动了各地新式教育的发展,导致知识体系的更新和社会结构的变动。清末时期以"新政"改革为中心的"新教育"运动,堪称近代教育发展的里程碑,具有传统向现代转型的界标或中介的标志性意义。

桐城是文化之邦,科举时代出了不少进士,出了不少达官显宦,但值得庆幸的是,桐城灿烂的古文化并没有成为桐城新文化的包袱。新时代一来,新文化运动的兴起,西学东渐,桐城的文化教育界,立即赶上时代,锐意改革。以变革教育观念、完备教育体制、改善教育内容为主要内容的近代教育转型在桐城最终完成。桐城知识精英主动为桐城乃至全国教育转型与发展做出贡献。

一、批判科举

中国近代社会是一个面临危机与挑战、深处动荡和变革的特殊社会，社会发展对人才规格和数量提出了新的更高的要求，冲击着以科举八股考试为核心的封建传统教育制度和以儒学道德伦理为根本的教育思想，急需建立一个与社会发展相适应的纵横贯通的学校体系。近代中国的改革先行者们也作了积极探索，从张之洞坚持"中学为体，西学为用"，魏源主张兴学校以"师夷长技以制夷"；到康有为、梁启超主张变科举、兴学校、养人才、强中国；再到章太炎主张以"革政挽革命，强吾类"这一发展过程，表明当时中国的知识界对兴学校的作用和意义的认识在逐步深化，达到了富国强民的高度。

在这样一个大背景下，桐城的知识精英也将目光聚焦于高度程式化的科举制度，呈现出维护与批判、推奖与抨击、渐变与立废的矛盾对立。对多数桐城士子而言，科考及第意味着家庭生存条件与个人身份地位的改变，科举制改革与其命运休戚相关。光绪三十一年（1905），清廷停废科举，骤然打击下，许多醉心科举之人，痛哭绝望，无所适从，内心极度失落痛苦，所谓"科考一废，吾辈生路已绝"，正是许多桐城士子真实的心理写照。为了应对艰难时局，顺应时代潮流，桐城知识精英对科举取士的弊端进行了揭露和批判。桐城派创始人方苞早就质疑科举取士的公正性，尖锐地指出，"害教化败人材者，无过于科举，而制艺则已甚焉。盖自科举兴，而出入于其间者，非汲汲于利，则汲汲于名者也"。吴汝纶最为激愤，倡言"科举之得人与否，全在考官，近日时文之滥恶，亦非学时文者之咎，考官不识好恶之咎也"，揭露了科举取士的随意性特点。他更尖锐地提出"非径废科举，重学校，人才不兴"，国家即有"疹瘵之忧"。尽管他们都是科举制度的得益者，但出于国家前途的大义，他们毅然拿起了批判的武器，旗帜鲜明地与科举制决裂。

二、走出国门

当传统教育陷入全面危机时，先进知识分子和洋务派官员逐渐意识到改造、更新传统教育的重要性，遂鼓励学子出国留学并予以资助，培养通晓西学的专门人才。甲午战争惨败和战后日本迅速崛起，进一步推动出国留学向前发展。在清末留学热潮中，桐城士人显示出鲜有的热忱，光绪二十八年（1902），桐城籍学子潘赞化、方时简首批赴日留学。光绪三十年（1904），桐城公立中学堂遴选房秩五、吴良驹、孙允琦、史浩然、苏荫柏、张基生等赴日留学。此后，又先后遴选马光祖等十数人赴日留学。宣统元年（1909）安徽留日在校生43人，桐城籍即有马君干、张艇、郑潘等9人，居全省之首。民国时期，桐城学子出国留学之风未曾衰歇，仍以留学日本者为多，其次为欧美。1912年至1929年，桐城一县留日学生即有方孝岳等30多人。1919年至1949年，桐城学子留学英、美、德、法、比利时等国，涌现出了章伯钧、朱光潜、方令孺、尹宪、范任等一大批人才。

三、革故鼎新

桐城教育的近代转型重在革故鼎新，主要表现在三个方面。

1. 创办新式学堂

随着西方现代教育思想传入和民族觉醒意识提高，桐城的有识之士积极参与创办新式学堂，不同层级、类型的学堂渐次创立。

桐城新式学堂教育的典型，首推吴汝纶亲创的桐城学堂，它是安徽最早创立的四所中学堂之一，被称为"安徽新式教育的策源地"。在辞官回乡创办桐城学堂之初，吴汝纶题写了一副楹联，"后百十年人才奋兴胚胎于此，合东西国学问精粹陶冶而成"，横批是"勉成国器"。此后，这副楹联成为桐城学堂和后来的桐城中学的校训。从他所题的"勉成国器"的校匾中可以看出，不拘一格、为国家培养后续人才，是创办新学堂的目的；而"合东西国学问精粹"，则反映了对中西文化以及教育改革的态度。桐城学堂就是吴汝纶按照自己改革学制的思路办学的，在光绪二十八年（1902）的时候就开设了国文、日文、法制、数学的课程，两年后又增加了物理、化学、英语等九门课程，学堂中的优秀学生还可以去日本深造。这在当时是一种具有超前意识的新式学堂。

光绪三十年（1904），曾留学日本的潘缙华、孙发绪等率先发起创办

"崇实小学堂";同年秋,曾参加戊戌变法的潘剑甫在家乡大关镇以当地火神庙房产创办"私立崇治小学堂"。潘剑甫自撰校联,"崇哲学以东西,一片铁肠,直抵定欧风美雨;治文明于桑梓,满腔热血,广培栽苦李寒桃",表达了他试图通过改革教育来培养人才、造福桑梓、图新图变的苦心。

光绪三十一年(1905),清政府正式下令废科举,兴学堂。原崇实小学堂迁址旧考棚,改名为"公立桐城高等小学堂"。同年,桐城南乡童鉴泉将原白鹤峰书院,改办为"枞阳高等小学堂",又在枞阳镇陶公祠创办"公立枞阳初等小学堂"。同年,吴汝纶侄女吴芝瑛秉承父母遗命,将其全部家产,值银万两,悉数捐出,在浮山之南鞠隐山庄创办"私立鞠隐初等小学堂"。

光绪三十二年(1906),阮强等以原天城书院地址创办"公立天城两等小学堂",李若楠以原桐乡书院地址创办"公立第三高等小学堂",刘砚秋将原丰乐书院改办为"公立丰乐两等小学堂"。

光绪三十四年(1908),童烽在枞阳镇创办"公立化俗女子小学堂",开桐城女子小学的先河。第二年,该校扩班招生,男女兼收,实行男女同校。

据统计,至清宣统三年(1911),桐城计有小学堂16所,其中,初等小学堂5所,女子初等小学堂1所,高等小学堂4所,初、高两等小学堂6所。

2. 尚西学,聘教员,引进教育新思想

开眼看世界以来,西学东渐,知识分子世界意识逐渐觉醒,新旧兼蓄、中西一体成为共同主题。吴汝纶疾呼"国既不振,即难保民,民欲仍留保类,非处处设立学堂,讲求外国新学不可","国无西学,不足自立",他甚至断言"旧后西学盛行,六经不必尽读"。他提出"欲沦民智,莫善于译书","矿山、铁道、税关、邮政数事为最急,海陆军法、炮工、船厂次之,此皆数年卒业即可应用者也",由此方可国富民强。他还译书阅报,引进外籍教员,选拔优秀学生出国学习,培养出一批通外语、熟政治的宏济时变人才。光绪二十八年(1902)桐城学堂创设之初,即开设国文、日文、法制、数学四科;次年,经学堂总监马其昶倡议,开设"品行"科,讲授东西洋法学及西方国家资产阶级革命史、科技进化史;光绪三十年

（1904）增设伦理、物理、化学、博物、英语等共九门课程，博物、理化使用自编的日文、英文课本。除引进先进教学思想外，新式学堂还聘用外籍教员。吴汝纶认为学校开设"西学"课程，特别是自然科技课程，必须聘请外籍教师。赴日考察归国，他即聘请日本人早川新次为桐城学堂总教习。同时，他还力荐服部宇之吉、岩谷孙藏、太田达人等日本学者为京师大学堂教习。

3. 兴实业，倡科技，创新教育新内涵

在全国倡导实业教育、救亡图存背景下，桐城先后创办多所实业学校。光绪三十四年（1908），桐城创办私立工业传习所，传授蜡烛、肥皂制造等简易化工技术。民国元年（1912），桐城中学开设桑蚕科，推广农业教育。县纺织厂也开办习艺所，后于民国十八年（1929）并入桐城中学。同年，县立乙种农业学校创办，新知识分子潘漪华任校长。民国二十五年（1936），李光炯在宏实小学创设职业补习学校，置纺织木机6架、织袜机5部、缝纫机2部，并设有实习农场、工厂，突出实践，传习职业技能。

由于桐城深厚的人文传统和士人自身具有的知识资源优势，桐城知识精英在时代的巨变之际，在新式教育勃兴之时，以国家和天下为己任，他们或任教新式学堂，或投身出版宣传业，自觉为桐城乃至全国教育转型与发展做出贡献。

第五节 特色作用

一、地域特色

明清时期的桐城教育有着鲜明的地域特色，这表现在：

1. 教育目的的明确指向性

儒家理想的教育目的是培养"正谊"、"明德"的志士和君子，士子只有安贫乐道，修身、齐家，然后才能治国、平天下。但是随着隋唐以后科举制度的实施和统治阶级的诱导，士子则逐渐轻"正谊"、"明德"，而以功名利禄为目的。读书出仕成了教育的主要目的。

桐城各阶层的人读书的主要目的是出仕，虽然这并不是唯一的目的。这从桐城的蒙学、官学以及书院的教学内容以及教学方法中可以看出。各级在学生员皆注重经、史，以科举为指归，读书的指向性十分明确。不少读书人一次次科场失利，为了谋生他们不得不做塾师或务农、经商以维持生计，但他们始终不会放弃科举这一崇高愿望，只要有可能，他们仍然会通过读书出仕来改变自己甚至家族的命运。

2. 重义轻利的传统价值观

在中国古代社会，义利观不仅是一般的道德伦理观，而且是主要的教育价值观。儒家的传统一直是重义轻利、贵义贱利的。特别是宋明理学，又将义利之辨发展为理欲之辨，更在理论上将义利截然对立为两途。于是教育的理想价值就是培养重义的士，即所谓的"君子"，同时教人远离工、商，免做求利的小人。"重义轻利"价值观在桐城家族教育中表现得特别明显，桐城各大家族家谱中无一例外地一再告诫族人不得经商。很显然，在桐城人眼里，弃儒经商，就是弃"君子"而做追逐利益的"小人"，这就是离经叛道。所以，尽管桐城人相当精明，桐城的物产较为丰富，漕运又极其发达，但桐城的商业并不像其文化那样发达。这就是明证。

3. 教育的相对平等性和开放性

桐城教育的相对平等性和开放性源于桐城这一特殊的地域文化——移民文化。如前文所述，桐城文化是特色较为明显的成功的移民文化。桐城的主要家族大多是宋朝或元末明初从江西或者徽州迁徙来桐城定居并逐渐发展起来的。桐城的诸大族如方、姚、马、左、张等无一例外都是外来移民。

中国的传统教育，一开始是贵族的专利，后来，教育虽然走进民间，但也是富人的特权。然而，这种教育的不平等状况在明清时期的桐城则出现较大的变化。长期以来，桐城人聚族而居，宗族意识较强。为了强宗固族，他们不仅广建义学、书院，以教乡里子弟，同时还不吝资财向各级各类学校大量捐输束修以及应试斧资，这就在无形中保证了几乎所有的桐城子弟大体拥有较为平等的接受教育的机会。

除教育的相对平等性之外，明清桐城教育还具有相对的开放性，突破了我国封建教育的封闭状态。桐城移民文化的特征促进了桐城教育的开放性特征。这种教育的开放性表现，一是学者及其学术交流的频繁性。桐城的许多学者在当地开馆授徒，由于他们的声望和影响，吸引了不少外地学者前来切磋交流；同时，众多的桐城籍学者走出桐城，到外地主持书院，从事教育和学术交流，如前文所说的方苞、姚鼐、刘大櫆等，不胜枚举。二是桐城学子接受教育的多样性。桐城学子大量外出讲学和为官，他们的子弟在家乡完成塾庠阶段的启蒙后常进入父兄侨寓的府县之学继续读书；或者在外地启蒙，回家乡深造。除此之外，由于桐城各大家族之间的联姻较为普遍，因此还出现了大量的家学之间的互教现象。

桐城教育的这种相对平等性和开放性，必然扩大了桐城学者的视野，增强了传统教育的活力。

4. 桐城教育的对外辐射性

桐城教育的对外辐射性主要表现在两个方面。一是大批的桐城籍学者或分赴各地讲学，主持地方政务或书院；或在家乡设馆讲学。他们高名博学，教风严谨，远方学子奔趋门下，以得入门受教为幸，从而教育并影响了众多的学子，扩大了桐城文化的影响力，不仅提高了桐城自身的文化品位，更重要的是对全国文化做出了重大贡献。由于讲学者都是当时的名流，影响所及，风靡一时，桐城文学的声势，便由此从一隅走向全国。二是由于桐城文派几位宗师创作理论及文派创作理论的巨大影响，全国形成了诸如"湘乡派"、"阳湖派"、"赣派"、"粤派"以及"金陵派"等桐城文派的支派。桐城作为桐城文派发源地，"天下古文者必宗桐城"，造就了"天下文章，其出于桐城乎"的巨大声誉。

5. 桐城教育的有效性

从儒学教育看，明清时期桐城形成了私塾、社学、书院与县学等多层次的教育机构，一方面产生了大批的进士和举人，另一方面提高了桐城人的整体素质。

在道德教育方面，桐城有学校教育、家族教育、乡约民规的宣讲、树碑立传的激励等多种形式。言与物组成了立体的灌输体系，把儒学的伦理道德渗透进民心，使得桐城人的生活标准化、礼仪化。

桐城社会普遍推崇气节和礼节。气节和礼节在桐城文化的发展中起着重要作用。气节指一种原则精神及为维护原则而不顾利害的品质。明初的方法身为断事小臣，以不拜燕王诏而羁囚，愤而投江；左光斗诛阉讨逆，临难不苟，大义凛然；钱澄之、方以智，明亡后决不事清。桐城文人多讲操守，重为人。这种气节，使得桐城文人每临大事，慎于取舍，能褒扬正气，摒弃邪恶。它为桐城文化确立了风骨。桐城又是讲究礼节之乡。马其昶说："吾乡俗乾嘉前至纯至美：荐绅告归皆徒行，无乘舆者；士人出行于市皆冠服，客至亦然；遭长者于途必侧立，待长者过乃行，子弟群出必究其所往，不问其姓名谁何也，或非议，辄面呵之，即异姓子弟皆奉教惟谨。"这种淳朴的风气，和谐的人际关系，形成了和平宁静的环境，有利于文化的发展。

明清时期桐城的学术、绘画、书法、戏曲、自然科学都极为繁盛，桐城学者的著述汗牛充栋，从中可以看出桐城教育的成功和有效。

6. 桐城教育的求变与求新

桐城教育具有强大的生命力，表现出可持续发展的后劲。这得益于它不墨守成规、抱残守缺。当它面临巨大的社会变革时，桐城的有识之士选择了变革求新。

清朝后期，西方新学的浪潮影响着中国。桐城在教育家吴汝纶、马其昶、姚永概等有识之士的倡导和努力下，开始了中学、小学堂和职业教育的创建工作。科举士人纷纷转型投身新式教育，依靠坚实的国学根基和劝学育才的敬业精神，为桐城教育开辟了新的空间。

二、历史作用

发达的明清桐城教育，不仅为国家培养了一大批经世治国的人才，而且对提升桐城人的整体素质，形成丰富多彩的桐城文化，以及促进桐城社会经济的发展都起到了积极的推动作用。发达且高质量的桐城教育大大提高了桐城人的整体文化素质,使得桐城文风之盛甲于天下。

桐城教育的第一个显性成果是人才辈出。

正是良好的民间社会尊师重教的风气,促成了桐城人才的成长,且前后传承,出类拔萃。桐城派著名作家方宗诚在《桐城文录序》中曾说:"桐城文学之兴,自唐曹梦征、宋李伯时兄弟,以诗词翰墨名播千载,及明三百年科第、仕宦、名臣、循吏、忠节、儒林,彪炳史志者不可胜书。"

据道光《续修桐城县志》记载,桐城明清两代就拥有进士244人,举人793人,其人数之多,比同属安庆府的怀宁、潜山、太湖、宿松、望江五县进士和举人的总和还要超出一倍以上。中榜人数为国内县域少见;由科举步入仕途的七品以上官员786人(大学士3人,尚书9人)。

桐城一隅在明清两代,无论是在政治领域,还是在文化领域,都产生了一大批全国一流的有影响的领军人物。在政治上,如明代的何如宠、左光斗,清代的姚文然、张英、张廷玉、汪志伊、方观承等位高显要,勤政

桐城文庙

廉明，军国大政，多出其手，被誉为士林典范；在学术建树上，方学渐、方以智、钱澄之，异峰突起，堪称学林泰斗；戴名世、方苞、刘大櫆、姚鼐的文学造诣，海内称颂，推其为一代文宗。

20世纪以来，桐城人文依然昌盛，精英名流层出不穷，最著名的有美学泰斗朱光潜、一代大哲方东美、史学大师严耕望、新月派诗人方玮德、文艺理论家舒芜、革命家外交家黄镇、农工民主党创始人章伯钧、钢铁之父孙德和、计算机之父慈云桂、经济地理学家陆大道、黄梅戏表演艺术家严凤英，等等，举不胜举。在新中国的科技领域里，桐城同样名声响亮，是名副其实的"院士之乡"，从1955年中国科学院开始选聘学部委员开始，桐城籍的两院院士已达13位之多。桐城籍的院士、博导、教授、大学生、出国留学人员占全市人口的比例在全国近2000个县级行政区域中排名前列，无愧于文都的称号。

桐城教育的第二个显性成果是文风昌盛，作家众多，卷帙浩繁。

明清时期桐城文风昌盛，作家众多，著述成风，桐城文人从著名学者到一般文士，皆重著述，差不多人有其书，有的则多至数十种甚至上百种，其内容所及，大到史学、哲学、政治、军事、人才、科学、艺术、文学，小到一邑的道里、风俗、名宦、乡贤、孝子、节妇，乃至里谚名谣，无所不包，因此卷帙浩繁，经、史、子、集汗牛充栋。

经部：明代中叶以后，朝政日衰。桐城文人为探求"济世匡时"之道，兴起训解、阐述儒家经典之风，出现了张翰如、马孟祯、方学渐、方大镇等一批经学家。他们著书立说，诠释经义，桐城经学多出其门。明清两代，见诸史籍的桐城经学著作主要有左正谊《四书讲义》、方孔炤《周易时论》、张英《书经衷论》、徐璈《诗经广诂》、潘江《六经蠡测》、马其昶《周易费氏学》等共34种，508卷，为研究我国古代哲学、史学、艺术积累了珍贵的资料。

史部：明清时期，桐城文人大多以翰墨参与朝政，对历史、地理和方志学的研究成果卓著。清雍正十一年（1733），方苞任一统志馆总裁，指出修志一要体例统一；二要由博返约，提倡简明；三要资料可靠，务求真实。其主张对后世编史修志产生一定影响。清乾隆四年（1739），张廷玉主修《明史》成书，凡 336 卷。清嘉庆六年（1801），胡虔总纂《广西通志》成书，凡 280 卷，体例完备，内容翔实，被后人推为"省志楷模"。此外，桐城史志著作主要有姚康《白日斋货殖传评》、钱澄之《所知录》、马教思《〈左传〉纪事本末》、方世举《汉书补注》、方中德《古事比》、戴名世《孑遗录》、方式济《龙沙纪略》、姚鼐《六安府志》、陈焯《安庆府志》、姚莹《东槎纪略》和《康輶纪行》、吴汝纶《东游丛录》、马其昶《桐城耆旧传》等共 38 种，774 卷。它们在一定程度上丰富了我国的史志文化宝藏。

子部：明嘉靖以后，桐城文人多崇尚经世致用之学，研究哲学、政治、科技、艺术，思想活跃，内容广泛，硕果累累。代表人物是著名思想家、科学家方以智，他著有《通雅》和《物理小识》。前者以考证、训诂为主，旁及名物、度数、天文、地理、医药、艺术之类；后者诠释天地阴阳自然现象，探其奥秘，为古代稀世之作。其他子部著述主要有马懋功《天文占验》，方中通《数度衍》，方正珠《乘除新法》，胡宗绪《测量大意》、《昼夜仪象》、《梅胡问答》，方观承《棉花图说》，方东树《汉学商兑》，余霖《疫疹一得》，吴瓯玉《医学寻宗》，陈澹然《权制》等共 41 种，571 卷。这些著作的问世，对推动我国明清时期哲学、科技、医学的发展起到一定作用。

集部：明清时期的文学创作，以清代桐城派为代表，在全国聚集了一个 1200 余人的庞大散文作家群体，有大量作品传世。诗歌创作亦久盛不衰，有诗集传世的诗人多至 600 余人。戏曲创作颇有建树，主要戏曲作品有阮大铖《燕子笺》、《春灯谜》、《双金榜》等。这一时期由县人撰著的主要文集、诗集有方学渐《连理堂集》、左光斗《左忠毅公文集》、方维仪《清芬阁诗集》、吴令仪《黻佩居遗集》、钱澄之《藏山阁集》、方以智《集古堂文集》、戴名世《南山集》、方苞《方望溪文集》、刘大櫆《海峰先生文集》、姚鼐《惜抱轩文集》、方东树《半字集》、刘开《刘孟涂文集》、方宗城《柏堂文集》、吴汝纶《桐城吴先生全书》、姚永概《慎宜轩文集》、潘江《龙眠风雅》等共 75 种，1004 卷。

桐城文人还注重文史资料的保存与整理，他们整理与刻印大量邑中前辈的重要著作，形成各种总集。如潘江是明末清初文学家、诗人，他热衷于桐城乡土文献的发掘与整理，采录明清两代五百余名乡贤先辈的诗作，辑成《龙眠风雅》正续集计92卷，又与同里何存斋共同采录明代至清初桐城古文家主要著作，辑成《龙眠古文》24卷，编写《桐城乡贤录》1卷。此外还有姚鼐的《评选海峰诗集》，王灼的《三家诗选》，吴大廷的《评点望溪文集》、《刘海峰古诗选》、《刘海峰古文选》，萧穆的《桐城文征》等。记录桐城文人诗歌的总集《桐旧集》、《桐山名媛诗钞》等。各个大家族也刻印和整理了本家族的文史总集，如《桐城方氏诗辑》、《桐城姚氏诗钞》、《桐城方氏七代遗书》，等等。这种做法不仅保存了史籍，使桐城虽屡遭兵患而文史赖以不坠，而且使桐城在皖籍文化圈成为文化首富之区。

桐城教育的第三个显性成果是桐城女性文学的繁盛。

桐城妇女是桐城文化的创造主体之一。桐城女性的特点表现为整体素质高，有强烈的社会参与意识，文学创作特别是传统诗歌创作成果丰富，出现了一个庞大的女性作家群。明清桐城女性诗歌创作浩繁，成为整个桐城诗歌创作别具一格的一道风景，是桐城文化不可或缺的部分。桐城一隅女诗人数量之多，创作成果之丰，在明清女性文学史上并不多见，在中国古代女性文学史上有着重要的地位和深远的影响。

据《桐山名媛诗钞》记载，清代以降，桐城有女诗人100多位。《桐山名媛诗钞》辑桐城籍105位女诗人共617首诗作。吴希廉所辑《桐山名媛诗钞》序言中云："吾桐自昔多性癖耽吟之士，而闺阁中亦往然……未闻辑一隅闺秀诗至有百余家者。"这可从《桐旧集》、《桐山名媛诗钞》、《桐城方氏诗辑》、《桐城姚氏诗钞》、《桐城方氏七代遗书》、《明史·艺文志》、《桐城县志》、《桐城耆旧传》、《历代妇女著作考》、《江南通志》等所录桐城各位女诗人诗集书目，窥见当时桐城女性创作的盛况。诸如方孟式《纫兰阁集》十四卷、方维仪《清芬阁集》七卷、方维则《茂松阁集》二卷、吴令仪《环珠阁集》二卷、吴令则《献佩园壶遗稿》、章有湘《澄山堂诗词》、《望云草》、《再生集》、《诉天杂记》，等等。

桐城女性诗作量多质高，具有较高的审美价值，在明清诗坛上独树一帜，为我们留下了丰厚的文化遗产。如方孟式的《秋兴》：

> 西风伤往事，笑此客中身。叶落苍烟断，花开黄菊新。
>
> 天涯蓬鬓短，边徼羽书频。蟋蟀知秋意，阶前鸣向人。

深秋季节，客居他乡的诗人独立阶前，飒飒秋风不禁勾起作者的无边心事，于是眼前的一切景物也随之被赋予了强烈的感情色彩。就连蟋蟀也颇通人意，用它那并不优美的歌声来慰藉阶前之人。西风本无意，作者自有情。作者的愁思是由眼前景物引发来的，同时又借着对秋景的描写表达出来，景与情达到了高度的融合。

方孟式，方以智姑母，山东布政张秉文之妻。志笃诗书，工绘画，备有妇德。崇祯十三年（1640），清兵攻济南，丈夫守城而死，方孟式遂投水自尽。著有《纫兰阁集》八卷。《龙眠风雅》录其诗四十二首，《桐旧集》录二十一首，《明诗综》录三首，《御选明诗》录十六首，《安徽名媛诗词征略》录三首。

再如方维仪《病起》：

> 空斋无事晚风前，雨过苔阶草色鲜。远岫云开舒翠髻，新荷池畔叠青钱。
>
> 衰年转觉多愁日，薄命何须更问天。闲坐小窗初病起，西林皓月几回圆。

方维仪是桐城女性诗人中最有才气、影响最大、艺术成就最高的一位，但也是一位非常不幸的女人。她十六岁嫁同邑姚孙棨为妻。年十七，夫死且幼女亦殇。于是请归母家守节，孤灯只影，潜心诗画，度过一生。她的诗作，总是透露出一种淡淡的哀愁。这首《病起》，写诗人大病初愈，闲坐窗前，静观外面的世界。前四句是对大自然景物的描写，十分清新自然，传达出的是一种病后初愈的欣喜。后四句，隐现其中的是身世感怀，但不再悲怆哀怨，有一种参透人生的淡然。

又如奇女子吴芝瑛为悼念挚友秋瑾，赋诗多首，慷慨激昂，大气凛然。其《哀山阴》：

> 爱书滴滴冤民血，能达君门死亦恩。今日盖棺论未定，轩亭谁与赋招魂？
>
> 天地苍茫百感身，为君收骨泪沾巾。秋风秋雨山阴道，太息难为后死人。
>
> （自注：时将赴山阴为秋女士瑾营墓，故作此诗。）

这样的慷慨之音，一扫传统意义上女性的柔弱，显示出女子刚烈大义的另一面。

明清桐城女性文学家由于接受过良好的家庭教育，加之女性自强意识的觉醒，她们刻苦学习，在操持家务之余，全身心地投入艺术与文学创作，除诗词外，她们还创作了各种体裁的文学作品，并取得了一定成就。很多女诗人都是多才多艺的。她们中的许多人还擅长书法和绘画乃至音乐。这方面的艺术修养又给她们的文学创作提供了丰富的营养。如方维仪精于书画，《明画录》《池北偶谈》《妇人集》《国朝画徵录》对她的画作均有记载，人称其"白描大士，尤工"。安徽省博物馆现收藏其画作三幅。又如方若徽工琴善画，精篆刻。钟文贞、吴芝瑛长于书法等。

此外，发达的教育及由教育带来的深厚的文化底蕴，使得明清桐城的学术、绘画、书法、戏曲、自然科学都极为繁盛，从而形成了桐城方氏学派、桐城文派、桐城经学派、桐城诗派、桐城书画家群体、桐城女性文学、桐城民俗文化、桐城教育文化、桐城科举文化、桐城移民文化等斑斓璀璨的"桐城文化"。

清代桐城不但"冠盖满京华、文章甲天下"，而且还诞生了一批各擅其技的书画家。桐城书画家群体包容含蕴，面貌多样，以经史文章铸就基础，寄情笔墨，挥洒烟云，终成影响深远的书画家群体。他们虽不像桐城文派那样煊赫，但在明清书画史乃至中国书画史上，仍占有一席之地，是桐城文化的一个重要组成部分。姚翁望《安徽画家汇编》列清代桐城籍画家140余人，如李公麟、方以智和张若澄等。以桐城一邑小城，竟有如此众多的画家，也从一个侧面反映出清代桐城文化之盛。

同时，明清时期，桐城人在科技方面也取得了重大成就。如马懋功研究天文象数之学的《天文占验》；方中通所著《数度衍》是中国近代数学史上的一部重要著作，除了球面三角以外，《数度衍》几乎包罗了当时刚传入的所有西算知识以及当时所能见及的中算知识，可以称得上是一部数学百科全书。在清初算书奇缺的情况下，它的刊行，无疑对于民间数学知识的传习，起了积极的作用。方正珠，方中通次子，幼承家学，精于律数。清康熙三十一年（1692），以明经召对，问律数之学，乃进其父著《数度衍》及自著《乘除新法》，一时被学者奉为准绳。胡宗绪潜心研究天文、历算、兵法、刑律、地理、六书、九章、音韵之学，尤在天文历算等方面成就显赫，著有《昼夜仪象说》、《象观》、《岁差新论》、《测量大意》、《九九浅说》、《〈数度衍〉参注》、《方舆考》、《台湾考》等。方观承将自己多年研究所得，绘成棉花图16幅，每图配有文字说明，详细地介绍了棉花播种、管理、采摘，以及轧花、纺纱、织布等各个生产环节和生产工艺。该书问世使京畿之地植棉之风大盛，并填补了当时国内外棉作学图谱的空白，也是迄今已知国内外最早而较完备的棉作学图谱。它为后人了解植棉史、纺织史留下了珍贵的资料。余霖著有《疫疹一得》，并创制清瘟败毒饮，专治热性瘟疫，用于治疫30年，救人无数。

如此博大精深、斑斓璀璨的桐城文化，离不开教育的奠基作用。

直到今天，桐城教育仍然保持着强劲的发展态势，各级各类教育协调发展。目前，全市共有小学182所、初中34所、普通高中9所（其中省级示范3所，分别是桐城中学、天城中学和桐城八中，安庆市级示范6所）、中职学校4所（其中，望溪职校是首批国家级中等职业教育改革发展示范校，桐城中华职校是省级中职示范校，桐城技工学校是省级重点技工学校）、特教学校1所、九年一贯制学校8所、十二年一贯制学校1所、师范专科学校1所。全市基础教育学校现有在校学生70362人，其中小学32588人、初中20568人、高中17206人。

桐城市围绕"科教兴市"战略，不断加大教育投入，着力推进教育创新，呈现出义务教育均衡发展、高中教育优质发展、职业教育特色发展、学前教育快速发展和地方高等教育发展取得新突破的良好局面，先后被评为全国"两基"工作先进市、全国"两基"工作先进地区、安徽省基础教育先进市、首批安徽省义务教育均衡发展先进市、首批安徽省教育强市。2012年桐城市教育局荣获国务院授予的"全国'两基'工作先进单位"荣誉称号，桐城市政府被省政府授予"全省'两基'工作先进市"荣誉称号。

教育在桐城社会和经济发展中仍然发挥着极为重要的推动作用。

第五讲

天下文章，出于桐城
——桐城文派

清代以降，桐城文章使桐城名扬天下。以戴名世、方苞、刘大櫆、姚鼐、方东树、刘开、姚莹、戴钧衡、方宗诚、吴汝纶、马其昶、姚永朴、姚永概为代表的桐城籍文学家群体，薪火相递，代代承传，形成一千二百多人的文学流派——桐城派。

面对这一文化奇观，乾隆年间著名文人周永年曾感叹道："天下文章，其出于桐城乎？"直至晚清，政治家李鸿章亦云："今天下言古文者必宗桐城。"如此这般源远流长，桐城文派的文化故事，就值得我们好好品味。

第一节 经典桐城

一、桐城三祖

说到桐城派的形成，有一篇文章至关重要，那就是姚鼐的《刘海峰先生八十寿序》。文章开篇即引述在翰林院任编修的两位著名文人程晋芳、周永年的话语，点明"昔有方侍郎，今有刘先生，天下文章，其出于桐城乎"。借用当世学术权威之表彰，将天下文章归于桐城，如此借力，实在高明。说实话，也相当管用。由此一篇之文眼，"桐城派"三字呼之欲出。

为什么会出现如此文化奇观呢？姚鼐接着解释道："夫黄舒之间，天下奇山水也。"就是说，桐城一带，风景这边独好，奇山异水，人才辈出。可是郁积千年，此地名留青史者，却大都为佛界僧侣。荡开文笔，秉笔直书，虽然乡邦文化不无遗憾，但姚鼐还是自我安慰："夫释氏衰歇，则儒士兴，今殆其时矣。"斗转星移，佛门冷落了；而钟灵毓秀的桐城，现在正处在文运昌盛，翰墨飘香，文家辈出的时代。给自己的老师，一位年届八十的老先生献寿文，起笔不平，遥想千年，目及乡野，"借力"与"用心"，其实就是说明"天下文章，其出于桐城乎"。

只是，这样的说法，仅以几句大话，仅从大处渲染还不行，还必须对具体的细节加以勾勒，才会令人信服。于是，姚鼐接下来便书写了方苞与刘大櫆的师生佳话：康熙年间，方苞以硕学鸿儒兼古文高手而名闻天下。刘大櫆一介布衣，为求功名，奔走于京师。执弟子礼拜谒方苞，呈文以求赐教。方苞阅后大感意外，大喜过望，颇有些失态地告诉往来鸿儒："我方苞算什么，何足挂齿！我的同乡刘生，他的文章才是天下一等好文章，他才是真正的国家俊杰。"由于方苞的激赏，当然更由于刘大櫆的文章的确很好，在清代文学史乃至在中国文学史上，刘大櫆的文学地位便牢牢地确定了。由此，方苞、刘大櫆之于桐城派的二祖地位，亦自然生成。

历史叙述、文学定位，由打捞的逸闻趣事来展现，这是姚鼐的古文功夫，也是桐城派代代相传的拿手绝活。

不过，方苞并未真正教学授课于刘大櫆，虽然给友人写信，将刘大櫆揽为门生之列而大力推荐，但刘大櫆之于方苞，充其量也只是"短期进修生"而已，师徒关系总是有些勉强。而姚鼐之于刘大櫆，那情形就完全不一样了，可谓真正的嫡传弟子。自童年起，姚鼐即受学于刘大櫆，几十年间，得其亲炙，传其衣钵。因而写到自己侍学恩师的情形，真的是神采飞扬：幼年时"奇其状貌言笑，退辄仿效以为戏"；三十年后则"先生亦善其来，足疾未平，扶曳出与论文，每穷半夜"。有亲昵，有温情，更有景仰。如此深情笔调，既写出了师生情谊，又落实了文章与文派。当然，意外之旨，姚鼐作为刘大櫆传人之地位也悄然确立。

方苞画像

这篇寿序，以"天下文章，其出于桐城乎"开篇，再以"使乡之后进者，闻而劝之"结尾，不仅把桐城文派的来龙去脉巧妙地梳理出来，而且由文学故事的叙述，将方苞、刘大櫆、姚鼐在文派之地位悄然确立。后人谈论桐城派，其实大都遵循着这一理路。难怪有研究者认为这是一篇"立派"之宣言，果真名不虚传。

虽然，姚鼐这篇寿序，梳理出的桐城派文学历史，构建的桐城文派是据实而录，并非凭空臆造，但是，姚鼐在书写历史的时候，还是有所选择而删繁就简的。其中舍弃戴名世，回避这位"善为古文辞"的乡贤前辈，就是最典型的一例。

戴名世，康熙年间进士，翰林院编修，长方苞十五岁，却志趣相投，成为忘年交。戴名世乃一代古文大家，其古文创作成就与古文理论建树，都开启了桐城派古文之先河。如果平静无事，戴名世肯定是桐城派开山鼻祖。可是，因为他妄议南明历史，写作《南山集》，为人告发而下狱被斩。此案影响深远，不仅戴名世的著作被禁毁，方苞也因此案被捕入狱，几乎丧命。而且，从此之后，文人士大夫绝口不提，也不敢提及此大逆罪人；桐城父老乡亲更讳莫如深，纷纷与之划清界限，唯恐避之不及。一代英才戴名世，连同他灿烂的古文华章，就这样被世人"遗忘"了近两百年。因此，在这篇寿序中，姚鼐的刻意回避，并非数典忘祖，而是确有难言之隐和政治考量。不过，由于禁读其文章，戴名世对桐城后学的影响微不足道，也就属于情理之中、自然而然了。以至于时至今日，学界论及桐城派，都是先言方苞、刘大櫆、姚鼐之"桐城三祖"，再附议"桐城先驱"戴名世。历史的错误，也只能这样真实地书写。只是，读者在阅读历史的时候，需要透过遮蔽的表层，体悟历史现场的真实。

戴名世之于桐城派的故事，令人扼腕叹息。不过，将"桐城三祖"笼统地供奉，也常招致后世学人的不满。因为，对于"桐城派"立派而言，"桐城三祖"方苞、刘大櫆、姚鼐的贡献，显然迥然有别。

方苞经过南山案的折磨，不得不归顺清廷。历康、雍、乾三世，谨言慎行，勤于著述。四十岁后，不再教徒授课。他对"桐城派"的贡献，主要是提出了"义法"、"雅洁"的理论纲领和基石，以及由此而创作的经典篇章。刘大櫆晚方苞三十年，虽游学于方苞之门，但科举失意，以诸生终身。既无功名，又命运多舛，求生不易。与方苞名高位重、专心著述作文、养尊处优不同，刘大櫆只能常年奔走于大江南北各大小书院，憔悴困厄，漂泊不定，以教书授徒为主要谋生职业。但亦因此门徒颇多，其中不乏古文高手，姚鼐就是其最得意的弟子之一。刘大櫆为姚鼐题诗《寄姚姬传》："君方及壮多宏才"、"后来居上待子耳"，推许、寄望之情，溢于言表。

刘大櫆的确是慧眼识英雄，门人姚鼐不负其望，为桐城派的鼎盛立下汗马功劳。刘大櫆的承前启后之功，现在看来，至为关键，丝毫不可漠视。

较之老师刘大櫆，姚鼐的科举之路还算顺利和成功。三十多岁，即进士及第。十年后，又被选入四库馆任纂修官。可是由于学术志趣不同，与总纂官纪昀等人难以协同，任职不到两年便以疾辞官归里。之后，姚鼐在江苏、安徽一带的梅花书院、敬敷书院、紫阳书院、钟山书院等重要书院，长期担任山长，读书、教书、著书，教徒课文，专心讲学，前后四十年，终身不渝。在他的着力培植和刻意经营下，门徒甚众，弟子云集。古文创作独领风骚,一时无出其右。从方苞到刘大櫆,再至姚鼐,经过百年左右,桐城派终于以古文而盛名于天下,开宗立派了。

不过,姚鼐终生却没有提出"桐城派"三字并为之摇旗呐喊,其众多弟子也心领神会,恪守"桐城三祖"文统、道统,并未言明"桐城派"三字。真正揭举"桐城派"大旗的人物,却是半个世纪后的"文武双全"的一代豪杰——曾国藩。在桐城派的立派史上,曾国藩撰写于咸丰八年(1858)的《欧阳生文集序》和写于第二年的《圣哲画像记》,亦与姚鼐《刘海峰先生八十寿序》一文一样,至关重要。尤其是《欧阳生文集序》直接点出了"桐城派"一词。这两篇文章的写作,有着深刻的政治、文化背景。1840年,鸦片战争爆发,清朝从此进入了多事之秋。接着太平天国农民起义,东南半壁江山沦陷于战乱。"姚门弟子"中的主要代表人物:梅曾亮、姚莹、方东树、刘开等相继去世,其他弟子能力有所不逮,不足以担当主盟坛坫、以执牛耳之重任。加上"桐城派"要员所活跃的东南重镇大多处于战争之中,民不聊生,文人士大夫无法优游于文学。称誉一时的桐城文派一时群龙无首,命运式微,陷于委顿之中。横空出世的曾国藩,以其盖世无双的文治武功,全力褒举桐城派,不仅使桐城派时来运转,而且使桐城派古文统领文坛再逾百年。这两篇文章突显了曾国藩的古文家好尚和政治家手眼。《欧阳生文集序》着力绘制了一幅层次分明、井然有序的桐城文学史图景:首先点明桐城派姚姬传先生善为古文辞。再

刘大櫆《行书八言联》

叙方苞、刘大櫆、姚范之传绪于姚鼐,并借周永年之语"天下文章,其出于桐城乎",正式揭举"桐城派"大旗。在勾勒出"桐城三祖"传承关系后,文章突出姚鼐之于桐城派的集大成贡献,称颂他当时虽孤立无助却独排众议,存古文于一线纷纭之中的功绩。更不惜笔墨,详述姚门弟子传衍情况。根据其介绍,江苏管同、梅曾亮、吴德旋,安徽桐城方东树、姚莹、戴钧衡,江西鲁絜非、陈用光、陈学受、陈溥、吴嘉宾,皆得姚鼐真传。同时桐城之学还流播于广西,吕璜、朱琦、龙启瑞、王拯、彭昱尧有"岭西五大家"之称。当然,曾国藩最要申明的是,湖南所传姚鼐之学,亦为正宗正派。吴敏树、杨彝珍、孙鼎臣、郭嵩焘、舒焘、欧阳兆熊及其子欧阳勋等"亦以姚氏为文家正轨",归依桐城。人物叙述如此之多,谱系勾勒如此清晰,桐城派150年来的文统图景可谓一目了然。而在《圣哲画像记》中,曾国藩则又勾勒出桐城派的"道统"体系。他精心选择古之圣哲32人,作为文人士大夫的学行楷模和精神归依。文周孔孟,班马左庄,葛陆范马,周程朱张,韩柳欧曾,李杜苏黄,许郑杜马,属当然之选,无可厚非;唯将姚鼐骥尾其中,实在过于勉强。虽然,从曾国藩之人格和品行来看,他对姚鼐的尊崇出自肺腑、真心实意,但借力于圣哲统系,实在是煞费苦心。目的就是要突显姚鼐学问在儒学方面的"持论闳通"和"正宗嫡派";并借本朝顾炎武、秦蕙田、姚鼐、王念孙与之相提并论,从而展现曾国藩的汉宋融合、兼容并包的文化学术取向。这两篇雄文产生的客观效果,不仅使姚鼐声名倍增,而且使桐城派文统、道统的正宗地位更为明确、更为显赫;从而,桐城文章的影响更为深入人心。当然,通过这两篇文章,曾国藩之"桐城中兴者"的地位亦众望所归,自然确立,他对桐城派的改造与发展亦名正言顺。在这篇文章中,曾国藩明确表态:"姚先生持论闳通,国藩之粗解文章,由姚先生启之也。"显然,曾国藩以姚鼐私淑弟子的身份提振桐城派,其理由恰如《欧阳生文集序》所云:"桐城派繁盛之安徽、江苏、江西等地,兵燹之余,百物荡尽,一二文士,转徙无所。""独吾乡少安,二三君子,尚得优游文学,曲折以求合桐城之辙。"这样,湖南文人,就成了桐城派的主力,以湘乡派接续桐城派的用心亦隐然可见。由此,曾国藩成了桐城派的"中兴功臣"。历史的发展，也印证了曾国藩的文化判断和文学眼光。青出于蓝的湘乡派，成为桐城派的中坚力量和主力军。

由于曾国藩的文治武功，曾国藩幕府成为晚清第一大幕府。文人学士，倾心向往。人才济济，名震一时。而且，作为文章领袖，曾国藩的古文又赢得桐城文家的一致称誉。因此，曾国藩门下古文高手云集，在众多门人弟子中，张裕钊、吴汝纶、黎庶昌、薛福成四人古文创作水平高于同辈，被公认为"曾门四弟子"。四人中，薛福成、黎庶昌主要从事政治、外交事务，薛福成曾出任清朝驻英、法、意、比四国大使，黎庶昌则出任清朝驻日本国大使，因而他们门人寥寥。张裕钊年齿最长，曾主讲于多家书院，门下生徒众多，知名者有范当世、朱铭盘等。"曾门四弟子"中，吴汝纶最为出色。因其著籍桐城，禀承庭训，自少读姚氏书，科场顺利，二十六岁即中进士。初登文坛，即被曾国藩叹为异材，留佐幕府，殷殷劝学，悉心教诲与点拨。如此，吴汝纶既秉桐城家传，又得湘乡亲授。因其深厚学力，继曾国藩、张裕钊之后，吴汝纶誉满天下，并主持晚清最大的书院——莲池书院，任山长十余年。海内古文大家尽归吴氏门下，吴汝纶弟子近千，成为桐城派最后宗师。根据其子吴闿生所编《吴门弟子集》记录，知名者逾百，主要弟子有马其昶、姚永朴、姚永概、贺涛等。严复、林纾与之亦师亦友，请益良多。而以上诸人，均为清末民初桐城派之主要人物，或云"桐城末将"。

"五四"时期，新文化运动风起云涌，"打倒孔家店"与"桐城谬种"成为其标志性口号。上述的几位桐城末将，无力挽救古文的颓势，文言文被白话文取代，古文失落于"五四"大潮。桐城派由文坛盟主，衰落为文化边缘人，失去了历史存在的理由。

1937年，抗日战争爆发，日寇逼近安徽。桐城派硕果仅存的代表人物姚永朴，虽然已经安居桐城老家多年，但是其儒家清纯人格和凛然气节，不甘束手就擒，低首归顺，为侵略者所利用。于是，他不顾年老体弱，谢绝家人与弟子劝阻，执意挈一家老小十余口，长途跋涉，颠沛流离，含辛茹苦，由桐城入江西经湖南至广西桂林居住，以示绝不屈于日寇。1939年，姚永朴病逝于桂林，享年78岁。1945年抗战胜利，其孙奉遗柩归葬桐城,家乡人以崇高的礼仪安葬了这位桐城派最后的古文大家。

至此,源远流长的清代文坛盟主——桐城派,连同经典、雅正的桐城古文,逐渐淡出国人的文化视野,隐入历史深处。

二、学行孔孟

著名学者、复旦大学资深教授郭绍虞先生在著作中曾这样论述桐城派:"由清代的文学史言,由清代的文学批评言,都不能不以桐城为中心。"时过境迁,桐城古文隐入历史深处已逾百年。今天的人们,阅读桐城文章,很难再像国学修养深厚的郭绍虞先生那样,体会入微。因此,介绍桐城古文的风貌特征,解读其内在义蕴,对于当今学习、理解桐城派何以风行天下两百年,何以泽惠后世学子,大有裨益。当然,由此亦能体悟、感知桐城派古文,作为雅文学、作为精英文化的经典,对于当代中国文化建设之价值。

上文已经叙述了曾国藩从道统和文统两个方面所勾勒的桐城派谱系。曾氏此举,实在是直探文心,拨云见日,举重若轻,精辟至极。方苞终身恪守"学行继程朱之后,文章介韩欧之间",这一准则和理念其实影响、左右了几乎所有的桐城派作家。因此,由义理阐扬与辞章表述两个方面入手,解读桐城古文,无疑是不错的选择。

明清易代,清人入主中原。但是,清廷的政治意识形态依然是以孔孟之道、程朱理学为中心的儒家学说。正如葛兆光《中国思想史》所云:"主流知识、思想与信仰世界,也仍然维持着宋元以来逐渐形成并巩固的同一性,大多数士人仍然在四书五经的教育与阅读中,接受传统观念的熏染。"针对明末王学左派的泛滥成灾,康熙帝有感于"大雅久不作",极力推崇朱熹,钦定朱注四书五经为科举考试的唯一依据和天下士子必读之书。同时,康熙在《四书明义》序中宣示:"万世道统之传,即万世治统所系","道统在此,治统亦在此。"而桐城派"学行继程朱之后,文章介韩欧之间",其思想与信仰,无疑与清代主流意识形态,与其道统、治统完全吻合。方苞之所以能历仕康、雍、乾三朝,以元老而荣身归里,与其立身祈向及道德文章合拍于官方的文化需求实为因果。被官方权力所笼罩的程朱理学依然是冠冕堂皇的公众话语，因此，姚鼐在失意于四库馆这个考据学术中心之后，仍然能够优游于大江南北；四十年间，先后主讲于敬敷书院、紫阳书院、钟山书院等著名教育文化中心，教书育人，开宗立派；从一个相对狭小而有点隔膜的学术领地走出，投身于合法并且自由的广阔话语空间。

姚鼐曾无比真诚地说道："儒者生程朱之后，得程朱而明孔孟之旨，程朱犹吾父师也。"笃信孔孟程朱，乃桐城得以成派的思想统系和精神归依。桐城文章虽以"义法"为宗，清真雅正，但缺少探求性命理气之作，更乏歌功颂德华章。因此，就哲学层面而言，桐城诸家对孔孟之道和程朱理学之贡献，几乎微不足道。尽管这样，桐城文章自始至终都被认为是典型的"文道合一"的"载道"之文。原因何在？还是让我们结合具体篇章的阅读与分析再作回答。例如《方染露传》一文：

  方君染露，名赐豪，为人清介严冷，不可近以不义。少以能文称，为诸生。乾隆三十年，中江南乡试。屡不第，以誊录方略馆年满，议叙得四川清溪知县。既至官，视其僚辈渎溷之状，曰："是岂士人所为耶？吾奈何与若辈共处！且吾母老，不宜远宦。"即以病谒告，其莅官甫四十日，而去归里。归则授徒以供养，日依母侧。执政有知之招使出者，终不往。如是十年，母以寿终。君悲伤得疾，次年卒，年五十九，乾隆五十九年也。

  君尤工书，里中少年多效其法。君夫人张氏亦贤智有学。余居里中寡交游，惟君尝乐与相对。一日在余家共阅王氏《万岁通天帖》，疑草书数字不能释。君次日走告余曰："昨暮，吾妻为释之矣！"举其字，果当也。然张夫人竟无子，侧室某氏生子元之，元之四岁而孤。君既丧，余益老，里中旧相知皆尽。君弟偰自京师书来，请为君传。余谓君行可纪，而亦以识吾悲，故书之如此。

这篇古文共 300 字，是典型的桐城"小文章"，文章为一位名不见经传的小人物方染露作传，常事不书，择取其一生中辞官归里、侍母得疾、妻识草书二三琐细事，勾勒描摹人物。叙写传主"为人清介严冷"，视同僚污浊，难以共处，愤而辞官，乃为突显其品性高洁；"日依母侧"，为母寿终而"悲伤得疾"，则使其天伦至孝之情得以展露；而

"昨暮,吾妻为释之矣!"一语,堪称神来之笔,不仅使文笔婉曲多姿,更隐现传主和美的夫妻家庭亲情。文章寥寥几笔,神远而含藏不尽,即将传主精神风貌和性格品质刻画得栩栩如生;不仅文笔简净,

姚鼐书法

而且义蕴丰厚,在娓娓叙谈之中实录其朴厚人生,于雍容俯仰之态,尽涵孔孟精光,确为"义理、考据、辞章"三者合一。值得关注的是,此类文章在姚鼐乃至桐城诸家文集中比比皆是,其手法、笔意,实乃人所共知的寻常桐城家法,可谓"寻常"之作。

再看方苞的文章《逆旅小子》:

> 戊戌秋九月,余归自塞上,宿石槽。逆旅小子形苦羸,敝布单衣,不袜不履,而主人挞击之甚猛,泣甚悲。叩之东西家,曰"是其兄之孤也。有田一区,畜产什器粗具,恐孺子长而与之分,故不恤其寒饥而苦役之;夜则闭之户外,严风起,弗活矣。"余至京师,再书告京兆尹,宜檄县捕诘,俾乡邻保任而后释之。逾岁四月,复过此里,人曰:"孺子果以是冬死,而某亦暴死,其妻子、田宅、畜物皆为他人有矣。"叩以"吏曾呵诘乎?"则未也。昔先王以道明民,犹恐顽者不喻,故"以乡八刑纠万民",其不孝、不弟、不睦、不姻、不任、不恤者,则刑随之,而五家相保,有罪奇邪则相及,所以闭其涂,使民无由动于邪恶也。管子之法,则自乡师以至什伍之长,转相督察,而罪皆及于所司。盖周公所虑者,民俗之偷而已,至管子而又患吏情之遁焉,此可以观世变矣。

全文不足300字,描写作者寄寓客栈里的一个少年的不幸遭遇。少年的叔父为了图谋家产,欺负虐待侄儿,致其死亡。而叔父自己亦遭天谴而暴死。其主旨在于揭示吏治的弊病,表现了对民生疾苦的关注,以及对民风、民俗、道德风尚的重视。文章由平凡事入手,以小见大,由叙事引出

议论,事理相生,叙议相协,即事明理,自成一体,短小精悍,义正词严。

如此这般,桐城派文人"能于不要紧之题,说不要紧之语,却自风韵疏淡";善于通过日常生活琐细小事,发掘其中的伦理纲常之大道,精妙地表现文人士大夫以及平民百姓美好心灵的一鳞半爪,并由此透现社会生活的道德准则以及维系中华民族五千年文明的精神力量。因而,这些小文章恰如一幅幅素描画,风度秀整,简练传神,生动有趣,可亲、可信、可学,折射出作者关爱人生、关注现实的儒家人文情怀。毫无疑问,这些"小文章"合拍于清代尊崇孔孟之道的主流意识形态,或者说,就是主流话语体系的一部分;而同时,这样的桐城文章,的确是在更深层面契合两千年中国传统文化精髓。

以上就桐城派古文的"道"的内涵,以方、姚文章为例,进行了若干透视。无论是方、刘、姚之立派,还是曾国藩之"中兴",桐城古文不仅与孔孟之道、程朱理学息息相关,其"神理气味",透现出与官方主流意识形态合一的正宗、正统的大雅之光;而且,能够满足清廷政治与文化的某种需要,适时调整,因时而变,引领西学、新学在中国的兴起。

而从"文"的角度解读桐城古文,正如前文所述曾国藩之言:清代桐城派与《左传》、《史记》、唐宋八大家、明代归有光,其艺术精神,一脉相承,并扬清激浊,自成一家之"格律声色"。安徽著名学者吴孟复教授,是桐城派最后一位代表人物姚永朴的入室弟子,深得其师真传。他在其专著《桐城文派述论》中,概括了桐城派古文的四大特色,至为精当,兹摘录于下:

(1)从语体上看,桐城派之前及当世的部分文人士大夫,有的是考据家,有的是评论家,有的是诗词家,有的工于公牍文字。他们的作品与古文之作为文艺语体之散文语言,根本不同。方苞懂得语体区别,注意到文艺散文的特点。在写《孙征君传》时,使用"虚言其大略"的手法,使孙奇逢刚正不阿之品节,溢于言外。因此,桐城派在散文上的革新,第一点就在于:分清语体,使散文保持语言形象的特色。

(2)从文体上说,明代前后七子倡言复古,即从先秦两汉古书中摘取辞藻,从古人处讨生活。而方苞以白描反对藻饰,以写实反对模仿,这就是胡适讲的"甘做通顺清淡的文章，不妄想做假古董"。桐城派在散文发展史上的另一贡献，当即在此。

（3）从内容来看，虽然明代公安、竟陵两派主张抒写性灵，反对模仿，特别反对前后七子的"伪古文"。但他们所写题材有不少闲情逸致之作，甚至不免有庸俗的低级趣味。而桐城派像方苞《左忠毅公逸事》、《石斋黄公逸事》、《狱中杂记》等表彰正气、揭露黑暗的文章，在明末小品文中则极为少见。桐城派文章中还有一些讲究经世济民的，有一些谈论学术风尚的，有一些写诗友、父子、兄弟之纯真情谊的，有一些反映社会生活某一侧面的，取材较广，立意较高，描写较生动，也是明末小品所不能比拟的。姚范说"望溪文于亲懿故旧之间，隐亲恻至，亦见其笃于伦理"。方苞把经世致用与古文结合起来，把论学论政融入抒情、叙事之中，扩大了散文题材，充实了它的内容，是有积极意义的。

（4）从文理、语法上来说，桐城派在使用语言上，特别在篇章结构上，比明末诸家有较大的进步。归有光曾批评"七子"之作文理不通，公安、竟陵与明末小品文也不免有这种情况。而方苞却善于从古人文章中总结出规律，并创造性地运用于作品中。方苞说："古人叙事，或顺或逆，或前或后，皆义之所不得不然。"刘师培谓方苞"明于呼应顿挫之法"，与此可以合看，他们把两者总起来说，就是或顺或逆，或前或后，呼应顿挫，穿插开合，尽管千变万化，而皆出于事理之当然。这样才算"清通"，才合于义法。方苞写《左传义法举要》注意探寻前人使用语言的规律，他的文章也基本上符合这种规律。这是他超过明末诸家的地方。当然，这种规律又是他从先秦以至归有光作品中总结出来的。所以周书昌说他"有所法"，但他并不像七子那样硬搬先秦与《史》、《汉》，因而又是"有所变"的。

虽然从总体上说，桐城派古文的风格雅洁清通，言有序、言有物，但是桐城派作家逾千，各有特色，各逞一能，即便方苞、刘大櫆、姚鼐之"桐城三祖"，亦面目各有风神。比较而言，由于学界公认姚鼐的文章风格最能代表桐城派古文的风貌特征，因此，接下来以姚鼐为例，分析其古文的艺术风格，借此窥探桐城古文的"文统"。

一为神韵。"惜抱先生文以神韵为宗"。所谓神韵，乃"不著一字，尽得风流"。姚鼐的古文意境冲和深远，意蕴耐人寻味，确乎韵味悠长。《登泰山记》先极简括地勾勒出泰山的位置地形，自然地叙述自己自京师来泰安的过程，并参以轻松省净的考证，再描述艰难的登山过程。接着写道："及既上，苍山负雪，明烛天南。望晚日照城郭，汶水、徂徕如画，而半山居雾若带然。"明朗而开阔的自然画卷，使作者神清气爽。于是，"戊申晦，五鼓，与子颖坐日观亭，待日出"。面对壮观的日出景象，面对恢宏的山河态势，作者确实有"登泰山而小天下"的感觉。此时的他，应该是心花怒放，精神得到了完全的解脱。但他没有像杜甫《望岳》那样"荡胸生层云，决眦入归鸟，会当凌绝顶，一览众山小"，以雄壮笔力抒发浩然之气。而是以优美的笔调赋予自然景色以生命的灵动，将自己的万千感慨与自由的心灵一同融入如诗如画的美景之中，真可谓气韵生动。较之于杜诗的雄浑畅达，姚文自然是冲和深远，韵味深长。《游媚笔泉记》、《游双溪记》、《观披雪瀑记》等游记之文大都有这一特点，写得清幽散朗，神韵十足。

山水游记若此，说理序跋之文亦不例外。《赠钱献之序》在论理说经之后，荡开一笔，写道：

> 钱君将归江南而适岭表，行数千里，旁无朋友，独见高山大川乔木，闻鸟兽之异鸣，四顾天地之内，寥乎茫乎，于以俯思古圣人垂训教世先其大者之意，其于余论，将益有合也哉。

归途见闻与"古圣人垂训"巧然结合，意趣萧散其中，使文章意境自然地洒脱开来，颇具神韵。他的很多议论文都采取了这类方法，显得情理并达，别具风韵。

传记和墓志，最易枯燥板滞，但姚鼐写作此类文章却常常于酸咸之外，极具味外之旨、韵外之致。《朱竹君先生传》常事不书，仅选择了朱筠一生中最具神采的两个片断加以描述：先叙其奏言开设四库全书馆以及在馆中事迹，重点突出朱筠远见卓识和不阿私情、耿介正直的可贵品格。再叙其为人，"内友于兄弟，而外好交游"，"遇诸生贤者，与言论若同辈"，"后进之士，多因以得名"，"室中自晨至夕，未尝无客，与客饮酒谈笑穷日夜"。这又分明是一位谦谦君子、忠厚长者。两个片断合一,人物个性鲜明、神采飞扬。最后作者又将自己与朱筠三十年交往款款道来,结尾一句尤为精妙:"余间至山中崖谷,辄遇先生题名,为想见之焉。"山崖见手迹,其人神韵见矣,作者神韵现矣,文章神韵亦具矣,确乎神来之笔。

方苞、姚鼐集,姚莹年谱

由此可知,姚鼐文章的神韵是他从容和缓的精神气度的张扬,是他关注现实、追寻精神境界的必然结果,也是他追求"义理"、阐道翼教,而又"道与艺合"的一种艺术成果和外在表现。

二为平淡。所谓平淡,乃平而不滞,淡而有味。姚鼐力倡诗文平淡,曾云:"文章之境,莫佳于平淡,措语遣意,有若自然生成者。"由此而理解,姚鼐认为文章的最高境界就是平淡,而平淡就是"有若自然生成者",若要达到平淡,则必须在"措语遣意"上下功夫。因此,姚鼐的平淡风格特征主要体现在其文章的"遣意"与"措语"上。"遣意"就是意境的创设,就是对神韵的追求,姚文的神韵是在平淡冲和中显现出深远的韵味,是平淡的兴寄所在,这从前述的各例中完全可以得出这个结论。因此,"遣意"使其古文平淡、舒畅、丰厚而毫无枯滞之感。壮丽的泰山景色不就是在平淡的叙述中传神寄意,被描绘得如诗如画,"有若自然生成"吗?当然,"遣意"还得依赖"措语"的表现。姚鼐主张"能于不要紧之题,说不要紧之语,却自风韵疏淡"。为此,他十分重视"措语"的效果,表现为语气的平和、结构的婉转。姚鼐《袁随园君墓志铭并序》一文,颇能体现其结构与语气之妙。这篇文章组织结构独具匠心,先以极省净、空灵的行文将墓主袁枚的姓名、字号、籍贯、世系、仕履、专长等或重或轻、或多或少地娓娓道出，再分层叙述袁枚仕途不达、情怀山水之况，引出其诗文盛名之因。在趣谈宦绩之后又以冷清文字直叙其卒年、葬地，最后交代作者与墓主两代友情。叙述时既错综变化，又脉络分明，全无一般墓志板滞之弊，结构显得婉转轻灵。同时，这篇墓志又以极简省的文字表达出极平和又极具深意的语气，在"要紧"与"不要紧"之语间深蕴作者的情致。如写袁枚"本以文章入翰林有声，而忽摈外；及为知县，著才矣，而仕卒不进。自陕归，年甫四十，遂绝意仕宦"。而为什么"摈外"？为什么"卒不进"？为什么"绝意仕宦"呢？文中平静带过，没有说明，但读完全文，读者自然就能体会出个中原因。再如作者对袁枚诗文的评价："世谓百余年来，极山林之乐，获文章之名，盖未有及君也。"细细体会，措辞虽然肯定，却寓有些许不满的微辞；语气虽然平和，但带有一丝淡淡的嘲讽。而文中在写道袁枚"试为溧水令"时，又夹入其父"匿名访诸野"私探民情一段，看似不要紧之语，却大有深意，既生动地表现了袁枚的吏绩，又颂扬了其父的人品，也隐含了作者的政治态度和品评标准。应该说，这篇墓志既纡徐深婉，耐人寻味，又平和灵动，确实达到了文体省净的境界，是古今同类作品中的精品。

姚鼐平淡的文章风格来源于他安宁平淡的生活，来源于他对宁静美好理想境界的憧憬与追求，来源于他由此而形成的崇和尚简的文化理念。因而，他的古文干净洗练，词舒意达，安闲适步，无强激过甚语。初读其文，平平淡淡，细细品味之后，方觉隽永。当然，这已不单纯是他的文章风格，更是姚鼐本人个性气质的融汇。

三为雅洁。桐城文人大多以教书为业，重人品，求文品。因此，作文讲究气清词洁。雅洁成了桐城古文"别是一家"的语言系统最重要的特征，自然也是姚鼐古文的语言风格特征。这种雅洁强调语言的规范与纯洁、洗练与朴素，是一项要求很高的语言艺术准则。这既是桐城文人写作经验的总结，也是他们对散文创作可贵的贡献。当然，共性之中有个性。较之于方、刘等桐城作家，由于禀性气质、生活经历及审美趣味的不同，因此姚鼐的语言雅洁别有滋味。其雅洁首先是简净丰厚。如《游灵岩记》的一段描写："灵岩寺在柏中，积雪林下，初日澄彻，寒光动寺壁。"一个"动"字便将初日雪光浮动于寺壁的景象刻画殆尽，且以动寓静，将茂林积雪中的庙宇神秘幽静的难言氛围悄然衬托出，恰如诗家之诗眼，真乃一字千金。诸如此类的清秀文字，在他的古文中俯拾皆是，不胜枚举。

在桐城三祖的古文语言中，姚鼐的雅洁是最具代表性的。他既不像方苞措语谨慎有余，也不像刘大櫆，意有所触，好为怪奇磊落瑰伟之辞，更没有中后期桐城派曾国藩的"经济语"、林纾的"小说语"。姚鼐虽刻意求其雅洁，但又若自然生成，的确达到了很高的语言艺术水准。

以上为了行文的方便，我们分别辨析了姚鼐古文的三大艺术风貌。其实，这些风貌特征是相互交融、互为表里的。雅洁后的平淡，平淡中的雅洁，共同蕴含着神韵；而神韵又赋予平淡以勃勃生气，给予雅洁余味曲包。他的许多传世之作均反映了这三种特征的有机融合，成为最具代表性和典范性的桐城文章。

第二节 文法大明

桐城派号称"天下第一文派"。清代中叶以降，文人士大夫，或深或浅，或正或反，大都与之有过"亲密接触"和"深入对话"。桐城派何以成派？又何以绵亘二百年，流风余韵传播至今？面对如此特别的文学、文化史现象，前贤时俊，各有申论。而深究之，有两点至关重要。一是桐城派有一套系统完整的文章理论，天下翕然，号为正宗。二是桐城派要员大都职为教师，传道授业，善于编选教科书，有一套行之有效的作文方法。

一、桐城家法

桐城派的文章理论，体系系统、完整，其中不少作家的论述很有见地。比较而言，影响较大、广为征信的观点主要有：义法说；雅洁说；神气说；义理、考据、辞章说；神理气味格律声色说。

1. 义法说

义法说是桐城派古文理论中最基本的理论，也是桐城派文论体系的发端和纲领。

以"义法"论文，始于方苞。方苞在《又书货殖传后》中论及"义法"：

> 《春秋》之制义法，自太史公发之，而后之深于文者亦具焉。义，即《易》之所谓"言有物"也；法，即《易》之所谓"言有序"也。义以为经而法纬之，然后为成体之文……若古文，则本经术而依事物之理。

此段话集中阐述了义法说的源流、内涵及意义。把"义法"变成中国文学理论的一个范畴，用以概括古代各体散文的写作规律，在文学史上无例可稽。方苞为第一次、第一人。作为桐城文派的创始者，方苞从古代散文发展的历史脉络中推本溯源，以左史为证，客观地反映了文章写作的现象和本质，将研读《春秋》、《史记》的心得体会，创造性地移植于古文写作；并融会前贤诸说，别出心裁地将"义法"与《易经》联系在一起，既增加了"义法说"的神圣、庄严光彩，也简便易行地表述了古文写作的原则和方法。

"本经术"，即是以经为本，以儒家典籍为基本思想基础。"依事物之理"，则是以万事万物中所蕴含的事理物理为依据。以经术为本，寻求圣人所发现的放之四海而皆准的思想规范与行为准则。"依事物之理"，把这类思想规范与行为准则具体实施应用到万事万物中所蕴含的事理物理的阐释与判断之中。以经术为本，体现古文家的精神祈向和信仰选择。"依事物之理"，则体现古文家的学识睿智和见解才能。"本经术而依事物之理"，是言有物的基础，也是方苞义法说中"义"的根本含义；体现了"以经术为本"和"依事物之理"，这一双重评价标准。"古人叙事，或顺或逆，或前或后，皆义之所不得不然"。这里主要从"法"，从"言有序"的角度论述"义法"，即要求古文写作讲求文章的条理、结构、体制、法度、虚实、详略等具体的文章写作技巧。

概括地说,"义法"有两大特征:其一,义法必须本义言法,因义立法。即根据文章内容与文意表述的需要,相应调整运用虚实详略、互见照应等指意辞事的手段,因义定法,以义驭法,最终使一篇之中,脉相灌输,事与人称,详略有致,虚实互见,叙事议论,恰当熨帖。其二,义法以纪事之文为本原,以两汉书疏及唐宋八大家之文为津梁,旁通于其他文体(如制举之文,即时文、八股文等考试文体)。由此可知,义法既是一种古文创作理论,又是一种很具体实在的写作方法,这是桐城派不同于他人的一种特色。"言有物"、"言有序",简单地说,就是言之有物,而文有条理。具体而言,"义"主要指文章的内容,即以儒家经典为宗旨。"法"主要指文章的作法,包括形式、技巧等方面的问题,如布局、章法、文辞等。两者的关系是义决定法,法则体现义。要求"法",在叙次上注意详略虚实,章法上"明于体要,而所载之事不杂"。义法说中,"义"以孔孟之道、程朱理学为旨归;"法"的最高典范则为《左传》,《史记》,唐宋八大家特别是韩愈、欧阳修,明代归有光。桐城派秉持"学行继程朱之后,文章介韩欧之间",从某种意义上说,就是义法说的另一种表述。

2. 雅洁说

桐城派文学属于精英文学,属于士大夫文学,乃典型的雅文学。桐城文章气清体洁,讲求义法,讲求雅洁。雅洁主要侧重语言。作为文章最外在的形式,语言是阅读过程中一目了然的"符号"。无疑,雅洁乃桐城文章最醒目的符号,也是其作为雅文学最易于辨识的标志。桐城文章何以能称誉海内、风行有清一代?胡适解释道,桐城文人"甘心做通顺清淡的文章,不妄想做假古董"。郭绍虞说:"桐城文素以雅洁著称,惟雅故能通于古,惟雅故能适于今。这是桐城文所以能成为清代古文中坚的理由。"胡适、郭绍虞的精辟之论实已昭示:雅洁不仅是桐城文章的独特风格,亦为其精髓所在。

"文之雅洁由于讲义法,而义法之标准也即在雅洁"。明于体要、言简意赅的雅洁其实是义法的第三要义。因此,雅洁与义法不仅一脉相通,为其衍生,更是其直接体现和必然结果。方苞曾云"文之清真者,惟其理之是耳……文之古雅者，惟其辞之是耳"，即已点破此意。故方孝岳在其《中国文学批评史》中直截了当地说，义法就是辞理皆是的清真雅正。

雅洁说，虽然是义法的第三要义，属于义法说的一个分支，但其自身也有一个相对独立的理论范畴。雅洁，就文章写作而言，有两层含义：一是语言风貌，要求语言必须"辞洁"；二是文体风格，要求文体必须"气洁"。就语言而言，"雅"就是纯正不杂，与俚俗相对。刘大櫆《论文偶记》云："好文字与俗下文字相反。"而"洁"则为简省文字，与繁杂相对。桐城文章尚简，崇尚言简意赅。姚鼐云："大抵作文，须见古人简质惜墨如金。"因此，桐城古文不仅"不可入语录中语，魏晋六朝人藻丽俳语，汉赋中板重字法，诗歌中隽语，南北史佻巧语"，还要忌小说语、注疏语、尺牍语、时文语等。姚鼐《吴荀叔杉亭集序》中的一段文字可资佐证：

> 余尝譬之今工诗者，如贵介达官相对，盛衣冠，谨趋步，信美矣，而寡情实；若荀叔之诗，则第如荀叔而已。荀叔闻是甚喜。

语言规范雅正，古色古香，颇有左史之遗风。"荀叔之诗，第如荀叔而已"，虽明白如话，却是锤炼的语言精华，言及未言之处，评寓不评之中，深意大焉。其语义的丰厚、艺术的美感在简净的言辞之间得到了无限的增涵。

这样的雅洁，一方面使桐城古文文从字顺，语言纯洁，合乎语法规范，并从语体上突显了古文文体特征；另一方面也强化了语言的修辞锤炼，使其文辞洗练质朴，更具韵味。由此，语法与修辞浑然合一，雅洁成为桐城古文"别是一家"最重要的语言风格。同时，桐城文人又视雅洁为古文写作布局谋篇、取材叙事的通行法则，要求文章"气洁"，强调文章情境的适宜，讲究起承转合，叙事剪裁恰当，无蔓枝繁叶。如此，才能达到"气体最洁"的效果。"气体最洁"其实就是"雅洁"的最高境界。在这一境界中，辞洁义足，澄清无滓，文章自然发其光。这样，"雅洁"与文章写作紧紧地联系在一起，使古文创作有规可循、有法可依。

由上可知，本自义法、入乎语言、出于篇章结构的"雅洁"，作为修辞手段，强调和追求的就是使文章题旨情境表达臻于适切和美好，形诸修辞效果，便造就了桐城派平淡洗练的文风。方苞的名作《左忠毅公逸事》据实直书，结构严谨，状貌绘形，毫无藻饰，平淡之中透现出左光斗、史可法师生两人的凛然正气；尤其是狱中之会，笔法简练却情辞动人心目。而姚鼐《登泰山记》更被视为桐城文章"雅洁"的神品。姚鼐以极其雅正净洁的文字，将壮丽的泰山景色描绘得如诗如画，在平淡的叙述中传神寄意，形成了冲和深远的美学境界。桐城后人规摹三祖，循此家法，"甘心做通顺清淡的文章"。因此，桐城古文之所以适古通今、为人称道，"雅洁"之法，功不可没。

3. 神气说

方苞的"义法说"与"雅洁说"，奠定了桐城派古文理论的基石。而刘大櫆的"神气说"，则进一步拓展了桐城派的文章理论体系。

刘大櫆关于"神气说"的论述，主要见诸《论文偶记》。不同于方苞，刘大櫆的"神气说"，一是强调古文创作以神主气，而非以理主气；二是认为道德学识之外，文人别有能事。

刘大櫆把"神"放在文章第一重要的地位。所谓"神"，就是作者的个性风格，就是其气质、胸怀的体现。就作者而言，"神"是精神，由作者的思想道德修养而濡养形成的精神境界。就作品而言，"神"指作者在其中所表现的神态。一言以蔽之，"神"就是作者的精神个性。"气"，主要是指文章气势，即贯注于作品字里行间的气度气势。"神者气之主，气者神之用，神只是气之精处"。"神气说"提倡古文创作要从大处高处、神足气盛处着手，而不必拘泥于文法。

这样说来，神气说，关注与要求的是文章审美。神气无声无形，最抽象；音节有声无形，较具体；字句声形皆备，最具可感性。"盖音节者，神气之迹也；字句者，音节之矩也。神气不可见，于音节见之；音节无可准，以字句准之"。"合而读之，音节见矣，歌而咏之，神气出矣"。此为文家之能事。由此，又衍生出刘大櫆"神气说"的一个分支——"因声求气说"。他认为神气为文之最精处，音节为稍粗处，字句为最粗处。音节为神气之迹，字句为音节之矩。如何因声求气？可以由字句准之音节，由音节寻绎神气。而这一过程得以完成的重要手段是诵读，既通过平仄短长的音节把握，抑扬顿挫气势的体悟，反复吟哦诵读，揣摩、想象文章作者的精神气象，久之自悟，从而掌握作文之规律与方法。

与方苞偏重"义"之"法"的"义法说"相比，刘大櫆重视从审美入手，其"神气说"理论，更具文学色彩。由于其方法具备审美鉴赏和模仿实用的双重功能，并指出了作文之法和学文之径，因而广为桐城后学传承和弘扬。

4. 神理气味格律声色说

桐城派中传承刘大櫆"神气说"最著名的，当数刘氏弟子姚鼐所提出的"神理气味格律声色说"。这也是姚鼐对桐城派文章理论体系做出的一大杰出贡献。

《古文辞类纂》是姚鼐花费四十年光阴而精心编纂的古文选本。为此而所作的《序》，当然是姚鼐精心撰成。在这篇序文中，姚鼐首次以神理气味格律声色说论文。其云："凡文之体类十三，而所以为文者八：曰神理气味格律声色。神理气味者，文之精也；格律声色者，文之粗也。然苟舍其粗，则精者亦胡以寓焉？学者之于古人，必始而遇其粗，中则遇其精，终则御其精而遗其粗者。"

所谓"神"，即道与艺合，天与人一，就是"神韵"之"神"。这是文章的最高标准；是一种天造地设，不可言喻的文章境界。

所谓"理"，即持之有故、言之成理者。它既包括义理，也包括典章制度，事物之物理，还包括社会生活体验与真知灼见。它强调真实可信、合情合理，反对哗众取宠，违心立论，伤风败俗，低级趣味。

所谓"气"，就是"气韵"，即贯通于文章字里行间，能使意与辞脉络相连、生机勃勃的气势文势。它讲求真气、生气和韵致；排斥铺张扬厉，纵横捭阖，直致发露；讲究含而不露，春秋笔法，欸乃一声，有时绝唱。

所谓"味"，是隽永深刻、耐人咀嚼者。姚永朴《文学研究法》以"意味"、"义味"，"风味"、"韵味"、"兴味"、"趣味"解之，而终以"常在酸咸之外"的"意外味"释之，最得姚鼐真意。

所谓"格"，即文之格，指文章的格式、体制。人有人格，文亦有文格。叙事论人，使用怎样的语言文字书写？运用何种布局谋篇陈述？采用何种体裁记录？这些都大有讲究。桐城派作文还有"五不当为"之说：一为不苟作，二为不徇物，三为不欺心，四为不蛊俗，五为不可示子孙者不作。

所谓"律"，即文之律，指文章的规则、法度。即"文法"，就是作文之法。格律二字，同训为法。姚永朴云："格者，导之如此；律者，戒之不得如彼。"简言之，"格"从正面言文法，"律"从反面言文法，两者相辅相成。

所谓"声"，即文章之音节、音调。姚永朴云："声者，就大小、短长、疾徐、刚柔、高下言之。"桐城古文很注意文章字词的平仄顺口，语句的长短搭配，排偶与散行的错陈使用。

所谓"色"，姚永朴云，"就清奇、浓淡言之"，即文章之辞藻色彩。桐城古文，反对藻饰，讲求清淡。为此强调作文时在炼字、造句、结构等文章外在形式上用心涵咏，追求古雅风神。

就古文艺术特征而言，姚鼐以为"神理气味"为"文之精"，是抽象的内在要素；"格律声色"为"文之粗"，是具体的外在要素。学子修习古文，必先遇其粗，中间遇其精，最终御其精而遗其粗，也就是说，学子读书做学问，必须先从比较低级的、有形的"格律声色"入手，涵咏积淀，由粗而精，由具象到抽象；循序渐进，由有法到无法，从循规蹈矩到自由洒脱，达到"神理气味"。较之于刘大櫆"神气说"，姚鼐此说，显然既适合教师教学，也便于学生读书、写作之方法、途径的掌握，可谓青出于蓝而胜于蓝。

5. 义理、考据、辞章说

文史研究者，无人不知晓"义理、考据、辞章"三者合一说。这一说法，肇始于宋儒程颐。至清代，乾嘉学派的主将戴震，再次论及这一话题，但他认为"事于文章者，等而末者也"。显然，义理、考据、辞章，在戴震心目中，辞章地位最低。这既是戴震，也是以考据见长的乾嘉学派要员们一以贯之的观点。

当是时，戴震名震京师，文人士大夫争相与之交游。纪昀、王鸣盛、钱大昕等著名学者极力推崇。姚鼐年少戴震7岁，其时25岁，叹服之余，亦欲拜戴震为师，没想到，戴震竟婉言拒绝了。投拜著名大学者为师而不成，这对当时名不见经传的年轻姚鼐而言，无疑是一个沉重打击。究其原因，主要就是姚鼐的"汉学"水准不高，学问不深，学养不够，其文章所表现的"考据"功夫，难入戴震之法眼。在古代，问学、求学、授受的最高层次，是老师寻找学生，而学生的主动与否，并不起决定作用。因此，汉学大师戴震拒绝年轻学者姚鼐，自然而然，并不值得大惊小怪。此后，姚鼐进入四库馆，在这个汉学大本营中工作，受到纪昀等人的挤压。这也说明，姚鼐于汉学之考据功夫，确有欠缺。戴震之慧眼，可谓明察秋毫。人贵有自知之明，姚鼐不愧为禀赋卓异的大家，他很快意识到，四库馆并不适合他的意趣，其中的考据和撰述，显然不是他才干之所优长。于是毅然辞官归里，另辟蹊径，寻找适合自己施展才华与抱负的领域。辞别皇都国家最高学术殿堂，回到家乡自谋职业，即便今日看来，也显得有些惊世骇俗。姚鼐毅然决然，不仅做到了，而且做得很好。离开四库馆，他很快就在扬州梅花书院任山长。随后又辗转南方各地，执掌书院。南京钟山书院，在当时学界享有盛誉，为一时书院之冠。姚鼐恰在此任山长时间最长，前后二十余年，因而声名远播，誉满文坛，桃李满天下。正是姚鼐的鼎力运作，桐城文派才独树一帜，无出其右，主盟清代文坛。

如此说来，戴震与姚鼐，一个是清代学术的高峰，一个是清代文章的领袖。二人擦肩而过，虽没有成为师徒，但因此二水分流，双峰对峙，均名垂青史。阅读历史，这一文化故事所蕴含的意味深长，很值得考究。

不过，经过40年的修炼，成为一代宗师的姚鼐，对当年戴震的"冷遇"并未忘却，在《述庵文钞序》里写道：

> 余尝论学问之事，有三端焉，曰：义理也，考证也，文章也。是三者，苟善用之，则皆足以相济，苟不善用之，则或至于相害。今夫博学强识而善言德行者，固文之贵也；寡闻而浅识者，固文之陋也。然而世有言义理之过者，其辞芜杂俚近，如语录而不文；为考证之过者，至繁碎缴绕，而语不可了当。以为文之至美，而反以为病者，何哉？其故由于自喜之太过，而智昧于所当择也。夫天之生才，虽美不能无偏，故以能兼长者为贵。

此观点强调，为学作文，能兼及义理、考证、文章，是治学为文的最高境界。有的人善言义理，但言辞芜杂；有的人博学强识，但为文繁碎。两者之失，皆在于不讲文章之道。因此，姚鼐将"义理、考证、文章"三者结合，并非平均用力，而是纳"义理"与"考证"于"文章"之中，突出文章之学的至高至贵、不可动摇地位。这段论述，显然是针对汉学家而有感而发。较之戴震的"事于文章者，等而末者也"的观点，姚鼐之说，显得圆通和合理，稍胜一筹。因此，甫经提出，学界就广为传播和信服。

　　三十年河东，三十年河西。义理、考据、辞章三者关系这一话题，经宋儒程颐的初议，到清儒戴震的偏颇复议，再到姚鼐的合理演绎，历经数百年，终于成熟。姚鼐对义理、考证（考据）、文章（辞章）三者相统一的兼济观点，进行了系统的理论阐述，并且有别于"义法"说，树立了桐城派古文理论的又一纲领和核心。自清迄今，为学界所津津乐道，亦为桐城后学所遵循和弘扬。

　　当代学人一般认为，"义理"，是指儒家研究经义、探求名理的学问。强调写文章要讲究"义理"，是指文章的内容要精要地阐述儒家圣贤的学说。讲究"义理"，就是要求文章写作观点正确，论据充分。"考据"，指研究历史文献或历史问题时，根据资料进行考核、证实和说明。戴震称之为"制数"，后来段玉裁改为"考核"，姚鼐则称之为"考证"，都是一个意思。讲究"考据"，就是要求文章写作材料准确。"辞章"，本指文章，是对诗文的总称，后来也用以指文章的实用写作技巧，它是属于文章形式方面的问题，涉及语言、章法和风格等方面。义理、考据、辞章相统一包含三层意思：一是三者作为构成"学问"、"文章"（"且夫文章学问一道也"）的一部分，各有存在的价值，不可偏废；二是三者应该互相吸收和补充，以使各自更加丰富和完善；三是三者的关系是有层次的，"义理为干，而后文有所附，考据有所归"（王先谦《续古文辞类纂序》）。

　　姚鼐站在古文家的立场上，谈义理以端正立言之旨，谈考据以充实作文内容。就如何写好文章而言，姚鼐此说，既是经验之谈，也是作文必由之路。义理纯正，材料充实，文字表达雅洁，这三者合一，当然是文章的最高境界，由古及今，概莫能外，堪称经典之论和为文法则。

二、路径正宗

相较其他文学流派，桐城派独特的文化符号有三：一为乐于执教，二为善编"选本"（教科书），三为安身书院（学校）。自方苞、刘大櫆、姚鼐起，桐城文人大都职为教师，乐为人师，辗转清代各大书院，倾心教育，环环相扣，薪火相传，英才辈出。因此，桐城派的文学理论较之他派，更具有实践性，往往既是具有思辨性的文学理论，又是具体的可操作的写作方法。理论与方法合一，简便易行，以至于晚清著名文人陈衍直言："方姚之后，文法大明，作文甚易。"与此同时，桐城文人教师以其职业天分，善于也乐于编选教科书，以所选之范文，引领学子，使其在读书作文起步之初，即有法可依，有文可仿，学以致用，学步轨辙，正门、正派、正宗；并借其选（读）本，潜藏文派的文学趣味、价值取向和文化选择。如此一以贯之，既标举文统，形成文派；又路径正宗，学子景从。

作为桐城派始祖，方苞为桐城派奠定的理论基石就是"义法"说。要求文章写作"言有物"、"言有序"，"义以为经而法纬之，然后为成体之文"。方苞"义法"说，汲取了先秦以来古文写作的理论成就与经验，也融会入他自己读书、写作的感受与体悟。在方苞看来，古文写作的法则，同样也适用于时文写作。因此，他在应和硕果亲王允礼编选《古文约选》时，即据此原则取舍范文，作为"制举之文"之准。古文义法既然旁通于时文，那么古文写作训练自然有益于时文写作，有益于科举考试。在八股取士制度笼罩下的文学教育，承学之士，必治古文。古文成为士人学子必备的文化修养和文学技能。具有授徒课文与四试科第之人生阅历的方苞，对于私塾教育"教科书"的杂乱状况，对于士人学子古文与时文写作训练茫无舟楫之窘态，既了然于胸，也感触良深。基于此种考察，方苞乃约选两汉篇章及唐宋八大家之文，"刊而布之，以为群士楷"。并明确地表示，其《古文约选》是为莘莘学子初学古文提供入堂"门径"和写作"津梁"。一言以蔽之，即为"初学者示范"。为此，他在例言中为初学古文者构建了一个可资效仿的古文文统：四书五经、周秦诸子、左史八家。于是，桐城文统亦由此确立。其"义法"说，也由所选定的古文篇目得到确认和体现。

继承并光大方苞"古文选本"最成功者是姚鼐的《古文辞类纂》。《古文辞类纂》收文近700篇,虽然较《古文约选》扩充一倍多,但遵循《古文约选》之溯源六经、《论语》、《孟子》,推求《左传》、《史记》、《公羊传》、《谷梁传》、《国语》、《战国策》之义法作为古文路径;同时,姚鼐由此扩而广之,切究两汉古文、唐宋八大家,并辑录明代归有光、清代方苞、刘大櫆的古文,作为初学古文者之范文。选本路径的方向大体一致,显示出桐城派标举的文统已经形成。

有教科书张扬旗帜,不仅比空洞的说辞要实在,而且有说服力和感召力。编纂成于扬州梅花书院的《古文辞类纂》,显示了姚鼐的匠心独运。对于规范弟子古文写作、拓宽阅读视野、提升审美功能,很有作用。他改变了前人古文选本繁复、淆乱和庞杂的文体分类,更不取方苞选本不分类的范式,而将文体归并为十三类,并逐类阐述了其渊源、特点、功用及代表作品和选录标准。文体的删繁就简,使得各类文章的功用性大大突出。诸如论辩、序跋、奏议、书说、赠序、诏令、传状、碑志、杂记、箴铭、颂赞、辞赋、哀祭类这些文体,在当时几乎都是适用性、针对性很强的应用文体。辨别体裁,视前人乃更精简的姚氏分类,简明恰当,确实便于学生学习和掌握。学以致用,这一古老的教育箴言,是这一分类被广为流播和接受的最好诠释。

姚鼐辗转各大书院,从教四十年,此选本亦随之不断修订。因此,这一选本的另一特别之处就在于将学生的接受放在第一位,如何适配书院的文学教育成为其编选的最大愿望。不同于方苞《古文约选》是为满足官学学童修习八股时文之需,姚鼐选本则是为书院弟子研习古文辞赋、切磋学问之道而编选的教材。尽管书院弟子亦有制艺之举,但与官学及私塾之学童,在层次和素养上显然有高下之别。此类学生,更多地考虑如何学有所成,如何立身济世,如何修身养性。由于教育的适配对象不同,所以姚鼐在强调古文致用性、适用性的同时,突出古文审美功能的揣摩与掌握,显然顺理成章,容易理解了。没有大言欺世,抛弃高深莫测,姚鼐以具体的范文、精当的点评,启沃门生,将自家学术追求、古文创作感受与文章选录意味融入授徒课文的文学、文化教育活动之中。这样的老师当然是负责任、有情怀的导师，学生接受这样的学术训练，既是沉潜文章学问、接受文学（古文辞）技能的强化培训，更是儒家文化熏陶下的人格养成和文化修养的锤炼。由此可知，姚鼐《古文辞类纂》之所以被士人学子奉为圭臬，表面上看是因其采辑之博、选择之精、分类之善，文学眼光与文学趣味适为修学古文者示范，但内在本质却是当时儒家文化教育之思考和实践的结晶。

吴汝沦全集

历史行进至晚清，新学兴起，西洋新知盛行，甲午战争前后，渐成燎原之势。与此同时，以经史百家为中心的传统旧学知识体系则日渐衰微，解体之态似乎也难以遏抑。于此，吴汝纶感受最为深切。"曾门四弟子"中，吴汝纶序齿在后，又年寿最长，且著籍桐城。如何纾解文化困境，成为他晚年上下求索的主要内容。一方面，他推崇薛福成"转移风气，以造人才为第一"的观点，性喜以西学引掖时贤，认为"将来后生，非西学不能自立于世"，兢兢业业于西学的引进，冀求西学以自强。另一方面，又恋恋不舍于孔孟之道和传统文化，"吾国周孔遗业，几成绝响"。认为"中学之当废者，乃高头讲章、八股八韵等事。至如经史百家之业，仍是新学根本"。因此，他在主持莲池书院时，就传统文化为门生采取了一个特殊的方法——"减损之法"，试图以此两全其美。广受门生揄扬和传播的《桐城吴氏古文读本》【光绪二十九年（1903）十二月刻印本】就是吴汝纶的具体实践。"吴氏读本"择录古文二百九十余篇，可以说，"吴氏读本"是"姚氏选本"的节本。

吴汝纶据此节本，细加点评，授之及门诸生，与其极力推崇姚氏《古文辞类纂》之言行十分吻合；更与其主持莲池书院关系密切。读本出自吴汝纶这样的名师，自然是精思傅会，具有很强的古文之学练针对性。从教育效果来看，吴汝纶主持莲池书院后，教化大行，一时风气为之转移，才俊之士奋起云兴，先后相望不绝也。而且士风大开，尤重中外大势及经世济国有用之学。时人赞叹："畿辅人才之盛，甲于天下，取巍科，登显仕，大率莲池高第。"可见，虽然吴门弟子的古文成就未能超越曾门弟子，更不及方、刘、姚、曾，但在晚清，能够以"中外大势、东西国政治有用之学"而称誉于世，吴汝纶的文学、文化教育，不失为成功明智之举，承上而启下。

值得称誉的是，自方、姚起，桐城派古文选（读）本，往往成为一代之翘楚。《古文辞类纂》、《古文约选》自不待言。晚清、民国期间，桐城文人审时度势，应时所需，编选了不少国文（古文）选本、读本。比较同类而言，其编纂者眼光、见识与水准，显然稍胜一筹。其苦心孤诣与文化情怀，今天读来，依然境界高远，不得不为之折服而满怀敬意。

一百多年前，新式教育初创。吴汝纶侄女吴芝瑛于1908年编著出版了《俗语注解小学古文读本》。其编选策略和教育目标是：一曰"短"：选录古文七十余首，短小精悍，且多为传诵千年之经典片段。二曰"洁"：选文虽短，但合于"古文法式"，义法雅洁，清真雅正，诵读模仿，可令儿童初始接触中国传统文学、文化，就起步纯正。三曰"情趣"：暂时回避高深的义理和浓烈的情怀，从浅显入手，使读者易于领会；让儿童在趣味盎然中，知晓人伦大道，领悟社会公理。"不独令学子乐而爱读，且资长其智慧"。尽管时过境迁，但大浪淘沙之后，我们不得不承认，此种编选眼光与见识，的确高人一筹。由此而形成的国文操练路数，确为小学国文教育之正宗、正派与正途。此教科书亦因此成为儿童古文读本的上乘之作。

1913年6月，吴汝纶之子吴闿生印行出版了《国文教范》。其目的就是以古文评选，为学子提供古文模范，循其途轨，进而感知古文之内在民族精神，以此"增融化之力"、"供我进步之资粮"。虽然，吴闿生评析古文仍以文章义蕴、写作技法为主，其思路、手法与前文所述之《桐城吴氏古文读本》如出一辙，但十余年文化教育的天翻地覆，其着眼点由古文文统、道统的传承，转变为文学、文化素质的养成；意图与目的变为"精研吾国雅文之传"，以便"收彼学之长"、"增融化之力"。虽然还是贯彻桐城文统与道统，但已经与时俱进，强调学以致用。

1913年1月，清末民初桐城派著名文人林纾与上海商务印书馆合作，印行《中学国文读本》。这是顺应新式教育的桐城派新式选本，不同于桐城诸家以"类"纂文、从古及今、由源到流的编选方法，林纾采取了"倒叙"的策略，次序自清代上溯元明而宋而唐而六朝以至于秦汉三国，由近及远，由浅及深，循序渐进。由浅及深则是这一策略的核心。根据学生年龄、阅历、理解能力的梯度，安排由浅易到闳深的古文诵读和学习，契合中学生的身心发展特点，与吴芝瑛的努力可谓桴鼓相应，符合新式教育的特点、规律与要求。而在选录标准上，林纾也取径宽松，范围拓展。不仅如此，林纾的"国文读本"点评亦颇有自家面目。他不取吴闿生详评细述、条分缕析的点评方式，而是"于文中大节目处，特加圈点并附评语"。纵览其八册国文教科书，于所录之古文"大处、远处、非常华丽处"，林纾才略加点评，摈弃喧宾夺主，代之要言不烦。如此举重若轻，就读者接受而言，其实更轻松愉悦，感悟之机往往得以发启。就此而言，林纾的一二点醒较吴闿生的"下笔千言"，更得姚鼐真传。而且，有意与无意之中，与新式文学教育讲趣味、重性情若合符节。这套课本亦因此成为清末民初历时最久、发行量最大的中学语文教科书之一，影响深远。

通过深入研究，我们发现，晚清、民国桐城国文读本，对于疗救当代文学教育之弊病，颇有价值与作用。

其一，由浅入深，唯在接受。桐城派选（读）本，《古文辞类纂》最为经典，也最权威。但问题是，《古文辞类纂》乃姚鼐当年为传统书院"资深"举人、秀才们研读古文而编定。厚厚两大册，近700篇古文，高文典章，几乎一网打尽。美则美矣，但其深度，已经远远超越新式学堂里中小学生的接受能力。因此，晚清、民国桐城古文家们，改变策略，选择"短洁"浅近的文章而替代之。虽然编选理念，与《古文辞类纂》如出一辙，但选文因时而变，满足了教育转型与变革期的时代需求，更切合少年儿童的接受能力。突出适配性，桐城派选（读）本这一编选原则，应当引起当代语文学界的反思。

其二，情趣盎然，路径正宗。晚清、民国桐城国文读本，重视叙记文体，选文大都浅明易晓、情趣浓厚。义理纯正，但规避道德说教；义法雅正，却情感真挚，易于领悟。如此这般，"导初学以正路"，足以令当代那些"假大空"课文相形见绌。

其三，重视作文训练，学以致用。就文学教育而言，学生是写文章要紧，还是掌握知识重要？桐城派选择了前者。晚清、民国桐城国文读本，秉承了这一优长。其选文琅琅上口，易于少年儿童阅读背诵，能较好、较快地提高他们的国文水平；文法精妙，点评精当，便于模仿，能够切实有效地增强写作能力。由此而表示，语文成绩的高下，不唯知识，更重要的是技能与情怀。这种抉择与智慧，不亦令当今"考家"们汗颜乎！

第三节 修身济世

文以载道，文道一体，自然地使古文居于中国传统文学中的正统、正宗地位。所谓文章乃"经国之大业，不朽之盛事"，就说明了"文章"的崇隆与荣耀。在传统中国，耕读方式和科举制度，也决定了古文成为士子兢兢业业的主要训练科目，并借此修身养性，涵养道德人品。于此，桐城派尤为出类拔萃，不仅古文修身，而且使其文章经世济民，与时俱进，在晚清的历史变革中，引领时代风骚，融贯中西，促进了西学输入和新学的兴起。

以下从耕读方式和传播西学两方面展开论述。

一、耕读传统

视古文写作为一种人格修炼，这是桐城诸家孜孜以求并再三致意之事。在他们看来，文学教育中的古文写作，不仅是一般意义上的文章修养操练之必修功课，而且是忠孝仁义之儒家人格之文化养成，是一种道德修炼历程。方苞认为，学古文，可以因文见道，可以躬蹈仁义、自勉忠孝。更重要的是，人生之立德、立功，皆由此打下基础。方苞此说，可谓把古文修习提高到一个全新的文化境界。桐城后学，于此亦笃信不疑，并代代相授。无数事实也证明，此说不诬。

曾国藩像

曾国藩之所以位居重臣之列，主要取决于事功；而誉满天下，则得力于他的道德文章。曾国藩告诫弟子：文章之学，乃道德之钥，经济之舆。道德之钥，可以自淑；经济之舆，可以淑世。他曾自言道："每日稍闲，则取班马韩欧诸家文旧日所酷好者一温习之，用此以养吾心而凝吾神。"由此看来，古文修习，对于戎马生涯中的曾国藩来说，成为养心凝神的一种修炼方式。古文的道德修身功用，亦由此得以彰显。

需要指出的是，古文的这一特殊功用，得力于古代中国的耕读传统。古文，虽然其学习和训练，很大程度上是文学行为，但是古文道统与文统的传承谱系，文以载道、清真雅正的文体特点，决定了古文作为正统、正宗的文学体裁，并非文学的"深闺"所能养成，古文必须浸润于整个传统文化之中，得其滋养，方可修炼而成。古文的兴盛得力于耕读文化，这主要体现在以下三个方面：

一是与儒学思想合拍。耕读文化中，忠孝节义、勤勉俭朴、坚韧不拔都是倡扬和践行的理念和品质。惟力耕躬稼，方可赡养父母，养家育子；惟苦读不辍，才能立身明道，知书达理，进而兼善天下。这其中的义理其实就是古文家，尤其是笃信孔孟程朱的桐城派古文家，所恪守的儒家道统的重要组成部分。由此，就能很好地理解为什么桐城古文热衷于而且也擅长于描摹名不见经传的小人物。这些古文通过琐细小事，透现民间社会中的伦理纲常，表现普通百姓美好心灵的一鳞半爪。应该说，这些文章既是儒学的另一种叙述，也是传承绵远的耕读文化的真实写照。

二是文学训练和文化养成同步同源。耕读文化强调耕以自给自足，读则出仕荣身。读的内容和对象限于经史百家，实用之学不在其中。于此，以科举考试为媒介，精英文化和民间文化通过宗族、教育（私塾、书院等）在耕读之中有机地融为一体。以科举应试为中心的文章训练和儒学知识积累以及由此而必需的人格修炼，成为读书的正道。不过，若欲"学而优则仕"，则必须进行长期的、艰苦的经史之学的训练。四书五经、诸子百家、唐诗、古文，全得背诵。必须熟谙以儒家思想为核心的人文知识和基本技能。"道德文章"成为评判士人学子价值高低的标准。同时，要想写一手入流的时文，还得借力于技高一筹的古文。桐城古文讲究义法，强调义理，雅洁清通，便于学子模仿，不仅有利于科举考试，容易获得功名，而且经此锤炼，还易于养成清纯人格。由此，古文于耕读可谓神理相合，相隔无间。

三是"物美价廉"的教育投入。农耕文明土壤出产的耕读文化，其经济基础是小农生产方式。男耕女织、自给自足的生存状态，决定了大多数耕读之家只能在温饱水平徘徊，其经济能力只能承受低成本的教育投入。正因为教育投资甚低，而又具有开放性，所以很能鼓励士人向学之心，以维系耕读传家之路。而古文的训练和技能养成正契合此"低成本"原则，修习古文者除需要刻苦发愤的精神和必要的天赋外，物质成本不过是数卷诗书而已。同时，中国精英文化中重道德文章、轻实用技艺的倾向也导致了士人学子以饱读诗书为尚。因此，这种低成本的教育投入和高效率的产出回报，引起了普通百姓的普遍参与，并在民间运作蓬勃。概而言之，耕读文化是古文赖以生存的"温床"和条件，正因为有乡村耕读教育的广阔天地和"群众基础"，古文的种子才得以茁壮成长、江山代出。由此品味《桐城县志》所载"（桐城）子弟无贫富，悉数之读，通衢曲巷，夜半书声不绝"以及马其昶《桐城耆旧传》所云"城里通衢曲巷，夜半诵声不绝；乡间竹林茅舍，清晨弦歌琅琅"，便可明白古文为何在桐城长盛不衰的个中缘由了。

耕读相济，古文修身，在曾国藩看来，这只是古文价值之一端。因文明道，读书明理，经世济民，在国运艰难之时，则更为重要。作为鸦片战争之后的士大夫,曾国藩面对的是国门渐开、西风东渐、国运衰微的历史境况。当此之时,舍我其谁!以振兴天下为己任的儒家思想,要求曾国藩乘势而起,立德、立功、立言,以成文治武功。因此,曾国藩以"经济"之学,充实改造"义理、考据、辞章"之桐城古文。而在此前,姚门弟子的古文创作尽管清真雅正,但日益浅弱不振。在曾国藩看来,桐城文章只有以雄肆闳通之气药救,才能坚车行远,体用兼顾,乃始别有一番文境。曾国藩的古文正是其文化思想的具体表现。恰如钱基博《现代中国文学史》所概述的那样:"以雄直之气,宏通之识,发为文章。"由桐城而恢广之,桐城文章至曾国藩,由此焕然一新,为之大变。湘乡派青出于蓝矣。

曾国藩书法对联

1860年前后,正值曾国藩率湘军与太平军鏖战之期,战事惨烈,惊心动魄。但恰恰就在此期间,曾国藩编选了《经史百家杂钞》,真可谓"文武双全"。其对于"事功"与"文章"内在关联的深刻理解与把握,由此也得以昭示。

《经史百家杂钞》的篇幅比《古文辞类纂》约减少了四分之一,更换了一些篇目,并新增了不少经、史、子三类的文章。因此,较之姚鼐《古文辞类纂》,《经史百家杂钞》的面目、神采显然判然有别。

曾国藩的"变"其实就是尊崇经史,期望通过对经史的学习,了解历代治乱兴衰、典章文物和经世济民之道，注意学问之道与经济之术的统一。既要文以载道，又要文以致用。作为古文选本，曾国藩的这本《经史百家杂钞》适配对象主要就是曾国藩幕府中的青年才俊和有志于"经济"的士人学子。曾国藩志向远大，心胸宽广，收罗人才，不遗余力。其幕府人才济济，堪称晚清之最，亦因此影响清末民初近百年历史。如何拓宽幕府中青年才俊的眼光，增强他们的学识才干，《经史百家杂钞》无疑是很好的读本，很好的舟楫。如此，曾国藩的《经史百家杂钞》就有了深邃的写作学意义。曾国藩发明的是：古文写作乃"道德之钥，经济之舆"，既是人格修炼，又是济世工具，即所谓"自淑淑人"。而在曾门弟子的运作中，古文明显侧重于后者，古文的应用功能得到大大加强和发挥。通顺、平易、雅洁而且适用的文字，传播了西洋新知，促进了新学兴起。

二、融贯中西

就古文写作而言，曾国藩虽然于"义理、考据、辞章"之外，再加"经济"，强调文章的济世功用，并功、德、言于一途，但是其古文气象大体属于韩欧一脉，号为湘乡，其实，总体上还是归依桐城。

而其弟子却生逢其时，国门开放，西风东渐。历史给予晚清桐城派人物一个难得的"表演"机遇和施展才华的舞台。以"曾门四弟子"为代表，他们的文章与其师相比，发生了新变，更强调文章与事功的结合。既要文以载道，又要文以致用。在古文的审美与实用两大功能上，更看重实用。如此这样，与时俱进，融贯中西，使华夷隔绝一变而为中外联属之天下，促进了西学输入和新学的兴起。

在这一过程中，薛福成和黎庶昌最为出色。

薛福成是一位以思想见长的士大夫，少年时即喜好"有用之学"，着意经世要务，又历练多年洋务。其文章侧重切通事理、明快畅达之实用（适用）性。作为清代第一代外交家，在受命出使英国、法国、意大利、比利时四国期间，他默察西洋之情势，捕捉中西文化相互碰撞的交会点，敏锐把握西洋文明在器物、制度和精神等方面的本质要素，游历其境，而据见闻、别有心得写做出一部具有浓厚思想文化风味的"札记"式日记——

《出使英法意比四国日记》,着力于逐事考求,"知我之短,知人之长"。薛福成的出使日记甫经出版,朝野便争相传阅,一再翻印,成为士大夫们了解和研究西洋新知的重要读本。不仅如此,戊戌变法时,梁启超更将出使日记列为"言西事之书"的佳作。1901年初,清廷推行"新政",薛福成的这部日记亦赫然被列为"新政应试必读"的指定书目。这种"述学"文章(日记)的写作,不仅仅是一种纯粹的文学活动,而且是对异域文明的观察、接受和思考的文化叙述,充满丰富的文化想象。"写作"其实是"理解"和"阐释"。

"凡兹西学,实本东来"。这是薛福成在出使日记"跋"中的一句名言。该跋是薛福成在巴黎使馆将日记整理完毕后所作,属于结论性文字。但仔细阅读其日记,便可发现,这一结论根植于那深潜的、晚清特有的文化心态中,明显带有晚清士大夫集体潜意识之特征,是薛福成将晚清士林之集体想象投射到西洋诸国而观照的结果。光绪十六年四月初一日(1890年5月19日),是薛福成抵达伦敦的第26天,他在日记中写道:"上古之世,制作萃于中华……即如《尧典》之定四时,《周髀》之传算术,西人星算之学,未始不权舆于此。其他有益国事民事者,安知其非取法于中华也。"这是对"西学中源"论的初步阐述,数天之后,薛福成再借"西国博雅之士"之口而反证道:

> 西国博雅之士,论及创制,每推中国。如新报之仿邸钞,化学之本炼丹,信局则采孛罗之记,印书则为冯道之遗,煤灯之本于四川火井,考试之本于岁科取士。至于南针、火药、算学、天文之开于中国,更无论矣。惟西人日求其精,中国日失其传耳。

凡此正反阐述,不时见诸其日记之中。循此思路,才有其考察一年以后的总结:

> 凡兹西学,实本东来。故制作因于《考工》,测算昉,起始于《周髀》;唐一行铜轮之转,效之为车船;元驸马火器之遗,演之为枪炮。由是智创巧述,日异月新。

按照薛福成的说法,不仅工艺制造(制作)和数学测算源自中华,而且连西方得以征服世界、攻破中国的坚船利炮,也"实自东来"。更有甚者，薛福成还认为"中国唐虞以前，皆民主也……其犹今之英、意诸国君民共主之政乎"。这样，从器物到制度，从物质到精神，西学均源自中华。如此系统和全面的论述，显然不是率意而为和即兴偶得，而是深思熟虑、用心良苦；否则，这部日记从开篇到结论（跋）刻意点破的义蕴就难以理喻了。其实，"西学中源"论，既是薛福成异域文化观察的基调和底色，也是其搬运"西洋新知"而不遗余力的有效借口。其日记在申明"西学中源"论之后的第七天，薛福成就记述了英德陆军、水师的训练、装备等情况，并指出"欧洲各邦，以战立国一二千年矣，上下一心，竞智争雄，目见耳闻，濡染已久，又复互相师法，舍短集长"；而中国则是"宋明以来，右文轻武"，"积弱不振，外侮迭侵"。最后点明，"中国虽不必尽改旧章，专行西法，但能明其意而变通之，酌其宜而整顿之，未始非事半功倍之术也"。如此直言"变通"引进军事训练方法，与几日前的"西学中源"论大相径庭、互相矛盾。

"崇本抑末"是传统中国的基本价值理念。而薛福成通过观察，领悟到"欧洲立国，以商务为本，富国强兵，全藉于商"，认为"其理为从前四海之内所未知，六经之内所未讲"，"不能执中国崇本抑末之旧说以难之"。这不仅是对"西学中源"论的否定，还与之前郭嵩焘出使日记"西洋立国，有本有末"，前后呼应，声气相通。只不过郭嵩焘出使日记直露无忌，因文贾祸；而薛福成持言谨慎，善于曲笔达意。对"天圆地方"的诠释，就很能体现薛福成出使日记这一特征。一方面他确认"地球之圆"、"地动日不动"、"地球绕日而行"之学说为"证据确凿，亦足自畅其说"，从而认定西洋天文学的先进与科学，乃真理也。另一方面，又阐释"中国圣人之旧说"所言不诬。理由是，"西人所测方圆动静，言其形也；圣人所论方圆动静，言其道也"。以"形"、"道"，将西洋新知与中国圣人旧说，巧妙地加以沟通与联属，如此阐释天圆地方、天动地静，可谓融东西方智慧于一体，实在是具有鲜明时代特色的晚清高论。

薛福成的日记在考旧知新中发现"新知"，引进"新知"。他与其前后期的驻外使臣，以耳闻目睹的西洋、东洋经历，或浅或深、或温润或激越地书写异域新知，应时所需，扩大了中国士大夫阶层的文化视野，不同程度地更新和丰富了晚清知识谱系。在当时，文化的开放，新旧思想的转换，首先必须先行于士大夫阶层。任何一个学说、观念，任何一部著作，没有士大夫阶层的喝采和响应，便难以风行天下，更不可能领袖群伦。只有将西洋新知融入"西学中源"视野之下，迎合士大夫阶层普遍的文化心态，在他们可接受的限度内诠释和介绍西洋文明和西洋新知，才能缓解中西文化交融过程中的焦虑和对抗，使士大夫心理走向开放和成熟。薛福成出使日记之所以高出侪辈，于此，实乃其独胜之秘。

"曾门四弟子"中，黎庶昌显得较为特别，这不仅在于他"外甚朴讷，不事矜饰"，三度出使西洋、东洋，却沉抑下僚，郁不得志，命运多舛；更在于他"人奇遇奇，故文特有奇气"。黎庶昌著述逾十种，就文学创作而言，旅欧游记《西洋杂志》最为人所称道。

作为清朝第一批出使西洋的外交官，光绪二年（1876），黎庶昌以参赞身份随郭嵩焘出使英法，后再任驻德国、西班牙参赞，又游历了比利时、瑞士、葡萄牙、奥地利、意大利诸国。对西欧社会的政治文化、风土民情有着细致而深入的观察，《西洋杂志》就是其旅欧六年的记述。

综览全书，十四多万字，以写实为主，叙述文字简明平实，陈言务去，勾勒物态人情准确传神，风度温润。一反晚清时尚的慷慨激昂、议论风生，也不同于郭嵩焘、薛福成的从大处立言，而代之以从容淡定的亲见、亲闻、亲感。由于实录可信，西洋风土人情又借由人文地理知识的叙述呈现出来，因此，《西洋杂志》给晚清国人书写了一种全新的西洋异域形象。

既然如此，那么《西洋杂志》述学文体的"别有意味"，就值得重视。

其一，就文体而言，《西洋杂志》一大特色是"杂"。谓其"杂"，不仅有游记、叙记、杂记、尺牍、典志、译录，还摘录了郭嵩焘、刘锡鸿、李凤苞、陈兰彬、曾纪泽、罗丰禄、钱德培等人的日记、书信和随笔，五花八门，可谓杂矣。但这种"文备众体"，作为一种写作方式和策略，相对于"从一而终"的正襟危坐，更能够取众所长，自由地"发言"和"论说"，比如黎庶昌"发明"的"译录"，就很直观地将有关西洋君主诏令、西洋报纸新闻、西洋外交部函告等呈现在读者面前，毋庸论辩，其义自现。而将郭嵩焘、刘锡鸿、李凤苞等人的记述收录其中，其实是与自家之记录相质证、相补充，取"英雄所见略同"之意，增强其文字的可信度。

其二，就文字表述而言，《西洋杂志》较之纯粹的古文显得"浅"。作为桐城古文高手，黎庶昌所作之纯粹古文严谨有序，雅洁古奥。《西洋杂志》中的若干篇章和段落，也写得古色古香。如诸多评论家所津津乐道的"斗牛之戏"、"巴黎油画院"等，确为桐城古文当行本色之作。七篇游记中也不乏雅洁精致的古文段落。但就整体而言，《西洋杂志》语言平易浅近，虽然不脱古文风范，尺度却大为放宽。由于表述对象为西洋，因此不可避免有着大量的外来词语。如"总统"、"民主"、"日食"、"月食"、"电气"、"马力"、"溜冰"等。这些外来词语的加入，使古文语言已经不可能一如既往地纯正，放大扩容，在所难免。同时，表述纷繁新奇的西洋风土民俗，浅近的古文易于操作，也便于阅读。例如"法国议政院"一段：

院不甚巨，绅士集者可二百余人。刚贝达据案中央台上坐，旁置一铃铛。有一绅连次立台下发议，刚贝达不欲其议，数数摇铃止之。其人弗听，下而复上，众皆丑语诋呵。又一绅，君党也，发一议，令众举手，以观从违。举右手者不过十人，余者皆民党，辄拍掌讪笑之，当其议论之际，众绅上下来往，人声嘈杂，几如交斗，一堂毫无肃静之意，此民政之效也。

再看《拙尊园丛稿》、《与莫芷升书》中所记叙的类似文字：

凡事皆由上下议院商定，国主签押而行之，君民一体，颇与三代大同。然其国人显分朋党，此伸彼诎，绝似汉唐末流，而于政令，要为无损。

前者是"放大"了的古文，明白如话，生动有趣。后者是纯粹的古雅古文，义正词严，却索然寡味。就文字表现力和感染力来看，前者远远超过了后者。

当然，《西洋杂志》述学文体的别开生面，不仅仅是其古文书写发生的新变，更重要的是其知识性、思想性和趣味性的巧妙结合。回顾那个时代的历史，不能不对其相关的叙录发出会心的苦笑。如：

自入此境后，其国人民勤于耕作，畦垄纵横相植如棋局，种树界之，青黄间杂，弥望成林。亨诺法以东，南北有山，绵亘不断，往往有树林长数十里，火轮车道出入其间，如画图然，亦奇观也。

此篇写于光绪三年丁丑年（1877），在此前后，火车与铁路被视为破坏风水的洪水猛兽，正在受到百般阻挠而不能落户中国大地。但同样"勤于耕作"的比利时却"火轮车道出入其间"，而且风景如画。这种地理考察和风物描写，其实寄寓着作者深沉的国运叹喟，包含着拳拳爱国之心，并非纯粹的西洋人文地理知识介绍。如果仔细推敲，《西洋杂志》择取的很多见闻，都深意具焉。如"巴黎倭必纳戏馆"一段：

> 巴黎大会时，予素识之英国密思卢碧者，其父富绅也，有儒者气象，携其女来游巴黎，予邀至倭必纳观剧，不意适得伯理玺天德坐厢，兼请联春卿、马眉叔、陈敬如陪叙。刘和伯适自伯尔灵至，亦与焉。数君皆善谈说，父女尽欢，殊以为荣。卢碧归后，即寄其照相以为谢。

如此男女交往，平等互敬，虽然在西洋习以为常，但在授受不亲的晚清，仍然是伤风败俗，甚至是惊世骇俗之"艳遇"。黎庶昌此录，看似闲笔，其实颇具颠覆性之思想力量。学界定评《西洋杂志》为"一卷西洋风俗图"，当然贴合允当，但需要进一步申明的是，此书的所见所闻并非散漫无边的"漫录"，而是常事不书，于关键处落笔，处处以本土社会文化为背景，进行比照和观察，所营构的西洋形象对晚清国人有很大的思想颠覆作用。由此看来，作者以"杂"、"浅"、"趣"来放大古文，书写西洋形象，使其述学文体在传播西洋人文地理知识的同时，也具有了深刻的思想史写作的意义。

第四节 再造文明

桐城古文作为古文的正宗和化身，笼罩了文言写作。在晚清社会新变中，自身也得到了扩容和更新。严复、林纾把这种扩容了的桐城文章作为工具，译述西方学术思想和西洋小说，输入外来文化，与教育紧密关联，哺育了新一代知识青年。在清末民初的文化转型中，引发了中国历史上第二次文化输入高潮，对中华文化的新变贡献非凡。桐城文章借此也成就了最后的辉煌，但亦因此自毁根基，好景不长，带着"桐城谬种"的恶谥，黯然而熸于"五四"大潮。面对如此灿烂而又颇有些悲壮的桐城派文学历史，我们该如何汲取精粹，再造新文明？其中的文化故事和经验智慧，可以给予我们以启迪。

一、输入西学

晚清的文化转型，其历史的独特性在于这一转型是在列强入侵、危机深重的情况下进行的。面对国运衰微，士大夫阶层既恋恋不舍于孔孟之道，又冀望以西学而自强。儒学一尊被彻底打破，意识形态领域百花齐放，异说蜂起。在数千年未有之大变局中，桐城古文，恰逢时运，再一次获得了展露风采的"表演舞台"。应运而生的严复《天演论》、林纾《巴黎茶花女遗事》，不仅在文化启蒙方面振聋发聩，而且其译述工具——古雅的桐城文章，正好迎合了此时士大夫的文化趣味和阅读习惯。因而，甫经脱手，即不胫而走万本，为时人所推重和景从。林纾将桐城古文"浅化"，翻译西洋小说，古朴顽艳，上下相通、左右逢源，合乎士大夫"闲情偶寄"的审美好尚。与林纾译小说"耳受手追"、"运笔如风落霓转"之畅快淋漓相比，严复翻译西方学术思想著作则"一名之立，旬月踟蹰"，译文古奥尔雅。梁启超为此提醒严复文笔不宜太务渊雅。而严复答复道"吾译正以待多读中国古书之人"，是专供"多读中国古书"的士大夫，是冀望于能够转换士林风尚的"上层"读者。其"别有用心"，恰如著名学者王佐良所云，"他又认识到这些书（译著）对于那些仍在中古的梦乡里酣睡的人是多么难以下咽的苦药，因此，他在上面涂了糖衣，这糖衣就是士大夫们所心折的汉以前的古雅文体。雅，乃是严复的招徕术"。由此看来，严复、林纾通过桐城文章来译述，把翻译文体的"级别"提高了。

换句话说，倘用白话译述，不仅林译小说将被视为"不入流"的低级通俗读物，难入士大夫法眼，而且"旁采泰西"的严译学理，亦难以打破精通文史的上流知识文化群体的偏见。孔子所谓"言而不文，行之不远"，值得认真思考。更有甚者，在当时，即使是章太炎先生倡扬的"魏晋文章"，也难堪此任，其笔述的《斯宾塞尔文集》表述能力明显不及严复的译述，因而其传播、接受效果自然要大打折扣。而作为章太炎先生的弟子，鲁迅、周作人兄弟用"魏晋文章"译西方小说也不成功。阿英对此解释道，"周氏兄弟译本，完全用着深奥的古文，又系直译"，"既没有林纾意译'一气到底'的文章，又有些'诘屈聱牙'，其得不到欢迎是必然的"。平心而论，"桐城文章"虽不比"魏晋文章"高明，但以"清通"的实用性而言，"魏晋文章"则显然要甘拜下风。倘若去读一读严复、林纾的文字则更能加深理解：

> 赫胥黎独处一室之中，在英伦之南，背山而面野。槛外诸境，历历如在几下。乃悬想二千年前，当罗马大将恺彻未到时，此间有何景物。计惟有天造草昧，人功未施，其借征人境者，不过几处荒坟，散见坡陀起伏间。而灌木丛林，蒙茸山麓，未经删治如今日者，则无疑也。
>
> ——《天演论》开场白

> 马克自是以后，竟弗谈公爵。一举一动，均若防余忆其旧日狂荡之态，力自洗涤以对余者。情好日深，交游尽息，言语渐形庄重，用度归于撙节，时时冠草冠，著素衣，偕余同行水边林下。意态萧闲，人岂知为十余日前，身在巴黎花天酒地中、绝代出尘之马克耶！
>
> ——《巴黎茶花女遗事》一段

这种音调铿锵、清雅可诵的文字，成功地实现了中西文化两种不同价值体系间的转换，确实能使读者忘其为译。仅此，就远非枯涩的"魏晋文章"所能代替。正如胡适所评："以文章论，自然是古文的好作品；以内容论，又远胜那些无数言之无物的古文。"在当时，倘若不以这种"清通"的桐城文章来翻译，其译述文章便难以风行天下，更难以移风易俗；做"通"了的桐城文章实在是译述的最佳工具，除此别无他途。还是胡适说得好：桐城文章"使古文做通顺了"，"桐城古文的长处只是他们甘心做通顺清淡的文章，不妄想做假古董。学桐城古文的人，大多数还可以做到一个通字；再进一步的，还可以做到应用的文字"。历史长河，大浪淘沙。时至今日，我们重温胡适的评论，不能不敬佩其通达而精辟的学术眼光。适之先生那些具有历史穿透力的深邃见解，如醇厚老酒，历久弥香。

严复像

桐城文章作为译述的最佳工具，不仅符合当时"特殊"读者群的阅读习惯和审美标准，而且还与教育发生了深刻的联系。可能连严复、林纾自己都始料未及的是，《天演论》等"严译名著"一度成为"场屋秘本"和学堂教科书，《巴黎茶花女遗事》等"林译小说"竟成为当时青少年的"国文读本"。之所以如此，当然与1899年之后的文化教育体制的转变大有干系。

"百日维新"虽然失败，但京师大学堂得以保留，有此温床，各地新式学堂如雨后春笋，竞相出现。而同时，科举制度也因时而变，八股取士被废止，取而代之的是时务策论。革命先辈吴玉章就明言：因为阅读了《天演论》，"1902年参加考秀才，府考得了第一。阅卷的人在我的文章后面写了一段很长的批语，最后两句是'此古之贾长沙，今之赫胥黎也'"。不仅如此，轰动一时的《天演论》还广泛地被各地书院、学堂作为西学教科书使用。胡适曾在《四十自述》里描绘了上海澄衷学堂国文老师杨千里以《天演论》教学的动人场面："有一次，他教我们班上买吴汝纶删节的严复译本《天演论》来做读本，这是我第一次读《天演论》，高兴得很。他出的作文题目是'物竞天择，适者生存，试申其义'。这种题目自然不是我们十几岁小孩子能发挥的，但读《天演论》，做'物竞天择'的文章，都可以代表那个时代的风气。""《天演论》出版之后，不上几年，便风行到全国，竟做了中学生的读物了。"

《天演论》通过教育活动对青少年有如此大的影响，"林译小说"其实也不例外，尽管其不能进入科考和教学课堂，但却在更广泛的层面影响着那时的青少年的思想和好尚。郭沫若就称林琴南译的小说，是其童年时代嗜好的一种读物，感动得为之泪流满面，并在日后的"文学倾向上有决定的影响"。钱钟书也曾坦言："商务印书馆发行的那两小箱《林译小说丛书》是我十一二岁时的大发现，带领我进了一个新天地，一个在《水浒传》《西游记》《聊斋志异》以外另辟的世界。""我自己就是读了他的翻译而增加学习外国语文的兴趣的。"两位大文人如此直白的话语，说明"林译小说"对青少年的潜移默化之功有多么巨大。

甲午海战失败的刺激，使严复认真思考自己的使命。从此，以救亡保种为己任的严复，把翻译西学作为自己神圣的事业和使命。自光绪二十二年（1896）起，十余年间，他独立翻译了十余部西方人文思想著作。其质量之高、数量之多、影响之深远，近代中国无出其右。不约而同的是，同乡林纾也视译述为"畏庐之实业"，光绪二十三年（1897），《巴黎茶花女遗事》的意外成功，激使他一发不可收拾，以"笔述"的奇特方式，耳受手追，20年间翻译了246种西方文学作品（大半为小说），亦为旷世罕见。就新学而言，严复、林纾奉献给国人的是西方学术思想和西洋小说，"一新世人之耳目"；就旧学而言，严、林的译文是桐城文章，音调铿锵，深美可诵，"文章确实很好"。由此得维新、守旧两派认同和激赏，当在情理之中。时势造英雄，清末民初的文化大转型，造就了"严译名著"和"林译小说"。由其风行天下而引发的文化翻译浪潮，是中华文化更新的又一次大规模的活水注入，中国二千年历史上的第二次文化输入高潮因此而得以形成。严复、林纾"扩容"和"更新"桐城古文，以其译述传播西方学术文化思想，引进西方文学观念和技法，促进了新文学的发展，成为语文合一的阶梯；同时，又通过教育深刻影响并改变了知识青年的精神世界。借此不仅成就了桐城文章的最后辉煌，也大大加速了社会文明的进步；于中华文化而言，可谓功莫大焉。

二、新变文明

清末民初，以吴汝纶、严复为代表的晚期桐城文人既秉桐城先贤重视人才、兴学从教的传统，又具兼通新旧、融合中西之新风，在晚清的重大教育变革中，往往得风气之先，以其卓识远谋而为人瞩目。光绪二十四年（1898），戊戌维新，京师大学堂应运而生。在京师大学堂初期的15年间，桐城文人发挥着举足轻重的作用，加速了大学堂由传统书院向近代大学的转化。1912年，清朝亡、民国兴，京师大学堂更名为北京大学，严复任校长。他不仅带领师生同企图停办北大的北洋政府作了艰苦而坚决的斗争，并赢得了胜利；还借此阐明，"大学固以造就专门矣，而宗旨兼保存一切高尚之学术，以崇国家之文化"，将保留北大与保留中华文明等同起来。严复此举，一举两得，不仅事关北大存亡绝续，同时也指明了北京大学作为最高学术研究机构在国家的地位和作用，对北大的文化学术取向影响极为深远。桐城派所谓识见闳通，由吴汝纶、严复言行而观，确实名不虚传。也在这15年中，桐城派要员云集于京师大学堂和嬗递的北京大学，并先后入据要津：

光绪二十八年（1902），吴汝纶任京师大学堂总教习，逝世后，由其弟子、阳湖派（桐城旁支）代表人物张鹤龄继任。

光绪二十八年（1902），严复任京师大学堂译书局总办，曾广铨任译书局翻译科总办，光绪二十九年（1903），林纾任译书局笔述。

光绪三十二年八月至民国二年三月（1906—1913），林纾任京师大学堂经科、经文科讲席。

宣统元年正月至民国元年四月（1909—1912），吴汝纶之婿柯劭忞任京师大学堂经科监督。

宣统二年正月至三月（1910），马其昶任京师大学堂经文科讲席。

宣统二年正月至民国六年三月（1910—1917）（民国二年三月辞职，十一月复职），姚永朴任京师大学堂经文科讲席。

宣统二年十月至宣统三年十月（1910—1911），柯劭忞任京师大学堂署理。

民国元年二月至民国元年十月（1912），严复任北京大学校长，并兼任文科学长。

民国元年五月至民国二年十一月（1912—1913），姚永概任北京大学经文科讲席，并任教务长。

民国元年五月至民国元年十二月（1912），吴汝纶之子吴北江任北京大学预科教务长。

由上可知，桐城派晚期代表人物几乎无一例外地与京师大学堂和北京大学发生了直接的联系，并发挥着重要的作用。之所以如此青睐大学堂，是因为在桐城文人眼中，这里既是他们传道授业、扩大桐城堂庑的绝佳讲坛，又是为国家培养人才，进而兼济天下的良好场所。当然，这也是桐城派重教育、兴人才一以贯之的"家法"所顺理成章的时代要求。因此，他们同气相求，桴鼓相应，并借此享誉京师。由此，初降于世的京师大学堂就被桐城派紧紧地热情拥抱了。

不过，桐城派亲和大学堂，并非一厢情愿之事。其实，初生的京师大学堂更需要桐城派的呵护。初生的京师大学堂虽然具有了现代大学的雏形，但办学理念仍然浸染了"古太学"阐道翼教的浓厚色彩。桐城后贤虽倡西学，但仍坚守"孔孟程朱"之道统壁垒，而这正契合大学堂创办宗旨之初衷。因此，援桐城而入大学堂，确为最佳选择。以吴汝纶、严复为代表的桐城文人，不仅以桐城文章承载西学而名震一时，而且他们更有着主书院、办新式学堂的丰富教育实践。自然，由这些新旧兼融的硕学鸿儒来主盟新的文化中心，在当时既是众望所归，对大学堂而言，亦为非此诸君而莫属。由此回顾管学大臣张百熙所言"具衣冠诣汝纶，伏拜地下，曰'吾为全国求人师，当为全国生徒拜请也，先生不出，如中国何！'"的场景，解读其言其行何至如此恳切、如此厚重，其中缘由应当不言自明了。

文化的亲和使桐城文人得以在京师大学堂安身立命，得以将智慧和生命倾注于著书立说、传道授业。姚永朴《文学研究法》、《史学研究法》，林纾《春觉斋论文》既是其作者在北大的讲义，也都是为桐城布道的学术著作。可惜的是，姚永朴、林纾等桐城诸老，虽然在新式学堂中以新的课堂讲授方式传授文学知识，编写课堂讲义，但他们的知识结构和文学技能乃至于思想意识，仍然是古典的、传统的。不仅如此，其教学方式，也从技能培养转为知识传授。按理说，姚永朴所讲授的《文学研究法》课程，是大学堂"中国文学门"中位居第一的主课，从宣统二年讲授至民国六年（1910—1917），时间不短，亦足以说明桐城派在当时文化教育界的影响和地位。但桐城诸老之努力，并没有教授出很多古文写作高手，原因就在于他们变更了古文传授的模式，使得桐城文章的传承发生了裂变。古文训练在书院兼有文章与修身的双重功能。而京师大学堂新式教育，已将文史哲分开。不仅"经学"、"修身"、"伦理"单独成科，而且其"中国文学门"的16门课程亦主要聚焦在集部。"古（国）文"成了纯粹的文学教育，因而鉴赏技法、探寻文法成了合乎时尚的需求。学生接受这样的古文传授，只能揣摩与鉴赏古文的审美功能，至于绍其余香，运笔成文，那显然是强人所难了。

晚清教育之所以发生如此深刻的裂变，是因为新学的兴起。只是，较之其他历史时期，晚清教育转型更突显西洋新知和新学的思想力量。而大学教育的现代

严复手迹

转型，不仅从生存空间，而且从思想文化方面内外夹击，加速了桐城文人文化边缘化的进程。

首先从大学堂内部形成挤压桐城派态势的，是以章太炎弟子为代表的一批浙江学人所发起的"新旧之争"。1912年10月，严复因反对停办北大而得罪北洋政府，被迫辞去北大校长之职。浙江籍的何燏时、胡仁源随后次第继任校长。自1913年2月起，沈尹默、朱希祖、马裕藻、沈兼士、钱玄同、黄侃及刘师培等浙江籍章门弟子先后北上，就任北大文科教授。他们"大批涌进北大以后，对严复手下的旧人则采取一致立场，认为那些老朽应当让位，大学堂的阵地应当由我们来占领"。他们年轻气

盛、血气方刚，以魏晋六朝之文"金刚怒目"般地大举进攻桐城派。林纾以及与之"欢好"的桐城文人马其昶、姚永概，不屑与年轻且颇有些意气用事的章门弟子相抗衡，一气之下，三人离开北京大学。在当时，骈散之争，魏晋文章与桐城文章之争，由此而形成"北大第一次的新旧之争"。置身其中的沈尹默认为，"是争领导权，当然也包括思想斗争在内"。今天看来，所谓的"争领导权"就是争夺文学话语权；所谓的"思想斗争"，就是相互论争：是继续唯孔孟定于一尊，还是突破儒学藩篱，思想多元。从文学趣味到思想信念，章门弟子与桐城诸老都格格不入。两派之文学、文化相争的结果，既为日后的新文化运动作了铺垫，也为蔡元培走马上任，倡扬"思想自由、兼容并包"的大学理念，作了舆论准备。当然，就桐城派而言，从历史表相看，这一事件是学派之争，是桐城派激愤之下遗弃了北大，是桐城派的一种主动放弃。但其文化内涵，恰恰表示桐城派已势单力薄，文化影响力已日趋衰微，难以与人多势众的章门弟子相颉颃。因此，"主动"，其实是"被迫"。或者说，是北大吐故纳新，抛弃了桐城派。

　　真正颠覆桐城派的是蔡元培所倡扬的"思想自由、兼容并包"的大学理念。1916年12月，蔡元培任北大校长，对《奏定大学堂章程》作了根本性的修正，确立"大学以教授高深学术、养成硕学宏才，应国家需要为宗旨"，不再提"以忠孝为本"，"以经史之学为基"。学科则分为文、理、法、商、医、农、工七科。一直为桐城文人占据的经学科被取消。林纾所谓的"古之太学"变成了真正意义上的新式大学。蔡元培认为，"文科教员中，顽固守旧的多，是北大前进的障碍"。于是次年聘请极具文化革新思想的陈独秀为文科学长，主持文科。随后，李大钊、杨昌济、刘半农、周作人、胡适等人相继被聘为北大教授。加上"原有先于蔡元培进校的钱玄同、沈尹默、王星拱、徐宝璜等具有革新精神的人物，就组成了一个以蔡元培、陈独秀为核心的革新营垒"。这些新文化运动的先驱和战将，各擅其长，各显其能，以《新青年》为阵地，以桐城派为靶子，向旧文学、旧文化发起猛烈的进攻。其中，对桐城派批判最用力、最得法、最富有成效者主要有三人：陈独秀、钱玄同、周作人。1917年1月，胡适发表《文学改良刍议》，首倡白话文，首批桐城派，但温文尔雅，手下留情。陈独秀于2月发表的《文学革命论》锋芒毕露、语气愤激，直斥归方刘姚与前后七子为十八妖魔，认为桐城派只是"八家与八股之混合体也"，必须打倒。钱玄同则放声痛骂，指斥桐城文章为"高等八股"，径呼"桐城谬种，选学妖孽"。这八个字，风行一时，成为"五四"新文化革命的标志性口号。其刻毒程度，令桐城文人痛心疾首，耿耿于怀。不仅如此，他还同刘半农（化名王敬轩）策划了著名的双簧信。林纾不晓时变与之抗争，落入陷阱，为世所诟，反而使新文化人物名扬天下、文化革命思想更深入人心。面对汹涌的新文化大潮，桐城派难以招架。姚永朴在北大坐不住了，1917年3月辞职南归。桐城派在北大的最后一位代表人物的黯然离去，标志着桐城派彻底放弃了北大这个文化中心。"无可奈何花落去"，桐城派终究由文坛盟主沦落为文化边缘人。

特别需要指出的是，在新旧转型的特殊历史时期，"思想自由、兼容并包"，其实有利于"新"，而不利于"旧"。著名学者许德珩曾一针见血地指出，"（蔡元培）谓兼容并包并不是新旧一揽子全包，而主要是罗致具有先进思想的新派人物，对那些腐败守旧人物则尽量排除"。可问题是，一向以正统、正宗自居的桐城文派，虽然有些"新"热情，但只有"旧"本领，置身于北大这样的"百家讲坛"校园中，在人多势众的"新派"人物包围中，已经失去了平等对话的氛围和条件。在时人眼中，他们就是"老朽应当让位"的时代淘汰者。可见，"兼容并包"，其实是促成"谬种"退隐之文化思想的关键推手。

但是，对于这样的"新旧之争"和新学进逼，桐城文人内心之不甘是显而易见的。1935年，姚永朴还向弟子喟然叹曰："子亦青年，以为奇文耶？谬种耶？"无独有偶，严复则企望于"天演"让对手消亡。

冀望于"天演"和"自然淘汰"，表现了新旧双方的文化雅量和气度，更透现出双方对自家文化理念的坚信不疑和坚定不移。当然，晚清桐城派文人由"曾门弟子"过渡到"吴门弟子"后，由领袖群伦的"西学"、"新学"之先驱，竟最后定格于保守落伍的文化老朽之"谬种"形象，不能不令人感慨系之。只是经过百年"天演"之后，我们发现：胡适的"死文学"、"活文学"之论，既有其精辟的合理内核，也有其荒谬不通之处。同样，桐城文人反对言文一致、文白合一，虽然迂执悖时，但他们笃信孔孟、坚守古文艺术壁垒的文化追求，无疑也是赓续中华传统文化精萃的人文努力。在 21 世纪的文化选择中，这种"文化保守"越来越凸显其价值。西方汉学家建议当代中国作家多汲取传统诗文的营养，不过是旁观者清的忠告。其实，新文学的"双子星座"鲁迅、周作人兄弟，实乃由旧学之濡养与新学之陶冶而成。蔡元培、胡适、陈独秀、钱玄同诸公莫不如此。因此，百年"天演"的结局，看似胡、蔡领先，其实，就文化价值而言，则是新旧双方打了个平手，都有存在的理由和价值。新式大学体系在中国已经运作百年左右，可是，观照当代大学教育，抛弃孔孟之道，冷落传统文化而导致大学人文精神的缺失，已经形成一时难以纾解的教育困局。由此而言，晚清桐城文人在新学一统天下、旧学岌岌可危之际，"不忘本来民族之地位"，倾心于经史之学的维系，致力于古文辞的守护，其良苦用心和经验智慧，在现在看来，既深邃，又高远，值得今人深思而熟虑。

桐城派代表人物师承关系谱系简表

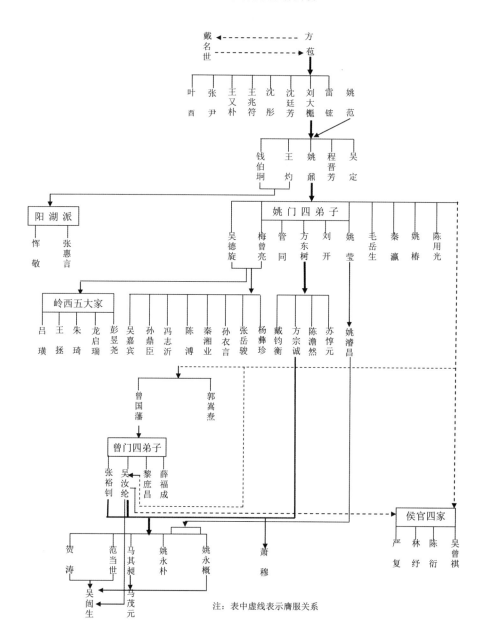

注：表中虚线表示膺服关系

第六讲 经世济民，碧血丹心——桐城名宦

明代以前，桐城籍士人出仕做官的极为有限，史载仅有汉代的朱邑、唐代的曹松、宋代的李公麟兄弟、元代的王胜等寥寥数人。到了明清，这一局面就大为改观。桐城一时人文荟萃，以一县之地，所出官员数量之多、才干之突出，不仅称雄于江南地带，就是从全国范围来说，也是堪称前列。也就是说，明清时期，桐城士人在当时政坛上形成了一个庞大的官宦群体。

下面就让我们来看看，如此众多的桐城籍官员，究竟是如何打造桐城名宦形象、传播桐城文化的。

第一节 官不为利

桐城士人，宦迹遍及长城内外、大河上下与长江流域，甚至远及西藏、台湾等地区。他们当中有不少人最后都被收录到宦游之处的地方志"名宦传"中。他们以谦退无私、清廉奉节和出诚勤政的清操高节，塑造了"官不为利"、"官不图私"的良好官员形象，将优秀的桐城文化播及全国各地。

一、谦退无私

做官到底是为了什么？是为了个人的荣华富贵，是为了子孙的长久幸福，还是为了天下苍生的太平安康？对此，桐城名宦给出了自己的答案。

"张廷玉让探花"是清朝载誉史册、名满京华的佳话，前面已经有过详细介绍，这里就不再赘述始末了。不过，张廷玉何以要再三让"探花"，这个问题值得我们细加思量。要知道，跻身一甲之列，正是封建社会天下读书人梦寐以求的。张若霭考中探花，并不是件很容易的事。对此，张廷玉自己也说得很清楚："国家制科，三年一举，天下应试士不下十数万人，得举者千余人。聚数科之人试礼部，贡于朝者止三百余人。此一甲三名虽拔于三百余人中，实天下十数万士子所想望不得者。"但是，让出探花，对于勤奋好学的张若霭来说，是否太不公平了？

张廷玉说出了两个"让探花"的理由：一是他们桐城张家已是两代深受朝廷厚爱，二是"即臣子亦幸留有余以承方来之泽"，也就是说给张若霭留下机会，以便将来他还能继续沐浴皇恩厚泽。让出探花，不是对张若霭的不公，反而是造福于张若霭。张廷玉的这种逻辑，是否与清廷官场风气有关，我们暂且不问。我们知道的是，主导封建社会思想观念的儒学，就是极度推崇谦逊退让的。泰伯是周文王祖父古公亶父的长子，他多次推辞王位，为此还远避到江南，成为吴国的始祖。孔子对泰伯就给予了高度评价，称赞他："泰伯，其可谓至德也已矣！"把泰伯当成了道德模范。后来

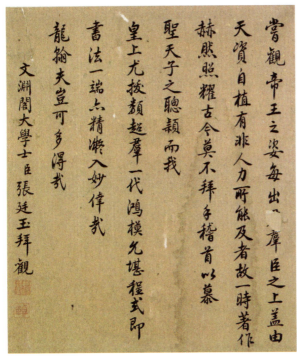

张廷玉书法

司马迁写《史记》，把泰伯放到"世家"系列的第一篇，足见他也倍加推崇泰伯。胸怀天下，不计私利，正是儒家所特别强调的"义"。"君子喻于义，小人喻于利"。张廷玉自小就是在桐城这种儒风教育下成长起来的。张廷玉将儒家思想与自己做官实践结合起来，谦逊退让，不计私利，最终获得"调梅良弼"的盛誉。

提及张廷玉让探花，我们很容易联想到张英"六尺巷"故事。这个故事也是脍炙人口的。张英位极人臣，却不仗势欺人，不为家人谋取私利，令人景仰。俗话说："言传不如身教。"不可否认，张英这种为官职业操守，对张廷玉有着润物无声的影响。张氏父子的谦逊退让，显示出桐城名宦良好的官德官风，传为美谈，至今不衰。

做到谦逊退让、不计私利，已经很了不起了。要是能拿出个人利益，甚至牺牲身家性命，来履行职责，为国为民，就更令人钦佩。桐城齐之鸾就有这样"高山仰止"的道德品质。

齐之鸾是明武宗正德六年（1511）登第的，在翰林院短期任职后，改授刑科给事中。给事中为谏官，在封建社会的政治中具有重要地位，肩负着对皇帝和朝臣的言行、决策的监察职责。也因此，这个职位比较敏感，容易得罪人。不少封建官僚任职给事中时，就身挟私念，为了自身前途和荣华富贵，依违于皇帝与权臣之间，见风使舵，不能秉公处事。但齐之鸾与他们不同，他无私无畏，敢于直言。

明武宗是个淫乱昏庸的皇帝，曾想在紫禁城西边开个倡优馆舍，好方便自己和一群跟班吃喝玩乐。对于这种伤风败俗、有违国体的事，齐之鸾极力反对。他修书抗争，对明武宗晓之以理，动之以情，劝说他打消此念头。正德十四年（1519）二月，明武宗受宁王朱宸濠的蛊惑，起了南下巡游南京的兴致。一般人都信奉"是非只为多开口，烦恼皆因强出头"。可是齐之鸾，他与众不同，无私无畏，"谏南巡，几死杖下"，差一点丢掉了性命。同年六月，朱宸濠起兵叛乱。八月，明武宗广告朝野上下，他要御驾亲征。齐之鸾以从军记功随行。但是，明武宗一行还没到南昌，巡抚王守仁，也就是明代著名心学大师王阳明，已经成功地平定了叛乱。"于是，群小媢嫉其功。文成初上宸濠反书，因请黜奸谀，诸嬖幸皆恨；及宸濠俘，益惧，乃导帝南征，思夺其功，且竟言文成先与贼通谋"。文成即王守仁。一帮小人，贪功嫉贤，居然诬陷王守仁与朱宸濠是同谋，要求明武宗将他问罪斩首。

这真是要逆天了！王守仁本是国家忠臣，辛辛苦苦平叛，结果不仅无功反而引来杀身之祸。这激起齐之鸾极大愤慨，他上书质问："王守仁忘身殉国，功在社稷，而为仇人攀诬如此，将使英雄豪杰戒前车，国家缓急，何以使人？"齐之鸾极力为王守仁辩白，面对是非不辨、喜怒无常的昏君，竟冒险"请以一家数口为守仁赎"。正是在齐之鸾等人的奔走呼号、奋力营救下，王守仁得以免祸。桐城齐之鸾，不计私利，不顾个人安危，胸怀天下，一心为公，与那些蝇营狗苟的官僚形成鲜明的对比。

伴君如伴虎，在京师担任朝官自然不容易。那么，到地方做官，是否就可以放松要求，不再追求官不为利的崇高操守了呢？桐城士人们说的是："不！"

姚之骐，幼年家贫无钱买书，常亲手抄经诵读，终于在万历三十五年（1607）46岁时中了进士。及第后，姚之骐被授任湖广湘潭县知县，可惜他赴任不到3年就"以劳瘁卒官"。短暂的3年仕宦生涯，成就了他一代清官的千古美名。

姚之骐为官不徇私情，受到了湘潭百姓的普遍赞誉。姚之骐会试房师是李腾芳，李腾芳对姚之骐来说，算是有提携之恩，而李腾芳正是湘潭人。上任之前，姚之骐专门拜访李腾芳，听取老师意见，表示一定要竭尽全力治理好湘潭，报答老师培养之恩。到湘潭不久，姚之骐就不断接到老百姓控诉李腾芳家奴的告状。原来，这个家奴在李家服侍多年，近年来倚仗李腾芳权势，为非作歹，祸害百姓。他听到姚之骐做湘潭县令的消息，鉴于李腾芳与姚之骐有师生之谊，以为自己又多了一个靠山，更是变本加厉，横行乡里。姚之骐深入到百姓当中，详细调查，发现实情后，他立即将李腾芳的家奴抓捕归案。庭审时，该家奴仍然桀骜无礼，以为姚之骐抓他不过是做样子给别人看看而已。他万万没想到的是，姚之骐秉公处理，对他笞杖惩诫。姚之骐按律处置，毫不徇私，令湘潭百姓为之叹服。

桐城名宦中，居官谦逊、秉持操守、不营私利、不怀私心、不徇私情的事例，比比皆是。如张秉贞身居要职，从不利用职权办理私事，偶有私下请托，也坚决予以拒绝，不徇私情。

又如姚文然，其子姚堂参加会试落选了，总裁官王清恰是姚文然所举之士。撤卷后，王清才知是老师的公子落选，遂登门谢过，姚文然却笑着安慰他："此足明我两人无私也。君报我厚也，何谢为？"

诸如此类事例，无须费力，就能在史册中找到不少。桐城士人用他们的谦退无私的品格，给封建官僚文化增添了一段又一段精彩篇章。

二、清廉奉节

做官不图私利，就必须做到廉洁自守。

在传统政治文化中，老百姓对官员的廉洁自律都有着很高的期许与要求。他们对贪赃枉法的腐败官员嫉恶如仇，而对那些甘奉廉洁、清操自守的好官则不吝溢美，誉其为"清官"。包拯是封建官僚的偶像，百姓称之为"包青天"。他不仅自己清廉自守，对子孙也提出同样的要求："后世子孙仕宦有犯赃滥者，不得放归本家；亡殁之后，不得葬于大茔之中。不从吾志，非吾子孙。"简而言之，谁要是贪污受贿，就别想做他包拯的子孙了。

榜样的力量是无穷的！桐城士人对这些传统政治伦理并不陌生，他们也十分景仰包拯这样的清官，他们在仕宦生涯中，往往也能够做到谦逊正直、守志明节，书写了不少清廉奉节的动人故事。

方印出自桐城桂林方氏。在当时，方家的家法可是有名的。他的父亲方廷献"秉家政，不一黍自私"；他的叔父方廷辅也为官清廉，从不贪赃敛财，以致"常禄不足给"，俸禄不能满足日常需要，得靠兄长方廷献周济才能生活。方印就是在这样的家风熏陶下成长起来的，父亲卒后，他"一率父教无改"，保有奉节自律的父风。

有一次，方印侍侧于叔父方廷辅身边受教。中间休息时，方印问了叔父方廷辅一个问题："今从政者之楮镪谓何？"楮镪，原指请鬼神的纸钱，后因人们往往将贿赂馈赠鄙视为请鬼神，所以楮镪又指贪污受贿的钱财。方廷辅一听，厉声斥责道："若异日楮镪哉？"意思是，难道你想有一天也贪污受贿吗？方印立马诚惶诚恐地告退，很快身背荆条返回，向叔父请罪受罚。

明成化十三年（1477），方印中乡举，出任浙江天台县令。方印治天台，不沽名钓誉，务在崇实，推富民之政，一时天台教化大兴。而方印自己则清廉自守，史称"数月卒官，囊不满十金"，死后连棺材也备不起。天台的官吏和百姓听说后十分感动，竞相出资帮助买棺收殓，并为之罢市，纷纷登门吊唁。其中年过百岁的夏太愚，已经三十年没有出过门，还特意赶来哭祭方县令。过去有个惯例，县官死于任上，棺木不能从中门也就是县衙正门出殡，但天台吏民为了清官方印打破此例，"乃号泣扶榇中门出"。方印不仅自己以身作则，清廉自守，而且对自己的属吏也严格要求，不许他们贪赃受贿，"吏或收赇，则谴责随至。一吏不法，使赍文当道，发缄即诛"，属吏贪赃枉法，一旦被方印发现，便会立即受到严厉惩罚。经方印治理，天台官场出现了良好的政风。老百姓感怀其德，"家各图公小像"，等到方印过世，"众求择尤肖者一幅，别立祠祀焉，水旱辄就祷，遂传为神云"。天台的乡亲们绘像立祠祭祀，以此来纪念方印。

方印廉洁从政的事迹也传到了上级的耳朵里。郡守胡瓒宗赞叹道："君任天台甫半载,出以诚,厉以廉,始疑其拙,继信其真。欲观王者化,先观王者民。"在奸佞当道、吏治腐败的明代中叶政坛,方印几乎创造了一个奇迹。方印过世后,不仅受祀于桐城"乡贤"祠,也受祀于天台县"名宦"祠。

桐城方氏为官廉洁如此,其他家族的情况又怎么样呢?

诸葛亮有句名言,叫"静以修身,俭以养德"。被康熙赞许有"古大臣之风"的张英,就是这样做的。张英居官持家,都以清廉节俭为要务。他把"俭"的内容归纳为"俭于饮食"、"俭于交游"等八个方面,身体力行,从自己做起。封建士人一般致仕归里,也就是说,官员退休后是回到家乡的。晚年乡居之时,张英仍"暂不著缎"、"不食人参"。张英对自己和子弟提出同样的要求:"使我为州县官,决不用官银媚上官。"不许他的子孙去跑官、买官,滋生腐败。

父母的美德,就是儿女最大的财富。这比求神时祈祷"子子孙孙永保佑"管用得多。在这良好家风的培育下,张英子孙为官都廉洁自守,他们的桑榆晚景,多能福禄寿安。

张廷玉是张英次子,他居住在皇帝赐予的戚畹旧园十余年,生活非常俭朴,连日用器具都不齐全,"所有者皆粗重朴野,聊以充数而已",以致王公同僚和亲朋好友"多以俭啬相讥嘲",嘲笑他太过于节俭了。

张廷璐是张英第三子,也为官清廉。雍正七年(1729),他出任提督江苏学政,期间,因张廷璐廉洁自守,靠学政的俸禄收入,往往入不敷出,难以维系生活。张廷玉"始苦不给……特以千金资之",张廷璐不得不仰仗兄长接济度日。史书说张廷璐"自矢廉正公明,声誉赫然茂著",对清廉奉节的张廷璐给予了很高的评价。

张廷瑑是张英第五子,官至内阁学士、礼部侍郎。张廷瑑位居高官,仍然坚守清廉节俭。姚鼐称他"自奉甚陋,或人所不堪,虽家人皆窃笑之。然至族党有缓急,出千百金不惜也"。张廷瑑从不沾染分毫意外之财,"未尝私受人一钱"。他有个门生做江西巡抚,路过张家时,奉送了数百金给他贺寿,被他婉言谢绝,他说:"吾幸足衣食,安用汝金为?"又有部下给他寄来人参,他说:"吾生平无病,乌用参。"以生平无病、无须服用为理由，把人参给退了回去。

张廷玉之子张若霭，贵为乾隆的爱臣，也是"自奉甚俭，声色靡丽之事，无一所好"。张英清廉节俭的家风，可谓代代相传。

桐城姚氏也是官宦世家，任职地方较多是姚氏家族的一个特色，他们在造福一方的同时，也能将清廉之风带到各地，洗涤官场。

如姚之骐，他在刚做湘潭知县时，就有地方绅士前来行贿，但姚之骐分文不取。由于姚之骐性格有些倔强，所以常遭到一些同僚误解和怨恨，兵备副使王志远就是其中之一。姚之骐死的时侯，王志远恰好路过湘潭，"视其敛一无所办，室中萧然，四壁书钱谷出入及当兴革事。肩一木箧，启视，则疏邑中善士、奸民册"，眼见已经故去的姚之骐生前清贫自守却一心为公，一向心有芥蒂的王志远百感交集，铁汉也动了柔情，他不禁伏尸大哭，自责道："咫尺有名贤，吾乃不知！"乡亲父老听说姚之骐劳累而死的噩耗，争相前来哭祭。王志远道："父老休矣！顾姚侯方未敛，安所得巨棺？"湘潭官民都为姚之骐的清廉所感动折服。后来一个年纪七十多岁，身高相仿的退休官员捐献了自己的棺材，收殓了姚之骐。其他官僚和老百姓纷纷捐献用以安葬的钱财，累计共千金有余。夫廉妻也贤。姚之骐的妻子秉承姚之骐遗风，对大家捐赠的钱财谢绝不收，最后拗不过大家的深情厚谊，"卒贻书桐城，以所赠金为置田，赡遗孤"。

和姚之骐同属桐城麻溪姚氏的姚士塾，康熙十九年（1680）左右做了陕西朝邑县令。上任之初，当地的豪强企图拉拢他，以各种名目，想方设法贿赂他，"甫下车，例有下车费千余金"，"其岁值编审，又有编审费千余金"。"马看牙板，人看言行"，前任朝邑县令，就没有经受住这些糖衣炮弹的诱惑。可桐城姚士塾就是好样的，面对重金诱惑，他"峻拒之"，誓言"奈何受豪强贿，蹈前令辙也"，表现出清廉奉节的名宦情操。

明清时期，桐城号为邹鲁之地，儒风十分浓厚，走出了一个又一个奉行廉洁至上的正直官僚：

朱善：为官二十载，俸禄几乎全部捐出赈灾，回乡后，筑土室而居。

江弘济：授清丰知县，拜监察御史，巡按长芦、云南，清正廉明。因疾卒，总镇见箧中只有破衣旧服，深受感动。

萧世贤：曾任浙江嘉兴知府，迁任途中病死，囊无余资，以旧服入殓。

方向：官至琼州知府，做官数十年，不营田宅。

余珊：官至四川按察使，律己甚严，清节始终如一，卒于官任，无钱入殓。家里只有数间破旧茅屋，仅能遮蔽风雨。

方克：官至陕西苑马寺少卿，退休后住在湖上，家无积余。

盛汝谦：官至操江佥都御史，天性俭约，一件羊裘穿了二十年，破了补好接着穿。

戴完：户部主事，分司德州，公务上的积余悉数入库，不取分毫。大司徒知道他家中贫穷，就让他管理可捞油水的太仓。戴完拜见当时相国夏言，说："臣病脾，太仓当冷食，谨辞。"夏言笑说："君故廉，不欲太仓耳。"

林有望：官至兵部职方郎中。下属汇报有办公余钱十万，分文不取，做官十年，未购置一亩土地。

吴一介：官至河南右布政使，为政清廉。新淦令李乐曾按惯例赠送路费十金，"公怫然曰：'先生贤者，顾亦以此污我？'"不受而去。

吴承恩：知新野，甚有惠政。迁淝南通判，"民泣送，各持千钱百钱为解。公曰：'昔刘宠受民一钱，吾不逮宠。'乃引二钱而去"。

何如申：累迁浙江右布政使，引疾归。继任者听说他很贫困，派人把何如申在职时收到的赎罪银钱送给他，当时何如申已经病得不能说话了，但还是摇手拒绝。

方大任：官至开府，家无千金之资。

程松皋：官至内阁中书，辞官后，身无长物，百姓以薪米相酬。

吴逢圣：官至台湾知府，归乡时，中途遇到盗匪，盗匪发现他口袋里空无一物，为之折服，感叹说："真是个好官啊！"

汪志伊：历仕湖广总督、闽浙总督，出巡时只吃豆腐一道菜，百姓用丈二巨石镌刻"豆腐总督汪志伊明如镜清如水"。

……

这个清廉榜还可继续添写，排得更长。纵观历代桐城籍官员，他们可能也有不少仕途多舛，但罕见因为贪污受贿被罢官的。桐城士人，一个又一个，一代又一代，坚持为官操守，坚守廉洁，树立了桐城名宦的良好形象，丰富了桐城文化的内涵，将桐城美名传遍天下。

三、出诚厉勤

廉政侧重于"不为"，即不贪、不腐；勤政则侧重于"有为"，即多为、多行。廉政与勤政，密不可分，廉政是勤政的前提和条件，勤政是廉政的出发点和落脚点。廉政与勤政，都是为政的根本。出诚厉勤，就是官员要诚心诚意，勤于政事。

清廉奉节与出诚厉勤款曲相通、紧密关联。桐城名宦，在清廉自律与诚心勤政两方面，往往都能做到合而为一，克勤克俭。他们在廉洁自守的同时，也能出诚厉勤、兢兢业业。

方克是嘉靖五年（1526）的进士，他做官一直恪尽职守，勤心公事，以刚直著称于世。马其昶说他"进为司直，退为典型"，也就是说，方克无论为官还是为民，都是个榜样。方克曾做过"南京四川道御史"，"御史"也是个"言官"，和前面讲到的"给事中"有点相近，职责是监察官吏。恰好当时守备南京的宦官邱得，"专恣不法，请益额外兵饷"。方克恪尽职守，毅然上疏弹劾邱得的不法行为。此前，方克叔父方向，就曾因上书批评宦官权臣而遭到无理责罚。等到方克又上疏弹劾宦官邱得时，大家都为他捏了一把汗。方克却无所畏惧，慨然说："我要是因此能够赶上先辈，即使受罪也心甘情愿。""万古胜负在于理"，方克的奏章说得事实清楚，是非分明，最终邱得受到了惩罚，被贬到朱元璋的孝陵守陵去了。明世宗时期，正是因为有方克这样诚心为公、不怠政事的好官，疯狂猖獗的宦官势力才一度被压制。后来，方克"出巡庐、凤仓粮，墨吏望风去"，不法官吏畏之如鼠，望风而逃。

方克可谓是真德秀的千古知音，他在泉州做知府时，对真德秀留于泉州官衙榜壁的"廉、仁、公、勤"四字特别重视，"申畅其旨，以敦僚吏，相约毋愧真先生"，要求属官和他一道学习真德秀，做个清廉而勤政的好官。

明末名臣左光斗也做过御史。万历四十七年（1619），左光斗升授浙江道监察御史。万历帝是明代一个颇有争议的皇帝，曾长期怠政。这时他已经"怠荒不视朝者三十余年"，弄得整个朝廷都乌烟瘴气，吏治极其腐败。当时，吏部卖官鬻爵现象非常严重，形成了一个造假团伙，专门制造假官印、假官符等，来骗取钱财，作乱朝纲，祸害百姓。不少御史都得过且过，对此视而不见。左光斗一上任，他们的末日便到了。办公桌还没坐稳，左光斗就着手调查起这个事情。他一头扎进公务之中，废寝忘食，在很短的时间内就查明了真相。左光斗苍蝇老虎一起打，搜出了伪造官印 70 余枚，逮捕了通过造假升迁的官员 100 余人，幕后主使也受到了应有惩罚。勤政干练的左光斗，一刹当时明廷的官场歪风。

明朝末年是多事之秋，内忧外患都非常深重。生在此时的桐城名宦，多是胸怀天下之忧，为国为民，勤于操劳。

崇祯元年（1628），明思宗朱由检即位后，一度也励精图治，朝廷出现新的气象，给正直的官员带来新的干劲。也就在这一年，桐城何如宠被朝廷重新起用，授吏部右侍郎，赴任途中，又再拜礼部尚书。何如宠上任后，每日拂晓就起身理事，到夜深漏尽时还不休息。依照旧例，明王朝宗室子孙的命名及婚嫁，须经朝廷钦准。这个事，本来按照规章制度办是很容易的。可一些官员却乘机勒拿卡要，以致积压奏文千余份。何如宠上任后，一心扑在公务上，迅速清理这些积压奏文，又一一着手落实。他还上书皇帝力谏其弊，破除成法，最后使皇族中得到命名、顺利婚嫁者达 600 多人。

桐城方大任，以廉明公正拜为监察御史，因反对魏忠贤而被削籍。崇祯帝登基后，方大任被重新起用，补官为佥都御史，巡视山海关。这个时候，方大任已是 76 岁的古稀之年，但他仍干劲十足，不顾年高体迈，出关数千里，巡查山海关沿线的军事布防。崇祯二年（1629），清兵越过长城，京城告急，通州成为最后一道屏障。方大任亲临一线，和诸将一道指挥加固城墙，构建防御工事。通州之围解除了，方大任却积劳成疾，不得不告病乞归。

张秉文是崇祯年间的重臣。崇祯八年（1635），张秉文为江西布政司右布政使司，数月后，又调任山东布政司左布政使司。这个时候，明与后金的矛盾斗争已经进入了一个新的阶段。布政使是一省的行政首脑，本来要办的事情就十分繁多，又加上军务频繁，朝廷需要的军事储备远超以往，张秉文甫上任就面临如山公务。俗话说："一勤天下无难事。"经他昼夜操劳，精心谋划，合理调度，朝廷和部队的钱粮供给一一落实，所有任务都得以顺利完成。这期间，张秉文日理万机、勤政不怠，贡献莫大。特别是他刚到山东，恰逢山东久旱无雨。逢旱祈雨，是封建官员的惯例。张秉文身先士卒，带着下属，不张罗盖，顶着烈日酷暑，穿着草鞋，徒步行进，围着趵突泉祈雨。张秉文的克勤尽职，得到了回报，不仅由此广泛带动各级官吏，提高了办事效率，还达到了意想不到的效果，不到一个月，山东居然大雨盈尺，旱灾顿除。

进入清朝以后，虽然很快就出现了康乾盛世，但当时社会并不太平，各种矛盾依然错综交织，各地军政事务十分繁多。这一时期，桐城张氏人才最为兴盛，出仕较多，且官尊权重。当时，桐城张氏不仅以清廉著称，同样也以勤政而扬名。

张秉贞是张秉文之弟。张秉贞有个好习惯，每天鸡叫就起床，晨光熹微，纸窗刚刚透亮，必定焚一炷檀香，读一百页书，然后再起身上朝，综理庶务。顺治十一年（1654），张秉贞升至兵部尚书。这个时候，清朝还没有完成全国统一，战事较多，兵部的事务十分繁忙。张秉贞"运筹军国，综理中外，夙夜不遑，寝食俱废"，处理公务达到废寝忘食的地步。

"桃李不言，下自成蹊"。张秉贞的所作所为，虽然他自己不说，大家可都是看在眼里的。范文程特意上书给皇帝称赞张秉贞，夸他"内外勤劳，口不言功伐"。这可是很多人都做不到的事，但张秉贞做到了。

古镇练潭

雍正年间的边疆矛盾比较突出，为了加强中央集权，同时也为了便于统一部署各地军事活动，雍正皇帝特设了军机处。军机处一时成为中央最重要的决策机构，权力很大，能在军机处当首长的人当然不是普通的人。当时首任军机大臣是鄂尔泰和张廷玉。鄂尔泰是满人，清朝皇帝重用他，当然可以理解。可作为汉人的张廷玉，能跻身这个敏感而重要的位置，就很不简单了。而勤政尽职，可能正是雍正帝看中张廷玉的一个重要因素。当时，清兵刚好在西北激战，前线文书雪片一样飞向北京，每天向张廷玉进呈公文的官员有百数十人之多。张廷玉毫无懈怠，终日勤于政事，对堆积在案头的公文一一审定，所有事情都处理及时而得当。张廷玉如此勤政，如此高效，就连雍正皇帝也惊讶赞叹道："尔一日所办，在他人十日未能也。"

张廷玉之子张若淳，是由贡生捐钱成为郎官的。按照朝廷旧制，不是进士或举人出身的，是不能进入内阁的。乾隆特旨张若淳"究非他臣可比"，给予特殊对待，任命他为内阁学士。嘉庆五年（1800），张若淳任兵部尚书，很快又改任刑部尚书。任刑部尚书时，张若淳断案，"案无巨细，必殚心竭虑，反复推求"，堪称刑官的典范。张若淳死后，清廷赠谥"勤恪"。谥法起于西周孝王，是在帝王、诸侯和大臣死后，朝廷对其给予一个评定性的称号。定谥的基本原则是根据死者生前事迹及品德。张若淳谥为"勤恪"，说明他生前勤于政事、恪尽职守，是皇帝和同僚们公认的。

由于勤政恪职，多年如一日，不少桐城名宦还为此献出了自己的生命。

齐之鸾勤政不惰，既精干又勤政，得到了巡抚胡东皋的特别看重，被胡东皋多次举荐。嘉靖时期，齐之鸾历任多地地方要职，先后调补河南提学副使，改任山东临清兵备副使，后为顺天府丞，不久又被擢升为河南按察使。任河南按察使时，到处视事，积劳成疾，最终病死在任上。

盛可藩，万历三十七年（1609）举人，户部主事，相继在通州和昌、密二边镇督运粮草，勤政不怠，最终"以瘁卒官"。

姚士塾，在朝邑令任上积劳成疾，去世时年仅47岁。

戴宏烈，顺治八年（1651）举人，授成都县令，当时蜀中兵火初熄，百废待举。戴宏烈尽心施政，最终积劳成疾，死于官署。

吴玉藻，历任各职，都以清廉勤政留名，卒于官署。

钱箈，康熙年间为四川苍梧县令，勤政爱民，"大吏奏其绩状，将征入都，遽以疾卒"，也是死于官任，他的棺材运回老家时，行人遇见都忍不住痛哭。

这些桐城名宦，用他们的生命，诠释了什么是大公无私，什么为恪尽职守，什么叫勤政爱民！他们的光辉形象，永远值得我们景仰，值得后来的当官者学习。

第二节 施政益民

桐城名宦操行高洁，特别是明清以后，由涓涓细流而汇成大河，由个人趣味而蔚成风气。这是一种偶然吗？当然不是。不过，要想弄清其中的来龙去脉，还得从明清以来桐城的文化风貌说起。

明朝建立以后，桐城成为南京管辖区。桐城境内，开始出现了前所未有的新气象，市街与乡野之间，到处都是琅琅读书声。程朱理学和儒风的盛行，使桐城涌现大量士人，并接踵登科，同时又给这些出仕者提供了立官无私、廉洁勤政的思想源泉。孔子曾明确提出"为政以德"，"政者，正也"，"其身正，不令而行；其身不正，虽令不从"。奉公无私，勤政廉洁，正是"为政以德"的基本体现。

当然，儒家的"德政"不仅仅停留在修身养性上。民心向背，关系到国家长治久安。孟子就曾说过"民为贵，社稷次之，君为轻"，倡导行"民本"，施"仁政"，为民兴利，施政以益民。

"一山更比一山高"，做到"官不为利"，固然不易；要做到为民谋利，"施政以益民"，就更是难上加难了。解决百姓疾苦，给百姓提供一个和谐的生存环境，让百姓安居乐业，富裕而幸福，对于古往今来的当政者来说，都是一个巨大的挑战。

从儒风盛行的乡土走出来的桐城名宦，勇敢地接受了这个挑战。他们不是一味养性修德，不是只讲独善其身。他们也胸怀"兼济天下"之志，坚持执政为民，注意赈灾恤苦，缉乱息讼，兴水利，劝农耕，行教化。一句话，他们竭诚尽力，施政以益民。

一、赈灾恤苦

翻开史志，关于水灾、旱灾、地震、风灾、蝗灾等自然灾害的记载，可谓连篇累牍，不绝于书。再加上疾病、战争与苛捐杂税，一些特殊时期，各种灾难还接踵而至。荒政也似乎成为封建官僚面临的一个永恒主题。

桐城士人宦迹遍布全国各地，赈灾恤苦，几乎是他们施政的基本责任和必备业务。

陕西地处西北，长年少雨，历史上旱灾频发。

嘉靖八年（1529），齐之鸾改任陕西、宁夏佥事，就遇到当地的严重旱灾。齐之鸾赴任途中，经过汝州、河南、陕州等地，目睹了一路的哀鸿遍野。齐之鸾感到痛心疾首，夜不能寐。其实这些地方并非都是属于齐之鸾管辖，他大可不必过于挂怀。但齐之鸾却不是如此。他提起笔来，以饱满感情的笔调，深怀悲痛，撰写了《陈言疾苦疏》，一一陈列沿途所见。他特别提到宁夏的一些地方，如隩宁、小盐池等处，"骄阳五年，赤地千里，亩无植禾"，居民一直靠采集一种蓬科植物充饥，赖以活命。齐之鸾亲口尝过之后，只觉得"苦恶辛涩，蜇口贯心，呕逆数日"，难以下咽。但就是这样的食物，老百姓却赖以为生，整整吃了5年。写完奏疏后，齐之鸾特地在信封中装了两枚蓬子，一枚给嘉靖皇帝，一枚送给阁臣，让他们君臣也亲自感受一下百姓的疾苦。果然，嘉靖帝在看到奏疏后，"付之所司"，要求相关部门立即采取措施，全力向灾区百姓施救，解民困苦。

十余年后，盛汝谦也来到了陕西。盛汝谦这次到陕西，只带了一项特别使命，就是巡视少数民族茶马贸易的情况。不巧的是，这年陕西关中又赶上旱灾，饥民万余人，他们迫于生计，啸聚山林，相互掠杀。眼见这些惨状，盛汝谦感慨万千，喟然叹道："治，孰有急于民命者乎？"为官治政，哪有比让老百姓活下去更重要的事呢？盛汝谦立即动员当地官员，"置茶马弗问，先议赈济。令有司设糜粥，三十里置一厂"，暂时搁置了巡视使命，投身到赈灾中来，命令地方官每三十里设一个粥厂，免费赈济灾民。不久，盛汝谦又巡按北京周边地区，"岁复大饥，疏请帑金六万以赈"，他又请求朝廷发放国库储金6万两，购粮赈济灾民。

清朝张若震也在陕西做过官。乾隆十六年（1751），张若震调任陕西布政使。这一年，陕西又受灾大荒，饥民无以为生，四处流浪。张若震在上任的途中，就和陕西官员商议，要求将灾情上报给朝廷，恳请朝廷赈灾。但是，当时的陕西巡抚坚持不肯上报灾情。面对上级的阻挠，张若震一面利用自己直接掌管民政的权力，下令各州县开仓放粮，救济灾民；一面自行上报朝廷，说明情况，请求朝廷重视并支持地方官府救灾。不料，恼羞成怒的巡抚反而以"擅开仓谷"的罪名，向朝廷参劾张若震。乾隆知道了整个情况后，大力支持张若震，批评了陕西巡抚。经过张若震的努力，整个陕西省的灾民被救活者不可胜数。此前，康熙年间桐城倪灏在南漳县令任上，雍正年间桐城方求义在安远知县任上，都曾不顾上级反对，抗命赈灾救荒。这些桐城名宦，坚持以苍生为念，执政为民，表现出了无畏勇气和高尚品格。两年后，张若震又由陕西转任湖北巡抚，时又逢浙江水灾，他又奏请朝廷从湖北调出10万石大米，用以赈济浙江灾民。

在赈灾恤苦方面，除了上请朝廷，动用官府力量外，桐城名宦还身体力行，常常将自己的俸禄也捐献出来，接济百姓。

湖广三湘，也是个灾荒多生的地方。首开桐城张氏仕宦先河的张淳，做过湖广荆岳兵备副使，职责是缉拿盗贼，维护地方社会秩序。张淳对当地的盗贼盛行有自己的见解。俗话说："礼义生于富足，盗贼出于贫穷。"他认为，三湘盗贼盛行，并非是因为他们与生俱来就恶劣败坏，实是因为当地灾荒严重、百姓无以为生，可官府却赈灾不力，导致灾民铤而走险，变成了盗贼。所以，张淳不仅"出公费千金，为百姓偿补"，还带头捐出俸禄，又要求富商大贾和地方大户捐钱出谷，赈济灾民。结果被他救活的三湘灾民，数以万计。

明代天启末年，福建发生了大瘟疫，张淳的孙子张秉文当时正在福建担任建宁兵巡道。张秉文捐钱设立了"惠民药局",千方百计地拯救百姓,被他救活的百姓也数以万计。俗话说:"福无双至,祸不单行。"这时,建宁地区恰又逢上严重火灾。张秉文一面劝告百姓,注意自身防火,一面又积极制造灭火工具,以备急用。同时,他对那些不顾个人安危、奋勇救火的人,公开予以表彰奖励。经过张秉文的努力,建宁地区火灾灾情也明显好转,百姓生命财产得到了有效保护。

进入清朝,桐城张氏依然发扬张淳以来的这种优良家风。张廷玉历官三朝,总把百姓困苦记在心头。康熙四十七年(1708),桐城东乡陈家洲遭受水灾,张廷玉从家人来信得知此事,立即动员弟弟、侄儿及京城同乡官员,一起捐款捐物,赈济灾民。他的弟弟张廷璩响应号召,踊跃参加赈灾义举。"祸不单行",桐城这次水灾后,老百姓元气尚未恢复,又遇上瘟疫流行。张廷璩在城西设粥厂,"亲尝其厚薄、凉暖,而后授之食",接济百姓。张廷璩还请医生给病人救治,自己却不幸由此染上瘟疫。还真是"人有善愿,天必佑之",张廷璩居然很快就痊愈了。张廷玉的侄儿张若震在这场赈灾大活动中也不甘落后,捐助了白银300两。由于张氏兄弟、子侄的奋勇救灾,在这次相继而来的洪水和瘟疫的噩运中,被救活的饥民不计其数。桐城张氏一门的赈灾义举、乐善好施,至今仍是人们学习的好榜样。

和张廷玉兄弟同一时代的姚士塾,在赈灾恤苦方面,也声名远扬,业绩不菲。他做官的地方,在陕西省东部,境内食盐购销都得依赖山西盐区。当时清政府的盐政相当混乱,官府强行摊派,强行销售。同时,当地的富家大族,要么"窃食私盐",要么夤缘巧脱,千方百计地将本该由他们承担的负担,转嫁到普通百姓头上。对于穷苦老百姓来说,这种盐政可谓是"猛于虎也"。姚士塾上任后很快就发现了朝邑这种弊政。他体恤民情,果断着手,麻利地解决了这一问题,消除了盐政弊端。康熙三十年(1691),陕西、山西境内同时出现严重蝗灾,蝗虫所到之处,粮食绝收,灾民纷纷外出逃荒。为了赈济灾民,姚士塾拿出自己的积蓄,在朝邑境内设4座粥厂来救济百姓。他自己还每天亲自察看,督促捕捉蝗虫。朝廷派到陕西赈灾的官员,得知姚士塾赈灾恤苦的所作所为后,不禁感叹:

"使州县毕若是，朝廷何有四顾忧哉！"确实是呀！如果所有的地方官都能像姚士塾这样，那么皇上还有什么后顾之忧呢！

除了直接救济赈灾，有的桐城名宦还想方设法提高荒政决策水平和政策效果。他们有的谋划如何预防灾荒，有的对灾荒治理进行理论总结，力求在赈灾济民问题上取得长效。

方观承为官数十年，政绩无数。在赈灾方面，方观承有自己的独特心得，他认为"积贮为本计所关"，上奏给皇帝："义仓与社仓同为积贮，但社仓例惟借种，义仓则借与赈兼行，而尤重在赈。设仓宜在乡不宜在城，积谷宜在民不宜在官。秋获告丰，劝导输纳，岁终将谷数奏明，不必开具管收除在。则其数不在官，法可行久。"奏文解释了他为什么要主张大力兴办义仓，在义仓创建中，政府和平民百姓又各有什么样的分工和责任。经过方观承苦心经营，京师直隶地区的仓图和仓库先后建成，共绘图144幅，建成仓库1005个，涵盖144个州县，35210个村庄。他所建的义仓泽被后世，直到嘉庆、道光年间，仍在赈灾中发挥着重要作用。

在荒政理论总结上，桐城汪志伊有着与众不同的成就。嘉庆年间，汪志伊曾任江苏巡抚，当时，江北的淮、扬水灾，徐、海苦旱，百姓的粮食消耗殆尽，灾情日益严重。汪志伊自编了《荒政辑要》一书，分发给属吏，作为赈济灾民的指南。他注重选拔荒政人才，将赈灾济荒提升到关乎社会安稳、经济发展的高度来考虑。这些做法在今天看来，仍是很有借鉴意义的。

二、缉乱息讼

唯有社会稳定，百姓才能安居乐业。有着相当儒学素养的桐城士人，对此自然是再清楚不过。所以，在他们的从政生涯中，每到一地，无论是边疆还是京畿，他们都不遗余力地缉拿盗匪，平息诉讼，以稳定社会、安宁地方。

明代两广境内少数民族众多，民俗粗犷，土司间常常互相械斗仇杀，叛服无常，严重影响了地方稳定。钱如京是明弘治十五年（1502）年进士，他在任兵部侍郎兼左副御史、总督两广军务时，就遇到了两广土司纠纷问题。当时，在处理这一问题的方案选择上，有些官员主张武力征剿。对此，钱如京并不赞同："夷性不常，徒驱良民于锋镝，彼朝服暮叛，可胜诛乎？"他认为使用武力，并不能改变土司反复无常的心理、习性，无助于问题解决，只会使矛盾激化、百姓遭殃。于是，他深入走访调查，与土司首领和地方贤达密切交流，最后将调查详情上报给朝廷，要求实施新政：对那些制止械斗的土司首领委以重用，对为首聚众械斗者革职查办，并准许他们改过自新，给予立功自赎机会。结果不费一兵一卒，就成功平息了民族之间的械斗，地方转为安定。

明代贵州民族成分也相当复杂，易于引发矛盾纠纷，导致动荡叛乱经常发生。桐城赵釴，嘉靖二十三年（1544）进士，做过贵州巡抚。赵釴到贵州不久，就碰到容山之乱。事情起因于容山土司副长官韩甸，他攫取了正长官张问的司印，纠集境内苗人公然叛变。动荡很快蔓延开来，波及到邻省云南、湖南。赵釴会同总兵石邦宪合力征讨，终于擒获了乱首韩甸，稳定了社会形势。容山之乱虽然平定，但赵釴并未就此松懈，他清醒地认识到贵州地处偏远，境内苗族、布依族、侗族、土家族等少数民族杂处，民风彪悍，尤其是东北界与广西乌撒诸土府相连，"民性轻躁易动"，隐患丛生。赵釴精心思虑，悉心总结，"条陈六事备善后"，得到朝廷充分肯定，"皆议行"，为当地长治久安做出贡献。

福建建宁府地处武夷山脉中段，四周高山环抱，境内沟壑纵横，"其俗尚节义，重族氏……杀人偿命，闵不畏死，大抵山峻水急，其人类多负气"。建宁及其周边的民众都悍勇好斗，昏昧糊涂却不怕死，所以互相拔刀相向或聚众械斗是常有的事。明清之际社会混乱，建宁地区盗贼更是频频出现，老百姓中的流血冲突事件屡见不鲜。张秉文刚任建宁兵巡道时，建南诸郡许多不法之徒，啸聚山林，纵横乡野。刚好周边地区又流寇横行，因此民无安宁。张秉文积极应对，杜绝盗粮之风，筹饷募士，抵御流寇和盗贼的进犯。因为张秉文谋略有方、举措得力，所以尽管周边一片动荡，但"风景这边独好"，张秉文所辖境内倒是治安稳定，百姓安枕无忧。

清顺治年间，桐城姚文燮来到建宁府担任推官。推官始设于唐朝，职位比判官低一点，掌管狱讼纠纷的事情。本来建宁地区民风彪悍，民间纠纷就很多，又加上前任的推诿草率，等到姚文燮接手时，监狱已是人满为患，史称"民俗犷悍，睚眦仇杀，案积无数"。姚文燮甫就任，就埋头工作，悉心清理。他对于每一起案件的主犯、从犯及其他参与者都做到区别对待，依据实际情况量刑定罪，"片言立剖"，结果"未数月，囹圄为空"。

治狱是姚文燮的拿手好戏。不过，更让人佩服的是，他问案时还特别体贴民情，深得儒家"仁政"要旨。有一起杀人案件，主犯方秘按律应杀人偿命，被前任定为死罪。姚文燮看到这个案卷，发现其中存在问题，就重新细核审问，发现方秘本人原来也是个受害者。事情的起因是这样的，死者方飞熊原是为害一方的大盗，打家劫舍，无恶不作。有一次，他到方秘家盗窃未遂，恼羞成怒，将方秘全家杀害，只有方秘一个人幸免于难。方秘死里逃生后，潜伏在方飞熊身边，终于找到一个机会，乘其不备，将他杀死，一报家仇。"公得其情，活之"，姚文燮重审方秘案件，化死为生，深得儒家德刑并举的精髓。"大吏谓文燮明允，凡疑狱辄委决之"。凡是疑难案件，都交给姚文燮来审理决断，正是对姚文燮工作的充分肯定。

"当官不为民作主，不如回家种红薯"。康熙八年（1669），姚文燮任直隶雄县知县。在此之前，满族旗人利用特权，在京畿圈地成风，"凡圈田所到，田主登时逐出，室中所有皆其有也，妻孥丑者携去，欲留者不敢携"。满族旗人的飞扬跋扈，为祸作乱，严重激化民族矛盾，引发社会动荡。失去土地的人们状告无门，充满仇恨，"被圈之民，流离失所，煽惑讹言，相从为盗"。对于旗人的专横，姚文燮的前任是放纵不管的，但桐城姚文燮就不一样。他不畏强权，"民勿敢争，公争之"，对旗人的恶劣行径进行无情的批判。最终，康熙帝接受了姚文燮的建议，"嗣后永行停止，其今年所圈房地，悉令还给民间"。经过姚文燮的治理，雄县一时"境内获安"，万民安居乐业。

浙江永康也是个山区，自古有"俗刁胥猾"之称。每当新县令到任，衙吏都要想点子反过来给新县令一个"下马威"。他们拿来陈年积案卷宗让县令审阅。案卷的数量，多到几个月都看不完，让新任官员疲惫不堪。就这样，新县官往往还被衙吏们向上级诬告为断案不力而受到斥责。张淳做永康县令前，永康吏民就已经"连告罢七令"。张淳就任后，"日夜披卷牍，剖决如流"。他断案如神，公正严明，又挂怀百姓，处处替百姓着想，"民赴诉，即计道远近示讯期。如期至，裹饭一包，讼即已"。一时间，当地老百姓给他起了个外号，叫他"张一包"。永康旧俗，"有睚眦嫌，辄妄以人命相告"，稍有不愉快，就到官府告状起诉。为杜绝这股不良风气，避免老百姓轻生事端，张淳从严执法，"言案验不实即坐之"，对诬告者加以严惩。"卤水点豆腐，一物降一物"。那些喜欢搬弄是非的人，碰到张淳也就没辙了。不久，永康境内就"诬讼遂绝"，民安俗正，风化大行。

好官都爱民如子。有一年，永康地区因为干旱，一些老百姓不得不偷盗为生。张淳下令：劫夺者死。此后，还真的"有夺米五斗者"被抓了。张淳"因取死囚杖杀之，而榜其罪曰：'是劫米者。'"这个偷梁换柱的做法，既挽救了轻犯的生命，又取得惩戒示人的效果，结果永康地区"遂无敢复劫"，地方恢复了稳定。张淳和那些草菅人命的昏官相比，简直有天壤之别。所以，张淳内调回京时，永康乡亲们"民扳辕流涕，肖象创祠而祀之"，舍不得让张淳离开。

由于封建社会的种种弊病，那个时候，山区易滋生盗贼，水域之地也常生匪患。洞庭湖水域辽阔，易于盗贼藏匿。再加上这一地区常发水灾，导致不少渔民生活没有着落。所以环湖一带，盗匪祸害十分严重，影响社会稳定。姚之骐任湘潭知县时，洞庭湖边湖盗就常常神出鬼没，抢劫过往商船，侵扰附近百姓。官府已经多次进行整治，但都没有什么成效。"不入虎穴，焉得虎子"。多亏姚之骐，他主动请缨，带着几名健卒，深入贼巢，终于有一天，趁匪首不备，将他抓获。自此，洞庭湖"远近以宁"，多年的阴霾，一日扫清。

到了清嘉庆年间汪志伊任湖广总督时，洞庭湖盗贼又十分猖獗，常在洞庭湖周边杀人越货，祸乱四邻。汪志伊"选干吏侦访，檄下分捕，盗无所匿"，迫使盗贼走出巢穴，悔过自首。人们泛舟湖上，又是云淡风轻，一片祥和景象。

息讼缉乱，积极打击黑恶势力，好像是历代桐城名宦不约而同的选择。只要在自己官任上发现这类情况，他们都急百姓之所急，无畏无惧，为民分忧。

桐城出来的官宦越多，这样的事例就越多。如明成化年间，姚旭在云贵平定武畅蛮夷与土寇之乱；嘉靖年间，盛汝谦在长江整治江盗；清康熙年间，姚士塾平息朝邑与蒲州积年界线纠纷；乾隆年间，姚棻在皋兰县抓捕惯盗马得鳌，在贵州古州平定党堆寨之乱；道光年间，姚柬之在揭阳整治匪患；嘉庆年间，姚莹在漳州龙溪平息乡人械斗风气，张裕勷在广西阳朔打击外匪；光绪年间，江召棠在南昌庐陵调解百姓和教会的诉讼矛盾……

像这样的例子，实在是举不胜举。

三、治水劝农

"民以食为天"。让老百姓有吃有穿，也是父母官们的头等大事。

要解决老百姓温饱问题，就得发展生产。封建社会，以农立国是历代王朝的基本国策。对于农业经济来说，水利又可谓是生产的命脉。古代水利对自然依赖较大，翻开史书，自有文字以来，河水泛滥成灾或者干旱断流的记载，比比皆是。因此，在古代，劝农与治水又是紧密相联、不可分割的。桐城士人仕于各地，都大力推行富民养民之政，重视发展农业，振兴地方经济。他们为官一地，造福一方，或治水，或劝农，有的还成为当时著名的水利专家或农业专家。

黄河是中华民族的摇篮，中原的老百姓赖之以生。但黄河又容易暴发洪灾，让沿河百姓苦不堪言。历史上，黄河就多次溃堤、改道，泛滥成灾。明代中叶，黄河出现改道的现象，给两岸百姓和农业生产带来灾难。

嘉靖年间，桐城吴承恩因学业和品行兼优而被选拔出来，送到最高学府国子监学习。很快，他又被授任河阴县令。河阴县在河南省，恰好在黄河的南岸。此前河阴黄河河道出现南移，"黄河既南徙，民患之"。好像就是要给吴承恩出难题似的，等他刚到河阴，"河忽北去四十里"，又北移了，毁坏了沿途的庄稼，让百姓叫苦不迭。吴承恩知道黄河之所以频繁改道，与河堤长期没有得到治理有关系，"因命民筑堤，河堰植柳数十万株，耕牧其中，遂为沃壤"。吴承恩组织百姓修筑河堤，在河边土地上种植柳树固堤培土，又在中间种植农产品，放牧牛羊，将当时黄河南岸的原黄河河道处改造成膏腴之地。吴承恩后来从河阴调到新野，他又在新野行惠政，"筑陂堰"，发展农业，造福新野。

临漳也在河南，也常受到黄河改道的困扰。清朝道光年间，桐城姚柬之三任临漳知县。临漳境内漳河穿流而过，当时由于漳河屡次泛滥成灾，清廷有意恢复黄河故道。姚柬之一方面治水赈灾，另一方面实地考察，发现这个方案有很大问题。要知道，临漳整个县都在黄河故道之中，如果要黄河改辙易道，那么整个临漳都要搬出去。这样，不仅耗资巨大，也影响民生，对当地农业生产和百姓生活都会产生很大危害。为了让朝廷改变主意，更为有效地治理好漳河，姚柬之呕心沥血，前后花了8年的时间，编写出一本《漳水图经》来，证明了恢复黄河故道的做法是行不通的。作为一部很有价值的水利志专著，《漳水图经》至今犹存。

桐城东乡的左光斗，人们往往被他铮铮铁骨、勇斗魏忠贤的故事所感动。其实，他也是一位著名的水利专家和水稻推广专家。

"三月无雨旱风起，麦苗不秀多黄死"。北方一向是十年九旱、缺雨少水的。明熹宗即位后，左光斗由浙江提拔到京城，担任直隶屯田监察御史，管理屯田生产。当时北方长期降雨偏少，"京以东、畿以南，两河以北，荒原一望率数千里"，绵延数千里的田地因缺水而无法耕种，被迫抛荒，造成土地资源的大量浪费。左光斗忧心忡忡，连续上书给皇帝，尖锐地指出水利事业已经关乎到当时大明王朝的生死存亡了。他建议"请一切有司，首课农政，兴水利"，将"治水劝农"作为考核官员业绩的首要标准。合格官员，应当"既不扰民，又可劝农"。若"田野不治，即异才高等，亦注考下下"，也就是说，如果农业生产没有搞上去，即使有其他特殊才干，也只能考核为下下等。左光斗的建议得到了皇帝的支持。

政策有了，接下来就是实施。左光斗走上田埂，身先士卒，"亲巡阡陌，督官吏，教民种植桑麻藁秸"，通过增加农作物品种，来全面地发展农业生产。其中，值得一提的是，他还将南方的水稻引到北方种植。左光斗从老家桐城带来一些经验丰富、技能娴熟的农民，让他们教北方老百姓种植水稻。在左光斗的带动下，地方官吏都积极投身到治水劝农事业中来。"众人拾柴火焰高",大家心往一处想,劲往一处使。结果,一时间,北方"水利大兴","北人始知艺稻",农业生产面貌有了根本的变化。当时天津兵备副使王祖宏的话就是个证明:"向之一望青草,今为满目黄云,鸡犬相闻,鱼蟹降网,风景依稀,绝似江南。"遗憾的是,当时明朝吏治已是病入膏肓,像左光斗这样一心为民的官吏太少了,"及公去,田复荒不治"。让人浮思陡生,唏嘘不已,难怪大明王朝很快就短命而亡了。

雨水稀少是很大的麻烦,但有水不会用,也是个问题,影响到农业生产。

赵钅私在贵州巡抚的时候,让他闹心的不仅有前面讲到的治安问题,当地的经济十分落后,老百姓生活困苦不堪,也让他茶饭不思,寝食难安。从元代到明代,贵州等西南地区一直实行土司制度,就是中央通过分封地方首领世袭管理职务,让他们统治当地百姓。这种制度,是封建中央政府与当地少数民族统治阶级相互妥协的结果,不仅造成各个少数民族的分裂割据,还限制了各民族间的经济交流,阻碍了先进生产方式的引进与传播。赵钅私到贵州不久,就惊讶地发现,当地百姓居然都不知道引水灌溉农作物,导致大量的肥田沃土荒废闲置。见到"城内多旷土,弃不治",赵钅私深感可惜,叹道:"此有用地也。"然后"乃教民引水为田"。于是,"黔民知水耕自是始",从此贵州山区才有了引水溉田技术,农业生产发展进入一个新的阶段。

说到水利方面的专家,方观承算得上是高手中的高手。

乾隆二年(1737),方观承任吏部郎中,本来职责无关治水,但由于他见识超群,"于世事物理莹彻通晓",所以大学士鄂尔泰勘察河南,大学士讷亲勘察浙江海塘,直隶制府高斌勘察永定河,都奏请皇帝让方观承同行。乾隆七年(1742),方观承授直隶河道,专掌水利建设。乾隆十一年(1746),方观承升做山东巡抚。在山东,他充分发挥自己水利专长,为百姓谋福祉。他曾上书给皇帝,建议将安山湖交由百姓开垦荒地、适时种麦,这样"湖中尚有积水,但二麦在水已涸之后布积,在水未发之先收获",麦子在湖水干涸时早已种了下去,在湖水成患之前又得以成熟收割,百姓自然愿意在湖中垦荒耕种。他还进一步对乾隆帝剖析,一方面秋天庄稼容易受到水灾,"受灾之后,百姓或要求减租,或要求免赋,或要求赈济,徒致纷繁多事"。另一方面,如果百姓在安山湖垦荒,可根据湖水涨落情况耕种,夏季收麦,秋季收谷,而国家也可分季收取相应租粮。除去垦荒各种名目外,赋税应该征收或蠲免的,都根据实际情况来执行。这样,国家获利而老百姓也不受累,可谓官民两便。方观承眼光独到,见解卓越。这样一项充分使用水资源、既利国又利民的举措,自然受到了乾隆的赞赏。

永定河是京畿地区最大的河流,永定河并不"定",实际上原名为"无定河"。在直隶五大河中,永定河最难治理,一遇到洪水,就溃堤改道,祸害极大。乾隆十四年(1749),方观承又升任直隶总督,同时还兼理河道。方观承对永定河进行了综合治理,"相时决机,或革或因,或浚或障,其于河务前后数十疏,从之辄利",效果都很好。方观承在直隶时,"所治直隶水利如永定、滹沱、白沟等河,奇材、鸡距等泉,俱为搜考原委,判别浚筑",取得了骄人的业绩。对方观承治水,乾隆帝给予高度表扬,夸他"非他人执成法者所能及也"。治水的目的,不仅仅是"除弊",还得同时能做到"兴利",才能算得是高明。方观承就是将治水与生产统一起来的。他在永定河淤滩和大堤内外留十丈宽的地方,除栽种柳树、取土固堤外,剩余地方交给守堤贫民耕种交租,又让百姓在永定河苇

乡村风光

地上改种秋粮。

无独有偶，都是既治水又劝农，都是大力推广农作物，左光斗推广的是水稻，方观承推广的是棉花。方观承认为棉花"功同菽粟"，"籽可榨油，渣可肥田，秸可作燃料"，上下都是宝。况且，只有农民种棉纺织，才能"衣被周乎于天下"。乾隆三十年（1765），方观承绘成《棉花图》。这本书图文并茂，通俗易懂，是当时倡导和推广植棉和棉纺织技术的优秀科普作品。乾隆帝对此也颇为赞赏，下诏将《棉花图》颁行天下。方观承兴农富民之举，影响由此遍及全国。

中国之大，水域之多，气候之多变，地形之复杂，都注定"治水兴农"，绝不是一人一时可以成就的。

明景泰年间桐城李春任湖广应山县知县，课农桑，减租赋，"沿河立堤，以防水患，应山人颂其德，称为'李公堤'"。成化年间方印在浙江天台，"务在富教之，劝农耕"。嘉靖年间何思鳌在山东栖霞，"慈惠为政，劝农，予耕具"。万历年间胡瓉在山东治汶水、泗水，著《泉河史》。万历年间孙继陛在江苏海门治水，开"孙公闸"以利民。清乾隆年间桐城张若本在山东新城县修理河防，开锦秋湖为稻田。姚棻做湖北宣恩和甘肃靖县知县时，"教民置水车灌田，开金石岘以通行旅，立兴靖堡集以便民货"。嘉庆年间汪志伊在湖广时，亲自驾小舟，沿洞庭湖实地考察，修建二闸于茅江口、福田寺，因时启闭，使数百万亩水淹农田得以复垦。嘉庆年间姚莹在龙溪"亲巡田野，劝农课学"。嘉庆年间姚兴洁在湖南湘西经理屯田。

桐城籍官员治水劝农的事迹，屡屡见于史籍中。他们心系万民，兴水利，劝农耕，造福了千千万万的百姓。

四、修文崇教

修文崇教，实质上就是古人常说的"行教化"。

教化有什么作用呢？《礼记》说得好："故礼之教化也微，其止邪也于未形。"教化轻如细雨，却能够让邪恶念头和不良风气止于无形。

重教化，既是儒家伦理思想的重要内容，也是其政治学说的组成部分。桐城士人，自幼接受程朱理学，浸染儒风。他们在登科出仕后，往往也不遗余力地兴学校，讲礼仪，倡导文明，移风易俗。

韩隆，明正统六年（1441）的国子监生。景泰年间，福建沙溪上游地险民刁，风俗不正，明廷为加强对这个地方的统治，特地设立一个永安县。韩隆以国子监生的身份出任首任知县。因永安县初创，百废待举，事务显得特别繁忙。韩隆勤政爱民。他上任后，一方面，"凡城池、城堞、公署，皆成其手"，对城市硬件建设亲自操劳。另一方面，他又留心民事，针对当地恶劣风俗，韩隆大兴教化，兴办学校，提倡礼仪，赢得永安百姓的赞誉和爱戴。到韩隆任满离职的时候，永安"士民丐留"，黎民百姓和绅士吏员，都舍不得韩隆离去，纷纷恳请朝廷予以留任。

赵鈗为"嘉靖四杰"之一，亦宦亦儒，是名重一时的朝廷高官和文学家。他的儿子赵鸿赐子承父学，他的弟弟赵锐也满腹经纶，时人夸他们一家是"父子兄弟，遂皆为名儒矣"。赵鈗著有《古今原始》一书，他写文章"颇磊落自喜，而亦微近七子之派"，文章风格和王世贞等人相近。赵鈗接受阳明学派主张，倡导"知行合一"。所谓"诚于中而形于外，慧于心而秀于言"，这样一个满腹经纶的儒宦，其举手投足、为政处事，自然也处处流露出崇文尚雅的风范来。赵鈗每做一官，都注意修文敦礼，推行教化。在任南京太仆寺少卿时，赵鈗"尝新阳明书院于滁州，辟宜秘洞于里，聚诸生讲习，兴起甚众"。他翻新了滁州的阳明书院，又开辟一处秘洞，和儒生们一道在里面修习王阳明良知之学，影响了当地很多人。后来，他又到贵州做巡抚，"每出巡行郡县，辄进诸蛮问疾苦，诱其俗之进古者，导以礼义"。俗话说："种瓜得瓜，种豆得豆。"赵鈗的努力没有白费，他的教化之道取得了良好的效果，由此而"夷情大悦"、"政化流闻"。

桐城方氏是文化世家，从方学渐开始，方家易学就扬名于世。方大镇是方学渐之子，万历十七年（1589）进士。方大镇幼承家学，在他数十年的仕宦生涯中，无论政务如何繁忙，他都没有荒废学术。方大镇不仅主张"学而优则仕"，还主张"仕而优则学"，边学习边做官，边做官边学习，将做官与治学统一起来，相互促进，相辅相成。方大镇一边做官，一边关注当时理学的发展。万历三十五年（1607），方大镇巡盐浙江的时候，专门上疏给皇帝，要求为陈献章、胡居仁两位理学名家加封谥号。万历皇帝接到上书后，分别给陈献章和胡居仁赐谥"文恭"和"文敬"。这在当时，扩大了陈献章和胡居仁的影响，有利于理学的传播。方大镇对理学可谓一往情深，不遗余力地加以推动。当时理学名臣邹元标、周汝登等人都因故被贬谪在家，方大镇巡按河南时，又上奏请求重新起用他们。方大镇迁升大理寺少卿后，还曾应邹元标的邀请，到北京首善书院给学生们讲学，积极提倡经世致用，响应东林党人，反对魏忠贤之流的胡作非为。

方宗诚是桐城派后期又一位名家。他以程朱理学为宗，也热衷于促进文化教育的传播，先后兴建了正谊讲舍、敬义书院，跟着他后面学习的人很多，著有《柏堂全集》、《志学录》等文集。方宗诚中年时期写了《俟命录》。这个时候，方宗诚还没有做官，但这本书却谈到了该怎么做官。他在书中研究天时、人事及致乱之源，认为士大夫修身、处事、为政之道，都在于本纲常、明正学、选拔人才，效用当世。这本书因缘际会，让方宗诚在京师声名鹊起。后来曾国藩做直隶总督时，推荐方宗诚到河北做了枣强县令。这一干，就是十年。十年里，方宗诚在枣强大力修文崇教，史称："先生为治十年，举孝子、悌弟、节妇、孝女；设乡塾，创兴敬义书院；祠汉儒董仲舒，又厘正祀典；刻邑先正遗著，修志乘；建义仓，储谷万石；事无不举。"他在枣强奖励忠孝节义、修建学校、祭祀儒学大师、资助出版县邑先贤遗书等，忙得不亦乐乎。在方宗诚治理下，枣强百姓明礼敦信，文教昌盛。李鸿章也很熟悉方宗诚，常在下属县令面前提起"深州游牧枣强方"。"深州游牧"指游智开，他做深州知州时，"兴义学，减浮征，民大悦"，也是循吏。李鸿章是以方宗诚和游智开来"讽厉列县"，要求各县官员向方宗诚和游智开学习。

明代以后，桐城已是文化礼仪之乡了。从这里走出来的桐城名宦，像韩隆、赵鈊、方大镇、方宗诚，主政地方，并且在地方上修文崇学、推行教化的人，不在少数。

方佑，曾做湖南攸县知县，常"召父老讲律令，宣朝廷德意"，公务之余留意翻新学校校舍，奖掖后进学生，给他们讲授诗书大道。

方印，做过浙江天台县令，务在富教之。劝农耕，崇学校，抑豪奸，化流于民。

方向,在云南多罗做驿丞时,致力于教育,教化蛮夷,有惠政。

萧世贤,在浙江嘉兴做知府时,兴办学校,培养诸生,文风蔚兴。

方学御,初选庐州府学教授,正身率物,以风教为己任,很快升任为湖广临湘县知县。在临湘,方学御以德行教化百姓,从不轻易动用刑罚。崇奖学校,湘人由是彬彬好学。

戴君采,做过浙江青田知县,在任兴学倡教,止讼恤刑。

琚伯昆,做过江西武宁县知县,任上政平讼减,劝学课士,治行卓异。

马之瑛,清顺治年间曾任山东定陶知县,在定陶筑城兴学,推行教化。

何亮功,做过福建古田知县。任上宽严有度,恩威并施,注重教化。为政之余,到书院传经论学,课士授徒,改变鄙俗陋风。

姚铃,做过贵州湄潭知县。湄潭苗民杂处,姚铃开诚化导,留心学校,集诸生讲论经义,民皆德之。

姚兴滇,做过山东武定知府,任上,创建书院,振兴文教,合郡晏然。

杨臣邻,曾任河南光山县知县,任上,兴建义学,鼓励士风,光山人德之。

江为龙,曾受江西宜春知县,任上,修泮宫,建义学,刻县志,治绩卓异。

……

这样的例子,不胜枚举。单从这冗长的胪列中,我们就可以看出,这些桐城名宦,在主政一方、俗务缠身之余,是如何热衷于修文崇教的。这些事,他们本可交给下属来办,但在大多数情况下,他们都

桐乡学堂

躬自力行，以身作则，把他们在桐城耳濡目染的儒风，推广到官任之地，推动了当地的文化交流和发展。

还有一些专掌文学教化职责的桐城籍官员，他们在修文崇教方面所做的工作更为专业，贡献也显得更为特别。

张秉文中进士后，开始是做浙江归安县令。张秉文不愿意做县令，却愿意就"学舍"，到学校去教书。后来他改任做了徽州府教授。当了"教授"的张秉文，慨然以师道自任，倡明正学，奖励多方。他选拔出来的学生，都不负众望，先后在乡试中中式。第二年，他又升迁做了国学助教。即便是后来改任文职，重新做了父母官，张秉文依然初衷不改。万历四十七年（1619），张秉文做到了江西抚州知州，仍不忘推行教化，奖掖后进，像艾千子、陈际泰、吴仲升、罗万藻、王化澄等明末文坛大家，都是由他选拔出来的。张秉文离开江西后，抚州人还为他修建祠堂，"勒石纪功"，其教化、造福抚州之功，显然不可低估。

张廷璐也曾做过提督江苏学政，专门负责科举教育。他这个官做的事，可就不是只要管好自己一亩三分地那么简单了。

宋元以后，文化中心已经南移，江南地区成为"人文渊薮"，承担着为朝廷和国家发展输送人才的重任。这个时候，主管江南各地教育的官职，就显得格外重要。桐城张廷璐、张廷瑑兄弟长期担任江苏学政，负责江南地区的人才培育和教化重任。张氏兄弟督学江苏，业绩斐然。尤其是张廷璐，他司掌江苏学政长达9年。期间，他为人师表，给大家做出了一个好模范。张廷璐对待下属官员以礼相接，对待学生宽和善诱，从未动怒，赢得了一致好评。他又"新学官，给膏火；举俊彦、植贤裔、表孤贞，厥有成绩"，翻新学校旧舍，加大经费投入，对后进才子，不吝溢美，奖掖提拔。据说，张廷璐在江苏学政任上培养的人才，"足备国家数十年桢干之用"。张廷璐的教化之功，大大超过一般地方官局促一地的修文崇教。

"长江后浪推前浪，世上新人赶旧人"。桐城还培养出了享誉海内的职业教育家吴汝纶。和乡里先贤们相比，吴汝纶崇文重教，兴办新学，青出于蓝而胜于蓝。他每任一地都力推兴学，并与时俱进，将当时在中国已呈燎原之势的西学纳入教育范畴，改造了传统教育，其意义已经突破一般意义上的儒学教化。桐城名宦，也在这个时候开创了中国教育历史的新纪元。

第三节 磁针指南

宋末著名文臣文天祥在就义之前，曾经写过一首名为《扬子江》的诗来表达心志，其中一句是"臣心一片磁针石，不指南方不肯休"。他用南方来比喻南宋朝廷，而自己的一颗忠心，就像永远指向南方的磁针石一样，从无半点转移。在后世的文人士大夫心目中，"文天祥"三个字已经成为忠贞与节义的象征。

在明清时期的桐城仕宦中，也涌现出了一大批堪与文天祥媲美的忠义之人，他们不但满腹经纶、富有才干，更可贵的是还有卓绝的品质。在面对义与利的抉择时，他们都义无反顾地选择了前者。有的舍生取义，比如方法、方以智、左光斗等人，面对强权者的淫威，没有半点奴颜婢膝，而是毅然赴死，以生命维护着士大夫的名节与尊严。还有的归隐田园，比如钱澄之、潘江、姚孙棐、何唐等人，面对高官厚禄的诱惑，丝毫不为所动，在山野草堂中淡泊度日，讲学论道。他们舍弃了显赫的官职，却成为人格上的巨人。鲁迅先生曾说："我们自古以来，就有埋头苦干的人，有拼命硬干的人，有为民请命的人，有舍身求法的人……这就是中国的脊梁。"本节中所写到的这些桐城名宦，就是这一群体的优秀代表。他们将桐城的风骨传播到中华大地，激励了无数仁人志士。他们是桐城的骄傲，也是中国的脊梁。

一、舍生取义

"亚圣"孟子曾经打过这样一个比喻：鱼是我想要的，熊掌也是我想要的，二者只能选择其一时，舍鱼而选择熊掌；同样，生是我想要的，义也是我想要的，二者只能选择其一时，舍弃生命，而选择义。没有人不珍爱自己的生命，但有些时候，为了更宝贵的东西却可以舍弃生命，这就是古代士大夫最为人称颂的"舍生取义"。桐城的传统文化特别注重"义"，注重培养君子的浩然之气，因此在桐城的仕宦里，以自身行动来践行孟子这句话的也所在多有。

桂林方氏是明清时期桐城最有名的望族之一。方氏家族之所以名重一方，讲求节义的家族传统是重要的原因之一，而这种可贵的传统，实源自其五世祖方法。建文元年（1399），方法参加应天府乡试，中第109名，被授予四川都指挥使司断事。主持这次乡试的，正是名满天下的大儒方孝孺。不久后，方孝孺拒绝为篡位的朱棣起草即位诏书，被凌迟于市，并被诛十族。为了表示对新主的"忠心"，诸位藩王以及全国的各级臣僚纷纷署名上表庆贺，但贺表到了方法这里，他却效仿恩师方孝孺，拒绝署名，并且掷笔于地转身就走，一边走一边气愤地喊道："旧君安在？何以见方先生？"方法不会不明白，自己的这个举措，无异于取死之道。果然，朝廷接着就逮捕了他，并将其押往京师。据史料记载，方法在刚刚登船的时候，就吩咐家人说："船到了安庆的时候告诉我。"到了望江境内时，方法站起身来，对看押自己的官员说："这是我的父母之邦，请打开我的刑具，让我以杯酒向北而拜，以尽游子之思。"方法整理好衣服和帽子，立在船头面向自己的故乡肃立片刻，深深地拜了下去。拜毕，方法纵身一跃，跳入了长江之中。

方法留存下来的诗作只有五首，其中两首《绝命辞》，便是写在就义之前。其一："休嗟臣被逮，是报主恩时。不草归降表，聊吟绝命辞。身当殉国难，死岂论官卑？千载波涛里，无惭正学师。"其二："闻到望江县，知为故国滨。衣冠拜邱垄，爪发寄家人。魂定从高帝，心将愧叛臣！相知当贺我，不用泪沾巾。"在第一首里，方法认为当此国难之时，以身相殉是人臣之本责，而不在于官职大小。"不草归降表"，既是报国，又是报主，同时也是报师。在第二首诗里，方法抒发了自己以一死来弘扬正气、愧视叛臣的决心。最后嘱咐亲友，自己所做的乃是求仁成义之事，应当为之欣喜,而不要悲伤哭泣。这是何等地视死如归!何等地凛然正气!六百年后读来,仍能激荡人心,即使与文天祥的千古名作《正气歌》相比也不遑多让。

方法身后,一代又一代方氏族人不断缅怀着先祖的节烈事迹,并以此鞭策自己,正如学者所指出的:"观方氏言忠,必举其族祖法为典范。"其中最为突出的是方以智。

方以智不仅学问渊博、经历传奇,更有着高尚的气节。他幼年时期,便受到家族节义风范的熏陶,尤其倾慕先祖方法。南明弘光政权建立后,虽然方以智受到奸臣排挤和迫害,不得不改名流落民间,但他仍然积极联络抗清志士,与清兵殊死斗争。

康熙十年(1671)方以智被突然逮捕,接着被押到南昌,继而吉安,最终又被送往岭南。农历十月七日这天,船行至万安县境内的惶恐滩。是夜,风浪大作,方以智便在这样一个不平静的夜里,投水尽节而死。"惶恐滩",正是当年文天祥在那首著名的《过零丁洋》中所提到的地方。诗中写道:"惶恐滩头说惶恐,零丁洋里叹零丁。人生自古谁无死,留取丹心照汗青!"文天祥于社稷危难之际,尽忠报国,在天地之间留下了浩然正气。方以智年轻时就非常崇拜文天祥,他曾盛赞文天祥是兼具"仁者之勇,达士之闻"的忠义之人。此时此地,他肯定想到了文天祥和先祖方法,在黑夜的风

方以智山水图轴

浪中，方以智纵身一跃，虽然没有任何声息，却在天地间留下了洪钟大吕般的回响。

方以智的父亲方孔炤也是一位极有气节之人。面对气焰熏天的阉党头目魏忠贤，他毫不屈服，置自己的安危于不顾，大胆揭发其收受贿赂、贪赃枉法的事实，最终触怒魏忠贤而被罢官。此外，方氏家族的其他子孙，甚至女子，也多有节义之言行。可以说，整个方氏家族，就是桐城节义风气的一个缩影。

当然，桐城名宦中的舍生取义之人远不止一个方氏家族，其他的典范也比比皆是，例如明末东林党的领袖左光斗，身为内阁重臣，他刚正不阿，疾恶如仇，坚决与阉党做斗争，与另一位诤臣杨涟并称"杨左"。左光斗遭到了阉党的疯狂报复，先是被削职为民，贬回原籍，后又被逮捕回京。左光斗被逮捕之时，便知道此行必死无疑，好友孙钟元想通过贿赂魏忠贤的情妇客氏来挽救他的性命，他知道后大怒，说道："吾虽不肖，岂能求生于媚人之手乎？"一到京城，左光斗便被投到最为残酷的诏狱，并遭到严刑拷打。方苞在《左忠毅公逸事》中记载道，左光斗的学生史可法设法潜入到狱中看望他时，他已经"面额焦烂不可辨，左膝以下筋骨尽脱"。史可法抱着他的膝盖哭泣，他听到声音后，用手扒开溃烂的眼皮，大骂道："庸奴！这是什么地方，你竟敢过来？我已经不行了，国家糜烂至此，全靠你来支撑，如果不赶快离开，不用奸人陷害，我现在就打死你！"史可法从狱中出来后，流着泪说道："我老师的肺肝，真是铁石铸造的啊！"由于左光斗的名声太大，魏忠贤不敢公开杀害他，于是密令爪牙在狱中将其害死。实际上，只要左光斗低一下头，便可以保全性命，但"义"字当前，他毅然舍生而取义。他的忠贞义举，也成为仁人志士们效法的典范。

桐城名宦中舍生取义的人还有很多，在此不一一列举。有人说："我们无法具体衡量生命的价值，但是我们应该知道，有超越生命之上而存在的东西，比如信仰、追求、尊严、气节，等等，需要我们付出生命的代价，甚至付出生命后都无法实现。"从这一点来说，方法、方以智、左光斗，以及千千万万的仁人志士都是幸运的，他们求仁得仁，求义得义，可谓死得其所。正因如此，他们被后人视为模范，代代景仰。

二、归隐田园

明清时期，许多桐城文人凭着坚定的信念和高尚的气节，以文弱之躯慨然担当大义。这其中，有些人舍生取义，毅然赴死；有些人则选择另一条路，淡薄荣利，归隐田园。

归隐，并不像字面上那么轻松，很多人是在与统治者抗争后选择归隐，或者拒绝了朝廷的征召而归隐，这都无异于与当权者的另一种对抗。因此，归隐也是需要极大的勇气的。不论是赴死的义士，还是孤介的隐者，都以其高尚的人格得到世人的称颂。桐城的文化传统注重气节，正因如此，"不为五斗米折腰"而归隐田园的名宦也尤其之多。

著名的抗清志士钱澄之，与方以智为莫逆之交。他们在反清复明的大业中并肩抗争，为士林景仰。但明朝毕竟大厦将倾，独木难支，前路茫茫，该何去何从呢？钱澄之名扬四海，若肯投降清朝，马上就可以做大官，但崇尚气节的他，是至死也不会走这条路的。于是，他选择归隐家乡。他的侄子记载其归家的情形道："候于门者二伯湘之、三伯幼安，白发憔悴，犹著古衣冠也。相持大哭。"值得注意的是，此时的钱澄之曾因避祸而出家，故着僧袍；而家中的两位兄长，还穿着已经灭亡的明朝的衣冠。在感伤之外，钱氏兄弟对故国的忠诚和清高的气节更令人动容。此后的四十年，钱澄之多半时间隐居在家乡。清政府曾数次征召，但他坚持气节，拒不出仕。他在田野中筑庐而居，因此便以"田间"为号。读书著述之余，他还亲身参加劳动，并写下《田园杂诗》以纪其事。他没有像好友方以智那样，主动以死完节，死者长已矣，活着的人却不一定轻松。无论是作为臣子，还是作为遗民，钱澄之都可以说是无愧于心。他将自己的名字由"秉镫"改为"澄之"，用的是东汉时期陈仲举"登车揽辔，有澄清天下之志"的典故。如今澄清天下早已成泡影，但钱澄之的一己之心，却澄澈明净，正如有人评价他的文章一样："清莹可鉴，甘洁可饮，萦纡不滞。"

另一位归隐田园的遗民潘江，晚年自号耐翁，因其隐居之处名为

"河墅",时人又称"河墅先生"。潘江在耳闻目睹了南明小朝廷的昏庸腐败后,清醒地认识到:明朝大势已去,自己所能做的,只能是保持一己之气节,做个遗民,不与清统治者合作。他对学生戴名世说:"事已至此,若还去汲汲于尘世功名,争那一朝一夕的荣利,只会使我感到不安。不如就谢绝人事,归隐林壑罢了。"潘江所隐居的"河墅"虽名为"墅",其实只有茅屋三间而已,而且"久无人而柴扉不设"。但他非常满意这个清静的地方,写诗道:"老大迄无成,蹉跎六十余。逝将去城郭,结我田中庐。"戴名世对老师淡泊名利、清静自守的行为非常敬慕,他在《河墅记》中说:"世莫不知有先生。间者求贤之令屡下,士之得者多矣,而先生犹然山泽之癯,混迹于田夫野老,方且乐而终身,此岂徒然也哉?"潘江的同学、大学士张英也称赞他:"觞咏其间,视城市尘埃若涂炭。"

他们的称赞并非虚妄,作为名满天下的大名士,朝廷数次专门征召潘江为官,他都借口奉养老母或"称疾不出",并作诗明志曰:"肯学铁崖轻一出,任他宣去任他还。"有人劝潘江利用亲友的关系,为自己奔走一个好职位,他听后掀髯大笑说:"女不自媒,士不自衒。吾岂拜爵公朝而乞恩私室者哉!"在故旧耆老陆续谢世后,潘江更加深居简出,并在晚年所作的《七十自寿诗》中再次表达不与清统治者合作的态度:"不向东华踏软尘,此生只合老河滨。"可贵的是,潘江在隐居中为桐城文化做出了巨大贡献,历时三十余年,编成《龙眠风雅》前集64卷、续集28卷。这是桐城有史以来第一部体例完备的诗歌总集,有论者认为"三百年来诗人藉以不泯,厥功尤巨"。

钱澄之和潘江只是众多归隐的桐城名宦的代表。真正的归隐是一种气节,既然如此,那么在以气节与风骨著称的桐城,出现众多的弃官归隐者也就毫不奇怪了,例如:

何唐,少时孤贫,有大志,曾官至兵部郎中,后称疾解任,回乡归隐。布衣蔬食,衣仅蔽膝,而论学日精,听者甚众,遂成乡里大师。

孙晋,晚年自号余庵,又曰遁翁,清政府多次征召,拒不出仕。在龙眠山构建陋室,率子弟读书其中。

白瑜，于登州知府任上告归，隐居大龙山中，仰慕陶渊明，宅畔有海棠七株，故自号为七棠先生。

姚孙棐，晚年归隐龙眠山中，筑颂嘉草堂，自号瑞隐，人称瑞隐先生。

方大镇，晚年自号野司翁，隐居白鹿山。

吴道新，官至工部主事，明亡后归家隐居。

吴道约，年三十，弃诸生，隐居拔茅山。

谢颐斋，才思敏捷，明亡后隐居土室，吟咏自如。

邓森广，重气节，少时以匡扶社稷为己任，晚年隐居不出。

洪明瑞，隐居勤学，自号"有明遗民"。

……

这个名单还能列得很长。人们称赞一个地方，总喜欢说此地"钟灵毓秀"，而桐城，正是这样的一处所在。桐城秀美奇丽的山水、注重气节的传统，造就了一位又一位隐士，而这些隐士，又为桐城增添了许多人文气息和精神蕴藉。

第四节　捐躯国难

俗话说："疾风知劲草，板荡识诚臣。"国家危难之时，最能看出臣子的忠诚与气节。许多人平时言不离忠义，但一遇危难，便畏缩不前，甚至为奸变节；但另有一种人，他们素来便以名节自励，越是艰难的时刻，越能显示出视死如归的勇气和以身报国的决心。正是有了他们，中华民族的历史乐章上才有了那么多铿锵有力的韵律。明清时期的桐城，以英才辈出而闻名天下，其中不但有杰出的文豪，更有富有担当、为国尽忠的官员。让我们将视线穿过历史的风尘，走近这些危难之时挺身而出的桐城名宦吧！

一、宁死不屈

宋代名将岳飞曾说，只要文官不爱钱，武官不怕死，那么天下就可以太平了。这句话说来简单，但真正能做到却不容易。但明清之际，却有这样几位桐城的名宦，比如孙临和张秉文，他们以文人身份而为武将，率军作战，面对强敌宁死不屈，谱写了一篇篇可歌可泣的壮丽乐章，为桐城的节义精神添上了浓墨重彩的一笔。

在现今桐城市大观镇的百岭村，有一座双忠墓，墓主人之一，便是明末桐城大名鼎鼎的抗清义士孙临。当时清兵南下，南明小朝廷节节败退，不少志士意气消磨，以宴饮度日。一次酒宴上，孙临突然拍案而起，大声说道："大丈夫行事应当磊磊落落，我们的报国之志，难道就这么消磨掉了吗？如今贼兵已经攻到眼前，这正是我辈以死报国的时刻！"说罢即伸出一指放在火烛上炙烤，并立誓曰："不灭此贼，有如此指！"孙临通晓武艺，常一身短衣，背剑挎弓，驰骋于山野之中，自号"飞将军"。他还将自己的字"克咸"改为"武公"，以此自励。

崇祯十七年（1644），清兵攻破扬州，孙临的好友杨文骢被唐王朱聿键任命为浙闽总督，杨文骢向唐王举荐了孙临，称其为奇侠，善于用兵。唐王于是下诏任命孙临为监军副使，同杨杨文骢一道率军抗清。二人率部扼守福建仙霞关，关外清军屯兵十万之众，杨、孙之部仅万余，敌我兵力悬殊，然而二人丝毫不惧，誓死与清兵抵抗到底。战斗开始后，明军个个以一当十，与清兵展开了殊死搏斗，但终因敌众我寡，节节败退。杨文骢率领一部分残余士兵退至浦口，不幸被清兵捕获。孙临听到杨文骢被俘的消息后，拔下发簪交给夫人方氏，说："背君弃友，这不是我能干的事。我此去救杨公，必死无疑，你持此簪告诉太夫人，就说他的儿子死得其所了！"说罢，孙临便率领手下尚存的士兵杀向浦口。经过一番搏斗，孙临见营救无望，面对清军立地大呼："我乃监军副使孙武公也！"遂被抓获。清兵将孙、杨二人押至建阳，劝二人投降。二人破口大骂，英勇不屈，一同被杀害。临刑前，孙临仰天大笑道："孙三今日登仙矣！"

孙临与杨文骢死后，尸体横在路旁，附近的百姓感佩他们的不屈气节，将其埋葬在一棵大树下，并在树上写下二人的姓氏、官爵，时时祭拜。后来孙临的家人在当地百姓的指引下寻到这里，发掘出二人的遗体，由于时间已久，无法辨认，只好将残骨一起送回家乡，合葬在桐城县东三十里处的枫香岭，号为"双忠墓"，远近之人，过者必吊。

另一位桐城名宦张秉文，其英勇不屈的抗清事迹，至今仍在济南城中众口相传。一个桐城人，为何会在齐鲁大地被长久地纪念？让我们将目光上溯到三百多年前，来看一看这位抗清殉难的忠臣。

崇祯八年（1635），张秉文调任山东布政司左布政使。崇祯十一年（1638）冬，清兵分几路入关，其中多尔衮所率领的一路人马，最为剽悍，从河北的青山口一直打到山东济南。临近春节时，清兵突破外围防线，将济南城团团围住，形势非常危急。然而这时守卫济南的精锐部队全部随山东巡抚颜继祖移师德州，济南城内兵力不足两千。面对如此局面，张秉文一面派人向朝廷告急，请求援兵；一面紧急布防，动员城中百姓拿起武器来保卫家园；同时还将自己的全部家产捐献出来，招募士兵，率众坚守。此时，替皇帝督师的太监高起潜，坐拥重兵驻扎在仅百里之遥的临清，却见死不救。另一路援军大将祖宽见状也观望彷徨，贻误了战机。张秉文一个文职官员，率领数千士兵及城中百姓，与百倍于己的清兵抗争十余日，终于在次年的正月初二，因寡不敌众被清兵攻破城门。张秉文又率领残部与清兵展开惨烈的巷战，他身负数处箭伤，最终以身殉难。

在与清兵僵持之时，张秉文就已经下定了必死的决心。他沥血奉书给家中的老母亲，写道："我身为大臣，自当与百姓共存亡。我死之后，诸位弟弟会替我供养您。我已经发誓要以身报效朝廷，没有办法再伺候在您的左右了。"他的妻子方孟式，是方以智的姑母，也是著名的"方门三节"之一。城破之后，有人来报告，说张秉文已经逃走。方氏大怒，呵斥道："你们的主公岂是贪生怕死之徒？他绝不会弃城而逃！"过了一会儿，又有人来报，说张公已经战死。方氏听后，泪如雨下，说："这次是真的了！"她对侍妾陈氏说："我说过要和张公同死生的，如今张公已死，我也不能独活，家中的孩子今后就由你来照顾了！"陈氏毅然答道："夫人若赴死，我誓将追随！"于是妻妾二人同出官署，来到大明湖畔，纵身跃入水中。家中的侍婢、仆人等十多人，也相继跟随主母投湖自尽。

张秉文一家壮烈殉难的消息，很快传遍了四方。仁人义士闻听者，无不慨然泪下。朝廷也下旨褒奖，追赠张秉文太常寺正卿，在大明湖畔建专祠祭祀，并旌表曰"一忠二烈"。第二年，礼部侍郎钱谦益为张秉文撰写行状，赞颂道："公之官四方，循声直节，望重都门。百姓未尝不悲公之死，而状公之志也。"清代济南著名诗人任弘远也作诗纪念之，诗中写道："岳色惨愁悲烈性，济川呜咽泣忠魂。文孙话到前朝事，泪湿衣襟不忍论。"张秉文的英勇事迹和悲壮精神，不但长久地为济南、桐城百姓所牢记，也鼓舞着无数中华儿女，无私无畏，为国家和人民而奋斗。

还有一些桐城仕宦，面对敌人时也英勇不屈，不惜牺牲自己的生命。他们的事迹虽然没有孙临、张秉文那样煊赫，却也在天地之间留下了一股浩然正气，值得后人永久纪念。

阮之钿，崇祯末年任谷城知县。张献忠造反，纵容部下烧杀抢掠，危害百姓，阮之钿单骑前往军营劝说，张献忠不从。后张献忠攻破谷城，对阮之钿以死相迫，索要官印。阮之钿坚持不与，壮烈牺牲。

夏统春，崇祯年间任黄陂县丞。敌兵围困黄陂，夏统春率众死守，终因寡不敌众，城破被俘。敌人想逼迫他投降，他指着敌酋大骂道："我虽然只是个小官，但怎么能从贼造反呢？"敌人大怒，砍断了他的右手，他就用左手指贼而骂；敌人又砍断他的左手，夏统春还是大骂不已；最后敌人割断他的舌头，剜掉他的眼睛，他临死之际还一头撞向敌人。

胡如珵，明末为史可法记室。清兵攻破扬州，史可法死难，胡如珵也跟随殉国。他的仆人胡央，以军功被提拔为守备，城破之后也赴火自焚。扬州人民将同时殉难的十余位官员合葬，四时祭祀，胡如珵和胡央都在其中。

胡缜，明末任临江府推官，跟随杨廷麟守卫赣州。清兵破城，胡缜和他的两个弟弟胡绎、胡纳率领军民与清兵展开巷战，最终势单被俘，英勇不屈，一同殉难。

左德球，明末任沅州知州，率军抗击清兵，与妻子、女儿一起壮烈殉国。清兵未至时，有人劝其弃城而走，左德球大怒道："我已经六十多岁了，难道还贪生怕死吗？那样怎么对得起皇天后土？"

有多少名士在太平时慷慨倡言，一遭艰难，便或者颓废，或者变节；而文中这些桐城仕宦，却在国难之时恪尽职守，宁死不屈，真正无愧于"义士"的称号。他们是桐城的优秀子孙，其精神永远鼓舞着后人。

二、保境安民

中华民族自古以来就有抗击外来侵略的光荣传统。这其中，有很多优秀的官员，不计个人名利，以民族利益为重，尽职尽责，捍卫国境安全，保护人民安居乐业，桐城的两位名宦阮鹗和姚莹就是其中的优秀代表。

桐城名宦阮鹗，其主要的功绩是抗击倭寇。明朝中后期，东南沿海一带曾经饱受倭寇侵扰。"倭寇"最初以日本浪人为主，故称其为"倭"；但到了后来，由于日本国内形势转变，加上官府的管制，其主力变成了来自中国和朝鲜的海盗。他们隐藏在海上，伺机上岸，烧杀抢掠，无恶不作，甚至攻城略地。由于其行动飘忽，很长时间内官府对其无可奈何。直到后来，在胡宗宪、阮鹗、戚继光等一批文武才臣的指挥下，经过无数次艰苦的战斗，官府才基本上将倭寇剿灭干净，使沿海百姓过上了安稳日子。

阮鹗中进士后不久便被提拔为御史，巡按顺天。有一次，他在顺天府的省会涿州主持科举考试，正在这时，传来倭寇从渤海登陆、正在逼近的消息。正在考试的诸生顿时慌乱起来，阮鹗毫不畏惧，他让众人安定下来，率领他们拿起武器，登上城墙协助官兵守城。在大家齐心协力的严守之下，倭寇久攻不成，溃退而去。经此一役，阮鹗开始考虑防御寇患的问题，经过深思熟虑，他写成了御寇十策，上奏朝廷，皆被采纳。

不久，阮鹗改任浙江提学副使。当时浙江沿海一带，倭寇最为猖獗，为首的是歙州的大盗徐海，他拥兵数万，侵占了浙江沿海的五个岛屿，经常四处骚扰，气焰十分嚣张。阮鹗到任后，马上组织当地诸生学习弓矢，操练阵法，准备与倭寇战斗。有一天，倭寇突然自杭州沿海登陆，杭州全城戒严，城门紧闭。就在这时，城外的百姓奔至城下，请求进城避难，但守城的官员怕倭寇趁机侵袭，不敢开门接纳。数十万人在城外号啕大哭，其状甚惨。阮鹗见状大怒，说道："为官本在为民，奈何坐视而不救？贼尚在数十里外，坐弃吾民于贼乎？"当即手持利剑，命令士兵打开城门。

由于安排得当,难民得以全部进城,无一受害。难民入城后不久,倭寇就侵袭来了,阮鹗率诸生和士兵出城迎战。在他的感召下,人人奋勇抗敌,斩杀甚众,倭寇见大事不妙,溃散而逃,杭州城得以保全。百姓们感恩戴德,纷纷说:"如果不是阮公打开城门,我辈哪能活到今日?"并为他在武林门外建立生祠,以彰其德。朝廷也嘉奖阮鹗,将他升为浙江巡抚,兼理福建。

倭寇经此重创,也时刻伺机报复。不久后,匪首徐海、陈东等率倭寇三万余人,围攻乍浦。阮鹗早有准备,他率领一支部队,从侧方突围,迂回至敌人后方,在嘉兴临平山进行突袭。倭寇腹背受敌,猝不及防,顿时溃败,乍浦之围被解。残余倭寇逃至桐乡,阮鹗又料事如神,抢前一步进入县城,与知县金燕率兵死守,相持四十余日。这为总兵胡宗宪从容布兵赢得了时间,他采用徐渭的计策,设计诱贼,斩其首领徐海、陈东,江浙一带最大的一股倭寇至此被歼灭。

对于剩下的其他几股倭寇,有些人主张以抚为主,甚至胡宗宪也持此论。但阮鹗坚决反对招抚,要求将其彻底歼灭。阮鹗的建议得到了皇帝的支持,皇帝下旨曰:"以后言抚者斩!"但他因此也得罪了很多人,以至于分派给他的士兵,多数是老弱病残,甚至军饷也被暗中克扣。阮鹗就率领着这样的队伍,从缙云勇往直前,攻克仙居;再移兵雁门,乘着雪夜登上舟山岛,重创倭寇老巢。浙江彻底平定,朝廷将阮鹗晋升一级,并赐予金币。接下来,阮鹗将剿匪的重点由浙江转移到福建。由于长期与倭寇作战不利,福建的军队闻寇丧胆,临阵即溃。阮鹗首先重新招募兵士,加强操练,以重振军威。在练兵期间,他以守为主,不轻易出战。不料却遭到御史宋仪望的弹劾,奏其怯懦畏敌,靡费储饷,且另募兵士,图谋不轨。朝廷轻信此言,将阮鹗削去官职,解送北京下狱。

阮鹗爱民如子,押解途中经过浙江,杭州城里的百姓纷纷前往岳武穆祠为之祈祷。阮鹗被诬陷下狱后,经过浙江、福建的仕民多方营救,才幸免于死,回到家乡桐城闲居,不久便去世了。对于他所蒙受的不白之冤,其长子阮自嵩数次上书朝廷为之申诉,"大司徒马公森、大司马霍公冀读而悲之,合疏陈功状,趣两台省使者勘报"。终于在万历四十二年(1614),

皇帝下《谕祭文》为其平反,并赐祀乡贤祠及浙江名宦祠。一代忠臣终于得到了公平的对待。

姚莹是著名文人姚鼐的侄孙,曾任台湾知县三年,期间着重发展当地落后的经济,改善高山族居民的生活,并采取种种

姚莹墓

措施调解了汉族和当地少数民族之间的矛盾。也正是在这时,姚莹敏锐地觉察到了英国人的侵略意图:"(英国人)海道既熟,又见我海防之疏,水师之懦,忽起异谋,能保无他日之忧耶?"建议严防口岸。此时,英国侵略者对台湾的窥探越发猖狂,总督邓廷桢认为:"闽浙紧要之区,以厦门台湾为最,而台湾又为该夷歆羡之地,不可不为之防!"而姚莹因为能力突出,又曾在台湾任职,对当地情况十分了解,自然便成了新任台湾道的最佳人选。经过多方考察,道光十七年(1837),姚莹被正式任命为台湾道,全面负责整个台湾的防务。

道光二十年(1840),英国以中国禁止鸦片输入为借口,发动了蓄谋已久的鸦片战争。战争爆发之初,英军进攻广州不利,转而进犯台湾。次年9月30日,第一次台湾保卫战在基隆爆发。这天早晨,英舰纳尔不达号驶入基隆港,首先发炮轰击二沙湾炮台,打坏兵房。台湾守军开炮还击,英舰桅折索断,慌忙外逃,在纷乱中触礁破碎。英兵纷纷落水,被追击的守军当场击杀33名,俘获"黑夷"133人,缴获大炮十余门。这是中英开战以来中方的第一次胜利,道光帝闻报大喜,下旨赏姚莹、达洪阿顶戴花翎,从优议叙,其他立功之人也都获得赏赐。道光二十二年(1842)3月5日,英舰阿恩号在大安港外游弋窥探,姚莹、达洪阿遵照"不与海上争锋"的战略,命令将士"以计诱其搁浅,设伏歼擒"。11日,阿恩号

到大安港外，台湾渔船诱骗其进入土地公港，触暗礁搁浅。台湾伏兵乘势发炮攻击，击沉阿恩号，击毙英军数十名，生俘50余人，其中还有汉奸5人，夺获大炮10门。这是中英开战以来中国取得的又一次大捷，经上报，清道光帝"嘉悦之至"，特下旨赏封姚莹二品顶戴、达洪阿太子太保衔。

经过这两次重创，英军一段时间内不敢再侵犯台湾。台湾军民虽然在姚莹的率领下连续给予英军以沉重打击，但在大陆，清军却节节败退，英国侵略者连续攻陷宁波、镇江、上海，直逼南京。清政府被迫求和，签订了丧权辱国的《南京条约》，根据条约中的不平等规定，英国派聂夫来安平索要被姚莹擒获的俘虏。当得知俘虏多数都已被处决时，聂夫大怒，向姚莹提出质问。姚莹不卑不亢地回答说："你们侵扰江浙沿岸，杀伤我官员，伤害我百姓，皇帝震怒，台湾军民人人愤恨。本应将其全部正法，给你们留下头目9人，已属格外开恩。"聂夫无言以对，只得带着这9人灰溜溜地走了。

此时清政府已经被主和派把持，主持和议的两江总督耆英、闽浙总督怡良等害怕和局破裂，一再奏请将姚莹、达洪阿解京查办。道光帝明知两人委屈，但当听说英军要派"大轮船自赴天津投递"的消息后，慌作一团，连忙将姚莹、达洪阿两人革职逮问，所有的奖赏也一律撤废。咸丰帝即位后，姚莹被重新起用，授广西、湖南按察使，1853年在广西病故。姚莹死后，归葬故乡桐城龙眠山小河口中的"姚家坟山"，碑曰"皇清诰通议大夫广西按察使姚公石甫先生墓"，家乡人民四时祭拜，至今其墓尚存。

阮鹗和姚莹是当之无愧的民族英雄。他们奋不顾身、保境安民的英勇事迹，也在桐城长久地流传。他们与巍巍龙眠山共在，与悠悠皖河水长存。

第七讲 俚歌巷曲，寓俗于雅——桐城民歌

勤劳的桐城人民在长期的劳动实践和与自然的斗争中，创造了具有独特地域风格和浓郁乡土气息的桐城文化。七省通衢、襟江带湖的文都桐城不仅有婉转悠扬的黄梅戏、精深丰厚的桐城派，富饶秀美的桐城山水还孕育出独具特色的桐城民歌。

从古至今，桐城民歌（包括桐城歌和黄梅戏两个方面）依循着自身的发展轨迹，逐步完善直至成熟为别具一格的地方民歌。它既是劳动人民集体创作的一种韵文形式的民间文学，同时又是一种融词、曲、表演为一体的综合艺术。

第一节 俚歌巷曲

"饥者歌其食,劳者歌其事",作为文化艺术的瑰宝,桐城歌是桐城人民表达自己喜怒哀乐的产物,是桐城人民智慧的结晶。

一、闾巷真诗

桐城歌内容丰富,包罗万象,它与桐城人民的劳动生产、爱情生活、民俗民风密切相关。脍炙人口、流布甚远的桐城歌,或针砭时弊,或谈古论今,或闲话家长里短,或吟味百态人生,或礼赞山川风物,或感叹世事流俗,题材几乎涉及社会生活的各个方面。就其主题而言,明清以前多是以表达情爱为主的杂调时曲,明清以后可细分为劳动歌、仪式歌、生活歌、情歌和儿歌等类别。一部桐城歌卷就是一部桐城社会生活史。

1. 乡俚传诵的古歌谣

桐城歌的历史久远,有的研究者甚至把有文献记载的桐城地方歌谣推演到了汉唐时代,但其真正流行却是在明清时期。因此,这里所谓的古歌谣特指有文字记载的、杂糅在各种典籍之间的明清时期的桐城歌,尤指明清时期人们称作时曲的桐城歌谣。何谓时曲?郑振铎先生在《明代的时曲》一文中解释说:"所谓时曲,指的便是民间的诗歌而言。凡非出于文人学士的创作,凡'不登大雅之堂'的小调,明人皆谥之曰'时曲'。故在时曲的一个名称之下,往往有最珍异的珠宝蕴藏在那里"。

桐城歌这种地方民歌蔚然风行并跻身明代时曲之列绝非偶然现象,它首先得益于民歌在明代文学史上的重要地位。明人卓珂月认为:"我明诗让唐,词让宋,曲让元,庶几《吴歌》、《挂枝儿》、《罗江怨》、《打枣竿》、《银绞丝》之类,为我明一绝耳。"(陈鸿绪《寒夜录》引)明代民歌把庄雅向谐俗的文学发展态势推向极致,使其更贴近平民,更易于传诵。自明中期起,像民歌这样直接反映民众生活而又具有鲜活艺术生命力的俗文学,在特定的社会环境下,随着城市工商业不断发展,市民阶层逐渐崛

小院秋歌

起,越来越受到广大民众尤其是市民阶层的普遍欢迎,甚至在某些地区,唱山歌、作野调已成为桑间濮上、田间地头人们的一种日常行为。沈德符《万历野获编》称"不问南北,不问男女,不问老幼良贱,人人习之,亦人人喜听之"。一些文人士大夫通过耳濡目染,也对昔日不登大雅之堂的民间俗曲另眼相看,如李开先称其"语意则直出肺肝,不加雕刻"、"情尤足感人"。《三言》的作者冯梦龙则认为它们可以"借男女之真情,发名教之伪药",甚至亲自整理、创作与传播民间歌谣。

明清时期的桐城歌先后被辑录在《明代杂曲集》、《山歌》、《万花小曲》等多个文人选本中,其极富生命力的艺术形式,鲜活而生动地反映了明清时代的桐城地区社会文化图景和风俗人情。

(1)李子汇的《词珍雅调·风月词珍》。

在众多文人选本中,李子汇的《词珍雅调·风月词珍》辑录桐城歌的数量最多,其中《时兴桐城山歌》包括"斯文佳味"和"私情佳味"两个部分,共计五十四首。其句式近于曲中小令,读来琅琅上口,内容多写青年男女追求幸福、两情相悦、闺闱思夫、失恋之怨,大胆、活泼、清新,一反宋元以来文人学士所写词曲的衰颓陈腐之风,充满了浓郁的地域风情。

（2）冯梦龙的《山歌·桐城时兴歌》。

在古代的桐城歌谣中，冯梦龙的《山歌·桐城时兴歌》影响最大。其所辑24首桐城时兴歌皆为情歌，冯梦龙在《叙山歌》中称之为"私情谱"：

> 书契以来，代有歌谣，太史所陈，并称风雅，尚矣。自楚骚唐律，争妍竞畅，而民间性情之响，遂不得列于诗坛，于是别之曰山歌，言田夫野竖矢口寄兴之所为，荐绅学士家不道也。唯诗坛不列，荐绅学士不道，而歌之权愈轻，歌者之心亦愈浅，今所盛行者，皆私情谱耳。

民俗学家郑振铎先生也曾为《山歌·桐城时兴歌》作跋云："《山歌·桐城时兴歌》也和一般的民间歌谣一样，究以'私情'的咏歌为主题，而且也只有咏歌'私情'的篇什写得最好。"

桐城歌中唱道："先生教书有书本，山歌无本句句真。"被称作"私情谱"的桐城时兴歌"出诸里巷妇人之口，情词婉曲，自非后世诗人墨客操觚染翰、刻骨流血所能及者，以其真也"。它真实地摹写了恋爱中男女的喜怒哀乐与悲欢离合。他们或者纯真烂漫，或者情思绵长，或者热情泼辣，或者哀婉悲戚，或者彷徨疑惧，表现出人们对生命本体的尊崇和对爱情的强烈追求，犹如一幅幅形态各异的爱情画卷。

譬如，相恋的情侣为表达心中爱意，炽烈的情词往往喷薄而出，比如《茶》，前两句"斟不出茶来把口吹，壶嘴放在姐口里"。近乎白描地写出女子斟茶的生活场景，被爱情冲昏头脑的男子突发奇想，设喻自比，"不如做个茶壶嘴"，目的就是"常在姐口讨便宜，滋味清香分外奇"，字里行间满溢的皆是浓情蜜意。同样表达热恋的还有《秋千》：

> 姐在架上打秋千，郎在地下把丝牵。姐把脚儿高跷起，待郎双手送近前，牵引魂灵飞上天。

古往今来文人诗词中便有许多描写女子与秋千相映成趣的场景，苏轼词有"墙里秋千墙外道。墙外行人，墙里佳人笑"；欧阳修《蝶恋花》词："泪眼问花花不语，乱红飞过秋千去。"荡秋千是民间最受女子青睐的娱乐活动，往往寄寓着欢欣的闺阁生活。这首歌中的女子在架上荡着秋千，情郎则侍立一旁，适时牵引，起起落落间尽情摇曳的其实是情人的春心。

除了热恋的情诗，关于相思的歌谣也有不少。其中最为人称道的是《素帕》。一日不见如隔三秋，恋爱中的女子以一方洁白的丝帕赠予自己的心上人："不写情词不写诗，一方素帕寄心知。"设想对方能领会她缱绻的柔情。"心知接了颠倒看，横也丝来竖也丝"，仔细斟酌之后，不免又有"这般心思有谁知"的隐忧与无奈。

"相见时难别亦难"，比相思更难消受的煎熬是别离。古代交通不便，路途遥远，一别经年再难相见，因此离别时必然儿女情长、缠绵凄切。如《送郎》前两句"郎上孤舟妾倚楼，东风吹水送行舟"，从眼前景色生发开去，驰骋想象，另辟新境，接着表达了"老天若有留郎意，一夜西风水倒流。五拜拈香三叩头"的愿望，其构思之奇，出人意料。然而设身处地，又觉得离愁别恨字字发自肺腑，句句情真意切。

《山歌·桐城时兴歌》中托物起兴，劝诫讽喻的歌谣不在少数，譬如《剑》：

> 一张宝剑寄多娇，龙泉三尺放光毫。心肝莫说无情剑，心肝莫说两边刀，要与心肝刎颈交。

（3）明清文人仿作的桐城歌。

除了明清民歌集中的俚歌巷曲，明清时期一些文人仿作的桐城歌，如姚兴泉的《桐城好》150余阕小令、方以智的《牛角饮》、马苏臣的《棉花谣》和张廷玉的《山中暮归闻樵歌》等，都是富有浓郁民歌风味的佳作。

2. 丰富多彩的劳动歌

桐城自然地理环境优越，属亚热带湿润气候区，气候温和，四季分明，土地肥沃，良田万顷，适宜农桑稼穑。康熙《桐城县志》称："据湖山民，水耕火种，有渔稻之利。"几千年来，桐城人民就在这片土地上繁衍、生息，用自己的勤劳和智慧，创造了丰富多样、多姿多彩的劳动歌。这些歌谣与劳动的场景紧密结合，格调与生产生活的特点一致，千变万化、不拘一格，其产生、演唱均不受时间、地点、人物等的限制，演唱形式多种多样，可以独唱、齐唱，互相盘问对答，自问自答，内容涉及插秧、薅草、放牛、砍柴、采茶、渔猎等。这些民间歌谣与劳动场面融为一体，曲调明快，节奏也比较鲜明。

（1）农事歌。

农事歌谣内容多涉及农业生产经验的传授以及劳动的感受。桐城歌中以种田、采茶、养蚕等与之相关的农事歌谣最具代表性。桐城拥有得天独厚的自然条件，稻作农业发展已久。人们在长期的农业劳作中积累了丰富的经验，注意到农耕与物候息息相关：

> 布谷鸟儿叫连声，催醒多少梦中人，勤奋人说催得好，懒汉人说吵死人，催得好，吵死人，到时好坏比收成。

一年之计在于春，布谷鸟的声声啼叫意味着天气晴暖，万物更新的春种季节已经来到，在没有科学的观测仪器之前，物候成了人们从事农事耕植的重要依据。几千年来，勤劳智慧的人们注意到，春天鸟语花香，草木滋长，雷惊蛰伏，应时而动，而冬天草木凋零，昆虫潜藏，农人们经历了一冬的休整后，抖擞精神，期待春耕。尤其是在一场贵如酥油的春雨之后，土地变得更为松软，此时最为适宜耕作植播：

> 柳枝儿细来雨丝长，细雨濛濛好，株对株来行对行，一路歌儿一路秧，一路秧，风调雨顺禾苗壮。

耕作之余为了排遣劳动的艰辛和疲劳，夏日田间，插秧、耘稻的农民便唱起高亢悠扬的《薅草歌》：

> 走下田来把秧排，前埂排到后埂来，前埂排的是梁山伯，后埂排的是祝英台，祝英台，二人边插边唱起来。

收获季节的来临足以慰藉平日劳作的辛苦，于是农人们在田间地垄唱起了欢乐的《丰收歌》：

> 跳下田来唱一支歌，田公田母你记着，前年收下五千担，去年收了万把箩，万把箩，今年比去年还要多。

与现代化的机器大生产不同，耕牛是传统农耕的重要标志，在农业生产中起到重要作用，也成为农人们歌咏的对象：

> 太阳起山往上拖，老牛清晨出山窝，出了山窝要吃草，要吃青草下江河，下江河，膘肥体壮好干活。

水利对于农业至关重要，及时灌溉才能保障丰收。在旧时，桐城人常用水车取水,那时候没有什么水利设施,大部分是"望天田",田地灌溉基本上靠河水。遇到天旱季节,田地颗粒无收。灌溉工具也非常简陋,村民用脚踏水车或者桶从山塘里舀水,耕作非常辛苦。因而桐城歌里有苦中作乐的《车水呀呀》:

>车水车水呀呀,车到河中央央,老天不下雨,车死河边柳。
>
>车水车水呀呀,水到高田汪汪,老天不下雨,收成照样有。

(2)打夯歌。

在劳动生产中,人们既征服了自然,也创造了文化艺术。旧时在高强度的劳动生产过程中,尤其是集体协作性较强的劳动,为了统一步调,协同动作,减轻劳动负累,活跃身心,调节呼吸,劳动者常常发出吆喝或呼号——也就是劳动号子,这类歌谣的特点是"歌声与劳动节拍极为和谐一致。它的内容主要是靠劳动的呼声组成,在一领众和的形式下,加入少量指挥劳动和鼓舞情绪的词句"。它具有协调与指挥劳动动作的实际作用。譬如桐城歌中的《夯歌》:

秋收

小小石硪重千斤，打一下来哼一声，高高起来重重落，众人打硪要齐心，打一层来板一层，打出金来打出银，千斤石硪好好打，高楼万丈摸到星。

　　要我带硪就带硪，我带硪来还带歌，石硪高高甩，步步往前挨，大家都出劲，石硪甩起来，今天多淌汗，明天多进财。

（3）采桑歌。

在男耕女织的传统农业社会中，采桑养蚕也是一项非常重要的农事活动，桐城歌对此描述有：

　　箩筐挂在桑枝上，插完黄秋再采桑，养蚕人穿破衣裳。

　　养蚕人，忙又忙，又纺纱，又采桑。

　　不养蚕的穿罗纺，养蚕人穿破衣裳。

（4）樵采歌。

开门七件事，柴米油盐酱醋茶，樵采砍柴也是旧时桐城山民从事的重要农事活动之一。所谓靠山吃山，靠水吃水，居住在山边的人们依靠采伐山林为生，山林成为重要的生存资源，于是静寂的山林时时响起曲调悠扬的《卖柴歌》：

　　家住北门十里外，清早挑柴上街卖……柴买米养爹娘。

（5）渔猎歌。

桐城水域广阔，境内河道交织，形成大沙河、挂车河、龙眠河、孔城河四大水系，又有嬉子湖、菜子湖等天然湖泊，水产丰富。康熙《桐城县志》载："滨江一带，则芦苇无际也，东西两河及江滨，鱼利甚大，而江滨之蟹与时鱼，亦称美焉。"随潮来往，安居于舟楫的渔民，凭借着渔歌表达对大自然和生活的感触，也描绘了一幅幅渔民捕鱼的民俗生活图景：

　　吃过午饭下长河，郎驮丝网姐驮箩，郎驮丝网沿河打，姐驮鱼箩乘河摸，乘河摸，螺蚌鱼虾一大箩。吃鱼哪知打鱼难？菜子湖里鱼儿多，混子鲤鱼赤膊哆，风疾浪高难开网，吃鱼哪知打鱼难？吃鱼的吃的是鱼王，打鱼的吃的是鱼肠。

（6）采茶歌。

劳动人民在茶山劳作，为解除劳动的疲劳和寂寞，也创作了很多与茶有关的歌谣。叶濒先生在其主编的《桐城歌》中，曾辟"茶歌"专章，收录了十四首与茶有关的民间歌谣，如《茶儿经》、《桐城有三宝》、《盘茶歌》、《我夸乖姐美胜花》、《新婚絮祝》等，都以茶为主题，包罗万象：种茶、采茶的劳动场景；客来敬茶、结婚送茶礼的礼仪礼俗；劝请喝茶的盛情；借茶言情的郎情妾意……这些田间地头质朴的吟唱，从不同侧面反映了茶农生活和当时的社会生活状况，如《桐城小花胜龙井》：

龙眠山中紫气生，桐城小花胜龙井。山好水好地气好，龙井比之逊几分。采茶姑娘心手巧，绿茶棵里织彩绫。茶叶满筐嫩而绿，瓣片论级细细分。一芽一叶如金贵，片片印着姑娘心。喝口鲜茶香满身，心旷神怡如游云。

有的描写劳动的艰辛：

鲁猁茶叶黄又青，穷人枉做种茶人，指望茶叶快快长，没想采时反忧人。财主到，劣绅跟，炒的茶叶不够分。保长要，恶棍哼，扯光茶棵难做人。多少年来多少载，霸道勒揹种茶人。

而更多的是茶山情歌，以歌为媒，求偶成婚，如《半夜想着上茶山》：

小郎今年二十三，半夜想着上茶山，茶山上有个小大姐，细皮白肉赛牡丹，赛牡丹，陪郎摘茶陪郎玩。

又如《盼着日头不下山》：

小郎十五又加三，一心想着上茶山。茶山上有个小大姐，陪郎摘茶陪郎玩。陪郎玩，盼着日头不下山。

桐城茶歌从不同方面反映了桐城人的喜怒哀乐和生产生活，语言朴实，情感真挚，堪称桐城民歌的精髓。

3. 神秘古朴的仪式歌

神秘古朴的仪式歌源远流长，先秦文献《吕氏春秋·古乐篇》中就有相关记载："葛天氏之乐，三人操牛尾，投足以歌八阕。"它是指在祭祀、庆典等重大节日或场合中所唱的歌谣，是人们长期积淀形成的信仰文化的一种表现，表达了对幸福生活的愿景。

素来崇文重礼的桐城也有自己独特的民间信仰和礼俗、节庆等民俗文化。徐国治修纂的《桐城县志略·礼俗篇》说："桐城西北环山，民厚而朴，代有学者，东南滨水，民秀而文，历出闻人，风俗质素，极崇古礼。"伴随着丰富的仪礼而产生的仪式歌谣数量众多，内容丰富。

在保存和记录下来的桐城歌中，人生仪礼占有重要位置，特别是人们

边陲小镇唐湾

生活中普遍遵循的诞生礼、婚礼、丧礼三大仪礼习俗,它们标志着每一个社会成员成长过程的重要阶段。而在不同的仪礼过程中,歌谣都占据着不可忽视的重要地位。

(1)诞生礼。

生命的诞生是神圣庄严的,为了迎接新生命的降生,人们要举行一系列的诞生仪礼,家人欢欣,亲朋道贺。

在桐城,诞生礼非常隆重,在婴儿降生后要持续整整一年。婴儿降生后第三天,举行仪式,俗称"洗三朝",即孩子降生后第三天,外婆给他从头到脚清洗。方法是:用艾叶泡过的热水,里面放一把小葱、一个红辣椒,寓意长大聪明泼辣;洗好擦净后用煮熟的一只红鸡蛋,从头到脚滚,边滚边唱《三朝滚脸歌》:

> 三朝吉日来,滚脸蛋儿揣儿怀。叫儿呵口气,从头滚起来。先滚头,中诸侯。再滚颈,乌纱圆顶。再滚腰,骑马挎刀。再滚脚,七抬八托。滚遍全身,从小步步高升。全身滚遍,三朝吉语兑现。

唱完后，将滚脸红鸡蛋分给其他孩子吃，据说小孩吃了会聪明伶俐。这种诞生礼俗由来已久，在清人姚兴泉《龙眠杂忆》中有"桐城好，养小第三天。五彩结成长命线，百文穿就洗儿钱，红蛋滚头圆"，这两首歌谣都表达了对新生命的珍爱和祝福。

在桐城旧俗中，婴儿满月之日，主人须请亲朋好友吃"满月酒"。婴儿出生一百天，主人做"百岁粑"分赠给亲友邻居。婴儿满周岁，多行"抓周礼"，以小儿首次抓的什物，预测其长大后的前途及职业。对此桐城歌中的《抓周歌》也有描写：

> 人生一岁智门开，我唱宝宝抓周彩。抓起笔砚龙门进，抓起刀枪疆场奔，抓起算盘元宝滚，抓起扁担挑金银。七十二行人人做，行行都能出能人。

这种具有一定的家庭游戏性质的人生俗礼，反映了父母对子女的舐犊深情，同时也通过抓周来表达对子嗣前程良好的愿景和祈求。

（2）婚俗歌。

男婚女嫁是人生礼俗的重要阶段。自古以来，人们对婚嫁礼仪过程就给以了最美好的祝愿，婚礼的每一个阶段几乎都有歌谣伴随。桐城嫁娶的歌谣有"哭嫁歌"、"上轿歌"、"退嫁神歌"、"拜堂歌"、"撒帐歌"、"盘新娘歌"、"贺喜歌"等，连乞丐也往往要赶吃喜事饭，唱一段"赶喜喝彩歌"。从新娘下轿开始，一直到夫妻拜天地以及到撒帐仪式，都有相应的吉祥祝福喜辞。结婚之日，男女双方各设宴请客。男方发花轿至女家（花轿忌空，必坐两个男孩，谓之"暖轿"）。新娘净身后内穿生布裀裤，外穿彩饰结婚礼服，头戴绒花，然后蒙上红盖巾，由舅舅或兄弟背上轿。忌脚沾地面和回头看，以免日后娘家穷困。起轿时，娘家放声哭嫁，俗有越哭越发之说。所经村舍，孩童常以泥块、石子砸新娘，俗谓越砸越发。仪礼歌有《一把喜果撒轿门》：

> 嫁神嫁神，护嫁来临。三牲酒礼，送驾回程。车来车驻，马来马停。一把喜果，撒开轿门。吉星高照，福寿康宁。

又有《砸帐歌》：

> 一进新房双凤朝阳，恭喜新娘贺喜新郎。一砸荣华并富贵，二砸金鱼满池塘，三砸三元及第早，四砸凤舞配龙翔，五砸五子拜宰相，六砸六合同春长……

这些喜辞的中心意思，就是尽情表达万分欣喜和由衷祝福的心情。

在桐城西乡、万元一带农村，新娘到婆家自下轿至吃喜事饭这一段时间内，均由主婚人跟着唱或念新婚祝词，即《新婚絮祝》，如："爆竹一放喜洋洋，我到贵府瞧新娘"、"左边有个金银库，右边有个大米仓，金库不断传家宝，米仓不断万石粮"、"娘家陪的扑扑满，婆家陪的是牙床，两头摆开鸳鸯枕，红绸被子铺上床，八块银砖支地板，四块金砖支牙床，金帐杆子银帐钩，红罗帐子挂高头。"歌词的内容多不固定，见风挂牌，因人而异，或多或少，内容为祝贺新郎新娘、岳父岳母、宴席、陪嫁，等等。

最为特别的桐城婚俗歌谣是《退嫁神》。新娘乘花轿至男方门前停下，男方请当地有名望的绅士或塾师行"退嫁神"礼。嫁神据传为桐城民间送新娘至新郎家的保护神，在完成婚礼全程后，男方家会用香烛纸马祭酬。主持退嫁神仪式者，手抓玉米、白果、茶叶，边撒边念《退嫁神》词："嫁神、嫁神，喜嫁来临，三牲酒礼，送尔回程。车来车驻，马来马停。一把喜果，撒开轿门。一撒文官当堂坐；二撒武官把城门；三撒鸳鸯同戏水；四撒童子拜观音；五撒丹凤朝红日；六撒鲤鱼跳龙门；七撒七个七仙女；八撒八仙吕洞宾；九撒九华丹桂景；十撒锦绣满乾坤。"清乾隆后，由于桐城派文人的影响和参与，《退嫁神》词由俗变雅，增加了三纲五常、三从四德等封建伦理内容，如："伏以！喜鹊成桥，近渡牛郎织女；彩鸾引嫁，作合才子佳人。夫妇为人伦之本，诗咏关雎；姻缘协天地之和，礼成道统。名门贵子，恪守三纲五常以处世；望族名媛，遵从三从四德而终身。芝兰好合，佳偶天成，谨以馨香素果之仪，酬谢嫁神护送。庆今宵合卺交杯，恩爱到老，祝来年兰芬桂馥，福寿长荣。"

随着时代变迁，婚礼中的繁文缛节逐渐从简，但流传在民间的仪礼歌仍不失为一种宝贵的文化遗产，值得今天的人们珍视。

（3）丧葬歌。

桐城民间崇尚儒礼，葬俗也不例外。人死周年或三五载，举葬之家便请阴阳先生择定山场和安葬日期，将死者归葬入土，即为归安。从选择坟地开始，民间盛行各种礼俗歌。过去，人们认为先人墓地的风水好坏，将影响后代的盛衰，故葬前选择坟地，颇讲究风水"龙脉"。桐城的丧葬歌谣中多有"龙"字，葬俗仪礼歌以龙命名，称为"请龙"、"呼龙"。比如《出殡掌彩》：

> 一杯酒祭龙头，子孙后代做诸侯。二杯酒祭龙腰，子孙后代戴纱帽。三杯酒祭龙尾，子孙后代在朝里。起呀，发呀，一条黄龙往前牵。挑担子哥哥站一边，等我黄龙绕边过，子孙后代中状元。

出殡，即把灵柩抬到埋葬或寄放的地点。掌彩，为桐城旧俗，抬棺时，由一人领着喊些吉利的话。每喊一句，其余抬棺人便跟着喊"哟嗬嗬"。彩词大多是见风挂牌，遇见什么喊什么。

"请龙"是桐城旧时的葬俗，先人讲究入土为安，厝葬几年之后要"请龙"安葬。"请龙"即揭稻草抬棺时进行的一种仪式，由地师司仪。唱《请龙辞》：

> 手拿金壶白鹤仙，未经请龙先请天。我把此酒祭龙头，子子孙孙中诸侯。我把此酒祭龙腰，子子孙孙戴纱帽。我把此酒祭龙尾，子子孙孙在朝里……

在桐城当地，人们把棺材安放之穴称作"井"。祭井即用稻草暖井（烧炙）后，地师立井边，手执酒壶，边洒酒边念：

> 伏以，天地开张，神人点穴，福人安葬。神听杵子曲，木听匠人言，龙听我子言，一条黄龙土埋眠……

最后以《呼龙辞》结束葬仪：

> 伏羲，天地开张，天有包罗万象，地有二十四方，所生某龙在其间。龙身龙身，你由哪里而来？据神师著书立册，是由昆仑山发脉而来……此地乃是天留一穴，神仙来点。前有明堂掌心，后有来龙去脉，左青龙右白虎，三吉六秀四美俱全……

流传在桐城民间的生命仪礼歌是贯穿整个人生过程的。它从一个新生命的诞生开始，至生命的逝去而结束。中间经过了成长、成年、婚姻等环节，生命仪礼是生命历程中柔软的结点，它承接了上一段生命历程，又开启了新的生命前景。

桐城仪礼歌除了红白喜事歌外，还有一些其他仪式的歌谣。盖房建屋，伴随着"上梁"仪式就有许多歌谣，如《建房立木上梁式》、《进梁歌》、《上梁歌》等；逢年过节，预祝吉祥如意讨喜庆，要唱《财神菩萨送宝来》、《讨彩钱》等。这些歌谣，都是民众在长期的社会生活中表达情意时重要的载体，是桐城文化的活化石。

4. 千姿百态的生活歌

生活歌是广泛反映人民群众日常家庭生活的民歌，最流行的有农民生活歌、妇女生活歌等。桐城歌涉及社会和家庭的方方面面，有鲜明的地方特色和浓郁的生活气息。作为社会的一面镜子，这些歌谣反映了各行各业人民的喜怒哀乐，对美好生活的渴望和追求，对困苦生活的倾诉和对丑恶现象的揭露。还有劝诫歌谣，劝人向善，孝顺父母，勤俭持家，团结和睦，立志读书，走正道、做好人，充分显示了为人处世的传统美德，到现在仍有很强的现实教育意义。另外还有对地方风貌、生活知识的反映和积累，其语言形象生动，有浓烈的乡土味道。

（1）劝世歌。

劝世歌是奉劝人们善行处世的教化民歌。歌词内容都是如何认识事物、如何做人和如何立身处世的道理。劝世歌以其警世的题材在民歌民谣史上自成一家，内容和地位一如文学史上的言志作品。

劝世歌在桐城歌中占有相当大的数量，有着重要地位与作用。像《桐家教儿经》、《做官要做包文正》、《过日子勤俭要记牢》、《劝孝歌》、《姐劝小郎莫赌钱》、《姐劝小郎莫贪财》、《姐劝小郎莫嫖娼》等，五花八门，涉及社会、家庭、生活的方方面面，教育人们如何修身、养性、齐家、为政；劝诫人们要立大志、行正道，行孝、尽忠、守信、恪仁、祛恶从善、祛邪从正，就像"人生指迷针"，比如《劝学》：

> 教儿学内攻书史，教女针绣莫懒身。读书须把书为重，切莫学内哄先生。哄了先生欺了己，纸糊灯笼怎瞒人……姐劝小郎莫行凶，善恶到头有报应。多少恶人无善死，多少善人乐太平。乐太平，人间还是要好人。

劝世歌大多是前人处世行事的经验总结，将先人的道德观念、处世原则、思想方法、经验教训，用歌谣的形式来传承后世，用透彻的人生哲理来启迪教育民众，用中华民族优良的传统美德和道德价值观来奉劝世人改过迁善、克己复礼、洁身自好，做到父慈、子孝、兄友、弟恭、夫和、妇顺、主仁、行孝，晓之以理，动之以情，发挥歌谣道德教化的积极作用。

（2）苦情歌。

"心之忧矣，我歌且谣"。在漫长的封建社会里，劳动人民长期从事繁重的体力劳动，且处处遭受压迫与剥削。哪里有压迫，哪里就有反抗，愤懑不平的人生际遇使得他们通过歌谣这种曲折的方式来宣泄情绪，如《看牛的伙计好可怜》：

> 太阳升到半中天，看牛的伙计才把牛儿往回牵。回来迟了稀饭没得吃，回来早了又挨老板喧。老板喧，看牛的伙计好可怜。

又如《长工是块铁》：

> 长工是块铁，天晴下雨没得歇。不是舂大碓，就是磨大麦。冷天想不到热饭吃，暖天想不到睡凉席。晴天想不到草帽遮，雨天想不到戴斗笠。

长工是旧时靠给地主、富农长年干活为生的贫穷雇农。歌中历述长工非人的生活待遇，抒发长工的悲愤、抗议的强烈感情。

由于不合理的社会制度及落后的生产方式，生活在社会底层的劳动人民大多挣扎在死亡的边缘。迫于生计，有人无奈之下卖儿卖女，桐城歌中便有《卖儿卖女苦涟涟》：

> 当县长的大发财源，当乡长的买地置田。当保长的大吃鸦片，当甲长的不脱零钱。害得庄稼人，一年不如一年，卖儿卖女苦涟涟。

这些苦难生活的悲歌，从各个角度真实地再现了底层人民的辛酸和血泪。

民间流传的苦情歌的另一大组成部分是妇女生活苦歌。在宗法和理教的束缚下，任劳任怨的妇女只能把哀怨辛酸编织进歌谣，如《苦媳妇自叹》中的主人公，自从姑娘过门成为媳妇之后，完全是一个家奴形象，既无劳动中的愉快，也无情感上的慰藉，更无夫妻间的愉悦。这是一种由封建传统的劣根性培植成的社会风习，注定了为人媳妇的低下地位、苦涩命运。但苦媳妇也不满这种被奴役的现实，她们也发出过抗争的呼喊：

> 苦媳生来命就薄，朝朝暮暮受折磨。
> 睡觉犹如鸡眨眼，不等天亮要烧锅。
> 媳砍柴草上山林，双手扎得血直淋。
> ……

腊月里来腊黄天，全家老小新衣穿，只有媳妇布条连。布条连上破棉袄，抖抖搂搂御寒天，寒天之后又一年。

《苦媳妇自叹》采用了传统的"十二月"句调，内容多是封建婚嫁以及婆媳、夫妻间的主奴关系和不幸处境，是旧社会底层妇女悲惨命运的缩影。另外，在老桐城辖下的枞阳地区也广泛流传着一首《童养媳谣》：

快快叫来小贱人，给我跪在堂中心，桑树条子一大把，火钳铁锥身后跟，婆婆鼠眼心肠狠，打得小媳暴出筋。

长歌当哭，短调兴哀，表现了浓重的伤感情怀。

（3）生活娱乐歌。

桐城民间的娱乐活动十分活跃，而且丰富多彩。除了乡音婉转的黄梅戏，逢年过节舞龙灯、舞狮子灯、挑花篮、玩悠秋、玩台阁、盘五猖、打连枪、踩高跷、走旱船、耍蚌壳、打十番锣鼓等，都十分盛行，因而形成了桐城歌蕴蓄丰厚的灯歌子。

桐城灯会大多在元宵举行，《新春新岁真快乐》中唱道：

又打鼓来又敲锣，又跳舞来又唱歌。又玩狮子又演戏，又吹笛子又衔螺。山歌对板莲花落，连锵花篮老蚌壳。人人看得眉飞起，个个咧腮笑嘀嘀。笑嘀嘀，新春新岁真快乐。

元宵灯会中的曲艺和艺术项目一般为：挑花篮，玩悠秋、台阁，盘五猖，打连枪，踩高跷，走旱船，耍蚌壳，打十番锣鼓，舞龙灯、狮子灯等。节庆中的龙灯与狮子灯颇为盛行，舞龙灯时，每节都要点上蜡烛，一人引球，一人掌龙头，一

狮子灯

人一节龙身,龙头随引球转动而转动,龙身随龙头上下左右翻腾而翻腾。加之锣鼓助威,观众呐喊,鞭炮不息,演出气氛十分热烈。舞狮子灯是模仿狮子形象与动作的一种舞蹈形式。一般由三人表演,一人舞头,一人操尾,另一人扮武士引逗彩球。在紧锣密鼓与助威声中,随着打击乐器的节奏,舞狮人或跳或扑、或爬或滚、或立或卧,舞姿活泼狂放,场面惊险热烈。龙灯、狮子灯表演,均起"恭贺新喜,迎吉驱邪"意。接灯的主人燃鞭助兴,敬烟献茶,并赠送彩红糕及红纸包等。如《花灯多热闹》:

> 鼓儿一打咚咚咚,兰花妹子你来听。今年花灯多热闹,各样灯种都来临。短的是狮子,长的是龙灯。龙灯狮子灯,火炮刷流星。狮子张大嘴,老虎要吃人。要吃人,不吃人来也吓人。

记载这种灯会习俗的桐城歌谣较为丰富,有《玩玩狮子散散心》、《灯歌揣在怀里头》、《灯歌》、《四季灯歌》、《财神菩萨送宝来》、《祠河莲锵歌》、《花棍歌》、《太平灯歌》等数十首。多姿多彩的民俗娱乐活动,极大地丰富了桐城人的文化生活。

5. 美妙动人的情歌

"天上无云不下雨,地上无水不成河,无生无旦无戏唱,无郎无姐不成歌"。丰富多彩、千姿百态的情歌是桐城歌中最动人心魄的作品,它反映了男女真挚而深情的情感体验,宣泄了其丰富细腻的情感经历,生动而形象地折射了桐城人天真浪漫、热情率直的个性特征。作为爱情生活的真实写照,桐城歌中的情歌有叙述男女互生爱慕之情的,如《小郎正合姐心意》:

> 昨日与姐坐一堆,姐问小郎可有妻。小郎妻子就是你,姐捂小嘴笑嘻嘻。笑嘻嘻,小郎正合姐心意。

再如《不为妹妹我不来》:

> 小小鲤鱼红红的腮,练潭游到罗岭来。冲破多少金丝网,绕过多少钓鱼台。钓鱼台,不为妹妹我不来。

有记载情人之间幽期密约的,如《情哥不来灯不灭》:

> 娥眉月亮半边现,等郎等到大半夜。桐油点掉两三盏,灯草烧掉七八节,情哥不来灯不灭。

再如《高粱地里会小郎》：

  新打锄头把子长，驮到田里锄高粱。高粱高粱你快长，长得和我一样长，高粱地里会小郎。

情到浓时，恋人们就唱起了互表忠贞、痴心不改的盟誓歌，如《要我变心万不能》：

  情姐爱哥爱得深，不怕爹娘不答应。打开皮来还有肉，打掉肉来还有筋，要我变心万不能。

又如《我俩相爱不变心》：

  郎靠柜来姐靠箱，数长数短告诉郎。昨日为郎父亲打一顿，今日为郎母亲打一场。打一场，打得奴家一身伤。

多情自古伤离别，情歌中自然少不了歌咏离愁别恨的，如《送郎》：

  送郎送到屋外边，大黄狗儿睡街沿。奴把罗裙遮狗眼，顺手招招郎上前，免得狗咬人看见。

  送郎送到稻场西，蒙烟雨儿也湿衣。一面为郎撑开伞，一面为郎来扎衣，出外不象在家里。

  ……

又如《十里亭》：

  千世修来共枕人，劝郎回家莫想姐，想姐难上你家门。要想说些私情话，喉咙哽哽了却心……劝郎是非少开口，莫在人前乱谈论。人家有事当面劝，莫要挑祸害别人。倘若做了有差错，小事成大责非轻，做人要行光明路。

6. 纯真无邪的稚子歌

童谣，又叫小儿语、孺子歌，现今称为儿歌。它是民间传统歌谣的一个重要组成部分。桐城歌中的儿歌品类齐全，有如下几大类：

（1）摇篮曲。

摇篮曲也称摇篮歌、催眠曲，属"母歌"。这是一种主要由母亲或其他亲人吟唱给婴幼儿听的，用于催眠、教话、认物的简短童谣，如《摇篮曲》：

  小小摇篮像只船，妈妈轻摇伴儿眠。轻轻摇啊甜中眠，轻轻摇啊眠中甜。长大不淘气，念书顶状元。

又如《催儿眠》：

摇，摇，摇呀摇，摇到紫来桥。摆，摆，摆呀摆，摆到五里拐。嗬，嗬，嗬呀嗬，嗬到鲁王河……

（2）游戏歌。

游戏歌是儿童游戏时伴随着一定的游戏动作而吟唱的童谣。桐城歌中这类儿歌蕴蓄丰富，如《骑竹竿》：

手拿竹竿当马骑，城里伢子好稀奇。小妹见了笑嘻嘻，嚷着也要骑一骑。

又如《玩青蛙》：

青竹杆，搏浪花，小伢时时玩青蛙。青蛙一跳，小伢一笑。青蛙钻土窿，小伢眼睛哭个红。

（3）数数歌。

数数歌是通过适合儿童审美心理的形象描写，来巧妙地训练儿童数数能力的童谣。重视教育的桐城人，当然不会错过歌谣这种教育途径，如《数星斗》：

一三到七九，大家都来数。数月亮，数星斗，数到九千九。九千九百九十九，还有许多星斗没法数。

有的数数歌除能用来进行知识教育外，还渗透了一定的思想教育的内容。桐城歌中的数数歌，也遵循着这种童谣的基本特点：变数字为形象，化抽象为具体，在欢快的歌吟中，潜移默化地渗透进数理知识。

（4）问答歌。

问答歌，指采取一问一答或连问连答的形式来叙述事物、反映生活的童谣。桐城歌中的《儿谜歌》就是典型的问答歌：

甲 打个谜语你猜猜，双手扒不开？

乙 这是"水"。

丙 水，我做浮莲，你做苇。

甲 打个谜语你猜猜哟，两手抓不着？

乙 这是"气"。

丙 气，我做哥哥，你做弟。

……

甲 一棵树上九个岔，它认得你你也认得它？

乙 那是"双手"。

丙 手，希望你有一双好手，发狠劳动样样有。

这类歌谣在一问一答的对话中启迪儿童的心智，唤起儿童对各种事物的注意，帮助儿童认识理解周围的世界。

（5）连锁调。

连锁调，即连珠体童谣。它以"顶真"的修辞手法构成全歌，即将前句的结尾词语作为后句的开头词语，或前后句随韵粘合，逐句相连。桐城歌有《宝宝乐得笑哈哈》：

哈哈哈，哈到外婆家。外婆家，和粉做粑粑。做了粑，宝宝吃了笑哈哈。笑哈哈，宝宝吃了不想家。不想家，试把宝宝往家拉。往家拉，宝宝高低不回家。不回家，就在外婆家吃粑粑。吃粑粑，宝宝乐得笑哈哈。

这类歌谣"随韵接合，易唱易记"，对培养幼儿的思维和语言能力十分有益。

（6）颠倒歌。

颠倒歌，也称滑稽歌、古怪歌或倒唱歌，指故意把事物的本来面目颠倒过来叙述，使其具有幽默和讽刺意味的童谣。它的特点是：正话反说，内容机智，联想丰富，如《反唱歌》：

娘十三，爹十四，哥十五，我十六。反唱歌，倒起头，外婆园里菜吃牛。芦花公鸡撵毛狗，姐在房里头梳手。望见外面人咬狗，拎个狗头砸石头。家里老鼠咬掉猫的头，癞癞姑踩死一条大水牛。

总而言之，丰富多彩的桐城歌，是我们的祖先留给后人的一笔宝贵的精神财富，值得珍视。

二、五句妙歌

桐城歌在漫长的历史时期中，孕育形成了自己的独特调式"桐城五句型"，《乐府万象新》中把这种独特的民歌调式称作"五句妙歌"。《风月词珍》直呼作"五句"，有歌谣曰："自古山歌四句成，如今五句正时兴，看来好似红衲袄，一番拆洗一番新，兴，多少心思在尾声。"桐城民间喜用五句子山歌，冯梦龙所录桐城时兴歌二十四首，除个别外几乎都是五句调式。这种极具特色的山歌形式，因为它的歌词是五个七字句，旋律也大多是五个乐句构成，所以人们习惯地称这种山歌为五句子歌。

五句子歌的基本结构是：第一句为起句；第二、三句为对句；第四句点明主题，也可作结句；第五句则是异峰突起，使主题深化，并往往是关键句。有的有话外音之意；有的有画龙点睛之妙；有的有锦上添花之美。乍听使人感到在意料之外，细揣却又在情理之中，真是妙趣横生。如：

> 送郎送在十里亭，再送十里我回程。本要送郎三十里，鞋弓袜小步难行。情，断肠人送断肠人。

这首歌谣，首句开宗明义直言送别，接着说长亭短亭、行程迢递，却愁鞋弓袜小、步履艰难，尾句"情，断肠人送断肠人"，哀怨凄切，点明主旨。这种奇数句式、音乐结构，新颖别致，歌词具有精炼、生动、通俗等特点。

五句子歌文辞韵律要求比较严格，除第三句可以不押韵外，其余四句须押韵合辙、平仄相间，歌唱起来既抑扬顿挫，又琅琅上口，如《桐家处处有歌仙》：

> 五句山歌五句连，五句歌儿连成片，湘鄂浙赣歌千首，没我五句歌儿妍，桐家处处有歌仙。

在明代已经流行并广为传播的五句歌体，辐射到周边的湘鄂浙赣等区域，形成了一条范围广泛的"桐城歌谣文化带"，这种独特的民歌调式是桐城歌作为一种成熟的地域民歌最显著的特征。

第二节 俗情雅韵

作为一种独具特色的地方民歌，桐城歌是中国歌谣发展史上值得注视的文化现象。桐城接江趋淮，河埠陆驿自古车水马龙，素有"七省通衢"之称。得天独厚的地理位置和悠久的历史文化积淀，民间文化与官方文化在此汇合，不仅造就了享誉文坛数百年的桐城派文学，还孕育出优秀的民间文化桐城歌。两种文化相互撞击、影响、吸收，共同形成了桐城歌既具有地域风情又具有雅俗交融的文化特征。

一、地域特色

民间歌谣作为地域文化的一种代表，被深深地打上了地域文化的烙印。无论是自然环境、方言俚语，还是人文传统，都具有鲜明的地域特色，而这样的特色也深深地烙印在桐城歌之中，成为桐城歌区别于其他民间歌谣的重要特征。学者张友茂先生评价道："桐城得天独厚的地理环境，是桐城民歌人文灵气所在。"

1. 农耕文明

桐城境内以农业经济为主，稻作文明、农耕文化非常发达。伴随着农业劳作，山野小调，歌声处处。相较其他地域民歌，桐城歌中多田歌、秧歌，少号子、船歌。这与桐城的地理环境密切相关，境内多平原山地，地势西北高东南低，山地、丘陵、平原，依次呈阶梯形分布。西北部山区为大别山东段余脉，重峦叠嶂，挺秀争奇；中部丘陵扇面展布，倾降平缓；东南部平原阡陌纵横，织绣铺锦，适宜农作。农人们在农田里耕植，插秧有《栽秧歌》，耘田有《帮郎田里来》，除草有《跳下田来把草薅》《薅草歌》，施肥念叨《庄稼无肥长不好》，收割时抑制不住地唱起《丰收歌》。这些脱口而出、随心而发的歌谣抒发着劳动者内心的喜怒哀乐，例如：

山歌本是古人留，留在世间解忧愁。时时能把山歌唱，日提精神夜解愁。

歌谣大大丰富了桐城当地劳动者的精神生活。每到农忙时桐城田间地头便是歌声四溢，此起彼伏。

2. 崇文重教

文都桐城自古崇文重礼，文化底蕴深厚，在民间歌谣中也有体现。桐城文派雄踞清代文坛二百余年，桐城民间极重课读，素以"富不丢猪，穷不丢书"为家训。桐城歌中唱道：

> 关关雎鸠，最好读书。在河之州，最好养猪。少君幺女，哪知日子苦？穷不能丢书，富不能丢猪。

桐城境内私塾遍布，教学相长，彼此传承，吐故纳新。所谓"学而优则仕"，桐城的文人士子为实现"修齐治平"的人生抱负，上自名门贵胄，下至布衣百姓，无不砥砺子弟勤勉读书，专攻举业。

明清时期的科举分"乡试"、"会试"、"殿试"三级。乡试在省城举行，会试和殿试则在京城举行，因此考生参加会试和殿试时大多要背井离乡，千里迢迢奔赴考场，这就使得倾心相恋的情侣或夫妻必须面临分离。盛行于明清时期的桐城歌谣以《风月词珍》为代表，"斯文佳味"选录的十一首歌谣，无一例外表达了男女因参加科举考试而产生的离愁别绪。喜聚伤离的歌谣，直接或间接地反映了桐城民间崇文重教的社会风气，例如：

> 槐花三秋今又黄，我送情郎赴科场。
> 心肝哥哥我的郎，收拾琴剑赴科场。
> 送郎送到大门东，愿郎别我赴科场。
> 大比之年赴选场，姐扯衣裳不放郎。

古时科举考试正处在秋季，恰逢桂花开的时候，因桂树叶碧绿油润，气味芳香袭人，所以人们将科举应试得中称为"月中折桂"或"蟾宫折桂"。因而这些离别歌中反反复复出现了一个意象——桂花，如：

> 长亭送别难分手，指扳月桂状元郎。想你广寒宫里去，月中丹桂要高枝，嫦娥只敬读书郎。
> 桂花开时香满天，忽听嫦娥把信传。姐在房中作郎鞋，郎在窗外把桂栽。准拟今秋丹桂开。

思妇在叙说了不能团圆的幽怨之后，表达了"报道今年花更好，才人

努力要争先,高枝留与贵人攀"及"桂花开时黄似金,你是花中第一名"的鼓励,更多地流露出对男子建功立业、衣锦还乡的祈盼:

  鲤鱼跳在荷叶上,翻身就是绿衣郎,白马红缨荣故乡。花开有意随郎采,愿郎先折状元红。

  郎你早占鳌头返故乡。我郎本是金阶上客,状元榜眼探花郎,白马红缨画锦堂。

桐城歌中,女子因丈夫科举别离而产生的缠绵凄恻的愁绪尤为哀怨动人:

  想是前生修补到,今生闪得两西东。空,枉使团圆在梦中,嘱咐亲亲莫改常。

3. 方言俚语

方言是民间歌谣的载体,是最能彰显民间歌谣地域色彩的方式。桐城歌中保存了大量的方言俚语。

桐城歌中有许多独特的人称代词,如:"村前唱起黄梅调,小伢子直蹦又直跳,奶奶跑得一个扫,爹爹笑得胡子翘。"桐城人叫爸爸,常用"大大";祖父、祖母、外祖父、外祖母,常用"爹(die)爹"、"奶(nia)奶"、"家(ga)公"、"家(ga)母"(或者姥爷姥姥)来称呼;孩子常用"小伢(en—ai)"来称呼。最有意思的是桐城人对妻子的称呼,一般用"烧锅的"、"我家里"来指代。如桐城歌中有一句"不要脸不要皮,不要烧锅的要小姨",外地人读来往往不知所云。

独特名词的运用也使得桐城歌作为地方民歌极具地域风情。"火亮虫,点点红"中的"火亮虫"是萤火虫,"小蛮槌,长腰腰"中的"小蛮槌"即棒槌,"拍大腿,唱小调,又有棉花又有稻,又有六谷炒六谷泡","六谷"为玉米、"六谷泡"是指爆米花。"家里老鼠咬掉猫的头,癞癞姑踩死一头大水牛","癞癞姑"是癞蛤蟆。桐城人把荸荠称作"土栗子",因此歌里有"九拍皂角九月九,又有土栗又有藕"。

除此之外,桐城歌中生动形象的形容词的使用令人读来饶有趣味。"菜园里菜青扑扑,塘里鱼忽突突,大锅里饭,小锅里粥","青扑扑"指菜长得葱郁,"忽突突"指鱼在水面活动猛烈。"不淘砂,年纪轻轻学拉瓜"中,"拉瓜"是指衣着随便不讲究。"你一块,我一块,吃到嘴里油癞癞",

"油癞癞"是指口感油润滑腻。

桐城歌谣大量使用了桐城本地的方言,生动地反映了桐城地方的风土人情。

二、雅俗交融

俗文学的发展,推动、刺激了雅文学向着俗化的方向演变,而俗文学自身也在雅文学的规范、熏陶下趋向雅化。它们共同构成了桐城歌谣词雅曲俗、雅俗交融的文化特性。

1. 民间绝响

旧时《桐城县志》及时人著论中多有记载,桐城乡民"尚淳质","四封之内,田土沃,民殷富,家崇礼让,人习诗书,风俗醇厚,号为礼义之邦"。由于文化底蕴浓厚、重教传统悠久,在桐城民间即便是山野村夫、小脚老太、幼稚小儿,也能哼得几段歌谣。沈德符《万历野获编》之《时尚小令》记载了当时民歌小曲流行的情况:"不问南北,不问男女,不问老幼良贱,人人习之,亦人人喜听之,以至刊布成帙,举世传诵,沁人心腑。其谱不知从何来,真可骇叹。"一方面在长期的创作实践中,桐城歌谣逐渐形成了文辞雅洁的特点,尤其是精心营造意象,多用修辞手法使得歌词典雅、含蓄蕴藉,突显了民间俗文学雅化的倾向。另一方面,相较正统文学,桐城歌中对市井艳情的咏叹则是它作为民间歌谣俚俗质朴最有力的体现。

(1)文辞雅洁。

① 辞雅。

虽说民间歌谣比不上文人诗赋的精雕细刻、意境高远,但长期受自然环境的濡染和文化传统的熏陶,产生在富于人文气息的土壤上的桐城歌,自发自觉地受其影响。桐城派作为清代最大的散文流派,其代表作家如刘大櫆、方苞、姚鼐等人为文雅洁,垂范后世。桐城歌相较其他地方民歌最显著的特色就是文辞雅洁。

含蓄蕴藉的意象是促成桐城歌谣文辞雅洁的原因之一。桐城歌谣的作者多为市井小民、村妇野老,他们的文化知识水平普遍不高,文学素养也较为匮乏。然而在长期的劳动生活中，接触自然，体察人情，对日常习见的各种事物的形态特征、结构功能了如指掌，谙熟于心，他们感物起兴、不事雕琢的歌吟有一种化腐朽为神奇的力量。譬如在冯梦龙所辑录的《山歌·桐城时兴歌》中，抒情主体常以第一人称的手法来阐述。透过女性视角来观察外部世界，体认内心情感，于是在歌谣中便有了"牵引魂灵飞上天"的嬉戏秋千、"横也丝来竖也丝"的相思素帕、"后来无齿没收成"的多情木梳等，既具有强烈的女性生活印记，同时又有自然浑成的巧妙情思。

纯朴乡民善于把自己的情感幽思、离愁别绪融入寻常的事物，如灯笼、蜡烛、葫芦、西瓜、茶、塔、天平等，经过巧妙构思化为生动的意象，别出新意，使之具有浓郁的比喻和象征意义。如《笔》：

> 卷心笔儿是兔毫，翰墨场上走一遭。早知你心容易黑，不如当初淡相交，世间好物不坚牢。

再如《西瓜》：

> 一个西瓜寄多情，叫姐莫学此瓜身。外面青时还好看，恼你肚里许多仁，只为人多坏了身。

作为传递心声的载体，这里的"西瓜"和"笔墨"已不再是我们日常生活中所见到的客观单纯的物象。它也不是对外物简单的复制和重现，而是被创作者充分主体化了的物象，凝聚了创作者对情感忠贞的劝谕和告诫，言辞之间富有意味深长的审美意蕴。

生动形象的修辞是桐城歌谣文辞雅洁的重要体现。《山歌·桐城时兴歌》除了内容真实丰富，语言自然朴实、通俗浅显，多种修辞手法的娴熟运用也是它作为民间歌谣文辞雅洁的重要体现。

首先是比喻和拟人。

在民歌内容的描述上，运用比喻或拟人的手法来借景抒情，或用物喻人，或将物人格化，在表达情意上则更为形象生动。《山歌·桐城时兴歌》常用作比喻的日常所见的物品，有茄子、葫芦、蜡烛、扇子、灯笼等。如《灯笼》：

> 一对灯笼街上行，一个昏来一个明。情哥莫学灯笼千个眼，只学蜡烛一条

心,二人相交要长情。

又如《塔》:

一座宝塔七层尖,年深月久造得全。我两个相交如造塔,一砖不到枉徒然,人要工夫又要专。

其次是谐音和双关。

《山歌·桐城时兴歌》中大量运用了谐音、双关、押韵、反复等手法,这些音韵的技巧与修辞的运用,恰到好处地契合了微妙情感的传达,在整体上加强了歌谣的美感。谐音就是用相同或相近的字音来表示某一特定的意思;双关则注重弦外之音,诙谐含蓄。双关与谐音都在选用为民众熟悉的语言和事物的基础上,产生出强烈的艺术效果。譬如历来为专家学者称道的《素帕》,即是成功运用谐音、双关手法的典范:

不写情词不写诗,一方素帕寄心知。心知接了颠倒看,横也丝来竖也丝,这般心思有谁知。

这首歌谣巧妙地运用了谐音,"丝"与"思"谐音。经纬交织的相思素帕,寄托着女子对情郎的满腹相思。试想,一个妙龄少女手托雪腮,正在窗前遥想心上人收到一方小小素帕的欣喜,心中不禁泛起层层柔情的涟漪,也许素帕就是他们的定情信物。如此,这首诗便具有了多重意蕴,名为咏物,实则咏情。同时,"丝"、"知"押韵,托物寄情,巧藏心思的体现了歌谣含蓄而蕴藉的美。

又如《西瓜》:

一个西瓜寄多情,叫姐莫学此瓜身。外面青时还好看,恼你肚里许多仁。

"肚里许多仁","仁"与"人"谐音。也是双关,明指西瓜,实际上劝告爱侣

葡萄园里

要行为检点。同时"恼"字也暗含着作者的妒忌之意。

民间歌谣具有自然而发的美感,各种修辞手法的运用与歌谣的情感、艺术表现融为一体,没有丝毫雕琢的痕迹,给人一种清水出芙蓉的美感。

② 言洁。

桐城文派为文之"洁"是指文章内蕴充实饱满,表达严谨简洁,无蔓枝繁叶、杂事游辞。勿"俚"、勿"繁",是一种洗练的文风,言简意赅、清顺可读。刘大櫆在《论文偶记》中强调的简洁美表现在语言干净,无冗句繁词,即"句中无余字,篇中无长语"。在此风气影响下,民间的桐城歌文辞简净。这是民间文学与正统文学雅俗交融的一种产物。

在通常情况下,我国民歌歌词中,常穿插一些语气词、形声词,根据使用字数多少,称为衬字、衬词或衬句,如"哪"、"嗨"、"嗬"、"哟"。如湖南民歌《刘海砍樵》:"(女)我这里将海哥,好有一比呀。(男)胡大姐,(女)哎,(男)我的妻,(女)啊?(男)你把我比作什么人罗嗬嗬,(女)我把你比牛郎不差毫分哪,(男)那我就比不上罗嗬嗬,(女)你比他还有多咯!"但桐城歌中基本无衬字衬词,干净利落,语言简洁。

(2) 市井艳词。

桐城歌谣的作者大多无名无闻,出于寻常巷陌、闾阎市井的妇人孺子,"故多真声,不效颦于汉魏,不学步于盛唐,任情而发,尚能通发于人之喜怒哀乐、嗜好情欲,是可喜也"。他们歌咏世俗生活的感受以及对自己欲望的追求是真实素朴的,没有穿凿附会、矫揉造作,更多洋溢着民众纯朴自然的性情,如《捏姐一把软溜溜》:

> 捏姐一把软溜溜,背地问郎羞不羞。天地明知我两个有,调情那在这高头。
> 囚,皮着脸儿不害羞。

到了明代,桐城民间出现了很多挑战旧有的社会伦理道德规范的民歌,特别是一些描写男女幽会的歌谣:

> 郎在枕上叙私情,姐叫情郎莫做声。只恐隔墙头有耳,谨防窗外岂无人,二人话儿只在心。

> 五更鸡来五更鸡,谁人叫你四更啼。多少鸳鸯交颈睡,被他叫得两分离,一个东来一个西。

在片刻的欢愉之后，难免也有始乱终弃的忧惧，如：

> 喜得连理两和谐，抛的鸳鸯两分开。恼得邻家鸡报晓，望得鸿雁寄书来。来不来，又恐书来人未来。

> 扣儿原来是块金，相思大就缠绵身。扣在胸膛无别意，怕你开怀搂别人，我也难知你的心。

这类歌谣以内心独白的抒情方式展示市井妇女丰富而微妙的情感世界，表现她们为争取自由幸福而勇敢地与封建礼法和传统习俗进行斗争，从而闪露着人性的光辉。

男女艳情歌谣长期以来一直被压抑着存在，人们难以启齿甚至为文人所鄙弃。民间歌谣中不乏此类作品，或花前月下，或洞房深处，或耳鬓厮磨，或颠鸾倒凤，或酣畅淋漓，或意犹未尽，总有道不尽的柔情蜜意，看不完的旖旎风光。这类活色生香的艳情类民歌，男女恋情的表达是大胆的，感情大都是坦露的，最能体现民歌"真"的本色，如：

> 郎的舌头似檀香，姐的口儿似蜜糖。檀香插在蜜糖里，甜又甜来香又香，如何叫我不思量。

情词大胆放纵，是桐城民间男女拒绝束缚、张扬个性的呐喊。又如：

> 月儿弯弯贴着天，牙梳弯弯掠鬓边。手儿弯弯搂郎颈，小脚儿弯弯搭郎肩。颠，好似推车上小山。

风流难比的情欲，直白的性爱描写，冲破封建伦理道德的限制，颠覆传统文化道德的愿望，这也正是正统文化所缺失的。正是艳情歌谣对生命欲望的真挚渴求，使得它们具有顽强的艺术生命力，在封建统治阶级的各种禁锢之下继续流传并保存至今。

2. 文人仿作

纵观文学史的发展历程，民间歌谣不仅得到民众的喜爱与传唱，更受到文人雅士的推崇与学习。文人广泛地从民间创作中汲取养料和灵感，运用民间歌谣通俗明快的风格和活泼的艺术手法，陆续创作了一些在内容上贴近乡土，形式上通俗如话，但又俗而有趣、浅而不薄的作品。这些鸿儒显宦、文人雅士对于桐城歌谣的认同和投入，推动了雅俗交融的进程，尤其是对提高桐城歌的社会地位、艺术品位和促进其繁荣起了重要作用。

有"我明一绝"之称的明代时调小曲在趋俗重情、入俗求真的文化思潮中，原本不登大雅之堂，被一些正统文人忽略鄙视；但到了明代中后期，却因其所具备的真情真趣，而得到众多文坛大家的关注和赞赏。嘉靖年间，许多文人开始关注并记录民间歌谣时调的流行情况，有的还亲自投入大量精力搜集整理歌谣时调，这其中不乏当时在正统文坛极具影响力的领袖人物，如李开先、冯梦龙等。不仅如此，在诗坛上还出现了许多学习民歌的作家、作品，如王叔承的拟民歌《竹枝词》、徐祯卿的《杂谣》、王廷相的《巴人竹枝歌》等，这些作品皆透露出浓厚的民歌情调。

文风昌盛的桐城也习染了这种风潮，当地的博学鸿儒、名流显宦、文人雅士在日常的文学创作中，日渐凸显出关注市井众生世俗生活的潮流，其中就有大明才子方以智、闺阁名媛方孟式、名流显宦张廷玉等。这些文人雅士的拟民歌作品，从题材内容到艺术形式都受到民歌的极大影响。

（1）雅俗一体。

自两淮以至江南，风靡一时的桐城歌，明清以来深深影响了桐城当地文人雅士的生活方式、人生趣味、审美观念。桐城文人士子汲取了民间文学的养料，新颖的艺术创作源泉启发了他们的创作思维，文野一体、寓俗于雅的倾向得以体现。其诗歌题材和内容贴近平淡的日常生活，诗歌的形象也往往取自民间习见常闻的事物，而且直写其事，不事雕琢，不尚辞采，富有浓郁的乡野气息，近于民间歌谣。农夫、牧童、渔夫、樵者，都是诗作中活跃的人物。

① 田园牧歌。

桐城歌中辑有多首文人创作的田家谣，读来淳厚隽永，试举两首：

《田家乐》（明·方孟式）：

松下柴扉静僻，篱边竹径清溪。菜花蝴蝶一色，野雀山鸡乱啼。石上残棋一局，松间初试新茶。春去不知节候，门前杨柳飞花。

《田家乐》（清·张度）：

槿篱竹舍小山围，水溢陂塘柳映扉。秋燕成家新火换，早蚕登箔落花稀。陇头日暖儿耕惯，村外邻招叟醉归。更爱鸡豚雏作队，共安饮啄在斜晖。

这些田家谣多写自然风光、农村景物以及安逸恬淡的田园生活。诗境隽永优美，风格恬静淡雅，语言清丽洗练，只以淡淡的白描和真情实感烘托出诗的艺术形象，于平淡之中见神奇，朴素之中见绮丽。

田园和农事是分不开的，文人士子多半喜吟闲逸的田园图景。难能可贵的是，桐城明清时期的文人，又能叙述农人的垦荒耕植，如清代徐鸿喆的《移秧》：

> 天公骤雨催芒种，农父腾欢遍四邻。白水溅开千亩犊，青蓑耦聚一村人。
> 霎时高下分秧捷，万顷栽培合力匀。我亦荒硗成绣壤，漫操豚酒祝田神。

在上述诗歌中，我们听到了农事与祭祀的交响。在田园牧场，我们还可以聆听采茶之歌、渔猎之歌、樵采之歌，它们构成了一幅幅生动活泼的农事图卷，比如：

《惜茶歌》（清·姚文默）：

> 叠叠高峰隐茆屋，偶尔来游快幽独。门绕清泉泛紫茸，十年早种山之麓。挥汗锄云不惮劳，转盼争看旗枪绿。每逢春暮采盈筐，微烘缓烘几日忙……

《渔夫谣》（清·马朴臣）：

> 自把长竿后，生涯逐水涯。尺鳞堪易酒，一叶便为家。
> 晒网炊烟起，停舟日影斜。不争鱼得失，只爱傍桃花。

《山中暮归闻樵歌》（清·张廷玉）：

> 林端鸦阵横，烟外樵歌起。瘦驴缓缓行，斜阳在溪水。

这些源于民间歌谣或略加修饰润色并保持原貌的作品，以平视的角度，以农民的眼光观照农民生活，变俗为雅，质而不俚，耐人寻味。

② 地理风物。

戴名世曾称赞桐城之山水说："吾桐山水奇秀，甲于他县。"历代文人雅士也竞相题咏，赋诗抒怀，漫游山水，寻幽访胜，使得秀美山川与诗词歌咏相得益彰，如清代顺治年间桐城举人戴宏烈所作的《龙眠山行》：

> 好山看不尽，选胜入云峰。鸦立欺牛背，人行印鹿踪。
> 秧针渠夜引，茶荚雾晴封。何处藏兰若，天清响梵钟。

苍峰翠谷、云雾缭绕、鸦立牛背、林隐鹿踪，诗人徐行于龙眠山中，放眼远眺山野之间，青禾错落、茶园葱郁。耳际隐约传来梵音清响，不免让人遥想藏于深山的古寺。这首诗宛如一幅淡雅的水墨图卷，美不胜收，令人眷顾无穷。

桐城地理位置险要，历来为兵家必争之地。古往今来，有多少英雄豪杰在桐城的热土上跃马横刀，驰骋沙场。历史上著名的三国峡石之战就发生在这里。峡石，俗谓小关，亦称北峡关，位于桐城北境，同其南3.5公里处的大关，合称"两峡雄关"。吴黄武七年（228）5月，魏大司马曹休率步、骑兵十万人至皖城（今潜山境）。8月，孙权部至皖口，命大将军陆逊为元帅，全琮、朱桓为左、右督，各督军三万人进击曹休，并在曹休可能败逃的要道硖石设置伏兵。大战前夕，吴鄱阳郡太守周鲂前往曹营断发诈降，将曹休重兵引入陆逊伏击地。双方交战不久，曹休果然败北，陆逊驱军乘胜追击。曹休逃到峡石，惊魂未定，忽闻山上喊声大作，杀声震天，吴兵犹如从天而降。曹休溃兵顿时丢盔弃甲，慌作一团。曹休急忙遣人向驻扎于附近的魏豫州刺使贾逵求救，然而贾逵素与曹休不和，拒绝援救。陆逊遂大获全胜，斩曹军万人。遥想历史风云，清人方中发不禁感慨：

　　天险分吴魏，严关峡石通。屏藩阻淮水，得失系江东。
　　草木腾兵气，桑麻划土风。低头怜末路，炉炭拥曹公。

康熙《桐城县志》载："献帝建安十九年（214）甲午夏四月，孙权帅吕蒙及鲁肃攻皖拔之，分桐地为二：其南曰阴安县，城柳峰山之北；其北曰亭左县，城鲁谼山之东。"因而三国大将吕蒙和鲁肃的足迹得以遍布桐城的山山水水，正所谓"人烟开小聚，传说吕蒙城"。又据《桐旧集》载："鲁谼，县东北十五里，吴鲁肃镇地。"康熙《桐城县志》也说："鲁谼山，县东北十五里，相传鲁肃居此，其上有试剑石古迹。"方中发又作《鲁谼》诗云：

　　鼎足隆中策，东城见略同。识时真俊杰，择主必英雄。
　　水激横江怒，山标破皖功。楼船东下后，失蜀悔何穷。

在桐城北乡一带与鲁肃相关的地名还有很多，比如鲁王墩、鲁王河、寄母山、读书亭等。最有名的当属投子山，相传三国时吴将鲁肃兵败后将子投此为僧，故名投子山，山中有寺，即名投子寺。

《投子山》（清·程仕）：

> 百尺虹桥忆赵州，缘崖直上最高头。泉声似为游人咽，山色犹含异代愁。
>
> 日落空林萧寺影，风飘败叶墓门秋。平生无限登临感，岂独兴亡是此丘。

（2）文化融合。

桐城文人雅士所作的拟民歌特征还体现在语言形式上，其清新淳朴的语言，婉转和谐的韵律，真挚浓郁的情感，也处处显示着民歌的本色。如著名文人方以智的《牛角饮》：

> 一牛角，二牛角，满斟四五壶，双手向前握。苗儿各唱四声歌，笑我江南不能学。

这首摘自《方密之诗钞》的小诗，以口语入诗，作为诗的语言，看起来似乎近于笨拙，很像顺口溜，直白浅平，信手拈来，实则以俗为雅，清新自然。

再如明人方其义的《明月谣》，前两句："常见如钩曲，何曾似镜明。"质朴浅白的语言和生动的比喻精炼地勾勒出明月的形象，结句"一年十二度，能得几宵明？"传达出深深的哲思，颇有几分乐府民歌的意蕴。

此外，熟谙乡邦掌故及风俗民情的当地文人还吸收歌谣的体式，以民间风土人情、民俗风尚为内容，拟作了文人竹枝词。如明代方文所作的《竹枝词》：

> 侬家住在大江东，妾似船桅郎似蓬。船桅一心在蓬里，蓬无空向只随风。

从以上的例子我们可以看出，桐城歌和文人创作的古典诗歌在构思、手法的运用和意境的制造上有很多相似之处，体现出民间文学与文人文学相互影响、相互渗透的关系。

文人仿作桐城歌取得显著成就的要数姚兴泉，这位清乾隆年间秀才所著的《龙眠杂忆》，在内容、句式以及语言风格等方面深受桐城歌谣的影响。正如他自己在书中所说：桐城歌"调最高，而音极响，扬抑疾徐，自然合节。余儿时曾耳熟之，大率皆男女托兴之词，然语意含蓄，乐而不淫，颇近风人之旨"。

《龙眠杂忆》之《桐城好》一百五十阕小令，是一幅弥足珍贵的社会风俗生活长卷，反映了明清以来文都桐城的社会生活和市井风情。姚兴泉从一元复始、万象更新的"元旦贺新年，单扇贴春联"写起，接着写"灯鼓满街敲"的元宵，"社前携酒供新坟"的清明，"活火带云烹"的谷雨，还写了"枞江水面桡如爪"的蒲节，"圆月挂层霄"的中秋，"九日约登高"的重阳直至"彻夜爆仗声"的除夕，全面记载了桐城岁时节令的地方风俗，反映了古代社会人们的生活情趣。各种岁时风俗活动的盛况，表达了桐城人民祈求五谷丰登、人畜两旺、岁岁平安的纯朴愿望。

这位人称落花书生的落第秀才，为了生计常年奔走他乡、流连客地，心中却常常挂牵故乡，他的笔下流淌着对家乡地理山川浓浓的情思："桐城好，最好是龙眠。碾玉峡前双水合，赐金园外万松圆。"此外，还有"贾船席挂千帆月，渔艇灯明两岸芦"的松园，"沙澄极浦浮官渡，月挂空亭系钓舟"的练潭，"仙迹翠屏隈，危绝钓鱼台"，"奇绝石门冲"，"丹字仙姑井"等。

在作者的眼中，桐城好，还好在诱人的风物特产、地方美食，有"鲜菜满通衢"、"野菜摘盈篮"、"豆腐十分娇"、"纸包珍珠菜"、"锦盒琥珀糕"等。

桐城好，又好在服饰装扮。《龙眠杂忆》描绘得最为生动："桐城好，贫妇俭梳妆。蓝布围裙蓝布裨，自家拆洗自家浆，偷空上厨房"，"桐城好，闺女爱温柔。八幅裙拖金凤履，一窝丝蘸桂花油，新学自杭州"，"桐城好，乖巧女娃娃。扇络两边都洒线，手巾三尺也挑花，灯下纺缘纱。"

这一百五十首小令涉及婚丧嫁娶、起居饮食、服饰装扮、岁时节令、游艺竞技、民间工艺等方方面面的内容，为今天的人们了解旧时桐城提供了珍贵资料。

在语言风格上，《龙眠杂忆》具有质朴平易、意深词浅、用常得奇的特点，充分发扬了民间歌谣语言的文辞雅洁的优良传统。全诗以七字句为主，长短相间、错落有致。而顶真手法的运用，及音韵转换之灵活，则使诗读来琅琅上口，颇有一气流转之妙趣。

第三节 文化承续

在了解了桐城歌的内容题材、形式特色以及文化特征之后，我们不禁要产生疑问，当代的桐城歌谣将以一种怎样的面貌呈现在我们面前？在优秀传统文化回归的今天，我们应如何传承和保护桐城歌？

一、旧调新音

不可否认的是，桐城歌作为一种文化意识形态，有其自身发展的特殊规律，即传承与创新，这是其吸取精华、剔除糟粕的过程，从而推动桐城歌谣自身的发展。

随着时代的发展，新中国成立以后在百花齐放、百家争鸣文化大繁荣的局面下，包罗万象的桐城歌也迎来了新的机遇和挑战。尽管表现形式和艺术风格仍然保持着原有格调，但其创作内容却发生了很大变化，呈现出与时代发展相一致的态势。2012年新版的《桐城歌》，收录了许多桐城民间歌谣，强烈地体现出桐城歌与时俱进的时代精神特质，是桐城歌在新时期得以发展的最好体现。

1. *时代变迁的足音*

桐城歌随着时代的变迁而发展。近现代桐城复杂的社会现象、曲折的历史沉淀是桐城歌创作的材料来源，一些地方的历史性重大事件都会在桐城歌中得以找寻、印证。将这部分作品罗列甄别、整理研究后，我们会发现桐城近现代社会演进的历程。

在第二次国内革命战争时期，随着革命形势的发展，桐城当地涌现了大量革命歌谣。其内容主要有两个方面：歌颂中国共产党和控诉地主、官僚对劳动人民的剥削与压迫，如《桐城来了共产党》：

> 桐城来了共产党，当官老财吓破胆。寅过卯来天就亮，工农大众把家当，把家当，人人有饭吃，个个有衣穿。

1937年7月抗日战争全面爆发后，在中国共产党倡导下，抗日民族统一战线正式建立起来。中国共产党和她领导的人民军队八路军和新四军成为抗日战争的中流砥柱,成为人民心中的红太阳。在桐城歌中新四军被亲切地称为"四爷",人们在歌谣中表达革命愿望和革命必胜的信心,如《四爷》:

乡村小院

四爷到大塘,分田分地又分粮。四爷到王集,庄稼汉子当主席。四爷到江岭,地主恶霸趁地滚。四爷到甑山,鬼子汉奸一扫光。

抗战胜利,举国狂欢,人民用歌谣记录了当时狂喜的心情和场面,如《誓把鬼子一扫尽》:

新四军,赛孔明,布阵埋伏出奇兵,抗日威震棋盘岭。打死鬼子尸一层,打伤鬼子吓掉魂。军民齐欢庆,齐欢庆,誓把鬼子一扫尽。

1949年10月1日,中华人民共和国成立了,广大人民翻身得解放,人们在歌谣里表达了对于幸福美满生活的感慨,如《王月英喜解放》:

王月英坐家中前思后想,想起了过去事好不心寒,穷苦人受大山狼心欺压,压得我累断腰泪水汪汪。自那年正月八桐城解放,国民党反动派个个逃亡,好一个解放军无人抵挡,解放了安庆城胜利过江。

解放后,人民成为国家的主人。此时的桐城歌谣呈现的主要内容有:反对美帝国主义侵略朝鲜,表达保卫祖国的决心,如《抗美援朝保家乡》:

中国人民力量强,不怕美帝逞凶狂。志愿入伍上前线,抗美援朝保家乡。

沐浴着改革开放的春风,龙眠大地也迎来了翻天覆地的变化,如《改革开放红旗扬》:

> 改革开放红旗扬,城镇农村大变样。高楼遍地起,公路如蛛网。信息网络化,小康日月强。要不是大改革,哪有通话对着手机讲。要不是大开放,哪有家庭轿车行路忙。

作为反映社会的一面镜子,桐城歌反映了桐城社会变迁的进程,大凡时代风云,历史变迁,政治明暗,民瘼时弊,莫不反映在这类歌谣中。

2. 风尚变迁的烙印

在桐城歌中对各时期桐城民众的心理、思想变化有直接体现,尤其是歌谣中对妇女群体变化的反映,体现出了显著的时代性。

经过"五四"新文化运动的洗礼,伴随着社会变革和妇女解放的浪潮,女性的自我意识增强,社会地位提高,女性婚姻观念也随之变化。特别是1950年《婚姻法》以破旧立新为起点,对封建政权赖以生存的婚姻制度及家庭结构、家庭关系、家庭功能进行全面改造后,新型的自由婚姻显著增加。妇女群体借助强大的国家力量,从封建婚姻制度束缚中解放出来,具有现代意义的择偶价值观开始渗透到人民的日常生活中,推动了婚姻观念的变迁。例如桐城歌《妹爱哥来妹就嫁》赞颂了新时代的《婚姻法》:

> 有了《婚姻法》,你我再不怕。自作主来自当家,不要媒人两头夸。哥爱妹子哥来娶,妹爱哥来妹就嫁。

数千年来封建婚姻制度奉行着"父母之命,媒妁之言"包办婚姻的传统模式,"门当户对"是婚姻制度的理想标准。受到新风气的影响,近现代婚姻观念在发生变化,人们追求婚姻自由,包办婚姻也受到批判,不少桐城歌谣通过女性的心理独白,以牢骚和怨言的形式强烈地表达了对婚姻自主的追求和渴望。如《说婆家》:

> 我家的大姐姐呀,今年整十八呀。媒婆子常常来我家,要替我姐姐说婆家。哎哎子哟,要替我姐姐说婆家。我妈妈不理她哎,我姐姐出口骂。婚姻自由己当家,不要媒婆两头夸。哎哎子哟,不要媒婆两头夸。姐看郎好姐就嫁,郎看姐好娶回家。劳动夫妻成了家,妇女不再受欺压。

除旧布新、移风易俗的观念变革还表现在传统生育观念的变迁上,比如这首《好儿好女好骄傲》:

计划生育党号召，利国利民国策好。推动四化早实现，小康日月乐陶陶，响应号召莫动摇。

田里草多要伤苗，树上藤多压弯梢。家里儿多母吃苦，儿多媳多乱糟糟，观念更新最重要。

如今时代不同了，男女地位一样高。学习不分男和女，工作担子一样挑，重男轻女要打消。

……

在我国绵延了几千年的传统生育观念是养儿防老、多子多福、重男轻女。然而随着时代的进步、社会的变迁，随着国家计划生育政策的推行，尤其是十一届三中全会以后，人们的思想觉悟、法制观念日益增强，妇女在家庭和社会中的地位、作用和权益日益提高，传统观念正在悄悄发生着改变。在民间，男尊女卑这一腐朽观念残留、生存的空间越来越窄小，人们在摒弃"多子多福"、"重男轻女"的旧生育观念的同时，倡导男女平等、"优生优育"的新型生育观念：

独生子女真正好，茎粗叶壮好苗苗。好儿一个顶十个，好女更比男儿娇，好儿好女好骄傲。

时移世易，在多元化的观念转变中，实现大家、小家的共同和谐已然成为新时代的标志。

3. 幸福生活的咏唱

随着新中国的成立，我国步入繁荣发展的新时期，桐城人民满载幸福生活的喜悦，在地方歌谣中深情歌唱，如《太平盛世日子甜》：

收完稻谷又收棉，麦子种了农事闲。杀猪宰羊又吊酒，欢欢喜喜迎新年。迎新年，太平盛世日子甜。

吃水不忘挖井人，这一时期歌谣的特点是：除了歌颂新社会、新生活，还热情歌颂党，歌颂社会主义建设。如《人民救星共产党》：

过去黑暗日无光，人民苦处实难当。来了救星共产党，霞光万丈射四方。领导全民搞建设，幸福生活万年长。

改革开放后，桐城人民大兴水利，发展生产，建水库，挖机井，农田得到有效灌溉，遇到干旱时，稻田不干旱，百姓有水喝，如《车水谣》：

水车车水呼啦转，河水塌水上高坡。车得干田抿嘴笑，车得龙王翻白眼。车得稻苗直点头，车得太阳红了脸。大家越车越有劲，车出一个丰收年。

农业生产工具得到了有效改善，灌溉农田也用上了风力水车："风儿一吹白花转，白水呼呼到田间。"收割稻子也用上了禾桶打稻机："一张禾桶四方方，圆圆碌子架中间。一人用脚踩起来，速度如飞转的忙。"正如歌谣题目中所写的一样，《农村遍地好风光》《黄稻垛儿似高山》《金波漾起丰收歌》《肥多粮多幸福多》。

党的十一届三中全会后，家庭联产承包责任制全面实行，充分调动了农民的积极性，农业经济进入了一个新的发展阶段。桐城逐渐形成粮油、畜牧、水产三大主导产业和茶叶、养殖等特色产业。如今，头脑灵活的桐城人民还利用品牌效应，引资开发建起了鹅鸭养殖加工、羽绒家纺产品研发生产销售等一体化经济产业。产品畅销国内外，成为颇受游客青睐的特色产品。昔日贫穷落后的山乡成为富裕的鱼米之乡，当地的老百姓又新编了新的山歌赞美现在的新生活。

2007年6月12日，中央电视台经济频道《金土地》希望快车开进"桐城站"，在风光秀美的东部肥牛基地搭起舞台，架起摄像机，在"七仙女"的倩影和正宗的黄梅调中拉开序幕。该节目紧扣桐城市经济发展脉搏，充分展示了桐城市经济的飞速发展以及该市作为桐城派故里和黄梅戏之乡的深厚文化底蕴和民俗风情。青草镇农民歌手吴云芳演唱了一曲新编民歌《幸福之树万年青》：

天上彩云一层层，地上鸭子一棚棚。只只体肥大而壮，生出蛋儿用屋囤，用屋囤，笑在眉头喜在心。

天上彩云一层层，地上鸭子一棚棚。家家户户把鸭养，康庄大道奔前程，奔前程，幸福之树万年青。

这首婉转细腻的桐城歌，唱出了桐城养鸭人满心的喜悦和幸福。

无独有偶，2014年12月底在"放歌皖江——安徽省第七届皖江八市群艺（原生态民歌）大赛"上，来自桐城市昂冲山区的一对农民夫妇查月华、江守本精彩亮相，凭借一曲原生态的桐城歌谣——《摘茶歌》，赢得了观众和评委们的一致赞誉，并在大赛中一举摘得银奖。当桐城歌谣回荡在音乐厅中时,我们似乎体验到了传统文化回归的喜悦和自豪。桐城歌必然在与新的城市文化的交融中得到和谐的发展。

二、民歌传承

新中国诞生后,在党和政府的重视和关怀下,在人民群众和众多文艺工作者的不懈努力下,桐城歌焕发出了勃勃生机。20世纪50年代,以传承人刘凯为代表的一批文化工作者,搜集了大量桐城歌原生态音乐资料,并进行了初步的筛选整理,虽历经"文化大革命"浩劫,但仍有不少作品和资料得以珍存。

20世纪80年代初,民间文学界的有识之士就提出编纂民间文学集成的建议。1984年5月28日,由文化部、国家民委和民研会共同签发了《关于编辑出版〈中国民间故事集成〉〈中国歌谣集成〉〈中国谚语集成〉的通知》的文件。自此,我国文化史上史无前例的,规模最大、普查面最广、参加人数最多、成果最显著的一项伟大工程开始了。乘着全国民间文学集成的强劲东风,桐城歌得到了一次较为系统的搜集与整理。以桐城文联叶濒为代表的数百位民间文艺工作者,克服人力、物力、财力以及一些难以预料的困难和阻力,怀着对桐城文化的深刻理解和对民间文学事业的无限热爱,跑遍桐城及周边

寻常人家

地区的山山水水，前后达20多年时间，深入各地农村搜集歌谣原始资料近万首，并在政府等有关部门的帮助下，先后整理出版了《桐城歌谣》、《桐城传统儿歌三百首》、《桐城歌》、《桐城民俗风情》等书，取得了丰硕的成果，使得桐城歌谣得到了最大程度的展现。

当前，我国已掀起民间文化遗产抢救热潮，各地纷纷上报非物质文化遗产保护项目。为了更加深入地发掘和研究桐城歌，特别是抢救桐城歌中一些濒临失传的唱腔和曲调，2007年，桐城歌申报为安徽省首批非物质文化遗产名录。2008年，桐城歌作为最富特色的地方文化遗存，成功申报了国家级非物质文化遗产名录，正式成为国家级非物质文化遗产中的一员。

随着"非遗"工作的逐步展开，桐城歌正得到有效的抢救、保护与传承。

第一，政府重视桐城歌，加大保护与发展的力度。

桐城歌具有很高的艺术价值，是珍贵的文化遗产。因而桐城市政府多次召开专题会议，研究桐城歌抢救保护工作，成立相关工作领导小组，拨付专项保护经费，保障一定的财力投入。这也是保护、整理、挖掘民间歌谣的前提和条件。当地政府重视桐城歌的传承，曾多次举办了桐城歌演唱会，并派人参加省、市民歌演唱大赛。从上个世纪80年代起，桐城先后举办过六届桐城歌演唱会，并组织歌手参加安徽省及安庆市民歌演唱大赛，把桐城歌从乡野搬上了表演的舞台。

第二，充分利用媒体资源，加大宣传力度。

民间歌谣是一种动态的、活的文化形式，对它进行记录和捕捉的手段，相较于其他静态的物质文化遗产来说，也更加多样复杂。随着现代传媒技术的提高，有线电视、互联网等现代化媒介的触角延伸到了偏远农村，再加上农民文化程度得到了一定程度提高，如何利用好媒体资源，加强桐城歌的交流、互动与宣传，就显得至关重要，迫在眉睫。一方面，要运用传统的文字记载即纸质档案记载，出版桐城民间歌谣集成。另一方面，要运用现代的传媒手段记录和保存桐城民间歌谣。随着科学技术的发展，现在人们更多采用录音、影像记录、数字化多媒体技术来实现文化活动图文并茂、生动形象的真实再现。新的技术手段被应用于桐城歌的保护工作中，大大提高了桐城歌保存的系统完整性。

第三，注重人才培养，实现地域文化的可持续发展。

随着经济的发展和生活方式的巨大改变，口耳相传、代代相承的传承方式逐渐弱化和蜕变，这就给桐城歌的现代传承带来了严峻考验。年老一代相继离世，年轻一代外出务工，民歌传承的环境发生了明显的变化，因此激励和扶植"乡土艺术家"，保护原生态桐城歌已迫在眉睫。基于此，一方面，桐城市文化部门协同教育部门把桐城歌编入乡土教材，从小学生抓起，让他们从中受到优良传统文化的熏陶，培养他们对桐城歌的兴趣。另一方面，扶植民间的传承人。桐城歌现有省级非物质文化遗产桐城歌代表性传承人吴云芳；桐城六中桐城歌合唱队员100余人；桐城歌专业演出团队演员20余人；桐城歌业余歌手张小康、邓全翠、汪少杰等数十人。举办十佳民歌手擂台赛，搭建"唱响桐城"的舞台，助推桐城歌与时俱进，让更多年轻人喜欢桐城歌，传唱桐城歌。

第四，与时俱进，推进桐城歌的传承与创新。

随着时代变迁，桐城歌中吟咏的内容，有的已经远远落后于现实生活，因此，在内容、手段、形式等方面对桐城歌进行创新，就显得十分必要。只有赋予桐城歌新鲜健康的内容，提高其观赏性和艺术性，使之成为群众喜闻乐见的文化产品，将传承和创新有机结合，才能让桐城歌大放异彩。

第五，彰显地域特色，打造文化品牌。

地方政府在以文化为旗帜发展经济和推动文化建设的同时，还注重民间传统文化自身的传承和革新工作，因地制宜，打造独有的优势文化品牌。

近年来，桐城歌在省内外的舞台上频繁亮相，成为文化强市最为闪光的一张名片。经桐城市文化工作者改编的《哑谜歌》，进一步增强了音乐的表现力和艺术性，2008年10月首次亮相桐城市中小学艺术节并荣获一等奖；同年11月，在安庆市的系列文艺汇演中，获得了良好的社会反响；2009年10月17日桐城歌又作为桐城市的唯一代表节目参加了中国桐城首届文化节开幕式的文艺汇演。一路走来，桐城歌表演队伍不断壮大，表演技巧不断成熟，社会影响力也在不断增强。

2009年12月26日晚,中央电视台《星光大道》录制现场座无虚席。随着主持人一声"请",安徽桐城一群手拿斗笠、身着蓝底白花的清新靓丽的乡村姑娘亮相在星光大道的舞台,一声"小小妹子哎"响起,顿时台下掌声雷动。这群可爱的姑娘正在表演的正是《哑谜歌》。作为展示乡土文化的特色曲目,它无疑取得了较大的成功。

从地方文艺汇演到中央电视台的著名栏目,桐城歌正走出桐城,走向全国,桐城歌的传承创新之路,在"非遗"的促进下定会越走越宽广。唱响桐城歌,弘扬传统文化,丰富群众文化生活,用优良的传统美德和风尚陶冶人们的情操,促进物质文明和精神文明建设协调发展。发掘、保护、研究桐城歌,具有深远的历史价值和现实意义。

第四节 黄梅源头

作为一个已经走向成熟的地方剧种,黄梅戏似乎与桐城歌那样的俚歌巷曲不搭边界,实则不然。黄梅戏在其早期形成阶段,有着鲜明的俚巷歌唱特点,而且深受桐城歌及桐城拨子等民间艺术的影响。在其发展过程中,许多班社艺人把桐城当地的歌舞艺术引入到黄梅戏表演中来,甚至直接把桐城歌的歌词搬做了黄梅戏唱词来演唱,从而丰富了黄梅戏艺术。

一、采茶声声

黄梅戏是戏曲艺苑里的一朵奇葩,它和京剧、豫剧、越剧、评剧,并称为中国五大剧种,并以其清新自然的演唱特色,被誉为"山野吹来的风"、中国的新歌剧。很多观众都知道黄梅戏好听,很多人也还能哼唱几句,像"树上的鸟儿成双对","绿水青山带笑颜","为救李郎离家园",

"谁料皇榜中状元"。这种优美的旋律，像清泉一样沁人心脾。可是，这么好听的一个剧种，它又是怎么来的呢？

可能很多观众都有一种感觉，黄梅戏和许多其他的地方剧种不一样，它很像歌，听起来清新悦耳，唱起来轻松自然。对！黄梅戏确实很像歌。其实，黄梅戏就是从歌演变而来的，这里的歌不是我们今天常唱的流行歌曲，而是山歌，是山野劳作之时唱的民歌。

就黄梅戏的源头来讲，它就是源于山歌。但是，就其起源地而言，却众说不一，有的说是产生于湖北的黄梅，有的说是产生于安徽的安庆，也有的说是产生于江西的九江。因为史无明文，所以，迄今也无定论。从文化生成的角度来考察，黄梅戏的产生地，很难具体归入到某一省份或者市县。毕竟艺术的发展是动态的，剧种形成之后也是会流动的。所谓的省市县的区域划分，只是行政区划，而艺术的产生往往不受或很少受行政区划的影响，它更多地受某种文化区域的影响。所以，有些学者就主张，不要从某一单一的行政区域来认定黄梅戏的起源地，而是应该放到大的文化环境中来考察。著名黄梅戏学者陆洪非先生在其专著《黄梅戏源流》里面就专门谈到这个问题，他说："探索黄梅戏的起源，不要受其名称限制，局限在黄梅县一个地方。而是既要联系黄梅县，又要放在皖、鄂、赣三省之间，甚至更广阔的地区来考虑。"

从地缘关系来讲，皖、鄂、赣三省之间，刚好属于一个文化圈。在这个文化圈内，三省有相同或相近的语言、民风、习俗，都有兴盛的茶业和上山采茶的习俗。黄梅戏的形成便与这种采茶活动密不可分。或许，有些读者可能会问："黄梅戏的形成怎么会和采茶有关呢？"这就牵涉黄梅戏这个剧种的特殊性。

黄梅戏的调子总是给人一种轻松愉悦的感觉，这在小戏里面表现得尤为明显。而这些小戏，最初就是由山民们在劳作之余随口哼唱而来。当时不叫黄梅戏，而叫采茶歌或采茶调。因为皖、鄂、赣三省交界地带多山，农民多植茶树，每到春天三四月份的时候，正是茶收时节，山民们就会纷纷上山采茶。在劳作之余，为了缓解疲劳，放松一下，山民们就会时不时地哼唱几句，起初只是随意哼唱不成段的小调，有的还可能是自己胡乱编的。但久而久之，这些比较好听的唱段就被更多人听到、学唱。比如下面这段采茶歌就是在桐城乡村经常传唱的：

  正哪月里个采茶正月正呐嗨

   拜年的哥哥莲花开

    你来着呀你来着

  在黄梅戏的发展过程中，当地民歌起了重要作用。时白林在《黄梅戏音乐概论》中就专门谈到桐城民歌的影响。比如花腔小戏《闹黄府》中的"十不清"，就跟流行于桐城和枞阳等地的民歌"五更鼓"在曲式结构、节拍与节奏以及乐曲表现的情趣与风格等方面很相似。

  望江、枞阳、桐城等地的农村，流行着一种民间单人说唱叫"新八折"，又叫"特别歌"。演唱时演员自打小鼓，或者小锣，有点像凤阳花鼓的形式。搬进黄梅戏之后，仍系独角戏，自打自唱，形式活泼。起初是一个人唱，后来可能会添加进去一个人，来一段对唱，你一句我一句地轮流唱，一般是男、女青年二人，而且所唱内容多是与青年爱情、家长里短相关的。这从黄梅戏传统剧目里很多对唱的段子就可以看得出来。这样的段子，起初也就只是几段歌词而已，没有故事情节。到后来，随着大伙儿的兴趣所至，就会穿插进去一些小故事，构成情节，这样就成了一出小戏，也就是所谓的"两小戏"。再到后来，又添加进去一个角色，从而形成"三小戏"。从一人独唱到二人对唱，再到三人唱，这种演变过程是戏剧发展的共同规律，古希腊戏剧是这样，中国古代戏曲也是如此。

  鲁迅先生在《门外文谈》里讲到文学起源的时候，不无幽默地说道："我们的祖先的原始人，原是连话也不会说的，为了共同劳作，必需发表意见，才渐渐的练出复杂的声音来。假如那时大家抬木头，都觉得吃力了，却想不到发表，其中有一个叫道'杭育杭育'，那么，这就是创作；大家也要佩服，应用的，这就等于出版；倘若用什么记号留存了下来，这就是文学。"先生的这段话，其实道出了文学和艺术产生的普遍规律，那就是劳动。是劳动催生出了文学，催生出了艺术，也是劳动催生出了黄梅戏。

二、桐城歌

作为历史文化名城，桐城既是安庆的一个部分，也位于皖、鄂、赣三省这个大的文化圈内。所以，黄梅戏在其形成过程中，桐城当地的文化艺术也起了很大作用，特别是桐城歌和踩地盘舞。黄梅戏是一种载歌载舞的戏曲剧种，它的歌舞极具民族风情和民间特色。著名戏曲研究专家傅惜华先生在《曲艺论丛》中说："桐城歌系安徽省桐城地方流行曲调之一种，明代中叶，最为盛行……"陆洪非先生在《黄梅戏源流》里面则明确讲到桐城歌。他说："安徽的桐城歌也是很早就传到黄梅一带。"而且，陆先生还举证说："黄梅戏最早出现的歌舞小戏《送同年》中就留下《桐城歌》的痕迹。"

《送同年》的唱词是由许多民歌组成的，我们姑且摘录其中的一首歌词来看：

> 送郎送到大堂中，
> 抬头看到纸灯笼，
> 莫学灯笼千只眼，
> 要学蜡烛一条心。

这段黄梅戏唱词与明代冯梦龙辑录的桐城歌里的唱词非常相似。冯梦龙所辑桐城歌是这样的：

> 一对灯笼街上行，
> 一个昏来一个明，
> 情哥莫学灯笼千只眼，
> 只学蜡烛一条心，
> 二人相交要长情。

戏剧学者王平在其所著《安庆戏剧文化》一书里对这两段唱词进行了认真比较。王先生认为：两首曲（歌）词都是用女子口吻歌唱，并且都以灯笼和蜡烛打比喻，希望情郎能够忠于爱情。黄梅戏《送同年》中的曲词"莫学灯笼千只眼，要学蜡烛一条心"，更是原封不动地照搬了桐城歌。类似的现象在黄梅戏中还有，比如黄梅戏传统小戏《闹花灯》中的曲词，就与《中国歌谣集成·安徽卷·桐城分卷》"桐城歌谣"中所收录的"桐城歌"相类似。两者均为男提问女回答,且以三字为句,多重音叠韵,从中不难看出黄梅戏本身浓重的民歌印痕。在王平先生看来,作为"山歌"小调之一种的"桐城歌",不仅对明清戏剧(尤其是民间戏剧)中的南曲曲种产生过影响,而且也影响到了黄梅戏这种现代才涌现出来的戏剧。

其实,像黄梅戏《送同年》那样照搬桐城歌的现象,在黄梅戏剧目中并不少见。譬如黄梅戏《苦媳妇自叹》,就是从桐城歌《苦媳妇自叹》发展而来,二者在唱词方面有颇多相同之处。

桐城歌《苦媳妇自叹》	黄梅戏《苦媳妇自叹》
苦媳生来命就薄,	小女子生来命运薄,
朝朝暮暮受折磨。	朝朝暮暮受折磨。
挑花绣朵没有份,	挑花绣朵奴未学,
春碓挨磨是奴活。	春碓挨磨是奴的生活。
春碓要春二更鼓,	春碓挨碓二更鼓,
挨磨要挨三更多。	挨磨要挨五更鼓儿多。
睡觉犹如鸡眨眼,	睡觉好似鸡眨眼,
不等天亮要烧锅。	等不天亮又要做生活。
柴米油盐都要省,	走进厨房内,忙把锅烧着,
问婆米儿打几多。	问一声婆婆打米打几多?
婆骂媳妇真啰嗦,	婆婆开言骂,
大清早上问什么。	苦媳妇,狗贱婆。
婆婆再问老婆婆,	婆婆在世你问我,
老婆死后问哪个。	婆婆死后你问哪一个?
媳求婆婆勿发火,	媳妇开言道:尊声老婆婆。
大树自小靠山长,	山中树木靠山长,
水中行船靠江河。	小小船儿靠江河。
锣靠板鼓鼓靠锣,	锣靠鼓来鼓靠锣,
年幼媳妇靠公婆。	苦媳妇年幼,天哪,靠公婆。

上海师范大学硕士研究生章欢在其毕业论文《桐城歌研究》中,曾把

桐城歌和黄梅戏剧目进行认真比较，也得出了类似结论。章欢认为："早期黄梅戏中的唱词多引桐城歌歌词，桐城歌的唱腔也有借鉴黄梅戏的花腔唱法，如黄梅戏中有一首叫《新八折》的花腔小调的曲牌，就是由演员郑绍周将桐城歌《新八折》引用到黄梅戏中的。另外像黄梅戏的山歌调《慢赶牛》与桐城歌《慢赶牛》的旋律也极其相似。"

桐城歌是山歌小调，这种小调易唱易学，易记易懂，对于文化水平有限的乡间艺人来说，很容易拿来为其所用，丰富黄梅戏剧目。可能，这才是桐城歌与黄梅戏具有诸多相似之处的根由所在。

三、桐城拨子

拨子，又称高拨子，是戏曲腔调之一种。它是产生于桐城一带的重要声腔，对后世的许多剧种产生过重要影响。拨子是外来声腔（主要是西秦腔）与桐城民间曲调结合后的产物，音调激越高亢，节奏爽朗明快，唱词通俗易懂，原用弹拨乐器火不思伴奏，后改用胡琴。它的形成，典型地体现了桐城地域文化的开放性和包容性。

据传，明朝末年，农民起义军风起云涌，李自成率领的山陕起义军从西北出发，一路南下。由于李自成是陕西米脂人，"酷爱西调"，起义军将士又多是西北人，所以，随军乐队中也多是唱秦腔的，军队走到哪里，他们便将秦腔带到哪里。所到之处，多与当地的民间曲调结合，从而形成一种新的声腔剧种，比如秦腔传至湖北老河口，形成了湖北越调，传至河南，形成了河南梆子。传入桐城的一支，便与桐城的地方曲调结合，形成了拨子。

作为一种声腔，拨子对于徽剧影响深远，并且成为徽剧的主要声腔。及至后来京剧形成，也继承并保留了徽剧中的拨子。从史料来看，作为一种声腔，拨子对黄梅戏的影响是客观存在的，但这种影响并非直接而是间接的，主要是通过徽剧和京剧等大剧种，以它们为中介，在"徽黄合演"和"京黄合演"中逐渐吸取拨子的声腔元素，化为黄梅戏的声腔内容。关于拨子的形成，李泰山在其主编的《中国徽班》一书中这样写道：

当昆弋腔在明末传到桐城、枞阳、石牌、安庆一带时，适与大量南来的山陕梆子汇合。山陕梆子在这一带结合当地的土语音调，并受昆弋腔中滚调的影响，形成"回龙叠板"，演变为"拨子"。拨子是徽剧各声腔中最早具有较完整板式结构的一种声腔，它在音调、节奏及以梆击板等方面都保留了山陕梆子的一些特点。

王长安主编的《安徽戏剧通史》也有类似的论述：

拨子是徽调的主要腔调，北方曲调味道很浓。它是由乱弹（乱弹即北方的梆子声腔——引者）发展而来的。据说拨子最初用"火不思"伴奏，后改用唢呐双簧……拨子最初用弹吹乐器伴奏，后来进一步改革为拉，用海笛、胡琴伴奏，最后取消海笛，即成为今日的形式了。拨子是徽调各声腔中最早具有较完整板式结构的一种声腔，它在音调、节奏及以梆击板等方面都保留了梆子的一些特点。

黄梅戏的音乐，主要是曲牌体和板腔体的结合，其曲牌体音乐主要表现在二小戏、三小戏中，而板腔体音乐则主要表现在本戏中。黄梅戏在其早期的小戏阶段，属于典型的曲牌体声腔剧种。曲牌体的音乐在南方剧种中表现最为明显，板腔体音乐则在北方剧种中比较多见。当它由小戏而逐渐发展出本戏之后，不仅仅是剧本规模的扩大，剧中角色的增多，演出时间的增长，同时也是音乐声腔的一次变革，这种变革集中表现在板腔体音乐的出现上。黄梅戏剧种的这种板腔体音乐到底是如何来的，我们虽无具体的史料可考，但毋庸置疑的是，北方剧种的板腔体音乐肯定对黄梅戏音乐产生了影响，可能这种影响不是直接的，而是通过其他剧种间接产生的。我们知道，黄梅戏进城之后，曾经多次出现与徽剧和京剧同台演出的现象，学界称之为"徽黄合演"或"京黄合演"。徽剧和京剧中的板腔体声腔，特别是拨子，极有可能就是这个时候通过合演渗透进黄梅戏的。北方的梆子声腔是典型的板腔体，而拨子其实就是梆子。正如《中国徽班》一书所言，当昆弋腔在枞阳、石牌一带受到西北梆子和拨子的影响，尤其是在接受了西北梆子系统的剧目之后，因为唱词结构的不同，就要求在唱腔上也作相应的变化与发展。滚唱句的不断发展，如1/4拍子和2/4拍子滚唱句的运用，使得昆弋腔本身已经孕育着板式变化体的因素。当到了昆弋腔阶段，许多高腔曲牌已被淘汰，为了扩展表现力，其本身也有向"节奏变化"找出路的要求。在这种情况下,接受了西北梆子的剧目,演唱以七字(或十字)为基本句式的上下句,加上受到节奏鲜明的西北梆子音乐的影响,就加速了昆弋腔向板式变化体的演进。

王兆乾在《黄梅戏音乐》一书中专门谈到徽剧和京剧声腔对黄梅戏的影响:

> 徽调早年是在安庆一带流行的大剧种,黄梅戏的唱腔很多是受了它的影响的,例如"二龙山"、"卖花记"中花脸的唱腔,完全从老徽调吸取,平词及哭板的演唱中有些京戏味儿,这都和老徽调不无关系。

时白林在《黄梅戏音乐概论》中也讲到徽剧和京剧对黄梅戏的影响。"黄梅戏的流行地区,也是历史上徽戏的流行地区,因此黄梅戏在其成长过程中,在音乐方面吸收徽戏和京戏以营养自己的事例颇多"。时白林以伴奏为例,专门举证了清末和民国时期徽戏艺人柯巨安、任维双,京戏艺人汪云甫、小喜子、刘品江、秦明德等用胡琴为黄梅戏托腔、伴奏的事例。他认为:"除此之外,在打击乐器和曲牌的使用方面,也吸收、借鉴过徽戏与京戏。个别黄梅戏剧目中的人物还用徽戏的唱腔演唱过。

严凤英故居

如《鸡血记》中的老生王百昌，有一段唱词就是用徽戏的'高拨子'演唱的。"

黄梅戏，素来被称作地方小戏。在其早期发展阶段，它是以"唱地摊"的形式为广大观众所熟悉的，而且，一直活跃于乡间村社，只是作为农民们劳作之余的消遣。所以，它的剧目不但多反映家长里短的生活内容，而且情节简单，充满了生活的乐趣。同时，它的戏班也多是业余或半职业的，农忙时候耕作，农闲时候组班唱戏。我国有诸多与农事、神祇和民俗相关的固定节日，比如天后寿日、关帝寿日、菩萨寿日，在这些节日，人们往往须要请戏班演出以祈福。最初请的都是昆曲、徽剧和京剧等大剧种，黄梅小戏根本没有作为仪典演出的机会。在后来的发展过程中，为了提高自己的身份地位，为了扩大自己的影响力，也为了解决戏班的生存难题，黄梅戏班社便与徽剧和京剧等大剧种的班社合作演出，这就是黄梅戏历史上著名的"徽黄合演"和"京黄合演"现象。吴春生和范劲松在《试谈黄梅戏的锣鼓特色》中说："早在三十年代，前辈艺人为了能让'三打七唱'的黄梅戏立足，采取了和京剧同台演出的办法，即京黄合演时期。这一时期，黄梅戏从京剧艺术中吸收了大量的表演手段，丰富和扩展了自身的艺术形式。此时，韵白、锣鼓等方面，受京剧的影响在所难免（当时有些戏就是由京剧鼓佬司鼓伴奏）。"

在黄梅戏发展史上，有许多艺人不但直接参与了"徽黄"或"京黄"合演，甚至有不少艺人曾经有过京剧演出的经历，是京剧科班出身，比如王少舫、徐少珍、张传宏、麻彩楼、田玉莲和丁同等。这些京剧科班出身的艺人在融入黄梅戏班社活动之后，自觉地把京剧等大剧种的表演艺术化用到了黄梅戏中，从而提升了黄梅戏的艺术水平。

黄梅戏著名表演艺术家严凤英，童年主要是在家乡罗家岭度过的，儿时上山采茶，学唱过民歌，其父严司明见多识广，在安庆城做生意时接触过京剧，也会哼唱。抗战时期，严司明回乡赋闲，就把自己所学的京剧教给了严凤英。当然，这个时期，京剧等剧种对严凤英表演艺术的影响还是甚微的，充其量也不过是依样画葫芦而已。在严凤英十几岁的时候，她拜黄梅戏艺人严云高为师，从此踏上黄梅戏表演之路，并以演唱《送香茶》、

《春香闹学》等传统戏中的单折在桐城一带小有名气。这个时候的严凤英也只是在桐城县内活动而已，一直到1945年春，严凤英在桐城练潭张家祠堂参演《二龙山》，才第一次正式登台演出。那个时候的中国，思想还是非常封闭的，观念也非常守旧，学唱戏是被人瞧不起的。如果是女孩子学戏，更被视为辱没先人，是要受到家族惩罚的。也正是因为这次公开登台演出，严凤英触犯了族规，差点被捆起来沉塘淹死。后来侥幸逃脱，但桐城不能再待了，只好投奔黄梅戏艺人程积善的班子，在怀宁和枞阳等县流浪演出，之后又随戏班进了省城安庆。严凤英进城的时期，正是解放战争进行之时，黄梅戏演出市场受到很大冲击。为了生存，严凤英不得不改唱京剧。虽然这种改唱的经历是短暂的，而且是被动的，但却对严凤英表演艺术的提高起到了很大的帮助作用。不久，大约在1948年底、1949年初，严凤英又流落到了南京，并结识了著名的京昆票友甘律之，经常受到甘律之的指教。甘律之曾回忆说：严凤英原先所学的黄梅戏大都是由师傅言传身教的，那时的黄梅戏在艺术上还相当幼稚，特别是有些身段、唱词，许多是靠演员在舞台上即兴创作，没有一定规范。京昆戏曲优美高亢又变化无穷的唱腔、雍容典雅的唱词、根据剧情精心设计的身段等，使严凤英大开眼界。于是，她拼命地学习，常常废寝忘食，孜孜不倦。后来，严凤英还加入了甘家弟子学习京昆戏曲的行列，得到甘律之父子手把手的指教。不到一年，严凤英就学会了《大登殿》、《御碑亭》、《梅龙镇》、《游园惊梦》、《春香闹学》、《琴挑》等京昆名剧。甘律之说："凤英在南京这段时间对京昆艺术的刻苦学习，为她后来表演黄梅戏奠下了厚实的基础。"

　　甘律之父子毕竟只是票友出身，对严凤英表演艺术的指导是有限的。中华人民共和国成立后，安徽省于1953年在合肥成立了安徽省黄梅剧团，严凤英也由安庆调入合肥。后来，北昆名家白云生到合肥，看了严凤英的表演，他将手背在自己下巴下一横，说："你这下面的戏不能看！"意思是，严凤英除了一双灵活的眼睛和一张会唱的嘴，手、足、腰、腿都缺少锻炼，不会做戏。在批评面前，严凤英没有气馁，而是主动拜白云生先生为师，向他学习昆曲表演艺术，把京昆的程式动作，融会贯通，用在自己的表演中，为塑造人物性格服务。正是因为长期的刻苦学习，不懈努力，善于吸收融合各大剧种的艺术特长并为其所用，严凤英的表演艺术取得了质的飞跃，最终成为黄梅戏发展史上的一代大家。

第五节 剧目班社

一、从小戏到本戏

我们常说，黄梅戏的剧目有"三十六本大戏，七十二出小戏"。小戏和本戏，这是根据规模大小、人物多少、演出长短等对剧目的划分，它们共同构成了黄梅戏的剧目形态。从小戏到本戏，是黄梅戏不断走向成熟并发展完善的过程。

小戏是黄梅戏在其早期发展阶段的重要演出形态和剧目样式，最为典型地体现了黄梅戏通俗易懂、风趣幽默、载歌载舞的艺术特色。这些小戏，一般只有两三个角色，通常称为"两小戏"或"三小戏"。有的甚至只有一个角色，称为"独脚戏"。由于表现的大多是农民和农村手工业者的生活片段，故又常称为"生活小戏"。这种短小的戏曲节目非常受乡村老百姓的欢迎，在黄梅戏中大量存在着。黄梅戏的生活小戏从乾隆末年开始萌芽，经过一段时期的酝酿，到道光时期有了很大发展。

这些小戏，从内容上来说，主要反映的是农民与手工艺人的劳动和日常生活，比如《点大麦》、《纺线纱》、《何氏劝姑》、《补碗》、《撇芥菜》、《打猪草》、《聂儿捡柴》等；也有表现青年男女爱情与理想的，如《游春》、《蓝桥会》、《卖花篮》、《买胭脂》、《补背褡》、《送绫罗》、《绣荷包》和《送表妹》等；还有表现对压迫阶级的揭露与惩罚的，如《闹官棚》、《钓蛤蟆》、《瞧相》和《挑牙虫》等；另有一些是对人民自身缺点与民间恶习的否定，如《卖斗箩》(又名《懒烧锅》)、《打豆腐》和《砂子岗》等。就其表现手法而言，这些小戏有着共同的特征，就是人物较少，情节集中；载歌载舞，形式活泼；运用夸张手法，进行冷嘲热讽；人物描写，细致入微；语言生动，富有民间文学色彩。这些特征的形成是与黄梅戏的民间性分不开的。这些小戏是黄梅采茶调与"花鼓"、"花灯"等民间艺术形式相结合的产物。特别是民歌，在黄梅采茶调向黄梅戏这一剧种转变过程中起了重要作用。陆洪非先生认为，采茶调衍变成黄梅戏的独脚戏、两小戏和三小戏，主要有四种情况：

第一，将长篇的叙事民歌，通过化了妆的演员在舞台上演唱，从而成为独脚戏。譬如《苦媳妇自叹》、《郭素贞自叹》、《刘素贞自叹》、《花魁女自叹》、《卖饭女自叹》、《祝英台自叹》和《赵五娘自叹》，等等。这些"自叹"类的黄梅小戏，原本都是在安徽、湖北等地民间流行的民歌，后来经过艺人的加工，用黄梅戏的曲调来演唱，也就成了独脚戏。如果把黄梅戏剧本《苦媳妇自叹》与皖北民歌《苦媳妇歌》对照，我们就会发现，除个别词句外，其他内容大都相同，从徒唱的歌词到演唱的脚本，也没有改动或增加什么东西。这样的独脚戏与原来的民歌是并存的。所以，严格地说，黄梅戏舞台上的《苦媳妇自叹》，只能算是一种"表演唱"，还不是真正的戏剧。不管是用中国戏曲的"以歌舞演故事"的定义来衡量，还是用西方戏剧中"对于一个完整而具有一定长度的行动的摹仿"的定义来衡量，它都不符合戏剧的标准；但这种"表演唱"却在黄梅戏中大量地存在着。

第二，将民歌中叙述到的人物立起来，把演唱者叙述的形式，改为故事中的人物亲自登场讲、唱，并在唱词中增加一些口语化的说白。其实，就是把民歌中的"叙述体"改为戏曲中的"代言体"。黄梅戏小戏《绣荷包》就是如此。《绣荷包》本来是一首流传甚广的民歌，大江南北，全国各地都有传唱。歌词主要表达了少女为情人绣荷包时的喜悦心情和对情人的思念，只不过各地的曲调和歌唱风格有所不同而已。据《曲艺论丛》上说："《绣荷包》为清代中叶民间最盛行之一种'时调'小曲，自乾隆末迄道光间，流行甚广，举凡城市乡曲，无有不唱此曲者。"陆洪非先生认为，《绣荷包》又名《湖广调》或《麻城歌》，可能是从湖北东部产生而后传出去的。当《绣荷包》这支民歌传至黄梅一带和安庆地区的时候，艺人们逐渐给它增添了一些内容，编出了一个简单的故事。大致的情节就是干哥哥写信给干妹妹要荷包，干妹妹向货郎买五色绒线绣荷包，干哥哥到干妹妹家索取荷包。黄梅戏《绣荷包》在演出过程中，分别用小生、小旦和小丑来扮演干哥哥、干妹妹和货郎。除了改掉民歌《绣荷包》中叙述的口吻外，还增加了对唱和对白。比如干妹妹向货郎买丝线的情节，民歌里是这样唱的：

　　货郎把鼓摇，

　　奴家把手招，

　　抽根丝线绣荷包。

　　　　　——民歌《绣荷包》

这几句唱词，到黄梅戏里就发展成了这样：

货郎　（唱《绣荷包调》）……

　　　　　　肩把担子儿挑，

　　　　　　手把鼓儿来摇，

　　　　　　闪出娇姑把手儿招。（干妹上）

干妹　（唱前腔）奴在后面把锅儿烧，

　　　　　　忽听黄犬闹嘈儿嘈，

　　　　　　莫不是货郎来儿来到。

货郎　（唱）一见娇姑施一儿礼。

干妹　（唱）一礼还一礼。

货郎　（唱）我问娇姑买些么东西？

干妹　（白）我要买五色花绒线。

货郎　（白）你要买五百钱的线？我总共只三百钱的本钱。

干妹　（白）我是要买五色花绒线。

货郎　（白）哦，你是要买五色花绒线哪，我还当你要买五百个钱的线哩！

　　　　　　有、有……

从民歌中的一人歌唱，到黄梅戏中的三人表演，《绣荷包》在登上黄梅戏舞台之后发生了根本性的变化，这种变化主要是属于艺术形态方面的，是言说方式的转变，至于内容则没有多大变化。后来，经过不断演

黄梅戏《天仙配》剧照

唱,剧本得以丰富和发展,原本没有名姓的小生、小旦,都有了名姓,男叫邵必正,女叫姚姑。其唱腔,除《绣荷包》外,还加上了黄梅戏中的常用曲调"平词"。情节方面,在开头增加了邵必正思念姚姑,偷偷放一封信在姚姑家门前的过场戏,这样一来,也就使民歌进一步戏曲化了。

第三,以一种民歌为主,穿插一些戏剧性情节,使之成为一出小戏。比如《送同年》,就是以《送郎歌》为主体发展起来的,它以《送郎歌》为贯串线把剧中人蔡登高和同年嫂的行动联系起来。整出戏除了用六句"平词"和一部分道白交待蔡登高到同年嫂家中借木尺的情节之外,其余就是通过同年嫂唱《送郎歌》来表现她送蔡登高的经过。每送一程唱一段,唱完一段又插入道白和动作。比如下面这段唱:

同年嫂 (唱)我送同年大门东,
  顶头撞遇三叔公。
  叔公莫对我丈夫讲,
  做一双暖鞋你过冬。

同年嫂要送蔡登高，突然撞见三叔公，注意点遂转向三叔公，于是就唱了上面四句。唱完之后，剧本又插入蔡登高与同年嫂的对话以及蔡登高送短裤给同年嫂的动作。然后，同年嫂接唱："我送同年大堂西……"如此反复，直到同年嫂把《送郎歌》唱完，蔡登高把身上的衣物送完为止。

第四，利用民歌的曲调，并以民歌做插曲来表现生活中发生的真实故事。《打猪草》就是这样创做出来的。据说，《打猪草》是根据一百多年前发生在宿松的真人真事改编的。说的是宿松县崔家坪有个姓吴的男子，外号三矮子，给邓、郑两姓地主家看坟山。一个姓金的妇女打猪草时，偷了地主坟山上的笋子，按照"禁令"是要罚八桌酒席的，三矮子采取"私休"的办法把她给放了。当地农民和外来的窑工听说此事之后，就运用民歌曲调把这件事编成了戏。剧中的金三毛就是那个吴姓男子，陶金花就是那个金姓妇女。戏编出来上演后，非常受观众欢迎，并很快传到了安庆各县和湖北、江西等地。

除了《送同年》、《绣荷包》这些直接来自民歌的小戏，还有一些剧目也吸收了部分民歌的成分。比如《撕芥菜》中杨二女上场时唱的："天上星多月不明，地上山多路不平，塘里鱼多搞混水，奴的店房人多闹昏筋。"就是从明代流行的一首民歌演变来的。《李益卖女》中，穷秀才李益被迫卖女，父女忍痛分离时唱的："父女好比两只鸡，朝朝暮暮不分离。今被老鹰抓一爪，一个东来一个西。"这四句唱词本身就是一首民歌。有些民间歌谣带有滑稽逗乐的笑话成分，也被吸收进黄梅戏的传统小戏里，如《闹黄府》中的《古怪歌》：

> 昨日无事大街行，大街看到大奇闻。一条牯牛四两重，两个老鼠八百斤，三个秀才不识字，四个瞎子看得清，五个跛子跑得快，六个瘌子动刀兵，七个和尚抓辫子，八个尼姑梳乌云，九个哑吧唱台戏，十个聋子听得清。

再如《打哈叭》中的《胖姑娘歌》：

> 六月里来热洋洋，顶头遇上个胖姑娘。这个姑娘真是胖，赛过庙堂四大金刚。一个头有笆斗大，耳朵好似筛箩筐。眼睛就是红灯笼，牙齿足有扁担长。四十八匹纱，做了一件裥，拉拉扯扯盖不到胯。三十六匹布，做了一条裤，四十八个裁缝缝不起裆。一只鞋子不晓得有多大，蒲包破片用船装。正月初一动

身做,一直做到五月端阳。四十八个皮匠抬起来缮,一缮缮到九月重阳……每餐要吃三石六斗米,青菜豆腐吃上几大缸……

很明显,民歌在黄梅小戏的发展过程中起到了非常重要的作用。可以说,没有这些民歌的影响,就不会有黄梅戏剧目的产生。

在黄梅小戏中,有一出戏是与桐城有关的,这就是著名的黄梅小戏《打烟灯》。该剧是根据桐城的真人真事改编的。

清中叶以降,英国不断向中国输入鸦片,致使中国积贫积弱,被人称作"东亚病夫"。吸食鸦片,不仅损害个人的身心健康,而且给家庭和社会造成沉重的负担。1911年的辛亥革命,结束了清王朝的腐朽统治,中国进入了民国时代。当时的安庆,是这次革命的一个重要据点。也就是在这个时期,安庆发生了孙中山烧鸦片烟的事件。据《安庆史话》记载:1921年的一天傍晚,安庆水上警察在英商的一艘轮船上查获了大批鸦片,省警察厅立即下令扣留。第二天,英国领事向安徽省都督府提出了抗议,无理要求中国政府在二十四小时内将鸦片全部归还,并向该轮船公司道歉。同时,停泊在安庆江面的英国炮舰也卸去了炮衣,将炮口对准南门城楼,恫吓威胁。就在这一天,孙中山先生由上海乘轮船去武汉,途经安庆,听到此事,决定亲自处理。孙中山登上在南门临时搭起的讲台,向群众发表演讲。他历述了自鸦片战争以来,帝国主义对中国施行的侵略与掠夺,贩卖鸦片,严重毒害中国人民的健康,号召人民藐视列强,坚持斗争,夺取胜利。演讲完毕,孙中山就下令将查获的鸦片当场全部焚毁。英国领事看到江岸烟雾弥漫,火光冲天,群情激昂,不敢轻举妄动,只好调转炮舰,向下游逃去。这件事在当时震动很大。受到孙中山在安庆焚烧鸦片行动的鼓舞,黄梅戏艺人就在舞台上演出了专门反对吸食鸦片的剧目,提出"鸦片本是外国造,来到中华害同胞"。由桐城黄梅戏艺人编演的《打烟灯》是当时同类题材剧目中影响较大、流行地区较广的一出戏。这是一出小戏,主要是用"平词"和"火工"来唱的。该剧主要描写了富家子弟穆大寿因吸鸦片荡尽家产、不能自拔的故事。

作为富家子弟,穆大寿"爹娘在日,万贯家财"。自打爹娘下世,他吸上了鸦片,把家产"败得光光净净,如今落得衣不蔽体,食不充口"。

剧中曾以叙唱的手法描绘了他吸食鸦片后的破败相。

> 我先前未吸烟一白二胖，
> 谁知上了瘾面瘦皮黄。
> 骨瘦如柴肉五四两，
> 扛着肩驼着背亚赛螳螂。
> 为吸烟好亲朋不来不往，
> 为吸烟结发妻两不对光，
> 为吸烟几年来祖坟未上，
> 为吸烟坟山树一伐净光。
> 正在谈正在讲咽喉作痒，
> 打哈欠淌鼻涕眼泪汪汪。
> 周身上好一似麻绳捆绑，
> 有阎王要性命差鬼来降。

正当穆大寿烟瘾发作难熬的时候，烟馆老板邢运道又前来索取烟土账，纠缠不休，穆大寿无钱支付，只好叫妻子对邢运道扯谎，说他不在家，但妻子反而给他露了馅。由于躲不掉只好另想对策，开始是对邢运道说奉承话，但邢运道不吃这一套。于是，穆大寿又开始吹嘘自己多么有钱：

> 你莫要听别人发嘘。自古道"大船破了还有三担钉"，我把我的陈债烂账收起来，管你都要不了。

邢运道听得不耐烦了，便动手抓住穆大寿的衣领，逼他还债。穆大寿的妻子不忍丈夫受窘，只得上前说好话，替丈夫解了围。穆妻为人贤惠，同情丈夫，鼓励他改邪归正。其中有一段唱词，充满了感情。

> 穆郎夫坐草堂我把话论，
> 你的妻肺腑话细听分明：
> 二爹娘生下夫当作龙凤，
> 实指望夫发达光耀门庭。
> 又谁知我的夫不务正业，
> 终日里靠烟灯说古论今。
> 一日三三日九家业败净，

> 到如今只落得水尽山穷。
> 为妻的跟随你受寒受冷,
> 三餐不饱衣不能遮身。
> 亲戚朋友都不来过问,
> 清明冬至你未上过祖坟。
> 劝我的夫早戒烟夫妻和顺,
> 浪子回头(哭介)夫哇家道兴隆。

穆大寿受到邢运道的一番侮辱后,又经妻子好言相劝,有所触动,便产生了戒烟的愿望,但"怎奈是发了瘾身不由人"。恰好这个时候,他的朋友司贤礼送来一个消息,说大街上贴了政府严禁吸食鸦片的告示:

> 告示上写的事令人害怕,
> 捉到了吸烟的人带进县衙。
> 四十板两夹棍毒刑拷打,
> 脚上镣手上铐带锁带枷。
> 打入监牢把苦受下,
> 限七日不戒清定把头杀。
> 我看仁兄年纪不大,
> 早早戒烟立志成家。

司贤礼劝说穆大寿,只要他下决心把大烟戒掉,生活上的困难,他还可以帮助解决。穆大寿迫于形势,又为夫妻情、朋友义所感动,就下定决心戒烟。一想到从今往后不吸鸦片,再不怕逼债,脊梁骨就真的硬起来了。他说:

> 邢运道,邢运道!不怕你这讨债的金刚!我穆大爷如今把烟戒了,我看你把大烟土留给自己当饭吃吧!

最后穆大寿悔恨交加,对着烟灯、烟枪、烟竿发泄一阵,把烟具全都打掉了:

> 你这盏迷魂灯,烧掉我几大的家私哟!这杆烟枪也坏,我的田地房产,都被你吞进去了!这根小钢竿子更是可恶,戳散了多少恩爱夫妻!我现在把你这三个害人的魔鬼打掉!——都给我滚开吧!

《打烟灯》不仅具有进步的思想内容，在艺术形式上也超过了黄梅戏早期的大多数小戏，集中塑造了穆大寿这一鲜活的人物形象。他受鸦片毒害，几至倾家荡产，后经妻子和朋友的规劝，毅然决然地打碎烟灯，与鸦片彻底决裂。这个人物形象，有血有肉，真实可信。据黄梅戏老艺人章守宽讲，《打烟灯》就是根据当时桐城发生的一件真事编的，在编排中曾经得到乡村知识分子（其中有些是鸦片烟的受害者）的帮助，唱词大都经过他们的润色。据黄梅戏名伶胡玉庭回忆，他年轻时就曾扮演过穆大寿之妻，这出戏当年很受欢迎，不仅教育了鸦片烟的受害者，也感动了他们的眷属。有一次演到穆妻劝夫那一大段唱的最后一句，起"哭介"，胡玉庭在台上一声"夫哇……"，台下一位大嫂也跟着号啕大哭起来了。原来她的丈夫也像穆大寿那样因为吸食鸦片将家财荡尽，连她的陪嫁衣物也被偷去卖掉了，就连一面圆镜子，也没放过。一天，丈夫将圆镜藏在破袋里，打算拿到烟馆里去兑换烟土。妻子发现，气愤至极，乘其不备将镜子换上了马桶盖。烟馆老板听说拿来了镜子就让他抽了几口，结果见是马桶盖，就将他辱骂痛打，旁人也挖苦嘲弄。丈夫觉得无颜在世，就投河自尽了。这位大嫂后悔没有像穆妻那样用好言去规劝丈夫，鼓励他改邪归正，断送了他的性命，对照剧中人，就不免触景生情，伤心痛哭。这个故事充分说明《打烟灯》这出戏艺术效果之强烈。陆洪非在《黄梅戏源流》一书中曾有详细记载。

　　前面我们谈了小戏，那么本戏又是怎么一回事呢？

　　所谓本戏，是指有较为完整的故事，出场人物较多，可演三四个小时的大型剧目，它大致产生于清咸丰时期。从小戏到本戏，并不是一蹴而就的，而是经过了较长的发展过程。在这个过程中，串戏曾经起了重要的桥梁作用。串戏是黄梅戏从小戏到本戏发展的过渡阶段。所谓串戏，顾名思义，就是几个小戏串联起来，它相当于现在的组剧。就串戏而言，它要求原来各自独立的小戏必须在题材和人物方面大体上保持一致，既要表现同一题材，又要前后具有连贯性。比如本戏《私情记》，它就是由《拜年》、《观灯》、《吃醋》、《反情》、《思想》、《上竹山》、《充军》等单折串起来的。这一组串戏，都是表现长工余老四和财主女儿张二姐恋爱纠葛的。虽然人物和事件都比较集中，但故事并不完整，艺人们在演出过程中就把这些小戏串联起来，同时加进去一些东西使之成为一出完整的大戏。

那么，串戏又是怎么产生的呢？相传是这样的，某一个独立的小戏演出之后非常成功，剧中的人物也为大家所熟悉，并引起了关注，后来就会有人问，这些剧中人，他们过去怎么样，后来又发展得怎么样了呢？艺人们根据观众的好奇心和审美要求，就在这个小戏的前后增编了几出与原来剧中人物或事件有关的小戏。这样的小戏越积越多，可以串成一整台戏了，于是，就给它起了一个总的剧名。就拿《私情记》来说吧，先有了余老四到张二姐家中去拜年的《拜年》，然后在《拜年》的后面又续上了反映他们之间矛盾的《反情》，以及反映婚姻波折的《上竹山》。有的地方，还在戏的前面续上了余老四到张二姐家做雇工的《打长工》。串戏就像是丝线串珠子一样，越串越多。它的特点就是，每一个单出既与另一单出有某些关系，又可各自独立。串戏鲜明地体现了中国戏曲"点线串珠"式的结构特征。

正是串戏的存在，为后来本戏的大批量产生准备了条件。黄梅戏本戏的来源，主要有三种渠道。一是以当地发生的真人真事为基础，经过艺人自编自演而保留下来的脚本，比如《告经承》和《打粮房》。二是把一些民间唱本戏剧化，比如《珍珠塔》和《卖花记》。三是从青阳腔、徽调和其他兄弟剧种移植过来的剧目，比如《天仙配》和《罗帕记》。

二、经典剧目

黄梅戏本戏，一般认为有三十六部，其实远不止这些。说"黄梅戏有三十六本大戏"是辛亥革命以前的事情，随着20世纪中后期黄梅戏的飞速发展，新创剧目不断增多，远非"三十六本"可以涵盖。

在黄梅戏本戏中，有一部戏是与桐城直接相关的，那就是《乌金记》，又名《桐城奇案》。《乌金记》的主要情节是，桐城秀才周明月，在王员外家教书。王员外有个女儿，名叫王桂英，自幼许配给李仪春为妻。新婚之夜，强盗雷龙混进新房，盗走乌金玉镯，杀死了李仪春。李仪春的母亲以为是王桂英作风不端，与人通奸共同谋杀了她的儿子，于是前往桐城县

《黄梅戏人物四条屏》（作者：岳晓）

衙告状。在桐城县官强行逼供之下，王桂英只得谎称与周明月通奸，共同谋杀了亲夫。于是，周明月和王桂英双双被押入监牢。周明月的妻子陈氏前去探监，周明月告诉陈氏，科考之时，他结识了一个名叫吴天寿的朋友，此人可以救他出狱，但吴天寿远在南京。为了救夫活命，陈氏毅然决然前往南京寻找吴天寿。吴天寿知道周明月被屈打成招，已经画供，想翻案很难，便劝陈氏回家，别再打官司了。陈氏一心为救夫，意志坚定。吴天寿告诉她，要想进总督衙内打官司，除非在总督衙内吊死。剧中有这么一段对唱：

吴天寿　（背唱）这才是妇道家蛮无理性，

　　　　　　　不救丈夫她不回程。

　　　　　　　低下头来心测论，（思介）

　　　　　　　我不免说大话惊吓她回程。（向陈氏）

　　　　　　　转面来我只把弟妹来请，

　　　　　　　为伯有言你听在心：

　　　　　　　若有亲人来替死，

　　　　　　　方才救回你的夫君；

　　　　　　　若无亲人来替死，

　　　　　　　要想翻案万万不能。

陈氏　　（背唱）恩伯一言泰山压顶，

　　　　　　　陈氏女想活命万万不能。（向吴天寿）

　　　　　　　只要恩伯救得活命，

　　　　　　　陈氏女舍自命搭救夫君。

其实，吴天寿的本意是想让陈氏知难而退，谁知陈氏竟然信以为真并以身试险，真的吊死在总督衙门内。吴天寿被陈氏的真情所感动，于是主动包揽词讼，帮助陈氏打官司。总督张伯龄迫于无奈，受理此案，将桐城县官家眷押入天牢，限期破案。桐城县官没法子，只得私下查访，终于在江西瑞昌县抓获了雷龙，并将之归案，冤情大白。最后，张伯龄判定周明月认作李母的螟蛉之子，并与王桂英结为夫妻。

《乌金记》是根据桐城的真人真事改编的。《乌金记》所反映的桐城冤案，发生在乾隆五十三年（1788），一直到嘉庆三年（1798），案情才水落石出，中间经过了整整十年。为什么在这么长的时间里没有把"杀人凶手"周明月处死呢？主要是民心不服，正义的力量在起作用。由于这出戏揭露了桐城县令为官不正、屈打成招、制造冤案的丑恶形象，因此，以前桐城县历届县官都很忌讳，不准这出戏在桐城上演。所以，民间有"桐城不演《乌金记》"之说。

除了传统戏《乌金记》之外，桐城还有一些新编黄梅戏剧目，在艺术界也是颇有影响。比如1988年编创的大型黄梅戏《遗祸》，2006年编创的《胭脂湖》，2007年编创的《桐城六尺巷》，以及2012年编创的《惊天一兰》。

《遗祸》是一出大型古代悲剧，由徐启仁、汪福来编剧。该剧主要描写恶吏祝安乘县令文孝思升迁知府之际，接受贿赂，私释在押重犯张伦。文孝思上任途中被张伦截杀殒命。祝安面对此情，又施毒计，由张伦冒名顶替，走马上任。继而又骗来文孝思的夫人苏玉蝉及妹苏玉娟。苏玉蝉遭张伦凌辱后自缢身亡。苏玉娟已察奸情并作好揭露和反抗张伦的准备，适逢两江

《惊天一兰》户外演出剧照

总督崔绍祖来此巡视，祝安为保全自己，又借刀杀人灭口，图谋除掉苏玉娟和张伦。崔绍祖明知有诈，但为了自身利益，只好将错就错，不予追究。全剧环环紧扣，险情迭生。该剧曾获安徽省艺术节"展演奖"，省电视台也曾电视录像。

《胭脂湖》，徐启仁编剧，剧本创作于2002年，2003年发表在《黄梅戏艺术》杂志，2006年搬上舞台。《胭脂湖》是一出伦理戏，讲的是明朝末年，胭脂湖畔有个富甲一方的尹家，尹母是尹家最高权威，她唯一的孩子尹贵是个低能儿，本来不宜结婚，但在尹母安排下，却娶回一个如花似玉的媳妇——肖淑贞。尹贵有颗金子般的爱心，他把同房不能同床的"妻子"当作好"姐姐"。为了传承家业，尹母与干女儿邹香香共设"借种"之计，她们将穷书生辛秋生骗进尹府，逼肖淑贞与其同房。肖淑贞怀孕后，尹母便将辛秋生逐出家门。此时，肖淑贞和辛秋生二人已经难舍难分，肖淑贞为了幸福，毅然和辛秋生双双出逃，后来被尹府捉回。尹母极为恼恨，先是对二人严刑拷打，后又下令将肖、辛二人沉湖处死。与肖淑贞已是姐弟深情的尹贵，见状病情发作，与母抗争无果后，竟头触香炉而死。紧要关头，暗恋辛秋生的渔家女刘春妹驾舟赶来，哀求父亲刘八将绑在船上的肖淑贞和辛秋生二人偷偷放了。从此，肖淑贞和辛秋生在他乡过起幸福生活。该剧情节迂回曲折，人物刻画到位。它以肖、辛二人的爱情为主线，情节层层展开，鞭笞了封建礼教剥夺青年男女婚姻自由，将相爱的人逼入绝境的丑恶行径，同时也映衬出尹贵、刘春妹等小角色高尚的人格。该剧故事折射出人性的真善美和假恶丑。2006年，《胭脂湖》参加了第四届中国安庆黄梅戏艺术节展演，荣获"金黄梅"奖。

《桐城六尺巷》是一出新编大型清装黄梅戏，由王自诚编剧。以六尺巷为对象创作的剧目，在黄梅戏舞台上有数部，尤以《桐城六尺巷》反响最好，获得了多项殊荣。该剧2009年参加安徽省庆祝建国六十周年优秀剧目展演；同年参加了第五届中国安庆黄梅戏艺术节展演，荣获"金黄梅"奖。安徽省文化厅将该剧作为第十三届"文华奖"评选推荐剧目。2010年11月，新编黄梅戏《桐城六尺巷》，参加了安徽省第九届艺术节汇演，一举获得"优秀剧目演出奖"等八个奖项。央视戏曲频道，曾将该剧实况录像，对外播出。

《惊天一兰》是又一部在桐城戏剧史上产生重要影响的大型黄梅戏，它以民国时期桐城女杰施剑翘十年磨一剑，成功枪杀大军阀孙传芳，为父报仇、为国锄奸的史实为蓝本，塑造了施剑翘坚韧不拔的品格。该剧2012年8月31日晚在桐城市黄梅剧场首演，大获成功，反响强烈。演出中观众多次给予热烈掌声，演出结束，演员几次谢幕，剧场里仍掌声四起。同年10月24日晚，该剧在安庆市人民剧院参加第六届中国安庆黄梅戏艺术节新剧目展演，依旧反响强烈。2013年，在安徽省新剧目汇演评选中，该剧荣获优秀剧目奖，其主要演员还获得了4个表演奖。2014年7月，该剧在国家大剧院隆重上演。同年11月，该剧获得第28届田汉戏剧文学奖二等奖。真可谓是荣誉不断，喜事连连。

三、著名班社

作为黄梅戏的重要活动区域，桐城曾出现过许多黄梅戏班社和剧团，在黄梅戏发展史上产生过重要影响。其中，最著名的是彭小佬班、双喜班、大众剧团和桐城市黄梅戏剧团。

彭小佬班是一个职业黄梅戏班社，又名"三月黄"戏班，约建于清光绪二十一年（1895）。彭小佬，原名彭鸿华，字善庆，西乡青草塥（今青草镇三星树）人。彭小佬是个瓦工，但他广交艺人，曾拜魏老三、高成章为师，学唱黄梅戏，逢年过节的时候，常邀一些会唱黄梅戏的艺人献演，很受四乡八里百姓的欢迎。光绪二十年（1894）前后，彭鸿华正式邀人组班，组班后，在本地及附近的怀宁、潜山等地的乡村演出。这个班子的物质条件非常简陋，曾有士绅专门撰写对联讽刺他们：

远听锣鼓乒乒，唉，大头的班子；

近看生旦净丑，呀，小佬的黄梅。

其实，旧社会很多戏班的条件都是非常简陋的，但舞台表演却毫不马虎。越是物质条件简陋的班社，越注意扬长避短，突出表演技艺，把其他艺术形式融入到自身的艺术表演中。彭小佬的班社就是如此。比如在桐城比较流行的"踩地盘"舞，就是彭小佬最先引入黄梅戏表演艺术中的。据

《桐城文化志》记载,"踩地盘"在清代及民国初年,流行于桐西青草塥一带,是一种戏曲、歌舞兼而有之的民间艺术形式。这种艺术形式往往是在空场上表演,一般有男女(多为男装)角色各一人,女的手持花帕,男的手敲小锣,来回穿花,载歌载舞。曲调粗犷、明快,表演灵活、生动,具有浓厚的乡土气息。由于"踩地盘"深受当地群众喜爱,所以,彭小佬就有意识地尝试着把这种艺术形式融入到黄梅戏表演中。民国时期,黄梅戏兴起后,"踩地盘"与黄梅戏表演艺术结合,走上了舞台。中华人民共和国成立后,长期盛行的《夫妻观灯》、《打猪草》、《点大麦》、《补背褡》和《小菜园》等歌舞并茂的小戏曲,就是继承和发展了"踩地盘"的艺术风格。从"围子戏"到"门板台",从"踩地盘"到"三打七唱",彭小佬班越唱越红火,很受乡村观众欢迎。

彭小佬去世后,他的长子彭正身接任掌班。彭正身以"行行不挡,六场通透"著称,而且尤精小花脸。戏班在他的手里达到了兴盛,每年仅春、秋两农忙之际稍作休息,其余时间大都是在演出。当时的主要演员有蒋根福(花旦)、袁怀仁(正旦)、李大发(花旦)、汪世如(正旦)、朱少争(小生)、汪少明(小生)、李介谋(小生)、丰尧山(小生)等。彭小佬班社存在了四十多年,一直到抗日战争爆发后才解散。

双喜班也是一个职业黄梅戏班社,建于民国八年(1919)冬。它是由桐城民间艺人汪文秉(箱主)和琚光华(挑梁花旦)合股组建的,故名"双喜"。创班不久,汪文秉因意见不合卖箱退股,班子就由琚光华一人带领。早期主要成员有吴汉周(大锣兼青衣)、柳法坤(教师)、方立堂(老生)、梁宝善(老生)、胡金发(小生)、江贵成(小生)、琚诗云(小生)等十余人,后期还有人称"三大坤角"的严凤英、丁翠霞、桂月娥以及丁永泉、丁紫臣等。

琚光华年少气盛,掌班以后,率先制定了"十大班规",实行以艺计酬的"厘头分账"和"十厘起私"制,让最卖座的艺人享受最高的报酬。这对于演员技艺的提高,无疑是有很大激励作用的。为了整体提高演员的艺术水平,他又请来艺名"夜夜红"的京剧名伶刘玉义传艺,邀请京剧琴师汪云甫以京胡托腔伴奏,丰富黄梅戏的表现力,从而开了黄梅戏乐器伴奏之先河。在他掌班期间，先后移植上演了《玉堂春》《乌龙院》《双槐树》和《莲花庵》等京剧经典传统戏，不仅大大地丰富了黄梅戏剧目内容，也进一步提高了黄梅戏艺人的表演水平。双喜班由此名声大振，在桐城、怀宁、枞阳、岳西、贵池、舒城、庐江等地演出，备受观众欢迎。1930年，桐城县政府禁演黄梅戏，琚光华等被抓去游街，双喜班被迫解散。1933年，应丁永泉和潘孝慈之邀，琚光华重整双喜班，在省城安庆"新舞台"登台演出。在此期间，琚光华等又作了一些大胆的尝试，他们利用"带彩"、长"水袖"等手法，增强演出效果，减少后台帮腔，突出个人演唱风格，取消锣鼓过门，代之以乐器伴奏。由于适应了城市观众的欣赏需要，演出获得极大成功。为了避开政府的黄梅戏禁演令，他们又改名小京班，从而取得合法地位。1933—1934年，安庆发大水，灾民遍野，黄梅戏演出市场冷落，艺人们在安庆地区无法生存。恰在这个时候，在上海经商的桐城藉老乡许老小回家乡邀班演出，丁永泉、潘孝慈、琚光华等一批黄梅戏名艺人就跟随前往。黄梅戏班社进上海演出，在黄梅戏发展史上意义重大。据《中国戏曲志·安徽卷》记载，当时前去的黄梅戏名艺人就有二十多名，演出剧目除传统三十六本外，还新排了连台本戏《秦雪梅》，创作、改编演出了《湘子愿》《薛刚反唐》等。演出盛况空前，不但受到安徽老乡和湖北乡邻的欢迎，还招来不少上海观众，舞台上挂满了观众赠送的匾旗。在此期间，琚光华还利用演出所得和老乡资助，添置了行头。同时，他们也非常注意学习、借鉴兄弟剧种之长，从而丰富黄梅戏表演艺术。但是，好景不长，当他们在月华楼演得正红火的时候，日本侵略军轰炸上海，班子被迫分散撤回。

　　1940年，双喜班恢复。当时部分演员因从事进步活动，遭到逮捕。比如杨凤祥，他是桐城、怀宁、潜山挺进游击队队长，与演员戴学成一起利用流动演出，从事地下活动。后来由于叛徒出卖，杨凤祥身份暴露，幸得琚光华等人掩护方才脱险。戴学成被捕后，经琚光华多方营救，方才出狱。另如吴汉周，于1940年回乡参加暴动，曾任红军营长。1943年，吴汉周返回双喜班隐身，得到全班同仁竭力保护。后来，吴汉周病故，也是由戏班置棺安葬。1947年6月，双喜班在铜陵大通镇演出。当时的演出阵容非常强大，荟萃了严凤英、丁翠霞、桂月娥、丁永泉、柯砚秋、程积善、潘犹芝、潘泽海、潘璟琍、查品生、杨玉芳、汪昌明、王玉昆、丁华清、田德胜、张桂山、琚诗云、丁紫臣、王文治、饶广胜等一大批黄梅戏表演精英，演出引起极大轰动。但是，后来因为观众深夜过江，发生事故，当局以之为借口禁演，当原班人马转移到枞阳县汤沟镇不久，就被强令解散。新中国成立后，双喜班部分成员参加了桐城县大众剧团，其余也先后为各地剧团所录用。1956年，已经失明多年的琚光华应邀到江西省彭泽县黄梅戏剧团任教。双喜班至此解体。

大众剧团是桐城解放以后成立的第一个新型剧团。1949年2月4日，桐城解放。7日，黄梅戏老艺人琚光华受县长叶树生的委托，邀人组班。8日，琚光华与弟弟琚诗云前往老梅、练潭等地，邀请章守宽、丰峣山、张云凤、杨之芳、琚诗贵等十余人，筹备组班。12日，他们在县城万人大会上演出了《珍珠塔》、《荞麦记》等剧。3月，桐城县大众剧团诞生，这是一家民办公助半专业性演出团体，县民主政府拨款修缮了县城胡家祠堂作为演出场地。后来，京剧艺人张传鸿和黄梅戏新秀潘璟琍、胡玉芳、潘泽海等也加入进来，力量不断壮大。同年刘邓大军南下，该团演出了大型历史剧《李闯王进京》欢送解放军。1950年，响应中央政府的号召，大众剧团开始戏剧改革，排演了《借红灯》、《嫁衣恨》、《渔夫革命》、《满江红》等十几个新戏。1951年春，剧团开始巡回演出。麻彩楼、傅明东、傅明霞等名伶也于此时加入大众剧团。1952年6月，大众剧团到青阳县演出，并被挽留在青阳落户。1952年9月，大众剧团改名为青阳剧团。

桐城市黄梅戏剧团，它的前身是组建于1952年的桐城县黄

严凤英故居

梅戏剧团，当时是县办集体所有制戏曲团体，有职工 24 人。自 1953 年开始，县黄梅戏剧团陆续上演了《柳树井》、《滨海激战》、《刘胡兰》、《红松林》、《江姐》、《芦荡火种》等几十个现代戏。其中《刘胡兰》在合肥演出后，《安徽日报》曾作专题报道。后又相继在武汉、上海演出，获奖旗 61 面。这一时期，县黄梅剧团先后为省市黄梅剧团和江西湖口、都昌等县剧团选拔优秀演员十余人，为黟县、肥西等县剧团代培青年演员十余人，并先后派出六十余人到省市艺术学校和艺术训练班学习深造。"文革"期间，剧团易名为"毛泽东思想文艺宣传队"，专事语录歌、"忠"字舞和一些小戏曲的演出，并且一度放弃黄梅戏而学唱京剧。"文革"结束后，黄梅戏剧团恢复，先后上演了《逼上梁山》、《白蛇传》、《窦娥冤》等大型古装戏 36 台，其中《逼上梁山》连演 47 场，场场爆满。80 年代，电视逐渐普及，戏曲观众锐减，剧团在舞台综合艺术上进行创新，先后排演了《七仙女送子》、《猪八戒招亲》等剧，赢得了不少观众，并应邀到江西、湖北等地演出。1996 年，桐城撤县设市，桐城县黄梅戏剧团也改名为桐城市黄梅戏剧团。2004 年，该团在全省艺术团体中率先进行改革，组建了桐城市黄梅戏艺术传播公司。多年来，公司坚持送戏下乡，演出足迹遍布全省各地，并先后应邀赴云南、江苏、浙江、山东、江西、湖北等 15 省份演出，深受群众欢迎，为繁荣发展黄梅戏艺术做出了积极的努力。近年来，该团先后创作排演了大型黄梅戏《胭脂湖》、《桐城六尺巷》和《惊天一兰》等剧，反响强烈，获得观众和众多媒体的盛赞。

　　作为历史文化名城，桐城有着丰厚的文化艺术资源。如今，桐城歌和黄梅戏都已被列入国家非物质文化遗产名录，受到政府保护。作为农业文明时代的主要娱乐形式，桐城歌和黄梅戏在老百姓日常生活中有着重要地位。随着时代变迁，如今，经常在老百姓口中传唱的桐城歌，在流行歌曲的冲击下逐渐淡出人们的视野。原本在田间地头哼唱的黄梅小调，也逐渐摆脱了乡村身份特征，向现代化迈进，向都市化转型。这是时代发展的需要，也是艺术自身发展的规律和必然选择。但是，作为一种独具特色的艺术样式，桐城歌和黄梅戏都是艺术中的瑰宝，值得珍视。

第八讲

妙墨流韵,美学之光——美在桐城

桐城是善于创造美的地方。桐城文人云集,艺术创作多彩多姿,桐城书画是其中一颗璀璨的明珠。桐城也是现代美学的摇篮。"世界美学看中国,中国美学看安徽",朱光潜、宗白华和方东美等美学大师俱出于桐城。

真可谓美哉桐城,美在桐城!

第一节 书画之美

桐城书画艺术有四个特色：一是人数众多，仅姚翁望编辑的《安徽画家汇编》就收录了清代桐城画家140余人；二是书画起点很高，李公麟被称为"宋画第一"；三是很多人集书法家、画家、诗人和学者于一身，书画的书卷气很浓，如方以智、姚鼐等；四是桐城书画家多集中在桐城方氏、张氏、姚氏等世家大族中，世家大族为桐城书画艺术的发展做出了重大贡献。

桐城书画人物，明以前以北宋李公麟为代表，明代以方大镇、方孔炤、方维仪、方以智等人为代表，清代前期以姚文燮、张英、方亨咸等人为代表，清代中期以张若霭、张若澄、姚鼐等人为代表，清代后期以姚元之、张祖翼等人为代表。

一、宋画第一

桐城书画源远流长，根深叶茂，李公麟被称为"宋画第一"。

李公麟（1049—1106），字伯时，号龙眠居士。他于宋神宗熙宁三年（1070）考中进士，曾任南康、长垣尉、朝议郎等职。宋哲宗元符三年（1100）因患痹病而告老还乡，居住在龙眠山庄。他擅长画历史人物、佛道仙鬼、走兽鞍马、山水楼台等多种题材，尤其擅长画人物和鞍马。

李公麟学画非常勤奋，他能广泛吸取前人之长，并能融会贯通，自成面貌。《宣和画谱》评价他说："集众所善，以为己有，更自立意，专为一家。若不蹈袭前人，而实阴法其要。凡古今名画，得之则必临摹，蓄其副本，故其家多得名画，无所不有。"他善于捕捉事物的外貌特征，"使人望而知其为廊庙、馆阁、山林、草野、闾阎、臧荻、占舆、皂隶"。他擅长刻画人物的神态，"至于动作态度、颦伸俯仰、大小善恶，与夫东西南北之人，才分点画、尊卑贵贱，咸有区别"。能够让人看出画中的人是哪个地方的，是善良还是邪恶，是尊贵还是卑贱，这岂是一般画家所能做得到

李公麟《五马图》，故宫博物院藏

的，所以他不愧为"宋画第一"。

李公麟尤以画马著称，他的成功绝非偶然，据说他"每画马，必观群马，以尽其态"，看得入神时，竟忘记回答旁边人的问话。正因为如此，他的马才画得形神兼备，惟妙惟肖。苏轼称赞他说："龙眠胸中有千驷，不惟画肉兼画骨。"所谓"胸有千驷"，和文与可画竹时"成竹在胸"的意思相似。所谓"画骨"，就是画出马的精神。李公麟流传下来的画马作品有《五马图》、《临韦偃牧放图》、《十六小马图》和《百马图》等。

《五马图》为李公麟晚年杰作，画为纸本墨笔，纵29.3厘米，横225厘米，共分五段。真迹二战前藏于私人之手，战后失踪，幸好故宫博物院藏有这幅画的珂罗版，让我们可以领略到这幅画的风神。这幅画画的是元祐初年皇家御马苑中五匹西域名马，依次为凤头骢、锦膊骢、好头赤、照夜白和满川花。这些马都是来自西域的贡品，分属宋廷的左骐骥院和左天驷监。五匹马虽然毛色不一，姿态各异，但都体格健壮，神态温和。每匹马后都有宋代大文豪大书法家黄庭坚的题字，标明马的品种、年龄和进贡时间等。每匹马的前面都有牵引之人，前三人为西域装束，后两人为汉族装束。其中三位西域牵马人表情谦卑，而两位汉族牵马人则眉宇间透出自信神情。据说，李公麟刚画完第五匹"满川花"后，这匹马就死去了，黄庭坚因此感叹道："盖神骏精魄皆为伯时笔端取之而去。"当然，这是传说而已，目的是夸赞李公麟画马画得传神。

《临韦偃牧放图》是李公麟另一幅画马的传世真迹，现藏故宫博物院。这幅画纵46.2厘米，横429.8厘米。画的右上角有"臣李公麟奉敕摹韦偃牧放图"题跋。韦偃是唐代著名画家，受家学影响，擅长画鞍马，与大画家曹霸、韩干齐名。这幅画描绘了官吏、牧人牧放皇家良驷的壮观场景。画中有1286匹马和143个人,气势恢宏,显示了大唐帝国的强盛国力。在起伏的冈峦上,浩浩荡荡的马群从右向左滚动。有的成群追逐,有的独自奔跑,有的嘶叫,有的嬉戏,有的跳跃,有的缓行,有的昂首,有的回顾,有的觅食,有的饮水,可谓千姿百态,各具生意。马的数量虽多,但既无雷同之处,也无视觉压迫之感,展示了李公麟娴熟高超的绘画技艺。冈峦上散布着溪流、垂柳和苍松,使得画的境界更加开阔。画卷中的人物也动作各异,有的骑马,有的徒步,有的挽缰,有的扬鞭,有的倚树休息,有的赶马过冈,有的着装整肃,有的袒胸赤足,人物的身份和气质迥然有别。虽然是临摹之作,但李公麟并不拘泥于形似,而是大胆创造,融入自己的创意,追求形神兼备。整幅画的构图,前半部密集,后半部疏朗,富于节奏感。

据说,洪武三年(1370)二月二十三日,明太祖朱元璋坐在板房之中,忽然羽林将军叶昇拿来一幅李公麟的《临韦偃牧放图》画卷给他看。朱元璋看到这幅画,不禁想起了大明边塞情景。于是他叹了口气,对大将叶昇说:"目前尽获唐良骥,岂问胸中千亩机。"意思是如果我大明能够有唐朝那么多宝马良驹,我胸中就没有这么多顾虑了。于是,他拿笔在这幅画上题写了几行字:"朕起布衣,十有九年,方今统一天下。当群雄鼎沸中原,命大将军帅诸将军东荡西除。其间,跨河越山,飞擒贼侯,摧坚敌,破雄阵。每思历代创业之君,未尝不赖马之功。然虽有良骑,无智勇之将,又何用也?今天下定,岂不居安虑危,思得多马牧于野郊,有益于后世子孙,使有防边御患备虑间……"朱元璋是草莽英雄,文化水平并不高,在艺术鉴赏方面,也没有经过专业训练,但他一下子就被李公麟的这幅画吸引住了,可见李公麟画马画得太绝妙了。

李公麟传世的名画还有《维摩诘像》、《龙眠山庄图》、《辋川图》、《洛神赋图》、《草堂图》、《莲社图》、《西园雅集图》和《白描罗汉图》等。李公麟是宋代画家中的佼佼者,是桐城画家的先驱者,是桐城文化的杰出代表。

二、习艺成风

明代为桐城书画的崛起期,从现存资料看,这一时期的书画家主要集中在桐城方氏家族。学界普遍认为,方氏家族到方大镇这一代,治理学和习文艺已蔚然成风。方大镇一家祖孙三代,从兄长到幼弟,从儿子到孙子,从女儿到儿媳妇,几乎人人擅长书画。

方大镇(1560—1629)与他的儿子方孔炤(1590—1655)很有书名,方以智在《文孝、贞述两先生遗帖后跋》中说:"廷尉公书法近过庭,中丞公笔势似大令。"过庭指唐朝草书大家孙过庭,他专门临习王羲之的草书,笔法精熟,唐人无出其右,他的《书谱》是草书艺术的典范之作。大令指东晋大书法家王献之,曾官至中书令,因与他的族弟王珉区分,人称"大令",他与其父王羲之并称为"二王"。从方以智的题跋中可以看出,方大镇和方孔炤的书法都能取法乎上,都有很深的传统功底。同时,从遗留的墨迹看,方孔炤也师法过王羲之,如安徽省博物馆收藏的方孔炤行草书《五言诗轴》(近有投醪政),结体从王羲之《十七帖》化出,笔断意连,章法疏朗,能得王羲之神韵。

方维仪(1585—1668),女,字仲贤。她是方大镇的女儿,方孔炤的姐姐,方以智的姑姑。她幼承家学,聪颖慈慧,博学多才,诗书画皆通。她十八岁守寡,回娘家守节,把一辈子精力都用在研习艺文和培养子侄上面。在书法方面,方维仪精研章草,以王羲之的《十七帖》为宗,传世之作有《帝业江山入战图》扇面,书法秀丽,游丝处细而不怯,用笔交代清楚,一派纯正的王书格调。在绘画方面,方维仪对绘画线条的感悟能力非常强,对绘画创作有很高的要求,而且她创作时十分讲究意在笔先。方以智说:"仲姑素以家藏李龙眠《过海揭钵五十三参》为法,艰于着色,故止白描,尝曰:'所难者,吴道子一笔圆光耳。'静坐作观,久乃落笔。"方维仪擅长画佛像,取法李公麟,把白描手法运用得炉火纯青。传世之作有《观音大士图》,形神兼备,被王士禛赞为"妙品"。安徽省博物馆藏有她的《罗汉戏狮图》轴,白描法,画面右边,奇石嶙峋,奇石后面挺立一棵古松,松枝遒劲,松叶茂密,象征着长寿。树下有老少罗汉六人,正中一位罗汉挽袖持带,对着金刚狮子翩翩起舞。随着罗汉的节奏,狮子跳跃

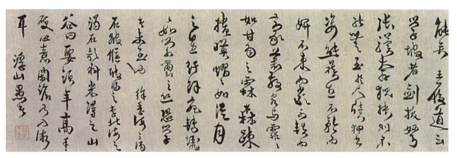

方以智行草书《论书画》卷,桐城博物馆藏

翻腾,做着各种可爱的动作。画面左右各有一位罗汉,挂着龙头拐杖,站在旁边饶有兴致地看着狂舞的狮子。画的落款是"七十有六仲姑维仪为愚者老侄五十寿"。说明这幅画是方维仪专为侄子方以智五十寿辰而作的,画中罗汉舞狮应该是取谐音"五十",古松和罗汉则象征着长寿,画的构思非常巧妙。这幅画体现了仲姑方维仪对侄子方以智的厚爱。

方以智(1611—1671),字密之,号曼公,别号龙眠愚者、鹿起山人等。他是方孔炤之子。他"十二工书法,隶草腾龙螭"(《陈忠裕公全集》卷七)。他学书以王羲之、王献之为宗,并涉猎虞世南、赵孟頫两家,与当时流行的吴门书风保持一定的距离。行草书沉厚高古,有骨鲠奇崛之气,象征着其遗民品格。传世之作有行草书《蚁封旋马》、《先生何处至》、《石室先生》和《旧地同僧别》条幅,还有章草《梦里惊心》、《白日忽阴雨》扇面以及行草书《论书画》手卷等。

以下重点说说他的《论书画》手卷。共33行,230个字,内容是"石室先生以书法画竹,山谷以画竹法作书,东坡兼之……临帖如双雕并搏,各有摩天之势"。这段话谈的是书画用笔和临帖要领等问题。从这件手卷的落款"浮山愚者"看,可能是他的早期作品。近人方鸿寿评价说:"其圆润浑厚之笔,取法于钟、王,疏密大小之姿,变化于北魏,而驰骋奔放之势,又出于张旭、怀素之间,别有精神,自成风貌。"(《方以智诗词书画略述》)顺便提一下,《论书画》出自明代王世贞《弇州山人四部稿》。有的研究者没有注意查资料,又因为书卷的落款没有提及王世贞,所以误以为是方以智作的,其实是不对的。

绘画方面，方以智工山水，以倪瓒、黄公望为师，追求散淡飘逸之趣，而意境较倪、黄更趋荒寒。从流传下来的几幅画看，方以智的画基本上都是水墨画，虽有点染，但笔致淡雅，意境清幽，与其孤高的文人品格相契合。如安徽省博物馆收藏的《溪山松屋图》轴和《山水图》轴，都是纸本，墨色，技法精湛，用笔简净。第一幅，画面下方有一片溪流，右岸有两棵苍松，松下有一小屋，左岸是峭立的山崖，山崖后面是一座葱郁苍翠的近山和几座影影绰绰的远山，整幅画意境荒远。第二幅，画面正面是重叠的山石，山石间有一条曲折的小道，一直通向画面左上方的院落，房屋掩映在茂密的松林之间。山石后面，是用淡墨皴染出来的两座山，它把人的视线引向远方。

在绘画理论上，方以智也很有建树。如关于笔法问题，方以智说："王孙引我游独秀峰，因求我示笔法，二十年间，郑千里告我以法，郑超宗告我曰熟，杨龙友告我曰松，魏子一告我曰干，子视其数笔中具否？"这几句话实际从侧面回答了笔法问题，即作画要有法度，用笔要熟练，执笔要松，用墨要干。又因为是侧面讲，且带有诙谐味道，所以很能抓住读者心理。我们可以从这段话中看出方以智富有机智睿哲以及幽默的性格特点。

张英后人张耕先生评价说："作为遗民画家的方以智，实为有清一代桐城书画艺术之开拓者。"他对方以智在桐城书画艺术发展史中的定位是非常准确的。

此外，方大镇的弟弟方大铉、长女方孟式、儿媳妇吴令仪在书法方面也有很深的造诣。方大铉，生卒年不详，万历四十一年（1613）进士，工诗文，精书翰，与兄方大镇齐名。方孟式（1582—1639），字如曜，方大镇长女，她画的观音大士像栩栩如生。吴令仪，方孔炤的妻子，"至诗字琴画，刺绣酒浆，出其余力，种种精绝"。他们为桐城人习艺风气的养成，做出了重要的贡献。

三、代有传人

清代前期，随着方氏、张氏和姚氏等桐城大家族在仕途和治学等方面的发展，桐城书画艺术呈现出迅猛的发展趋势。这一时期为桐城书画的繁荣期。桐城文人于举业、仕途和治学之余，不废书画，表现出桐城文人高雅的情志。在这种风气之下，桐城书画人才辈出，俊采风流，其中以程芳朝、姚文燮、张英、方亨咸、张若霭、张若澄、方贞观等人为代表。

程芳朝（1611—1676），名钰，字其相，号立庵。清顺治四年（1647）榜眼，先后任国史院编修、会试同考官、詹事府少詹事等职。康熙五年（1666）特任册封安南正使，转太常寺卿，加一级。后乞休归里，六十六岁卒，门人私谥文纯先生。著有《皇华草》、《中裕堂集》。程芳朝工书，《桐城耆旧传》称他："尝奉宣于御前，伏几作大字，上嘉其端劲。"他的行草书颇得明代中期祝允明、陈淳的笔法，潇洒流丽，富有气势。在流行董其昌书风的康熙年间，他的书法比较有个性。传世之作有行草书《七律诗》轴。这幅书法纵势结体，直贯而下。右肩高耸，劲拔飞扬。于圆润中偶露峥嵘，于绵丽中融入斩截，洗尽尘俗之气。程芳朝也画画，题材以兰竹为主。

姚文燮（1628—1692），字经三，号羹湖，晚号黄蘖山樵，顺治十六年（1659）进士，官至开化府同知，晚年归隐龙眠山，以书画著述终老。王士禛说："桐城友人姚经三，诗书画皆有名。"朱竹垞称赞他"画手前身李伯时"。大学士张英曾请他绘制赐金园图。尤其值得一提的是，姚文燮在书画理论方面也有很深的造诣，如他在与萧尺木论画诗的过程中说："画画切莫用画笔，枯毫秃颖势律崒。蘸墨干皴莫皴湿，意到云烟自横溢。"由此可见，姚文燮主张绘画要注意使用枯笔，皴染时墨要干，不宜湿。最关键的是立意要好，只有如此，才能产生云烟横溢的艺术效果。他又说："古来画师数董源，南宗独推北苑尊。倪黄诸家皆后昆，各得一体名宋元。学问虽多宜挈要，一家自能集众妙。小儒穷年死章句，饾饤剽窃贻讥笑。"他认为在历代山水画家中，董巨源的成就最高，而倪瓒、黄公望只是各得一体。绘画的学问有很多，但要提纲挈领地学习、吸收，要善于集众家之长，不能死于规矩之下。这说明姚文燮不仅善于绘画，而且善于思考总结绘画的经验。

姚文燮还有一段画论也很精彩，他说："余尝论画，至于化重为轻，汇多为少，合识与力而敛之于法，作者不知其所以然，观者知其所以然，

姚文燮《玉峰琼树图》

斯性情之遇也。"姚文燮认为在绘画的构思上，要用最轻的笔触表现最厚重的立意，要用最节约的笔法表现最丰富的内涵，要把识见和力量用技法的形式表现出来。姚文燮还提到一个有关绘画艺术欣赏的重要命题，即作者——客体——读者的关系问题。艺术是以形象诉诸人的，形象大于思维，读者是否能够看到作者没有注意到的内涵，这取决于作者与读者之间性情是否有契合之处。他的绘画作品有《玉峰琼树图》，画面由高到低，层峦叠嶂，峰岩和树林晶莹明澈，山谷间层层瀑布冲叠而下。透过树林缝隙，可以看到山腰峭壁上坐落着一间房屋。看样子，应该是隐士的住所或者寺庙。峡谷中有一条羊肠小道，一人正依山而上，对面一人挂着拐杖，站在不远的路上迎接来者。两人好像有所言语。这幅画笔墨清淡，空阔的山景给人以空灵之感，而画面中的人物描写又充满着生活情趣。款署是"庚申秋客长安，写寄五崖老年学兄正。同学弟姚文燮"。此处庚申当指康熙十九年（1680），这一年姚文燮53岁，正是书画创作的黄金时代，所以这幅作品的艺术价值是非常高的。

张英（1637—1708），字敦复，号乐圃，康熙六年（1667）进士，官至文华殿大学士。《皇清书史》说他："尤工书法，行楷并绝伦，上集历代名人书，为《懋勤殿法帖》，独采公书入本朝。"可见康熙皇帝特别喜爱张英的书法。张英书法出自明代大书法家董其昌。张英在《聪训斋语》中说："董文敏书，大小疏密，于寻行数墨之际，最有趣致，学者当于此参之。"张英于董其昌书法用力很深，但与董其昌的书法相比，张英书法却多了一些雍容、疏淡和恬静之气，这与他经济天下的台阁身份以及"随分知足"、归隐山林的隐逸理想有关。如他的行书《曲曲佳山探不穷》条幅，行笔轻灵而骨力洞达，结构散淡而意连势足，给人以游刃有余之感。又如他的行书《七律诗》轴，字虽属馆阁体，但用笔劲爽，结体疏朗，森森然有庙堂之气，与他的学识和心胸相表里。

方亨咸，生卒年待考，字吉偶，号邵村。顺治四年（1647）进士，顺治十四年（1657）因江南科考案，随父方拱乾谪戍宁古塔（今黑龙江境内），放归后远离官场，寄情书画，书画技艺大进。安徽省博物馆收藏了他的行书《七言诗轴》（歌盈笛步邀青鸟），中锋行笔，笔势连贯，圆笔为主，方笔为辅，结体秀

方亨咸《秋山飞瀑图》

美，颇得董其昌精髓。署款为"邵村方亨咸"。另有行书《太平时节为农好》条幅，以二王书风为底，糅合米芾和董其昌书风，秀健俊爽，风神沉雄，显示出守正出新的能力。他的山水画取法黄公望，与程正揆、顾大申并称。他生平足迹遍天下，很有见识，所以能够不拘泥于成法而更造新境。传世之作有《秋山飞瀑图》、《云横翠岭图》、《石竹图》、《深山

垂纶图》和《山水花鸟图》册等。如《秋山飞瀑图》，近景有两座茅亭，每个亭子里都有一个人，好像在读书，或在吟诗。亭子旁边，山石峭立。亭子后面，由低到高，大石重重叠叠，高处直插云霄。山腰间有一瀑布垂直而下，流向溪谷。山上有红色的枫树，青翠的杉树，碧绿的垂柳，苍劲的松树，画面色彩极其丰富。此外，虽山崖陡峭，但石棱光滑，所以能给人柔和的感觉。方亨咸还擅长画人物与花鸟画。

方贞观（1679—1747），原名世泰，别号南堂，贞观是他的字。他曾因戴名世《南山集》案牵连入旗籍，乾隆元年（1736）遇赦放归。他擅长诗歌、书法，诗歌取平易风格，和方文、方世举并称为"桐城方氏三诗人"。他擅长行楷书，与汪退谷（汪士鋐）、王箬林友善，书风与汪退谷相近。在江淮之间名噪一时。他曾用小行楷书写唐诗十二帙，由他的学生方伯刻在石头上。传世之作有行书《五言诗宝阁临无地》轴和行草书《故人频劝》轴。第一幅，行笔爽利，笔势简净，骨力挺拔，有李北海遗风，而较之更清瘦。第二幅，有颜真卿、黄山谷书法风味，用笔藏头护尾，骨力劲健，渴笔的运用，增强了这幅作品的老辣之美。方贞观也擅长画画，有《莫愁湖》《鸡鸣埭》等水墨山水画传世。

这一时期桐城书画家还有方其义、祝昌、何采、姚士暨、方式济等。方其义，字直之，入清后不仕，以诗酒书画度日。祝昌，字山嘲，顺治进士，绘画师从渐江，山势雄肆方整，气息冷峻，线条修长洁净，渴笔、淡墨兼用，颇得其师渐江的神韵。何采，字敬舆，顺治六年（1649）进士，授翰林院编修。善书画，书法取法王献之、傅山，奔放自如。绘画仿米元章。姚士暨，工诗、善画山水，画风与族叔姚文燮相近。方式济，字渥源，他的著作《龙沙纪略》被收入《四库全书》。他"性亦工诗，兼精画绘，王麓台侍郎甚奖重之"。

四、书画焕彩

清代中期，清政权已经稳固，社会经济文化进入了繁荣昌盛时期。此时桐城已成为天下文人共同敬仰的地方。一是因为桐城派散文名扬天下，二是因为以张氏家族为代表的桐城望族在社会上地位显赫，影响巨大。在这种文化背景下，桐城书画进一步繁荣发展，体现出强烈的时代气息，焕发出斑斓的色彩。其代表人物有张若霭、张若澄、姚鼐等。

张若霭（1713—1746），字景采，号晴岚，张廷玉长子，雍正十一年（1733）进士，张若霭擅画，工山水、花鸟。因曾在内府工作，有机会遍览宫中收藏的历代名人字画真迹，加上他勤奋好学，书画水平突飞猛进。他的花鸟画深得王谷祥、周之冕遗意。传世之作有《松竹鸣禽图》、《松雀图》和《松鹤图》轴。第一幅画，左侧画两棵苍松，树冠一直延伸到画的右上侧。松下是一块奇石，石上苍苔斑驳。奇石后面，有几棵苍翠的竹子，竹节和竹叶画得十分细腻。中景有一只小鸟拍打着翅膀，向松竹间飞来。整幅画面生机盎然。特别引人注目的是，画的右边有乾隆皇帝的御笔题诗，内容是："良鸟择枝鸣，良材特地生。大夫方磊落，君子绝逢通。比德咸双美，同心只一清。讵同庸夫笔，花雀诩怡情。"署款为"御题"。乾隆皇帝亲自赋诗并为之题写，可以想见，乾隆皇帝对这幅画的欣赏程度之深。在书法方面，张若霭擅长行楷书，传世之作有《和气恩光七言联》，这幅对联用笔浑厚典雅，笔短意长，结体纵向取势，但结构宽博，气息平正，有富贵气象。

张若澄（1721—1770），字镜壑，号默耕、龙眠山樵，张廷玉次子，乾隆十年（1745）进士。张若澄擅画，山水画取法"四王"，尤其喜欢王时敏饱满的布局风格，故而他的山水画无论大小，多呈现出重峦叠嶂、层林掩映、烟云漫笼、高古宏阔的景象。桐城博物馆藏有他的《御制赋得僧敲月下门》山水图轴，此画为纸本，水墨画，纵120厘米，横62厘米。画面中峻岭层叠，有咫尺万里之势。松树苍翠，掩映在群峰之中。近处和远处各有一条瀑布，在月光的照耀下，犹如悬空的白练。中景有一古刹，老僧拄杖带月归来，轻叩寺门。整幅画寓静于动，动静结合，给人以宁谧闲逸之感。题画诗写在画的左上角，行楷书，字迹娟秀，内容是："月上惊栖鸟，山僧归自邻。应门乏五尺，叩扇借孤筇。小立莓苔滑，低临松竹匀。上人权在外，守者未生嗔。讵湿袈裟露，凭参响寐尘。维摩不二法，司户有前因。剥琢原无碍，形容直逼真。本来敲绝好，推字想欺人。"诗歌以典故（出自贾岛《题李凝幽居》）结尾，并加以议论，使人联想起唐代大诗人贾岛与韩愈偶遇、讨论诗句中用"推"字好还是"敲"字好的故事，读来饶有情趣。上款为"御制赋得僧敲月下门"，下款为"臣张若澄敬写并书"。下钤"臣张若澄"等印。说明这幅画是张若澄应御制而画的，有丰富的政治内涵，是普通绘画无法比拟的。

姚鼐（1732—1815），字姬传，号惜抱，乾隆二十八年（1763）进士。姚鼐是清代帖学的代表人物，清代大学者、书法家包世臣将他与邓石如、刘墉并列为当朝书家之冠。包世臣曾经临习姚鼐的书法，并深有感悟地说："次日临姚老之书一过，乃知此老书深于北魏，略参河南少师之法，宋元恶习，无所沾染，直当与玄宰抗颜，非但方行今日已也，为之叹绝。"他还在《艺舟双楫》中说："惜抱，晚而工书，专精大令，为方寸行草，宕逸而不空怯，时出华亭之外。其半寸以内真书，洁净而能恣肆，多所自得。"清毛岳生《跋姚先生惜抱〈与子寿书〉后》说："姚先生惜抱，学行文章，深醇简洁，务以理道，见诸平易，海内知者多矣。而于书翰亦然。少喜学董思翁书，盖尝有诗云：'太仆文章宗伯字，正如得髓自南宗。'其功力深可见。然脱去思翁柔靡习气，即率尔笔札，皆有儒者游艺气象。此又存乎学养之粹，非徒力追险绝，复归平正意也……"毛岳生认为，姚鼐的书法功力深，有书卷气，与其深醇的学养分不开。赵彦俏说："惜翁亦究心书学，笔致超然，纯是书味酝酿而出，落墨似近山舟、梦楼，而品致清妙，实出二公之上。"山舟、梦楼

姚鼐书法

分别是梁同书、王文治的号,他们都是乾隆时期一流的书法家,而赵彦俪认为姚鼐"实出二公之上",可见姚鼐的书法境界非常高妙。他还说:"疏逸之气,勃勃纸上,深得大令妙处。"意思是姚鼐书法中的疏朗飘逸之气来自王献之。姚鼐传世之作有《万类大虚七言联》、《题金陵渡》七言绝句条幅、书黄庭坚《寄外舅孙莘老》、《沙笼寒月树笼烟》、《碧玉根镶白玉脂》七言绝句扇面等。第一幅,面貌似王羲之《兰亭集序》,可见他在临摹王羲之书法上用功极深。第二幅,取法赵孟頫和董其昌,并自然巧妙地将赵之形和董之神融合在一起。第三幅,取米芾、董其昌、赵孟頫诸家之长,用笔深厚,结体紧凑,柔厚流美,有浓郁的书卷气。

姚鼐十分看重自己的书名,创作态度一丝不苟,而且不轻易把自己的字送给别人。《皇清书史》引用张岑的话说:"先生自惜其书,如爱其身,苟非其人,绝不轻与,故书最难得,而楷为尤难。"

张敔(1734—1803),字敬之,号雪鸿、木者、止止道人等。乾隆二十七年(1762)举人,曾做过湖北房县县令。他天资颖悟,有"诗、书、画三绝"之称。书法方面,他擅长真、草、隶、篆、飞白诸体。绘画方面,他擅长山水、人物、花卉、禽虫,白描设色,非常工妙。《墨林今话》说他:"笔情纵逸,韵致萧然,生气勃勃,横涂竖抹,墨色浓淡,各极其趣。"他为人疏放不羁,常酒酣兴发,提笔挥洒,有时用竹箸、指头写字作画,也很生动,往往不携图章,率笔作印。安徽省博物馆藏有他的《芙蓉双鸭图》轴,桐城博物馆藏有他的《牡丹图》轴和《鸟树图》轴。

在《芙蓉双鸭图》中,有两只鸭子在水中嬉戏,一只是灰头鸭,另一只是黑头鸭。两只鸭子描绘工细。灰头鸭扭过头来,含情脉脉地注视着羽毛丰美、性情温和的黑头鸭子,似乎有什么话要对黑头鸭子说,鸭子周围荡着细细的涟漪。画的左侧画着几簇芙蓉花和芦叶。芙蓉花盛开,香气弥漫,芦叶在和风中纷披着,一派春江情趣。芙蓉和芦叶以"没骨法"画成,笔墨清新,意境空灵,风格豪放。左上角的落款为"南泉山人张敔写",下钤"敔印"等印。

这一时期桐城书画家还有姚范、方观承、阙岚、龙汝言、吴莘等。姚范,字南青,号姜坞,其书法取法欧阳询、赵孟頫,结体瘦硬爽朗,有书卷气。方观承，字遐谷，在治水、种棉花方面功绩卓著，工书，诸体皆善，尤以小楷、行书见称。传世之作有《临麻姑仙坛记》小楷卷，用笔斩截，深得颜体三昧。阙岚，字雯山，工小楷，善画山水、人物和花鸟，画法取自宋元较多。龙汝言，字锦珊，嘉庆十九年（1814）状元，授翰林院编修，"擅隶书，工画花鸟，尤长墨竹"，其书画作品流传稀少。吴莘，字牧皋，诸生，一生专研书画，工山水、花鸟，山水受新安画派影响，花鸟多是大写意。《桐城耆旧传》称"其画自以意得于山水，不专事摹拟"。

五、托怀翰墨

晚清社会动荡，士风渐衰，桐城书画艺术成就较先贤稍为逊色，但桐城文人对书画的热情却丝毫没有减退。在书法方面，受怀宁邓石如以及时代风气的影响，书风向金石碑刻方向靠拢，并呈现出碑学和帖学交相辉映的局面。绘画方面，更偏向于花鸟画，通过花鸟画，寄托乱世文人的孤高情怀。代表人物有姚元之、张祖翼等。

姚元之（1773—1852），字伯昂，号荐青，又号竹叶亭生等。嘉庆十年（1805）进士。清秦祖永《桐阴论画》称姚元之工篆隶行草书法，深得赵承旨（即赵孟頫）神髓。清方朔《枕经堂金石书画题跋》称姚元之隶书间格取法《卒史碑汉鲁相乙瑛置百石》（即《乙瑛碑》），而波撇风神，则参之《汉郃阳令曹全碑》。传世之作有隶书《泰山高岳》轴、《是以众庶》条幅等。第一幅受汉代《西岳华山庙碑》影响很大，温纯敦厚，不瘟不火，但缺少自己的面貌。第二幅取法《曹全碑》、《史晨碑》、《礼器碑》，集众碑之长于一体，端庄流丽。

张祖翼《节临祀三公山碑》

姚元之也擅长绘画，尤工于白描人物，曾经临摹赵孟頫《十六罗汉》，威杀之气跃然纸上。黄石田看后惊叹"今人不让古人"。他也擅长画花卉，或设色或水墨，受恽寿平、华嵒的影响很大。花卉画如《红梅图》轴、《水仙图》扇面等。第一幅，树枝横斜，相互交叉，浓淡适宜，枝丫虽多但层次分明。树干树枝遒劲，立体感很强。一簇一簇的红梅花瓣点缀枝头，孕育着勃勃生气。第二幅，用的是白描法，水仙叶子是用淡墨线条勾勒的。水仙叶子或长或短，或挺直或柔曲，都舒展自如，摇曳生姿。作者在水仙叶子之间用浓墨穿插了几根草茎，有黑白相映和刚柔相济之美。水仙花瓣也是用线条勾勒的，花蕊则用点染法。整幅画风格清雅，充满抒情意味。右上有题画诗一首，字体为行草书，遒劲俊丽，内容是"梅弟攀兄孰比伦，雪心冰态净无尘。人间粉黛疑唐突，酌量分毫写洛神"。这首诗赞美了水仙花如传说中的洛神一样，有超凡出尘的气度。款署为"仿子固画意，少岩三弟雅正。姚元之。道光甲申长夏"。

张祖翼（1849—1917），字逖先，大学士张英九世孙。篆书取法石鼓钟鼎文，隶书取法汉碑，篆刻师法邓石如。他的书法以汉隶为主。孙洵在《民国书法史》中说："张氏遍习汉碑，不主故常。五十岁后，笔法似扑朔捷出，隽利若刻，结字方正沉厚，骨肉匀称，有高古超逸之气。实在是入汉人之室，琢磨经年，自然衍化而出。"这个评价非常高。马宗霍《霎岳楼笔谈》说他："楷书宗唐，分书（隶书）宗汉，虽所诣不高，而皆能中矩，篆亦矫劲可观。"马氏的评价很有见地。纵观张祖翼诸多隶书作品，可以看出，他的隶书临摹功夫很深，且能将《张迁碑》、《石门铭》、《礼器碑》、《三公山碑》、《西狭颂》等汉碑风格熔为一炉，深得汉碑之正。不足之处是，他的书法个人面貌不够鲜明。他的篆书用笔老辣，时时融入隶书笔法，结体潇洒流丽，但是较之邓石如、吴昌硕等大家，稍为逊色。他的传世作品较多，隶书有《汉碑范》、《节临祀三公山碑》、《节临张迁碑》、《节临石门铭》、《节临礼器碑》、《节临西狭颂》等。篆书有《节临峄山碑》、《临汉石室少阙铭》、《吏情诗卷》七言联、《密勿扬厉》七言联等。行书有《文衡山酒诗》扇面等。

这一时期桐城书画家还有姚莹、吴廷康等人。姚莹，字石甫，其书法有祖上遗风。吴廷康，字元生，祝嘉《书学史》称其"篆隶铁笔，直窥汉人"。他喜欢金石考证，家中收藏的古物很多。他认为"汉晋钟铭、印文、铜器、碑帖、瓦当之属，可一一取证砖文"。余事写梅兰，虽寥寥数笔，金石之气盎然。

第二节 品题之美

桐城一些名门望族，喜欢尽其所能地搜集先祖的遗墨，以表达对先祖的追思之情。有的则请当时著名画家，将先祖的故事制成图画，并请一些社会名流题跋和诗，以发扬先祖的荣光。因此，在桐城书画史中，有许多精妙绝伦的书画题跋长卷和感人至深的故事。

一、《磊翁十二真图》

康熙三十四年（1695），福建漳州籍画家陈山人家里来了一位尊贵的客人。寒暄过后，客人说明了来意，他想请这位以擅长写真著称的大画家根据自己平生的仕宦游历和志趣爱好，画一组写真图，一是借此珍藏人生的记忆，二是借此表明自己的情操理想，三是希望传之子孙，为子孙树立读书做人为官的榜样。画家非常痛快地答应了这件事。他根据客人的叙述，没用几天就绘成了十二幅写真图，依次为《匡庐种花》《浔江送客》《飞雪度陇》《华山采药》《漓江秋泛》《岳麓观碑》《峨嵋春望》《泰山观日》《崆峒招鹤》《沧海乘槎》《燕市酒人》和《龙眠著书》，每幅画皆为散页，总题为《磊翁十二真图》。陈山人，生平事迹不详。有的研究者认为陈山人就是陈维（惟）邦。陈氏字子庆，号云庄山人，善于人物花鸟，尤工写照。

这位求画的客人是安徽桐城籍官宦、诗人江皋，字在湄，号磊翁，生于明崇祯八年（1635），于顺治十八年（1661）考中进士。历任江西瑞昌县知县、九江郡郡丞、甘肃巩昌府知府、广西柳州府知府、四川提学副使、陕西平庆道副使等职。他请陈维邦作写真图时，正在福建兴泉道参政任上，并已做好了归隐故乡龙眠的思想准备。他对《磊翁十二真图》十分满意，认为"数十年间，江山万里、道路关河、冰霜险阻、敝车赢马、短棹孤槎，以及宾朋酬酢、仆隶趋承，莫不形摩工肖，一一从毫端出之"（《磊翁十二真图记》）。

江皋致仕后回到故乡桐城，他经常展玩这十二幅真图，回味曾经的沧桑岁月和幽奇险怪的游踪。后来，他在每幅画后面另加一张散页，各题诗若干首，或古风体，或近体诗，共二十多首。题完诗后，他还在每幅散页的诗题下和诗后钤盖两至四枚印章，共计约五十五方印。但每幅散页的后面都留有一定的空白。原来，他早已计划好了，准备请名人好友和诗题跋，以增加收藏的乐趣和价值。江皋自仕宦以来，熟悉的著名学者、诗人、书法家、官僚有很多，但从文章、道德、职位、政声等方面考虑，只有一个人是和诗题跋的最佳人选。此人不是别人，正是自己的同乡张英。

当江皋提出自己的夙愿时，张英欣然接受了他的请求。在随后的一段时间里，他有时展开磊翁的写真图，仔细端详画意，有时吟诵磊翁的自题诗，反复揣摩诗画中所蕴含的思想情感。他越来越觉得这些图意和诗情十分契合自己从壮岁就有的山林田园之思。他本想步韵和诗，但考虑到和诗犹如胶柱鼓瑟，一般难以达到令人满意的艺术效果。而且，像"谁教老泪拭青衫，宦迹真如浪里帆"（《浔江送客》）这种比较敏感的话题，作为备受君主恩宠的他，是不适合唱和的。于是他选择了题而不和的方式，即在磊翁所题诗后，大体依据江皋自题诗的原意，或正面题写，或反向立意，各题两首七言绝句，共题诗二十四首，并于诗后各题一段跋语，最后认真地钤上自己的印章，共钤三十多枚印。张英这样做，既不失邻里友情，也不失宰臣身份，且不失文人风雅，处理得非常得体。

现选择几幅意味深长的图画、题诗和题跋简介如下：

1. 浔江送客

这是磊翁十二真图中的第二幅图。画面中荻花瑟瑟，枫叶如染，江水浩淼，寒月如璧，一叶小船停靠岸边，商女凝神演奏琵琶，其声铮铮。江畔亭下，磊翁与客对坐石上，两童子则捧酒侍立。四人皆静听琵琶女演奏，似有所感。

江皋自题《浔江送客》诗四首，其一，"浔阳烟水大江流，千古茫茫送客舟。却笑当时白司马，琵琶声里唤人愁"。其二，"芦花枫叶自纷纷，一叶秋风落雁群。送别莫弹南浦曲，商船弦绝不堪闻"。其三，"谁教老泪拭青衫，宦迹真如浪里帆。记得香炉峰下路，草堂花落满空岩"。其四，"白浪横江百尺高，轻桡常自涉风涛。青山独往浑无恙，几见舟沉泽畔劳"。

因为在江西瑞昌知县任上兴修水利和惩治匪盗成绩显著，江皋被提拔为九江府同知，尽管此时的他可谓踌躇满志，但面临仕途的险恶，有时未免有归隐山林的想法。第一首诗中，面对大江上来来往往的送客之舟，诗人高唱"却笑当时白司马，琵琶声里唤人愁"，认为客来客去本是寻常之事，不必因琵琶声而倍觉忧愁，表现出江皋乐观的人生态度。第三首诗中，诗人同情白居易泪湿青衫，感慨宦迹如惊涛骇浪中的小船，时刻都有颠覆的危险，不如淡出官场，逍遥于庐山香炉峰下，结草堂而优游流年。第四首诗中，诗人唱出最昂扬的音符，虽然浪高百尺，但是诗人毫不畏惧，经常驾一叶扁舟，徜徉于沉舟之侧，搏击于鲸波之上，表现了诗人激流勇进的气概。这首诗在四首诗中立意最佳。

张英题诗，其一，"西林云树久苍茫，千古犹传旧草堂。司马江州差不恶，青衫何必怨浔阳"。其二，"香山旷达寡尘羁，犹感临岐送客时。不独琵琶凄断绝，江风江月使人悲"。

张英的题诗很能反映出其大臣身份，他认为白居易被贬江州并不是一件坏事，不必泪湿青衫，更不必心怀怨恨。第二首继续紧扣浔江送客这一主题，认为即使旷达如白居易，也会在临岐送客之时黯然伤怀，更何况琵琶瑟瑟、江风潇潇、江月皓皓，怎能不令人伤悲呢！

诗后跋："予读《匡庐草堂记》，结屋香炉峰下，素屏竹几，山水灌木相萦带。同时太守又能不以职事相拘使，得优游林壑。当时泪湿青衫，恐尚不能忘情于谪宦也。"《匡庐草堂记》是白居易写的一篇著名散文。张英回忆自己曾经"结屋香炉峰下"的一段优游生活，认为匡庐风景如此之美，白居易泪湿青衫，是因为其心中摆脱不了被贬谪的阴影，达不到忘情的人生境界。

2. 沧海乘槎

画面中洪波涌起、浪峰如簇，磊翁与传说中的女神宓妃共同乘槎涉于沧海。洛神高髻如云，衣带飘摇，手捧灵芝，立于槎尾，而磊翁则坐于槎前，目视前方，惬意安详。

江皋自题《沧海乘槎》诗："海茫茫天苍苍，朝潮暮汐何奔忙。万顷浮波撼坤轴，六鳌奋鬣天柱张。神龙深蟠恣变化，鲸鲵触浪群飞扬。狂澜势浩荡，岛屿纷低昂。有客乘槎问天汉，寻源星宿穷遐荒。宓妃灵姝邀并载，珊瑚作佩明珠珰。三山缥缈岂无路，蜃楼贝阙争回翔。陆地风波总难料，尘寰汗漫多荒唐。置身藐然轻一粟，仙人拍手招扶桑。"这首诗描写诗人乘槎求道的理想之境，寄托了宦海沉浮难测的人生感慨。首八句描写沧海惊涛狂澜，并借助"六鳌"、"神龙"等意象增强游历的传奇色彩。"有客"以下六句，写诗人邀请宓妃灵姝与自己一起乘槎浮海，去寻找飘渺的三山仙境。"陆地风波"以下，把主题归结到宦海沉浮上。"陆地风波总难料"对的是海上"万顷浮波撼坤轴"，一个是有形可测的，一个是无形不可测的。一个看似有险而有险无惊，一个看似无险却难以逆料，常常让人猝不及防。结尾两句进一步写出了自己欲超尘出俗的理想。

张英题诗，其一，"碧落风恬任所如，鲸波无际渺江湖。人间万事多倾覆，得似乘槎稳卧无？"其二，"海若天吴尽渺茫，朝登碣石暮扶桑。人生眼界须如此，万顷何须一苇行。"

张英非常认同江皋对仕途的认识和理想追求。第一首诗，诗人认为"乘槎稳卧"的快乐是仕途中难以体会到的。第二首诗，诗人认为人生需要有开阔的眼界，敢于在渺茫无际的沧海中弄舟遨游，而且，"凌万顷之茫然"是"一苇杭之"所不能达到的境界。

诗后题跋是"人生境遇举步多碍，烟水华胥偏在浩渺之乡。非鸿波万里，不足以纵游目，舒旷览也"。题跋与题诗遥相呼应，感慨仕途多艰，认为人生要敢于涉足鲸波，游目骋怀，扩大自己的胸襟视野。

与《浔江送客》所题诗的思想内容相比较，虽然论及仕途沉浮，但所持观点却截然不同。原因是前者涉及君臣际遇的话题，作为朝廷重臣的张英不能不谨慎，而后者却是对仕途的共识以及对旷达人生态度的认同。

3.龙眠著书

这幅图早已亡佚，幸好江皋的自题诗和张英的题诗被保存下来。据《磊翁十二真图记》记载："龙眠丘壑幽深。陶松菊，三径犹存。翁悬五岳于杖头，纳沧瀛于寸掬。将图云烟半臂，著书立说，终老名山。于是浩然有归志矣。"人生的轨迹划了一个绚烂的圆圈后，终于回归到原点——故乡龙眠。

江皋自题《龙眠著书》诗："却笑虞卿老著书，买山何处结吾庐。龙眠耽恋烟霞癖，马齿多惭岁月余。万卷漫夸芸阁秘，一编闲对夜窗虚。观心期与古人合，放眼偏于世法疏。秋水净时还独往，砚田荒后尽堪锄。旋栽黄菊编篱近，旧种长松偃盖如。秫满西畴喧野雀，泉流南涧纵游鱼。牛看挂角行掺来，鹿自衔花共挽车。奇字怪人无复问，名山老我亦空储。尘中只此能逐俗，无妄先生兴未除。"

归老山林，著书立说，是古代多数文人的心愿，因而这首诗特别能引起人们的共鸣。整首诗是说对龙眠著书的期待和归林后的怡然自得，但首句逆锋起笔，嘲笑战国时代的谋士虞卿老来困顿，不得已而从事著述的行为，这其实是诗人的自嘲，借以抒发自己仕途不得志的郁闷情绪。这或许是他在福建兴泉道参政任上"以事左迁"的痛苦经历的反映。第二句一个顿挫后，方转到诗人结庐龙眠、著书立说的生活描写。自"龙眠耽恋烟霞癖"以下至"名山老我亦空储"，传神地写出了诗人归隐龙眠、赏景著书的惬意与潇洒，颇有东晋大诗人陶渊明的风范，有一种烟霞之气。结尾点出自己摆脱尘俗的愿望。

张英题诗，其一，"五岳归来万里余，丹颜白发未全疏。龙门揽尽名山水，高卧南窗好著书"。其二，"家山端合老渔蓑，柳墅松堤景物多。陇畔烟开春社近，明农共听插田歌"。

张英这两首诗，后一首更佳。四句诗写出了龙眠的烟柳婆娑、苍松滴翠的山水风光以及龙眠淳朴的民风。当春社近时，农民们边插秧边唱歌，这种耕作的快乐是置身于仕途的人无法体会到的。

诗后跋:"龙眠溪山深秀,林木茂密,土沃泉甘。吾与磊斋先生结数椽为邻以居。睹烟云之变幻,察卉木之荣落。如渊明所谓'类有素心人,相与数晨夕',良多幸矣。康熙癸未年(1703)十一月三日,双溪。弟张英题并书。"在题跋中,老丞相赞美了故乡龙眠幽美的自然风光,交代了自己与江皋和睦的邻里关系,描写了两人诗歌互答倾心交往的快乐情形。最后张英交代了题跋的时间和地点。

4.《磊翁十二真图》的流传情况

从江皋后人的两段题跋中,我们约略可以窥见《磊翁十二真图》在后世的流传情况。第一段题跋是"《磊翁十二真图》翼于乾隆甲寅年(1794)得于孔城程姓之家,所用不过十余金耳,而其中画与字并诗无不佳,真乃吾家之至宝也。后世子孙尤当什袭藏之,勿忽勿忽!翼记"。说明此物曾一度失传,后于乾隆间由江氏十六世孙江世翼从孔城程家购回。又据《桐城文化志》载,江世翼从孔城程家收购此物时,程家已将《燕市酒人》画与诗及《龙眠著书》画糊制饺灯,留下无法弥补的缺憾。

另一段题跋是"同治己巳年孟春月,十八世孙鳌敬阅于迎翠园之旧迹。吾宗《磊翁十二真图》自乾隆甲寅伯祖厚菴公得于孔城程姓之家,至今推有七十六年矣。鳌本不识画与字并诗,观其中果无不佳,然此宝为磊翁所传,亦为伯祖厚菴公所遗也。后世子孙更当什袭藏之,勿可轻视"。这说明江氏后人对此物十分珍视。

另据《桐城文化志》载:清末民国初年,此物藏于桐城走马镇江兴阅家中。抗日战争前,张英后裔想用三十六担租田和一所庄屋换取江氏家藏的十二幅张英诗、跋手迹,江氏没有同意。建国前夕,此物被江氏族人江国荣借走,一场火灾后,此物被他的侄子江道元私携回家秘藏起来。建国后,桐城光明甫、房秩五先生曾向省文博部门推荐此物,经查未果。1984年冬,江道元之女江琴向桐城县博物馆出让了此物。

二、《寒岩独往图》

在桐城博物馆收藏的众多书画中,有一件《寒岩独往图》诗文书画长卷,不仅保存了清代金陵画家马云的山水小品,而且荟萃了阮元、方东树、梅曾亮、姚莹等文化名流的诗文题跋，弥足珍贵。

《寒岩独往图》诗文书画长卷，纵43厘米，长512厘米。全卷由十个部分组成：一是阮元题签"寒岩独往图"；二是马云写《寒岩独往图》画卷；三是方东树书《自题〈寒岩独往图〉》诗；四是阮元书《乙酉冬过惠州寒婆径一绝》；五是方璋书方东树《赠马云序》文；六是方东树书《自题像赞》、《歇菴铭》、《冷斋说》文；七是梅曾亮题《方植之〈寒崖独往图〉》诗；八是方东树书《效寒山拾得诗》；九是苏惇元书姚莹诗《方植之〈寒岩独往图〉》二首；十是郑銮书题《寒岩独往图》诗。该卷始作于道光二十五年（1845），终于道光二十九年（1849），历时五载，从一个侧面反映了方东树与当时其他文化名流的交游情况，颇具研究价值。以下摘要讲述。

1. 马云与《寒岩独往图》的创作

马云，清代金陵画家，生卒年不详。尤擅长写真，尝自比于唐代大画家曹霸。他与方东树相友善。

方东树（1772—1851），字植之，晚号仪卫，桐城人，与梅曾亮、管同、姚莹并称为"姚门四杰"。他曾主持过安徽亳州、庐州、祁门及广东廉州、韶州等处的书院。在治学方面，他不仅遍览秦汉以来诗书子集，而且研究佛老诸书，学术渊博，著述丰富。著有《昭昧詹言》和《仪卫轩文集》等。

道光二十五年（1845）冬十月，金陵画家马云来到桐城，与方东树交流诗文。期间，马云说："这次我一定要为你画一幅像。"方东树推辞说："以前东晋大画家顾恺之要为大将殷仲堪画像，殷仲堪认为自己长相丑恶，不愿意画像。我现在已是七十多岁的老头子了，相貌难看且消瘦，神气轻薄。我一看到自己的身影就会自惭形秽，怎么适合画像呢？我和殷仲堪一样不想画像。"又说："即使我愿意画像，但你只能画出我的外在相貌，不能画出我心。后世人如果不懂得我心，也不必重视我的相貌。如果见过我的相貌，那么再看我的画像，就是重复。因此，即使你花了很多精力画我，最终对我也无益。"但在马云的一再坚持和劝勉下，方东树最终同意了马云的请求，于是著名的《寒岩独往图》诞生了。

《寒岩独往图》(局部)

《寒岩独往图》为纸本,设色。图的左边,山崖向前倾斜,崖壁上有一棵古树向上伸展着。树根如龙爪一样牢牢地嵌入岩石中,树干盘曲,树枝向凤爪一样遒劲,树上不见一片叶子。悬崖下是一片水域,一些高高低低的石头散落在水中。画的右边也是山,山坡上站着一个高士,戴着高高的帽子,穿着束腰的宽大布袍。他注视着前方,似乎在欣赏对岸悬崖下的山石与石上的苍苔。他就是《寒岩独往图》的主人公方东树。整幅画笔法简洁,气韵生动,意境幽邃,古意盎然。落款为"乙巳嘉平月为植之先生作《寒岩独往图》,马云写"。下钤"臣云"印。乙巳嘉平月为道光二十五年(1845)腊月。

2. 方东树《自题〈寒岩独往图〉》诗

在图的右边留白处,方东树书写《自题〈寒岩独往图〉》诗,内容是"强共梅花作喜神,犍城水月定非真。若为得识流泉命,不共长生路上人……文殊生被铁山围,异世犹遭打笊篱。任尔修行三大劫,我无佛法汝为谁……"落款为"乙巳冬月东树"。启首印为"仪卫轩"。"乙巳冬月"为道光二十五年(1845)阴历十一月。

方东树的题画诗是由五首诗组成的,写的是诗人参禅悟道的心灵体会。诗人将王阳明心学与禅宗佛法同修，希望自己远离尘世，逍遥山林，心随流泉。诗意与《寒岩独往图》的题旨相吻合。

3. 阮元题签"寒岩独往图"

就在马云赠画第二年，方东树便携带这幅画，去拜访阮元，并请阮元题签。阮元（1764—1849），号云台，雷塘庵主，晚号颐性老人。乾隆五十四年（1789）进士，曾任礼部、户部、兵部、工部侍郎，湖光总督、两广总督、云贵总督等要职，他也是著名学者和书法家。

为了不辜负方东树的请托，阮元选择了自己擅长的隶书来为这幅画题签。仔细研读阮元所书的"寒岩独往图"五个大字，虽然行笔有些拖沓，缺乏骨力，但笔墨间透出一股浓浓的古意。其落款为"颐性老人阮元为植之先生题，时丙午（1846）闰月小暑日"。"丙午"为道光二十六年（1846）。

此外，画的最左边是阮元书写的《乙酉冬过惠州寒婆径一绝》："泉石清凉云雾深，非风非雨气萧森。世人春梦知多少，须向寒婆径里吟。"落款为"颐性偶书"。乙酉，为道光五年（1825）。可见，方东树与阮元很早就有交往。

4. 方璋书方东树《赠马云序》文

《赠马云序》主要内容是方东树表达对马云为自己写真一事的看法，陈述没有必要写真、不想写真的想法，最后表明由于马云一再坚持，自己盛情难却，只好答应了马云"必为君写像"的请求。全文近一千字，洋洋洒洒，观点明确，思路清晰，善于雄辩，体现了桐城派散文的魅力。落款为"植之棣台属书，七十六叟仲山璋"。方璋，字仲山，方以智的仲子方中通裔孙。曾任县令，致仕后以读书问礼闻名于乡里，晚年与方东树交好，活到八十多岁才去世。

《赠马云序》见于方东树《考盘集文录》卷八（清光绪二十年刻本），文中有近一百五十字为方东树文集所未收录，有补遗的价值。内容是："昔黄檗禅师答裴休尚书'高僧真仪'之问……凡情生精进心，及回观中座黄金佛容，具三十二相，八十种好，又憪然自失。然而，佛自言所谓：身相即非身相，若以色见我，以音声求我，是人即行邪道。又况土木像设绘画之假者哉！"

这段文字有弘扬佛法的意思，方氏认为身相非真，不当"以色见我，以音声求我"，大凡塑像、木偶、写真都不能体现真我。一句话，马云为自己画像是没有必要的。

5. 梅曾亮题《方植之〈寒岩独往图〉》诗

梅曾亮（1786—1856），原名曾荫，字伯言，江苏上元（今南京）人。受其家学影响，他年轻时就擅长作诗和写骈体文，与管同、方东树、姚莹等拜姚鼐为师，是"姚门四杰"之一。著有《柏枧山房文集》、《诗集》等。梅曾亮题诗的内容是"野径萧萧落木中，先生策杖与谁同？古人往矣今人远，辽落江山付此翁"。落款为"植之尊兄属题即祈政之。弟梅曾亮稿"。

这首题画诗见于梅曾亮《柏枧山房全集》诗集卷八。诗中塑造了一个遗世独立的高士形象。野径伸向萧疏的寒林深处，除了方先生，谁肯到这么荒凉的地方来呢？先生独往于山间，前不见古人，后不见今人，整个秋山都交付给了先生。先生何其富有，又何其孤独！这首题画诗虽然构思上稍微平正了一些，但颇能切合题目和画意。

6. 苏惇元书姚莹诗《方植之〈寒岩独往图〉》二首

有一件很有趣的事不能不提一下，即方东树的同乡同门姚莹也曾为他的《寒岩独往图》题了两首诗，其一，"身形久已如枯木，何事寒岩往更深。万水千山踪迹尽，微闻一杖响空林"。其二，"丰干饶舌不须诃，拾得寒山事亦多。法相原来无一物，却教广座设维摩"。这两首诗收录于姚莹的《后湘诗集续集》卷七。可能是方东树的眼界太高，竟然看不上姚莹的诗和字，于是把姚莹题的两首诗从长卷中剪去，自己代写了二首，并请苏惇元书写于散页上。其一，"丰干饶舌诚多事，拾得寒山亦非智。凡经同归不二门，谁书语处谁当避"。其二，"知君此计成长往，送君临崖皆却返。何处婆娑非道场，远游偶发寒门想"。

诗虽然是方东树代写的，但落款却为"植翁世叔属题，石甫姚莹"。为了说明原委，方东树在诗的末尾还写了几句话："石甫原语意颇泛浅，书者字迹尤恶。因此剪去。代作此二诗，倚苏生惇元书之以存交谊也。时戊申十月二十六日。"但是，从姚莹的《后湘诗集续集》所收诗来看，他可能并不认同这位同门的看法，或者出于自尊，或者出于敝帚自珍，所以依然将原作收入自己的集中。苏惇元，字子厚，号钦斋，桐城监生，师事方东树，受古文法。

7. 郑銮题《寒岩独往图》诗

郑銮，郑板桥嗣子郑田的侄儿，扬州兴化人，诗书画皆佳，在文人雅士中有一定的影响力。方东树曾邀请他为《寒岩独往图》题诗。郑銮题诗，第一首，"海内人知方植之，如何远索鹧鸪诗。十年林下萧疏甚，一似寒岩独往时"。第二首，"有身无一物，老至复何求？见在空来去，深山足唱酬。心斋半字集，面壁十年谋。绝笔广陵散（题图之颐性老人，自扬来者传其骑箕逝矣），方干遂少俦"。落款为"植翁先生属正，己酉下元后一日。子研郑銮"。己酉下元后一日是道光二十九年（1849）阴历十月十六日。第一首，三四两句不拘于画面之意，既写自己的处境，又契合画旨，神韵潇散，别具一格。第二首，诗意颇能契合图册中《赠马云序》以及赞铭说的思想内涵，而且兼及为《寒岩独往图》题签的阮元，透露出对阮元去世的惋惜之情。这两首诗立意深邃，构思精巧，在《寒岩独往图》长卷中堪称佳作。

8.《寒岩独往图》诗文书画长卷的价值

《寒岩独往图》诗文书画长卷汇集桐城派后期主要作家"姚门四杰"中的梅曾亮、方东树、姚莹三家的手笔、诗作、散文于一卷，尤其是卷中清代大学者、名宦、书法家阮元的题签和诗作，使得这幅长卷熠熠生辉。这些作品多是作者晚年之作，整体的艺术性较高。而且长卷中保存了二十多枚印章，是研究各家室名、斋号的第一手资料。此外，方东树的《自题〈寒岩独往图〉》、《效寒山拾得诗》，还有《赠马云序》中的一段文字，都是方氏著作中所没有的，因而有重要的文献补遗价值。

三、《方氏五代遗书》

桐城文化的繁荣，与桐城方氏、张氏、姚氏、赵氏等文化家族深厚的家学渊源有不可分割的联系，而桐城市博物馆藏《方氏五代遗书》长卷是其集中体现。该长卷纵33.5厘米，横624厘米，由主副卷两大部分组成。

主卷由方孔炤、方以智、方中履、方正瑗、方张登的墨迹组成。包括，方孔炤书《示以智、其义》，方中履书《便足楼记》，方正瑗书读书心得和家书、方张登跋《屏风帖》拓本和书《梦溪笔谈》一则。方以智手书墨迹今已亡佚。副卷由周思廉的题签和康曾定、管乐、方昌翰、边保枢、胡志章、谭献等人的诗跋组成。该长卷是由方氏二十一世孙方昌翰（宗屏）搜集祖先遗墨并邀请名流题签、题诗、作跋而成的，体现了方氏后人对先祖的追思和崇敬之情。该长卷始于明崇祯庚辰年（1640），数百年间一脉相传，彰显着桐城文化的丰厚内涵。现扼要介绍如下：

1. 方孔炤书《示以智、其义》

《示以智、其义》，共66行，每行约12字。小草书，部分水渍，文字漫灭，致不可卒读，从仅能辨识的文字看，内容涉及四个方面：一是叙说家史，二是教诲子孙，三是交代家事，四是自明其志。后几行文字为"而止归浮山之别穴，守节抱孙，志之勿怠。崇祯庚辰长至日，浮山翁仁植书示以智、其义"。虽然文字损毁严重，难以窥见完整之义，但是它保存了方孔炤的墨迹，因此还是非常珍稀可贵的。其中"守节抱孙，志之勿怠"等字，体现了方孔炤守节志不移的高尚品格。

方孔炤（1590—1655），字潜夫，号仁植，廷尉方大镇之子。明万历四十四年（1616）进士，曾任嘉定知州，后因反对魏忠贤欲封其侄子魏良卿为伯，被削籍。崇祯元年（1628）复起，官至巡抚湖广，因与督师杨嗣昌不合，被弹劾，遣戍绍兴。京都陷后，归隐于白鹿山。著有《周易时论》、《全边纪略》等。方以智、方其义为方孔炤之子。方其义（1620—1649），字直之，号次公。他一岁多丧母，由姑姑方维仪抚育长大。未入私塾，已能辨平上去入四声，对对子常常能出人意表。又据《桐城耆旧传·方密之传》载：方其义"好侠，工为诗，力能挽五百斤弓。尝客黄靖南侯所，较射连发皆中的"。入清后，弃举业，留心经济。后随从父亲方孔炤抚楚，为前锋，八战八捷。京师陷落，纵酒悲歌而死。著有《时术堂集》十卷。

2. 方中履书《便足楼记》

方中履（1638—1689），字素伯，号合山，又号小愚，方以智季子。

天才捷悟，少随父崎岖岭峤，后隐居不仕，筑稻花斋以奉母，著书终其生。所著《古今释疑》被收入《四库全书》，并有《汗青阁集》行世。其所书《便足楼记》墨迹为小楷，书法娟秀，文字优美，读来令人遐思。开头几句交代了筑楼的原因："白鹿为先廷尉公藏衣冠之地，中丞公晚年隐居于此，凤擅湖山之美。吾弟有怀复于舍北因高筑土为台，而缚茅结屋其上，以便游息。"接下来，写在登楼四望所见之美："户牖四启，乔木修竹，苍翠蓊蔚，天为之小。峰峦层抱，湖光渺忽。穿林隙，逾墙垣，俱在几席之上。鸟声相续，朝暮无间。樵歌牧笛，自远而至。偃仰于茶铛匡床之间，释形濯骨，与烟岚冥合，风雨晦明，无不令人脩然自得。"

下文谈论山水泉石之乐。方中履认为，山水泉石之乐非达者不能至。富贵者"非惟不能达，殆欲达而不可也"。而遭时龃龉放浪丘壑者"聊娱目前以消耗岁月，则又达者之过也"。他劝诫人们既不能汲汲于功名利禄，又不能过于贪山水泉石之乐。文章署款为"癸丑夏四月二十日小愚记"，下钤"汗青阁"印。

3. 方正瑗书读书心得和家书

方正瑗，生于康熙二十六年（1687），卒年不详。字引蘧，号方斋、连理山人。他是方中履之子。康熙五十九年（1720）举人，曾官至陕西布政司参议。其诗"皆古茂纯正，蔚然成一家言"（沈德潜《清诗别裁集》）。著有《连理山人诗抄》等。

方正瑗所书共三篇三纸。第一篇，书体为小楷，内容是读《吕氏春秋》心得。方正瑗既批判吕不韦假托文字以欺世盗名的行为，又认为其书讨论治国齐家修身之道，不能以人废言。最后提出："善读书者，知人知世并知书则得矣。"署款为"方斋醉笔"。第二篇，书体为草书，内容是读《论语·子路章》心得，文中"二亲寿忽如过隙。草木欲长，霜露不使。贤者欲养，二亲不待"几句，读来非常感人。末尾署款为"园翁书"。

第三篇，字体为行书，内容为方正瑗所作的家书，内容是"七月十七日张二来关中。接汝字，知家中诸凡如常，慰甚。祖父墓前松树茂盛否？汝须常时照应，毋致为他人所窃也。汝母眼痛可曾全（痊）愈？刘先生丸方甚好，不可间断。合署平安，可毋记念，此寄大儿览。中秋前一日连理山人字"。作者叮嘱大儿子要保护好祖父的坟墓,并关心母亲的眼疾以及用药情况,字里行间显现出方正瑗对长辈的一片拳拳孝心。

4. 方张登跋《屏风帖》拓本和书《梦溪笔谈》一则

方张登,字午庄,号耘墨,方正瑗子。乾隆十七年(1752)举人,曾任甘肃平罗知县。工文善诗,精书翰,著有《褚堂文集》、《好影轩诗集》。

方张登跋唐太宗《屏风帖》,先引用《宣和书谱》记载的有关唐太宗留心书法的故事,最后写他得到唐太宗《屏风帖》拓本的经过与收藏体会。他说:"登在关中十年,得游碑洞与名山古寺观,唐人遗刻,蒐求略备,独不见是帖。华州王山史徵君之伯子节庵先生举此以赠,乃知石在余杭。顾询之浙人,殊少知者。甚矣!物非所好不聚也。携之南归又十六年。岁在辛未二月六日,好雨初霁,春阴未散,晨起就北窗而跋之。饮墨山人方张登午庄氏。"此处"辛未"应指为嘉庆十六年(1811)。

方张登第二副墨迹为行楷书,抄自北宋沈括《梦溪笔谈》卷九《人事一》,方张登墨迹与《梦溪笔谈》原文文字稍有出入。本文记叙杜五郎三十年不出家门、择日买药以给饘粥而怡然自得的故事,言语间透露出作者对杜五郎生活方式和心境的欣赏。方张登以这段文字作为书写对象,可能也是有所寄托的。

5. 周思廉题签及康曾定、边保枢等人诗跋

副卷由周思廉题签和康曾定、边保枢、胡志章等人诗跋组成。题跋的主要内容是赞美方氏一门儒风之盛,对方氏先祖的人品和功业表示景仰。因其属于副卷部分,故作简要介绍。

周思廉题签是"手泽长存",字体为小篆。署款为"宗屏仁兄集辑尊先祖五世墨迹属题卷首,时光绪丁丑六月,番禺周思廉谨识"。周思廉,字再山,番禺人,曾官河南通判。真书学钟繇,尤善篆书,名震一时。

康曾定在题跋中说道:"此其积累,岂寻常所可几及哉!宜宗屏之才艺卓绝,为时所推,其有由来也。宗屏以名诸生方补官剧邑,吾知其必无忝如先人也……光绪三年六月既望,兴县后学康曾定敬跋。"文中感慨方氏先祖遗书来之不易,并激励方昌翰扬厉奋发,不辱没先人。康曾定,字少侯,号麦生,曾官修武知县。工诗善书。

方昌翰在题跋中说："生今世而志慕乎古，古人往矣，言谈风采不可得而见。赖文章翰墨以传之。文章翰墨之可贵者，大抵忠臣、孝子、魁儒、学士所留遗，好古之士得其尺简寸缣，罔不矜为至宝，况子孙之于宗祖怵焉系手泽之思者哉，又况祖若宗率皆忠臣、孝子、魁儒、学士，而文章翰墨尤足震烁今古者耶。"文章重点阐述了自己收藏先人遗墨的重大意义。署款为"光绪壬午夏二十一世孙昌翰谨跋"。方昌翰，字宗屏，号涤侪。少与方柏堂同学，曾任河南新野知县，后自免归，主讲荆山书院。善为文，好吟咏。著有《虚白室诗抄》。

边保枢在题跋中说："桐城龙眠方氏自胜国以来，经师大儒代传绝业。海内承学之士企仰如日星，匪直圭组蝉联，推望族也。若贞述公父若子，大忠畸节，尤为焜耀竹素，历劫不磨。书翰之美，训型之垂，故当奕禩昭传，至于勿替……视彼过江名士，徒以工书传后，又何足以语于斯。"边保枢认为方氏先人不仅书艺精湛，而且具有忠孝的品德，故而为仅仅工于书法的人所不能及，最后他褒扬了方昌翰对先祖墨迹的收集保存之功。署款为"时在光绪九年三月，吾邛边保枢敬题于安庆之欲寡过斋"。下钤"亭存词翰"印。边保枢，生卒年不详。光绪二十年（1894）任安庆知府。

管乐题的是一首五言律诗："忠孝传家宝，千秋翰墨香。扨呵神鬼力，什袭子孙藏。风雨蕉心卷，烟云薤叶长。刻藤同不朽，何用问沧桑。"管乐赞美了方氏忠孝传家的美德，并用"风雨蕉心卷，烟云薤叶长"形象地描写了方氏后人对于先祖遗墨的保存之力。署款为"光绪九年九月，为宗屏司马仁兄敬题其先德五代遗墨，即求是正。武进管乐。时薄游皖中，将归，倚装作"。下钤"管乐才叔"、"今字更生"印，启首印为阳文篆书"鸿爪"。

胡志章题写了两首诗。第一首："河岳英灵气，都归锦贉中。两朝尊旧德，五世守儒风。彝鼎心香蓺，杯棬手泽同。陆机虽述祖，犹未表残丛。"第二首："二百余年远，搜藏廿代孙。江山销劫运，文字寄精魂。藉甚诗书气，依然忠孝门。芸香珍旧赐，先泽仅能存。"后面则续之以文："桐城方氏德业文章圭组勋猷之盛，海内钦仰久矣。闻上海刻有方氏全书，惜尚未能购得一读。兹卷五世先德墨迹，乃宗屏大兄大人搜求多年而得之者，其志笃、其心苦，抑诸先正精光浩气自有以致之。宗屏之克绍先烈即此可见。承命续书卷末，用识景仰之诚。"署款为"光绪癸未十月郢中后学胡志章敬书"。文中提到上海刻有方氏全书一事，并表达未能购得的惋惜之情，最后点明了方昌翰搜求先祖遗墨的辛苦，表达了自己对方氏先祖的景仰。胡志章，湖北省钟祥人，光绪元年（1875）任知州。

著名词人谭献题写的是一首五言古诗："存焉为道德，发之则文章。大兹忠孝节，耿矣日月光。日月虽代谢，作述千秋长。斗霄地，维岳瞻。此龙眠，方末造，与熙朝君子道其常。仁言流泽传，聪听继闲堂。翰墨如片羽，慈孙宝收藏……"赞美了桐城文人的忠孝品德和深厚的文化传统。署款为"光绪甲申莫春，杭州后学谭献题于小蓬莱吏馆"。谭献（1832—1901）原名廷献，字仲修，号复堂，浙江仁和（今杭州）人。同治举人，曾官安徽歙县等地知县。论词依据常州词派的理论而加以发挥。

6.《方氏五代遗书》长卷的价值

《方氏五代遗书》手卷墨迹始于明崇祯庚辰年（1640），止于嘉庆十六年（1811），历时一百七十余年，至"文忠公七世孙"方昌翰已是稀世珍宝。而且副卷聚集了诸如周思廉、康曾定、管乐、胡志章、边保枢等光绪年间政界文坛多位名流的墨迹，蔚为大观。从光绪十三年（1877）番禺周思廉题签至今，又过一百三十多年，其文物价值不言而喻。从文献价值看，《方氏五代遗书》的内容与同为方昌翰所搜集的流传较广的《方氏七代遗书》仅有一篇相同，是桐城文化研究不可多得的资料。方氏一门从方学渐至方昌翰，历经数代，为官为学皆堪为世范，使得《方氏五代遗书》更具有文化熏陶和教育意义。此件原为方氏后裔方裕林所藏，抗战期间转藏于其他族人。1980年，由桐城县文物管理所征得，并于1984年秋移交给桐城县博物馆。

四、《观获读书图》

在桐城书画艺术长廊中，先后诞生过《观获读书图》和《观获读书后图》。这两幅图都是根据大学士张英《戏拟放翁四首》中的诗句"秔稻年年观获乐，子孙世世读书声"的意旨绘制而成的，体现了桐城张氏家族对大清王朝的忠诚，对耕读生活的向往，对"务本力田，随分知足"家训的恪守。《观获读书图》是张英第三子张廷璐邀请当时名宦、学者和画家秦蕙田绘制的。之所以会出现张祖翼、元寯等人的《观获读书后图》，是因为《观获读书图》在咸丰年间的一场兵燹中化为灰烬。要想了解这件事的详细情况，还得从头说起。

1. 张英父子与《观获读书图》

康熙三十八年（1699），张英拜文华殿大学士兼礼部尚书，康熙四十年（1701）获准退居乡里，康熙赐书"笃素堂"。张英性情简淡，好诗书，壮年即有山林之思，曾作《芙蓉双溪图记》以明志。张英归里后，常居龙眠山双溪山庄，流连山水，读书吟诗。虽然他本人与几个儿子在仕途上都春风得意，但他没有忘记桐城人重视务农和读书的本色，时常以"务本力田，随分知足"告诫子弟。

康熙四十四年（1705），皇帝南巡，张英到淮安迎驾。期间，君臣论政说诗甚惬，于是张英趁机向康熙皇帝呈上自己的新作《戏拟放翁四首》，其中第二首，"万迭青山一水横，宜来此地学躬耕。溪花尽向阶前转，云叶多从栋里生。秔稻年年观获乐，子孙世世读书声。令威千载人间语，竹坞松坪尚有情"。康熙皇帝读罢，颔首称善。为了褒奖这位重臣的辅佐之功和耕读之志，康熙皇帝将诗中"秔稻年年观获乐，子孙世世读书声"一联拈出，亲笔书写成一副对联，赐给张英。张英"奉之双溪草堂"。《清史稿·张英传》载："四十四年，上南巡，英迎驾淮安，赐御书榜额……随至江宁，上将旋跸，以英恳奏，允留一日。"这次赏赐应当包括这副十四字对联在内。另外，从张英印章"家有所赐"、"笃素堂"和"君赐笃素堂"看，所赐之"榜额"或许就是"笃素堂"匾额。

为了传承张氏家族门风，张英的第三子张廷璐特意拜访了著名官员、学者和画家秦蕙田，请他根据父亲张英的诗意绘制一幅图画。秦氏觉得此事非常有意义，于是欣然应允。经过一番揣摩，秦氏画了一幅横卷，并取名为《观获读书图》。由于此图已失传，我们无法窥见其貌。据文献记载，秦氏还在图上题了一首长篇五言古诗。

张廷璐（1675—1745），字宝臣，号药斋。康熙五十七年（1718）进士，授编修，入值南书房，历任侍讲学士、祭酒、少詹事和礼部左侍郎等职。著有《咏花轩诗文集》。秦蕙田（1702—1764），字树峰，号味经，无锡人。乾隆元年进士，累官礼部侍郎，工部、刑部尚书，两充会试正考官，谥号文恭。曾国藩在《圣哲画像记》中说："吾图画国朝先正遗像，首顾先生，次秦文恭公，亦此无微旨哉？"可见，张廷璐请秦蕙田画图，是有深刻用意的。

图成之后，张廷璐又请汪由敦题跋，汪氏作《题张少宗伯〈观获读书图〉》，并有一百多字的小序："'秔稻年年观获乐，子孙世世读书声'。故太傅文端公致政居龙眠山庄时句也。康熙乙酉，公迎銮江上，语次奏及。圣祖仁皇帝遂书此二语为屏联，以赐文端，奉之双溪草堂。少宗伯药斋先生绍衣先绪，取其意写为小照。虚亭临水，隔岸平畴，亚旅腰镰，黄云弥望，其坐后窗，俯首展书，咿唔有声者，公子曙彤编修也。"

这段诗序先介绍《观获读书图》的创作缘由，最后用几个整齐优美的短句描写出张廷璐在山水亭榭中读书和观赏农民收获庄稼的情景。序中称张英为"太傅文端公"是因为张英谥"文端"，且雍正年间，赠太子太傅，入祀贤良祠。乾隆年间，加赠太傅。"少宗伯"为礼部侍郎的别称。正文

元寯《观获读书后图》（局部），桐城博物馆藏

是一首篇幅较长的七言古风："圣朝名相韦平接，寰海雍熙元气浃。农安耕凿士诗书，坐奏唐虞开奕叶。惟将清白贻子孙，窗下书声陇头馌。奎章为写生平句，恰是升平真相业。欲识当年鱼水情，吉云长护屏间帖。只今冠盖龙眠路，行人指点传经处。绿蓑春雨服先畴，黄卷宵灯守儒素……"

这首诗紧紧围绕《观获读书图》的旨意，讴歌了士人乐于读书和农民安于耕作的升平气象，并赞颂了康熙皇帝与大学士张英之间的鱼水之情以及张英对耕读家风所产生的重要影响。汪由敦（1692—1758），字师茗，号谨堂、松泉。雍正元年（1723）入明史馆充纂修官，次年中进士。入翰林院庶常馆，授编修。寻擢礼部侍郎、工部尚书，转刑部尚书。入直军机处，有军功。学问渊博，以文学著名。著有《松泉文集》和《松泉诗集》等。

2. 张祖翼与《观获读书后图》

《观获读书图》及诗文题跋皆毁于咸丰兵火，张氏后人深以为憾。为了"以志先世被恩之隆，并纪先公贻谋之远"，光绪三十二年（1906）冬，张祖翼七游京师，请觉罗博生太守元窩绘制了《观获读书后图》。后来又请汪绍志、方铸品题诗跋。张祖翼自己也写了题记，并将秦蕙田原题附录卷后。张祖翼（1849—1917），字逖先，又号磊盦，好篆、隶、金石之学，篆宗石鼓，隶法两汉，篆刻师从邓石如。他是清末民初海上四大书法家之一。

《观获读书后图》的内容：画面左高右低。左边山峦起伏，连绵不绝，山上松树挺拔，杂树丛生。山沟中有几间房舍，隐藏于茂林之中。画的右上方是一大片田畴，几棵柳树和其他杂树点缀其间。田畴中有两三个人，一个正低头耘田，一个扛着锄头在田间行走，一个手扶锄头，稍作歇息。中景是一大片湖泊，湖泊横向延伸到画的左边，使得整个画面显得十分空灵。湖面上有一条小船，船头一人悠闲撑船，船尾一人怡然端坐。远景有一座小桥，小桥将山峦、湖泊和田畴连接在一起，整幅画的构图显得十分紧凑。近景有一头黄牛，抬头远望，似乎正在凝视着水榭中的观景之人。水榭中的人正对案临窗而立，案上应该还放着几本尚未读完的书。他身着一袭红衣，在以青冷为主色调的画面中显得格外耀眼。他就是《观获读书图》的主人公。此时，他正眺望着眼前的一派繁忙的春耕景象。画的构思，完全符合观获读书的题旨。

落款为"观获读书后图，为磊盦大哥画。丙午（1906）冬月如弟元篔作于京师"。丙午冬月为光绪三十二年（1906）十一月。元篔，光绪至民国间人，字博生，曾任太守。

方铸《观获读书后图》题跋的内容是"余友逖先自海外归，而不言新法，教诸子成名而又不言新学……"诗序中说张祖翼不喜谈论新法和新学，而致力于弘扬先祖之志；并且认为康熙皇帝之所以欣赏"观获"、"读书"两句，是因为这两句对上来说，契合皇帝重视农耕和读书的心理，对下来说，则可以将观获读书的家风传给世代子孙。

题跋之后又继之以诗："人如解读书，何处有新学？人如勤服田，何处非真乐？披书就农圃，寄兴何翛邈。农亦贵知书，不然则已悫……闻道苦不早，执热犹当濯。所以古之人，深心付先觉。"诗人认为：如果一个人懂得读书的重要性，就不必用新学来标榜自己。一个人如果懂得耕作，就能体会到真正的快乐。结尾两句赞美古人有先觉之明。落款为"逖先同学兄属题《观获读书后图》，同里方铸"。方铸，光绪至民国间人。

张祖翼《观获读书后图》的题记是"先九世祖太傅文端公有诗云：杭稻年年观获乐，子孙世世读书声。圣祖仁皇帝亲洒宸翰，书此二语为联以赐公。于是先十世叔祖少宗伯公廷璐请无锡秦文恭公蕙田绘《观获读书图》并题长古。嗣是名人题咏殆遍。咸丰初，粤寇陷桐城，此图遂付劫灰矣。至今年冬，祖翼七游京师，复请觉罗博生太守元篔绘《观获读书后图》以志先世被恩之隆，并纪先公贻谋之远，皆足以传不朽云。时光绪三十二年丙午十二月癸亥朔越八日庚午，桐城张祖翼磊盦记于京师南柳巷永兴禅寺"。这段题记主要介绍观获读书前后图创作的缘由和大体经过，表明自己请觉罗博生太守元篔绘《观获读书后图》的深刻用意。

3.《观获读书图》与《观获读书后图》的价值

观获读书前后图体现了康熙皇帝对桐城张氏家族的信任和期许，也反映了康熙皇帝重视农耕和读书的治国理想，具有重要的政治意义。这两幅图都是根据张英《戏拟放翁四首》中的诗句"杭稻年年观获乐，子孙世世读书声"的立意绘制而成的，体现了张英提出的"务本力田，随分知足"的思想，为桐城张氏家族耕读持家门风的形成奠定了坚实的基础，因而具有重要的教育价值。这两幅图汇集了秦蕙田、汪由敦、元焘、汪绍志、方铸和张祖翼等人的手迹，他们或是当时政坛上的风云人物，或是书画界的名家里手，或是文坛上的巨擘明星，或身兼数能，因而这幅书画诗文长卷具有很高的文物价值和艺术价值。两幅画，相隔两百多年，贯穿了整个清朝历史，具有深厚的文化内涵。

第三节 美学之光

一、美在桐城

美，多么让人向往！生活在尘世中的人们，时时刻刻都需要美，都离不开美。我们的生活需要美的环境，我们的心灵需要美的熏陶。美从类型上来说，有自然美、艺术美和社会美等。从自然美来说，桐城的山山水水，一草一木，无不含润美。从艺术美来说，桐城的书法、绘画在中国艺术史上也占有一席之地。而从社会美来说，今天的桐城，随着社会经济与文化的发展，正迈向和谐社会，处处充溢着社会的和谐之美。

《易经》云："形而上者谓之道，形而下者谓之器。"如果从这个层面来观察美，那么，美就其存在与分布而言，也可以分成"器"之美与"道"之美两种。所谓"器"之美，即指散见于生活、艺术与社会等具体类型中的美，美可以存在于自然风光，可以存在于艺术类型，可以存在于社会生活，总之，它是感性的、具体的、鲜活的；而所谓"道"之美，即指脱离了感性、具体的类型，因而是理性的、抽象的美，即超越层面的美，也可以说是理论形态的美。从这个角度来看，美在桐城，就不仅是指在桐城随处看见、欣赏到的美，更指发端于桐城、扩散到全国甚至具有世界影响的理论美了。

　　古代桐城就不乏"道"之美。众所周知，中国文化从整体形态上来说，可以分为古代与近现代两大类型。中国古代文化自成体系，泽被长远，但是，自鸦片战争以来，中国社会逐渐卷入以西方为主导的全球化当中。中国古代自成一体的文化体系，开始了漫长曲折的现代转型。作为中国两千多年封建社会的总结期，清代对前人的理论多有总结。而在清代文学占据主要地位的桐城派，不仅在创作实践上取得了巨大成就，而且也吸收了两千多年封建社会论文、论诗与论学理论，构建起了自己的美学理论体系。这个美学理论体系对于中国古代社会美学之"道"而言，同样非常重要。在构建美学体系的过程中，桐城派三祖之一的姚鼐贡献最大。姚鼐将文章的审美形态明确划分为"阳刚"美与"阴柔"美两大基本类型，对中国古代文艺美学进行了重要的理论总结。姚鼐说："鼐闻天地之道，阴阳刚柔而已。文者，天地之精英，而阴阳刚柔之发也……其得于阳而刚之美者，则其文如霆，如电，如长风之出谷，如崇山峻崖，如决大川，如奔骐骥；其光也，如杲日，如火，如金镠铁；其于人也，如凭高视远，如君而朝万众，如鼓万勇士而战之。其得于阴与柔之美者，则其文如升初日，如清风，如云，如霞，如烟，如幽林曲涧，如沦，如漾，如珠玉之辉，如鸿鹄之鸣而入寥廓；其于人也，漻乎其如叹，邈乎其如思，暖乎其如喜，愀乎其如悲。观其文，讽其音，则为文者之性情形状举以殊焉。……故曰：一阴一阳之为道。夫文之多变，亦若是也。糅而偏胜可也，偏胜之极，一有一绝无，与夫刚不足为刚，柔不足为柔者，皆不可以言文。"（《复鲁絜非书》）阴阳刚柔本是中国古代哲学与美学的基本范畴，前人一直都在用这些基本概念来描述文字艺术与美学风格。但是，姚鼐的巨大贡献在于他在理论上首次明确提出了"阳刚之美"与"阴柔之美"的概念。不仅如此，他更将阳刚与阴柔作为两种基本的审美类型，论及文章风格、美学形态、美感生成及人生样态，从而具有深广的理论价值。这样，桐城不仅向文坛贡献了无数成功的创作实践，而且还贡献了自己的美学智慧，并且是以高度理论总结的形式贡献的。

　　然而，这些似乎都是"昨日黄花"。随着中国古代社会的终结与近现代社会的来临，包括文学、美学和哲学等在内的自成体系的中国古代文化，逐渐成为历史的陈设。一座物质的金山可能因日益败落而渐趋末流，一座精神的富矿却不可能短期内昙花一现以至湮没无闻。传统文化尽管在风雨飘摇中日趋衰落，但是，精神的种子早已种下，只期待着合适的时机再度勃发。桐城文化是对中国优秀传统文化的继承与发扬，在清王朝崩溃、新文化兴起的背景下，传统文化迅速边缘化，桐城文化也开始谢幕、退场。尽管如此，曾经播下的种子却随风而散，在桐城之外的各地大放异彩，结出一颗颗绚丽至美的果实。在那众多绚丽的果实中，最亮丽的有三颗，恰巧这三颗果实都终生以"美"为业，都堪称一代美学大师。这三位大师便是朱光潜、方东美和宗白华。

朱光潜出自桐城，宗白华原籍江苏，但他与桐城有着莫大关联。朱、宗二位先生被人并称为中国现代"美学史上的双峰"。方东美先生长期淡出人们的视野，但他被美国哲学会一九六七年度风云人物奖及终身成就奖得主的韩路易先生称为"集诗人、先知、圣贤三重复合的人格于一身"。方东美正是桐城"桂林方"的后裔。就桐城而论，朱光潜、宗白华与方东美恰如日月星三光，照亮了现代中国"美"之天地，同时，也为桐城文化注入了全新的现代元素。如果说"世界美学看中国，中国美学看安徽"的话，那么，"安徽美学看桐城"！

二、超越传统

草木荣枯，岁月更替，在现代文化史上，势不可挡的"五四"新文化运动，矛头直指"桐城谬种、选学妖孽"。昔日辉煌的桐城文化，首先被定位为旧文化、旧势力的代表，被当作封建余孽的祭品摆上了文化祭坛。一个地方文化坚韧的生命力，不仅体现在她绵延不绝的代代相传上，而且体现在，当她遭遇到了前所未有的冲击时，还能于秋风浩荡中低回百折，宛转生存。桐城文化，在新文化运动时期，因其对传统的依附性而被历史的锋芒所指，但是，其中优秀的成分，却以低回百折的态势，开辟了另外一块令人意想不到的"美"的园地。桐城文化在历史转折的紧要关头，以一种独特的风貌，既赓续了古老的传统，又超拔了滞重的过去。

一代美学大师朱光潜曾经这样回忆自己的童年："从六岁起读书，一直到进小学，我没有从过师，我的唯一的老师就是我的父亲。我的祖父做得很好的八股文，父亲处在八股文和经义策论交替的时代。他们读什么书，也就希望我读什么书……五经之中，我幼时全读的是《书经》、《左传》。"朱父朱延香，名若兰，字子香，号黼卿，是当地有名的私塾先生。望子成龙是中国每位父母对子女的殷切期盼，"穷不丢书"更是桐城文化的重要内容，传统社会里读书致仕、兼济天下是每位读书人毕生的梦想与冀求。作为一位深享当地声望的私塾先生的长子，朱光潜尽管丧失了部分的童年快乐时光，但是，他却在父亲的注视与教导下，较早地接受了旧时读书人必经的道路：传统启蒙。当然，不仅仅是父亲的教导，曾与桐城古文大师吴汝纶有过交往的祖父朱道海（名文涛，字维桢，号海门）也早就开始了对朱光潜的督导。这些传统的家庭启蒙，在科举考试的指挥棒下，以传统的四书五经为主要内容，尽管这些内容一定程度上束缚了儿童的想象力和心灵，但是，也为后来的朱光潜出入于传统与现代奠定了良好的功底。朱光潜对《诗经》、《左传》、《论语》、《孟子》、陶渊明等如数家珍，不可谓没有桐城"穷不丢书"、崇文重教的传统影响因素在内。桐城文化的重教传统以潜移默化、幼童启蒙的形式，在悠长的岁月里，时常绽放出尽管幽微，但却绵延不灭的光芒。后来朱光潜留学欧洲长达八年时光，学成归国后，一度与新儒家的重要人物如马一浮、熊十力、贺麟、钱穆、冯友兰等交流契阔，也印证了传统的因素，是如此顽强地烙印在朱光潜的精神深处。

朱光潜是现代美学大师，另外一位曾与其并居桐城三大"国学大师"之一的方东美，终生以哲学为业。方东美原名珣，字德怀，后改字东美，典出《尔雅·释地·九府》："东方之美者，有医无闾珣玗琪焉"，晋郭璞注为"医无闾，山名，今在辽东。珣玗琪，玉属"，意即东方最美的，莫过于出产自山东名为医无闾山间的美玉。人以名显、名如其人这句话用在方东美身上恰如其分。因为他虽然是哲学家，但其哲学却是以"美"为基调的哲学，尤其是以"东方之美"为基调的哲学。方东美先生系出名门。提到桐城方家，可谓天下无人不知。按照方氏族谱计算，方东美是"桂林方"一族的第二十三代，属"中三房"。尽管"中三房"是"桂林方"中比较寒微的一脉，但是桐城文化崇文重教的家风余韵犹在。在父母早孤的情况下，方东美由大哥方道怀和二哥方义怀抚育，并且自小就生活在书香氤氲的家庭氛围里。晚年方东美曾经回忆道，我是在"儒家的家庭气氛中长大"的。方东美幼年早慧，三岁就开始读《诗经》，之后陆续开始读四书及其他四经，"十二岁就读完了十三经"。桐城文化中的家学熏陶奠定了他此后一生学术研究的深厚国学底蕴。以至于在他读大学时，还发生了这样一件轰动一时的事情。方东美于1917年入金陵大学预科第一部学习了一年英语。1918年，他顺利通过英语考试后，正式进入金陵大学文科哲学系本科继续学习。一位在英国留过学的博士王教授，为方东美及他的同学们开设了一门《诗经》课。在这门课的讲堂上，教授在堂上讲授的时候，教室里不时传来"错了！""又错了！"的声音。这位教授难以忍受，觉得自己的师道尊严受到了挑战，便停下讲课，怒问："谁说我讲错了？那你来讲！"这时，带头捣乱的方东美当仁不让地站了起来，走上讲台，将教授讲解错误的段落按顺序指出，然后一一予以订正。全班同学听得津津有味，而这位国文教授则面如土灰。结果，这门《诗经》课再也开不下去了，选课的同学也都纷纷逃离课堂。晚年方东美回忆起这段经历时，自认为这很"荒唐"。但是，通过这件方东美年少气盛时的轶事，却可以一窥自小受家风熏陶的方东美深厚的传统根基。

宗白华，原名宗之櫆，字伯华，后来因为名中的"櫆"字太过冷僻，以"伯"字排行改为"白华"，典出《诗经》之"白华篇"，即"白华菅兮，白茅束兮，之子之远，俾我独兮"。宗白华祖籍江苏常熟县，据传是宋代抗金名将宗泽的一条支脉。宗白华的祖父是个秀才，在常熟也以教私塾为生，其父宗嘉禄（字受予）中过光绪二十三年（1897）的举人。尽管如此，宗嘉禄却不是一个传统的书蠹，而是一位有理想、有抱负的维新派青年。他专攻史地水利，以治理淮河为毕生宏愿，也因此与古皖大地结缘。并受到安徽诗人方守彝的赏识，将自己的爱女方淑兰许配于他，成就了一段佳缘。

桐城方家名扬天下，但是，此方非彼方，一般所谓的桐城方家，共有三支，即桂林方、鲁谼方和会官方。方守彝即出自鲁谼方，亦称猎户方，此方历史上最有名的是方东树。宗白华虽不是桐城人，但他母亲却出自桐城书香门第，是在桐城远近闻名的一名大家闺秀，自小就受到很好的传统文化教育。在宗白华的母系亲属中，有着众多颇有名气的文化人物，如著名女作家方令孺就是宗白华的姨母，著名戏剧家方绾德，著名"新月派"诗人方玮德以及著名学者舒芜、何均、方言、马茂元等均是他的表弟，而著名戏剧家曹禺是他的表妹夫（表妹方瑞），著名美籍华裔女作家包柏漪是他的外甥女。宗白华于光绪二十三年（1897）出生在当时的安徽省城安庆。一直到1905年随父亲到南京上学前，他的幼年时代都是在安庆度过的。桐城厚重的文化传统，同时也影响了年幼的宗白华。每逢天气晴朗时，已经须发皆白的祖父就携带宗白华登临迎江寺古塔，而每逢夜晚来临的时候，出自桐城名门的母亲就为宗白华诵读苏东坡和陆放翁的诗句："舟中贾客莫漫狂，小姑前年嫁彭郎"、"大孤江中央，四面峭插水。小孤特奇丽，丹翠凌云起。"自小，宗白华就成长在这样一种浓郁的文化氛围里。桐城文化的传统经由方氏之女传至外姓、外族、外地，从而大放异彩。

三、融通中外

桐城文化是传统文化的产儿，传统文化中的崇文重教、家学传承、仁义礼智等，既催生了桐城这一方水土的俊贤茂材，又在历史的关头成为阻碍这一方水土上的人们求新知、走新路的荆棘羁绊。近代中国在鸦片战争、甲午战争后，努力向西方学习，开放思想，学得新知，以救亡图存。在学问的领域里，传统的经世济民思想仍在，但知识的内容已经从修身治国平天下的道德学问，向格物致知的科学学问转变。西风东渐之下，地处长江之滨，省城之侧的古城桐城，尽管不能第一时间得知天下大事，但是，却受益于桐城人物创办的新式学堂——桐城中学——而得风气之先，于新旧更替中，得窥西学门径，从而走出桐城，走出安徽，走向全国，向国家和民族输送了一批润泽西学、融通中外的人才。

吴汝纶，这位桐城派的殿军，他十分重视西学，大力提倡学习西方科学文化知识，主张"中学为体，西学为用"，主张深入探求西方的科学和哲学。他创办桐城中学的目的之一,就是要在相对闭塞的家乡提倡欧美新学,"乡曲后生,自废革时文,遂不知应学何等;五洲列强,又复蚁附中国,风潮绝大,自非通晓欧美公学,不足并立于万国之间"。他创办的桐城中学,以"勉成国器"为校训,勉励桐城学子胸襟开阔志在天下。桐城中学在新旧交替的动荡社会中,于国文之外,还开设了历史、地理、物理、化学等科目,中西结合的教学方式和教育理念,培养了一批新时代的融通中外的著名学者,朱光潜与方东美是其中的佼佼者。

朱光潜和方东美自幼即承家教,在进入桐城中学之前,就已经受到过良好的传统国文训练。民国二年(1913),朱光潜15岁、方东美13岁,两人同年考入了桐城中学。在桐城中学读书时,两人成绩都很优秀。1916年冬天,朱光潜从桐城中学毕业,在桐城大关镇北峡小学任教,不久考入武昌高等师范学校。尽管朱光潜在武昌高师的经历不算愉快,但是,就朱光潜个人的人生而言,由偏僻一隅的桐城,到地处九省通衢的武昌,再考入香港大学,再留学欧洲长达八年时间,学成归国后,又一直在国内一流大学任教,武昌高师可以说是他人生的一个转折点。相对而言,方东美的求学之路,比朱光潜更为顺畅,少了些曲折,但也同样精彩。民国六年(1917)夏,18岁的方东美结束了四年的中学学习之后,以优异的成绩考入南京金陵大学,此后的四年大学生活,是方东美初窥哲学堂奥,展示独特个性和优异个人才华,逐渐成为一名学贯中西的哲学大家的重要时期。

现代学人不同于传统冬烘先生的重要标志之一,在于他是否能出入于中西之间,具有世界眼光和国际气度。朱光潜于1918年考入港大预科,1919年正式考入香港大学文学院教育系。1918年至1923年在港大期间,朱光潜所处的文化语境发生了很大变化。长期的殖民化,使香港处处充满了西方色彩,香港大学完全是英国式的教育,使朱光潜直接接触、学习了西方文化。港大各门课程的设置也区别于桐城中学、武昌高师,以现代西方的科学教育为主,这使得朱光潜眼界大开,一方面激发了他探索科学的热情,另一方面也促使他继续求索。1925年至1933年,朱光潜在英法留学八年间,全面深入学习西方文化,于心理学、哲学、美学和文学诸多领域，对康德至克罗齐等诸多大家，均有全面深入和细致的了解。朱光潜糅合中西学问，于1933年，在法国斯特拉斯堡大学取得博士学位后，学成归国，先后在北京大学、武汉大学等国内著名高校任教，终成一代美学大师。追根溯源，可以说，朱光潜后来的成就，得益于桐城文化及桐城中学的影响。

方东美曾经自我总结道："我的哲学品格，是从儒家传统中陶冶；我的哲学气魄，是从道家精神中酝酿；我的哲学智慧，是从大乘佛学中领略；我的哲学方法，是从西方哲学中提炼。"1917年方东美进入南京金陵大学学习。金陵大学本身是一所教会大学，保守与前沿并存，个性突出的方东美在校期间锋芒毕露。所幸的是，学校的管理层和一些外籍教师以包容的心态悦纳了多少有些年少轻狂的他，并且在他大学毕业时，推荐他到美国读研究生。方东美于1921年启程，先后在美国威斯康星大学和俄亥俄州立大学学习。1924年在威斯康星大学通过博士学位答辩后，在国内亲朋好友的频频催促下，提前回国。后来，方东美被归入现代"新儒家"之列。儒学是中国本土哲学，方东美自小受家学熏陶，国学根基深厚。但方东美并非一味沉浸在中文世界里无法超拔，他在南京金陵大学学习时，就开始接触西学，广泛深入地学习了西方哲学。方东美大学期间，曾是金陵大学学报《金陵光》的总编辑和学生学术团体中国哲学会主席。《金陵光》是金陵大学的首份学术刊物，秉承了保存国粹、灌输学术的思想宗旨，曾刊登了大量的学术论文、时评和文学作品，博采中西。青年时期的方东美还结识了美国著名哲学家杜威，是杜威在华除胡适外最著名的弟子。1920年，方东美曾出版译著《实验主义》，不仅如此，在大学期间，方东美还研究了除杜威之外的其他西方哲学家，如柏格森、詹姆士等。西方近现代哲学是构成方东美知识体系中早期最重要的成分，方东美的生命哲学、生命美学，正是润泽西学、融通中西的智慧结晶。

学贯中西、融通中外的一个基本条件，是至少掌握一门外语。无论朱光潜，还是方东美，抑或可以算作受桐城影响的宗白华，都曾留学海外。朱光潜留学英法，方东美留学美国，宗白华留学德国，他们的外语造诣都堪称专家级别。朱光潜熟练掌握了英语、法语、德语，直到花甲之年，还勤勉学习俄语，传为学界佳话。朱光潜一生七百余万字的著述中，有相当一部分是译著，已经成为当代学人学习美学和其他一些学科必不可少的案头必备之书。方东美也是一名语言大师，他熟练掌握了英语、德语，还学习了希腊文和拉丁文，并且自学了法文，甚至直到七十古稀之年，他还孜孜不倦地自修梵文。方东美后期著述，大多数都以英文完成，以至于西方学者都盛赞他英文典雅。而宗白华先生德语精湛，他译介的《判断力批判》是德国古典哲学家康德的代表作之一，这部著作一如康德的其他著述，体大思精，但用语稍嫌滞闷。不过，宗白华先生的译本，可谓译界精品，此后国人研读德国美学、哲学从此受益良多。语言一般被认为只是工具，但只有深具世界眼光和国际气度的大学者，才能充分领略语言在现代世界的重要性。中国学术和中国文化若要走向世界，融入世界，语言不仅是表情达意的工具，更是文化的载体。几位桐城出身的美哲大师，以其自身不亚于专业学者的精湛语言功力，再一次向我们诠释了桐城学者润泽西学、融通中西的胸襟与气度。

四、艺术人生

1750 年，德国哲学家鲍姆嘉登在其《美学》一书中，提出建立一门以"感性"为中心的学科即美学，这是现代美学的开端。作为一门学科的美学固然可以划界，但作为思想和文化传统以至人生理想的美学，无论中西，都有绵远悠久的历史。中国古代美学思想自成体系，但是，在现代西方的冲击下，中国美学思想开始了艰难的现代转型，开始吸纳西方美学思想中的成分，努力构建起富有中国特色的美学体系。中国现代美学前进的每一步，都是由无数学人的辛勤努力累积的。当然，其中更有一些异常夺目的大师，正是他们的努力与感召，才使得美学前进和努力的方向更加明晰。

朱光潜堪称中国现代美学大师，其长达六十余年的学术生涯，一大部分光阴与学术生命都奉献给了中国美学。方东美从 25 岁开始教授哲学，此后 52 年间从未中断。美学源自哲学，方东美的哲学更以融美情入哲思为著。宗白华沉潜于古代艺术与美学，以人生为艺术，以生活为美学,以散步为形态,其人本身即是一部美学著作。这三位大师堪称现代中国美学的代表。从个人渊源上来说,朱光潜与方东美是小学与中学同学,此后多有诗文酬唱,遥相呼应;方东美与宗白华一度为中央大学哲学系同事,甚至被人并称为中央大学资格最老的"四大金刚",两人共事多年;而朱光潜与宗白华被人们并称为中国现代美学的双子星座,两人的人生巧合至同年生同年逝,两人也曾长时间在北京大学共事。个人的渊源,共同维系于"桐城"这个特殊的地方。但是,这只是问题肤浅一面,事实上,这三人除是学者外,还是诗人,宗白华的流云小诗是中国现代诗歌史上的精品,朱光潜和方东美则将较多的精力投入在古体诗的创作上。而在专业的美学哲学领域里,三者的共同点更是显而易见,他们的美学都心系人生,主张以艺术、情感、生命为美学的核心,强调艺术、美学和哲学应当关注现代中国人的感性生命和情感问题,为现代中国人寻找安身立命的精神处所。因此,他们的学问可以称之为艺术美学、情感美学或生命美学。

宗白华尝引佛诗"尽日寻春不见春,芒鞋踏破陇头云。归来笑拈梅花嗅,春在枝头已十分",以说明"美向何处寻"这个大题目。事实上,无论是这首佛偈,还是宗白华本人,都体现了生命美学的真正含义,真正接续了魏晋风度中的超然物外、得其环中的一面。宗白华的美学,也在中西比较中,将康德美学、歌德精神和柏格森生命哲学,与中国传统文化中的庄子哲学、禅宗和屈骚传统结合,探寻使人的生活和艺术人生合为一体的生存方式。尤其值得称道的是,他将传统意境论扩展到除诗文之外的绘画、书法等诸多艺术领域,还以阔大的胸襟含纳自然社会和宇宙人生。在宗白华的美学视野里,美是涵盖了一切美的艺术和人生,直接关系到人的生命存在、人的意义和价值;而人生又是美的人生,在生活中还原艺术,将艺术体验带入生活体验,从而生活即是美学,生命由此升华。宗白华后期著述不多,但是,其学其人已经尽化为他本人的生命与生活,当他以高龄之躯身背黄布书包,穿行于北京大街小巷的各个艺术展览和博物馆时,就是他生命美学的实践,亦即他美学生命的张扬。

方东美是"具备诗人浪漫气质和性情的哲学家",方东美执教杏坛五十余年，辛勤育桃李，雨露惠芳华。他经常对学生讲的一句话是"To be human is to be divine"，意即"做人要完成人的神性"。方东美终生从事哲学教育，他的学问出入于中西方哲学之间。但在哲学的基本命题上，他糅合的是中国传统哲学和西方现代生命哲学中对于人的生命的尊重。以一个哲学家身份闻名于世的方东美认为，人是追问自己存在的存在，既忙碌、活动于物质生活世界，又有超越性，超越在场以达到不在场。人要在有生之年过得有意义，就必须不断地向上提升，让智慧不断地开启扩大，通过生命本体的生生不息、运转无穷、圆融无碍的特点实现现象和本质、事实和价值、科学理性和人文理性的和谐，实现哲学为人提供安身立命之所的作用，不断完善自己，以达到理想境界。始终从人的生命出发的哲学家方东美，看重的是洋溢着丰沛的生命意义和艺术精神的一面。因此，他极为赞成中国传统美学中庄子提出的"天地有大美而不言"。他提出，"天地之大美即在普遍生命之流行变化，创造不息。我们若要原天地之美，则直透之道，也就在协和宇宙，参赞化育，深体天人合一之道，相与浃而俱化，以显露同样的创造，宣泄同样的生香活意。换句话说，天地之美寄于生命，在于盎然生意与灿然活力，而生命之美形于创造，在于浩然正气与酣然创意"。哲学与美学融合无间，生命与情感紧密关联，在哲学运思中处处体现审美观照，而在飘渺芳洁的审美意境中随时维护生命，就成为桐城文化的产儿方东美的美学特色。

朱光潜早年学习教育学，研究心理学，并且颇有成绩，留学欧洲时，有感于心理学研究的混乱，立志于美学，以求精神生命的安宁与静穆。此后，朱光潜沉潜于中西美学，前后竟长达五十余年，春蚕至死而此志不泯，一息尚存竟奔美不止。朱光潜前期美学思想深受自康德至克罗齐西方形式主义学派的影响，强调美学研究应以审美经验为主。尤其是在克罗齐的影响下，以"直觉"为核心，同时借鉴抒情、表现、距离、移情等学说，强调艺术是"形相的直觉"，是"意象和情趣的融合"。将文艺看成是精神的清涤剂或解脱俗世的法门，借助文艺摆脱实在世界的羁绊，从而进入到法相庄严、灿烂静穆的世界。后期朱光潜努力学习马克思主义，强调文艺的意识形态性，但他仍然坚持客观与主观的统一，并且逐渐坚定艺术的人道主义理想，强调人的全面发展和全面解放。自始至终，尽管朱光潜美学思想多有游移，理论资源多有变化，但是对人、人的生命和人的精神的强调，却始终是朱光潜美学思想的核心。

朱光潜欣赏的是"出世的精神，入世的事业"，传统文化中"天行健，君子以自强不息"的精神深深地贯注到了他的生命当中。他以八十岁高龄，坚持译完维柯的《新科学》，为学人生命不息、奋斗不止提供了最完美的范本。在传统诗人中他最欣赏的是陶渊明，他认为陶渊明的"欣慨交心"最能体现他的生活与人生态度。他常常被陶渊明的《形影神》诗中的"纵浪大化中，不喜亦不惧"的宇宙观与人生观所感动，并将自己的书室命名为"欣慨室"以显其志。方东美先生的书斋名为"坚白精舍"，语出于《论语·阳货》，孔子曰："不曰坚乎？磨而不磷。不曰白乎？涅而不淄。"意思是说"最坚固的东西，磨也磨不薄；最白的东西，染也染不黑"。1937年抗日战争爆发后，方东美随中央大学搬迁入蜀，迁居重庆。当时他全家居住在沙洲坝嘉陵江畔中央大学教工宿舍的栾家院。尽管居室"泥墙陋屋"，但他以"坚白精舍"命名自己的住处。后来并以此命名自己的诗集，以表示国难当头，心志愈挫弥坚，志向愈染弥慧，无论时局多坚，环境如何险恶，始终不移操守。宗白华一直以"以叔本华的眼睛看世界，以歌德的精神做人"为自己的座右铭。他不随波逐流，不媚俗阿世，独立特行。在他的生命哲学中，极为欣赏中国文化中"条条而有生理"的思想。他认为，审美是人生对于世界的一种态度，它要求审美者即人在面对对象的时候，首先要排除功利式的、世俗的、占有式的甚至是解剖式的态度，而要客观地、审美地看待事物，如此方可透过事物的表象，直达事物的本质。三位大师均以自身的学问与生命，完美地诠释了情感美学、生命美学的真正内涵。桐城文化在他们身上，得到了现代的诠释。

山川秀丽，风景优美，水陆畅通，人文荟萃，通常，这些词汇都是对一个地方的褒奖之词，即便这些词汇都集中在桐城一地，桐城也是担得起这样的称赞的。从自然美的角度来看，美如"大珠小珠落玉盘"一样，散落在桐城的山山水水之中，无论是桐城老景，还是桐城新景，现在都仍然在滋养着这一方水土和这一方人民；从艺术美的角度来看，无论是诗、文、书、画，还是音乐、雕塑、城市建筑，桐城可谓代有人才。美景的存在，美文、美诗、美画的持续呈现，更为艺术理论和美学理论的形成、发展与兴盛创造了便利的条件。从姚鼐到朱光潜、方东美、宗白华，桐城艺术理论、美学理论影响深远。桐城文化在有清一代曾经独领风骚，在近现代曾经一度衰落，但是，只要是文化中优秀的成分，必定不会被卷进历史的尘埃。只要有合适的时机，它就会重新生发，再度焕发出青春，发散出正能量。桐城文化在艺术和美学领域里的成就表明：桐城文化不仅是古代的，更是现代的、当代的；不仅是桐城的，还是中国的，甚至是世界的。诚哉斯言：美哉桐城，美在桐城！

参考文献

1. 姚兴泉：《龙眠杂忆》，中华书局，1928年版。
2. 姚鼐著，刘季高标校：《惜抱轩诗文集》，上海古籍出版社，1992年版。
3. 桐城县地方志编纂委员会编：《桐城县志》，黄山书社，1995年版。
4. 枞阳县地方志编纂委员会编：《枞阳县志》，黄山书社，1998年版。
5. 张英、张廷玉撰，江小角、陈玉莲点注：《聪训斋语、澄怀园语：父子宰相家训》，安徽大学出版社，1999年版。
6. 张楷纂修，汪祚民、汪长林、金诚睿、雍益宝点校：《（康熙）安庆府志》，中华书局，2009年版。
7. 胡必选修，王凝命增修：《（康熙）桐城县志》，见《中国地方志集成》（影印本），凤凰出版社，2010年版。
8. 李逊等撰，周翔、王雨生、汪长林点校：《（嘉靖）安庆府志》，黄山书社，2011年版。
9. 唐红炬编著：《桐城名胜》，安徽美术出版社，2011年版。
10. 童树桐主编：《桐城县文物志》，安徽省桐城县文化局，1988年刊印。
11. 叶濒编著：《神鞭：桐城民间传说》，黄山书社，1991年版。
12. 桐城文联编著：《今日桐城》，黄山书社，1991年版。
13. 汪福来主编：《桐城文化志》，安徽人民出版社，1992年版。

14. 桐城市地方志办公室编:《桐城掌故菁华》,黄山书社,1997年版。
15. 潘忠荣编著:《锦绣安徽(桐城卷):行尽桐城都是诗》,安徽教育出版社,1999年版。
16. 金鼎寿纂,廖大闻修:《(道光)续修桐城县志》,见《中国地方志集成》(影印本),凤凰出版社,2010年版。
17. 刘文康、潘忠荣编著:《河之韵》,新华出版社,2011年版。
18. 方宁胜:《桐城科举》,安徽美术出版社,2011年版。
19. 张正顺:《魅力浮山》,合肥工业大学出版社,2012年版。
20. 吴功华:《桐城地域文化研究》,安徽师范大学出版社,2014年版。
21. 马其昶著,毛伯舟点注:《桐城耆旧传》,黄山书社,1990年版。
22. 刘大櫆著,吴孟复点校:《刘大櫆集》,上海古籍出版社,1990年版。
23. 葛剑雄等:《中国移民史》,福建人民出版社,1997年版。
24. 张杰:《清代科举家族》,社会科学文献出版社,2003年版。
25. 徐天祥:《桐城文化论》,载《安徽史学》1995年第1期。
26. 徐庶、叶濒:《桐城民俗风情》,黄山书社,2002年版。
27. 方锡球:《穷不丢书,富不丢猪》,载《新华月报》2010年第12期。
28. 宋豪飞:《方维仪对方以智的教育述论》,载《安庆师范学院学报》2012年2月第31期。
29. 陈平原:《从文人之文到学者之文——明清散文研究》,三联书店,2004年版。
30. 陈平原:《当代中国人文观察》,人民文学出版社,2004年版。
31. 吴微:《桐城文章与孔孟之道》,载《东方丛刊》2009年第4期。
32. 吴微:《"兼容并包"与"谬种"退隐——桐城文章与大学教育的现代转型》,载《安徽大学学报》2010年第6期。
33. 陈乃乾:《清代碑传文通检》,北京图书馆出版社,2003年版。
34. 江小角、吴晓芬:《桐城明清名宦》,安徽美术出版社,2011年版。
35. 傅惜华:《曲艺论丛》,文艺联合出版社,1954年版。
36. 沈德符:《万历野获编》,中华书局,1959年版。
37. 王开玉、杨森编:《安庆史话》,安徽人民出版社,1981年版。
38. 陆洪非:《黄梅戏源流》,安徽文艺出版社,1985年版。

39. 时白林：《黄梅戏音乐概论》，人民音乐出版社，1989 年版。
40. 陈济民主编：《金陵逸事》，南京出版社，1991 年版。
41. 中国戏曲志编辑委员会编：《中国戏曲志·安徽卷》，中国 ISBN 中心出版社，1993 年版。
42. 王兆乾：《黄梅戏音乐》，安徽文艺出版社，1999 年版。
43. 江明惇：《汉族民歌概论》，上海音乐出版社，2004 年版。
44. 郑土有：《吴语叙事山歌演唱传统研究》，上海辞书出版社，2005 年版。
45. 李泰山主编：《中国徽班》，安徽文艺出版社，2006 年版。
46. 王长安主编：《中国黄梅戏》，安徽文艺出版社，2009 年版。
47. 顾起元撰：《客座赘语》，南京出版社，2009 年版。
48. 王长安主编：《安徽戏剧通史》，安徽教育出版社，2010 年版。
49. 徐元勇：《明清俗曲流变研究》，东南大学出版社，2011 年版。
50. 王平：《安庆戏剧文化》，合肥工业大学出版社，2011 年版。
51. 叶濒、张志鸿主编：《桐城歌》，黄山书社出版社，2012 年版。
52. 祝嘉：《书学史》，上海书店，1990 年版。
53. 安徽省博物馆编：《安徽省博物馆藏画》，文物出版社，2004 年版。
54. 宗白华：《宗白华全集》，安徽教育出版社，2008 年版。
55. 张泽国主编：《桐城文物精华》（书画卷），安徽美术出版社，2009 年版。
56. 唐红炬：《苍苍龙眠——桐城市博物馆馆藏文献文物研究》，合肥工业大学出版社，2009 年版。
57. 宛小平编著：《欣慨交心——朱光潜》，安徽文艺出版社，2009 年版。
58. 孙永玉：《安庆书法艺术》，合肥工业大学出版社，2011 年版。
59. 王攸欣：《朱光潜传》，人民出版社，2011 年版。
60. 朱光潜：《朱光潜全集》，中华书局，2012 年版。
61. 张耕：《清代桐城画家群》，见单小英编《文物鉴定与研究》（五），文物出版社，2012 年版。
62. 蒋国保、余秉颐：《方东美哲学思想研究》，北京大学出版社，2012 年版。
63. 方东美：《方东美作品系列》，中华书局，2013 年版。
64. 邹士方：《宗白华评传》，西苑出版社，2013 年版。

后记

安徽地处中国中部,华东腹地,物华天宝,人杰地灵,地理位置优越,历史文化资源积淀丰厚。长江与淮河将安徽自然划分为淮北地区、江淮之间以及长江以南三个部分。在淮河以北地区,我们的先辈们先后创造了以老子、庄子道家思想为代表的老庄文化,以及曹操父子为核心的建安文学;在江淮之间,清代桐城派异军突起,薪火相传,形成了讲究义理、考据、辞章的桐城文派;在长江以南地区,以徽州文化为代表的皖南文化集中反映了中国封建社会后期的主流文化,徽州也因此被誉为"东南邹鲁"。

为了更好地研究、传承和创新安徽优秀传统文化,中共安徽省委教育工委、安徽省教育厅实施了安徽优秀文化传承创新重大项目,组织全省专家学者,编写了《安徽优秀传统文化丛书》。《桐城文化八讲》是丛书之一,全书分八讲,30多万字。按照本书各讲的顺序,作者分别是:第一讲方锡球(安庆师范学院),第二讲宋豪飞、汪超(安庆师范学院),第三讲汪孔丰(安庆师范学院),第四讲吴功华

（安庆市教育局），第五讲吴微（安徽师范大学），第六讲金仁义、徐文翔（安庆师范学院），第七讲吴彬（安庆师范学院）、黄莉（桐城师范高等专科学校），第八讲熊言安、周红兵（安庆师范学院）。丛书由中共安徽省委教育工委常务副书记高开华策划、设计提纲并主持编写工作。安庆师范学院文学院院长方锡球教授负责撰写提纲和组稿工作，并撰写前言。安徽师范大学陈文忠教授为本书提出了宝贵修改意见。桐城市摄影家协会胡晓明为本书提供图片。省教育厅科研处负责丛书编写的组织协调工作。安徽大学出版社对该书的编辑出版做了卓有成效的工作。

在本书即将付梓之际，我们谨向为本书编辑出版付出辛勤劳动的领导与专家表示衷心的感谢！

由于时间有限，书中难免有错漏之处，敬请读者批评指正。

编者

2015年9月